MARCUS TULLIUS CICERO

De re publica
Vom Gemeinwesen

LATEINISCH / DEUTSCH

ÜBERSETZT UND HERAUSGEGEBEN
VON KARL BÜCHNER

PHILIPP RECLAM JUN. STUTTGART

Umschlagabbildung: Bronzeplastik der römischen Wölfin, um 470 v. Chr.

Universal-Bibliothek Nr. 9909
Alle Rechte vorbehalten
© für diese Ausgabe 1979 Philipp Reclam jun. GmbH & Co., Stuttgart
Mit Genehmigung des Artemis Verlages, © Artemis Verlag Zürich
und München 1952, 1960, 1973
Satz: IBV Lichtsatz KG, Berlin
Druck und Bindung: Reclam, Ditzingen
Printed in Germany 1993
RECLAM und UNIVERSAL-BIBLIOTHEK sind eingetragene
Warenzeichen der Philipp Reclam jun. GmbH & Co., Stuttgart
ISBN 3-15-009909-9

Einleitung

Jahrhundertelang hatte man nach dem Werke Ciceros über den Staat gefahndet, immer wieder getäuscht, als Angelo Mai, der Präfekt der Vatikanischen Bibliothek, im Jahre 1820 einen Palimpsest fand, der große Teile des ersten und zweiten Buches, einiges vom dritten, ganz wenig vom vierten und fünften, nichts vom sechsten enthielt, und ihn sorgfältig und mit einem Kommentar, der sein weites Wissen verriet, 1822 herausgab, indem er alle übrigen sonst etwa aus Zitaten bekannten Fragmente einordnete. Der trotz der Umfänglichkeit der Fragmente bruchstückhafte Charakter des Werkes ist wohl schuld daran, daß die Beschäftigung mit ihm nicht so rege wurde, wie man nach der aufsehenerregenden Entdeckung hätte denken sollen. Eine rühmliche Ausnahme macht das Buch des badischen Geheimen Hofrates Zachariä, der schon ein Jahr später in Heidelberg seine *Betrachtungen* darüber erscheinen ließ, eine Erörterung, die sich an Cicero in den heftigen Debatten der Zeit nach der Französischen Revolution orientiert und mit ihm auseinandersetzt. Dann aber beginnt echte Begegnung erst wieder im letzten Jahre des Ersten Weltkrieges, um freilich nicht abzureißen, ja sich bisweilen bis zur Leidenschaft zu steigern. Hinter der Sache trat dabei die philologische Arbeit an der Ordnung der Fragmente und ihrer Verbesserung zurück.

Deshalb bedarf es für das Unternehmen einer Übersetzung von Ciceros *De re publica* einer Rechtfertigung aus zwei Gründen. Erstens, weil das Wagnis unternommen wird, einem weiteren Publikum, das mit Recht von der Plage einer philologischen Kleinarbeit und einer Lektüre von Fragmenten unbehelligt bleiben möchte, ein solches bruchstückhaftes Werk überhaupt vorzulegen. Zweitens, weil dies zu einem Zeitpunkt geschieht, wo die wissenschaftliche Arbeit an ihm nicht nur wie jede wissenschaftliche Arbeit immer weitergeführt werden muß, sondern

sich auch nicht auf so viele Vorarbeiten stützen kann, wie es bei anderen Werken der Fall sein würde. Allein die Bedeutung des Werkes rechtfertigt beides. Es scheint an der Zeit zu sein, daß man jetzt gerade Kenntnis von ihm nimmt, und zwar in seiner ganzen Gestalt, so wie es uns überliefert ist, nicht in willkürlichen Auswahlen.

Was macht aber dieses Werk so bedeutungsvoll? Nicht daß es, wie Dilthey sagt (im 2. Band seiner *Gesammelten Schriften*), eines der größten Kunstwerke in Prosa überhaupt ist, nicht, daß hier zum ersten Male die Begegnung des Römischen mit dem Griechischen nicht nur zu einer echten Wandlung, sondern auch zu einem selbständigen Werke führt, damit zum ersten Male das europäische Schicksal vorbildhaft durchlebend und den ersten Platonismus zeitigend, beides wahrlich wichtig genug, sondern etwas anderes: zum ersten und einzigen Male in der Geschichte der Welt hat hier die Macht keine Grenzen und ist damit unumstritten. Allein aus ihr selbst kann ihr der Untergang erwachsen. In einem Augenblick, wo ein solches Scheitern aus eigener Schlechtigkeit droht, wird sich ein Mann, der selbst das höchste Amt bekleidet und dabei ein letztes Mal die Eintracht gerettet hatte, des Wesens seines Staates, der Macht ohne Grenzen, bewußt und sagt mit Hilfe des griechischen Gedankens aus diesem Erlebnis heraus Wesentliches über Macht überhaupt aus, erkennt, daß der Bund von Macht und Weisheit die Größe Roms ausgemacht hat. Dies scheint nun das Bedeutungsvollste zu sein: das Werk ist ein Dokument einer einzigartigen Situation der Weltgeschichte, es hat Gedanken der Menschheit in Lagen bewährt gefunden, wie sie kein Sterblicher bis jetzt wieder erlebt hat. Daher darf gerade heute dieses Werk unser Gehör finden.

Dabei soll der Zugang möglichst erleichtert werden. Die Fragmente werden durch verbindenden Text aneinandergefügt, so daß ihre Lektüre allein schon das Ganze vor Augen stellt. Die Einführung hat vor allem die Aufgabe, eine Analyse des Aufbaus zu geben. Eigennamen werden

Einleitung

im Index alphabetisch geordnet und erklärt.

Vom Gemeinwesen gehört zu der ersten Gruppe der philosophischen Schriften Ciceros. Als er in den letzten Jahren das Geleistete zusammenfaßt und auf den Dialog *De re publica* zurückblickt, sagt er, er habe ihn geschrieben, als er noch das Ruder des Staates in den Händen gehalten habe. Das bedeutet nicht, daß er noch an der Macht gewesen wäre, noch weniger, daß man das Werk nach seinem Konsulat im Jahre 63 ansetzen müßte, sondern daß er damals noch ein Mann von politischem Rang war. Daß sich der eigentliche Machthaber, Cäsar, gerade in dieser Zeit besonders um ihn bemühte, zeigt dies deutlich genug. Aber es ist doch ein Werk einer Zeit – im Jahre 56 hatten die drei Machthaber Cäsar, Pompeius und Crassus ihr Triumvirat erneut bestätigt –, in der für das freie Wort eines Cicero, vor allem für freies politisches Handeln schon kein Raum mehr war, ein Werk, das Politik mit anderen Mitteln fortsetzte, weil zu politischem Handeln nicht mehr Gelegenheit war. Vom Jahre 54 bis 51 hatte er an ihm gearbeitet. Vorher hatte er im Jahre 55 *De oratore* abgeschlossen. Nebenher ging schon die Arbeit an den *Gesetzen*, die er wie Platon seinem Werk über den Staat folgen lassen wollte, aber nicht veröffentlicht hat. Die philosophischen Schriften dieser Periode unterscheiden sich von denen der beiden letzten Jahre seines Lebens, in denen er der lateinischen Sprache die gesamte griechische Philosophie erringt, wobei er sehr bald schon den Plan einer Enzyklopädie faßte, durch die Länge der Zeit, die er auf sie verwendete, und damit im Zusammenhang durch die viel größere Selbständigkeit, mit der er hier von Dingen spricht, dem Redner und dem Staat und den Gesetzen, in deren Ausübung er nicht nur sein Leben verbracht – er war im Jahre 106 geboren, jetzt also 50 Jahre alt –, sondern über die er, wie seine Reden und seine Jugendschrift *De inventione* zeigen, von frühester Jugend an auch nachgedacht hatte. Alle drei Werke sind Gespräche. Dialoge aber nicht so sehr in dem Sinne Platons, vor allem der frühen

platonischen Dialoge, in denen das Dialogische Abbild der Dialektik der Wahrheit ist – diese Form des Dialogs gibt es nur einmal in Rom, in dem einzigartigen *Dialogus de oratoribus* des Tacitus –, sondern im Sinne des aristotelischen Dialoges, für den die lange Darstellung, hinter der man leicht des Verfassers Ansicht spürt, und die persönlichen Vorreden zu den einzelnen Büchern bezeichnend sind. Doch hat für Aufbau und Szenerie vor allem der platonische *Staat* sowohl für *De oratore* als auch für *De re publica* Anregungen gegeben. Es will so scheinen, als ob Cicero von dem ersten zum zweiten Werk, soweit die Fragmente zu urteilen erlauben, noch gewachsen ist und Absichten, die schon in *De oratore* wirksam sind, in *De re publica* zur Vollendung kommen. Am besten wird das an der Situation des Gespräches klar. Beide Gespräche spielen kurz vor dem Tode der Hauptpersonen, *De oratore* im Jahre 91 vor des Crassus Tod, *De re publica* im Jahre 129 kurz vor dem Tode des jüngeren Scipio, der die tragende Gestalt dieses Dialoges ist. Beide Male sind es gleichsam letzte Vermächtnisse, die die Hauptpersonen in den Gesprächen verkünden. Dann sieht man aber auch, wieviel enger die »Phaidonstimmung« in *De re publica* mit dem Thema des Gespräches verwoben ist: mit dem Tode Scipios erlischt das Leben, das damals seine Erfüllung in der Rettung des Gemeinwesens hätte finden sollen, wie Cicero, den Sinn dieses großen Lebens erspürend, in einer Weissagung diesen Sinn zu Ende führt. Doch wir greifen vor. Ein Gespräch der Vergangenheit wird also in *De re publica* wie in *De oratore* berichtet, während sich Cicero in *De legibus* mit Zeitgenossen, seinem Bruder Quintus und seinem Freunde Atticus, selber unterhält. Bei *De re publica* hat er lange geschwankt. Wir können mehrere Pläne unterscheiden. Ein gewisser Sallustius (nicht zu verwechseln mit dem Geschichtsschreiber) hatte bei einer Vorlesung nämlich gesagt, das Ganze würde sich besser machen und größere Autorität haben, wenn Cicero wie Herakleides vom Pontos, ein Schüler Platons, in eigener

Einleitung 7

Person spräche. Er könnte dann vor allen Dingen von den Ereignissen der eigenen Zeit sprechen. Sallustius hatte richtig gespürt, daß es Cicero in diesem Werk um etwas höchst Aktuelles ging. Das Erlebnis seiner Zeit, des hemmungslosesten Kampfes aller gegen alle, der Vernichtung alles Gemeinsamen und Sachlichen und das Erlebnis seines Konsulates, in dem er gegen die Verschwörung, das Sichsammeln um ein egoistisches Interesse, durch die Besiegung und Enthüllung Catilinas den Gedanken des Gemeinwesens, der Eintracht aller Stände ein letztes Mal aufgerichtet hatte, und das Erlebnis, daß diese Tat nicht die Resonanz fand, die sie hätte finden können, alles dies steht als Anliegen hinter dem Werk, das in der Besinnung sich des Rechtes und der letzten Gründe für dieses Handeln und des Trostes über das schließliche Scheitern versichert. Cicero, der das Gespräch, wie er sagt, um noch Lebenden nicht nahezutreten, Scipio in den Mund gelegt hatte, war doch wohl aus diesen Gründen, nicht aus irgendwelcher Eitelkeit, bereit, auf den Vorschlag des Sallustius zu hören, und berichtet auch, daß er das Werk in diesem Sinne umgearbeitet habe. Er muß dann wieder davon abgekommen und zu dem leicht veränderten alten Plan zurückgekehrt sein. Denn der Dialog spielt, wie er uns vorliegt, an den drei Tagen der *feriae Latinae* im Hause des Scipio Africanus des Jüngeren, des Bezwingers von Karthago (146) und Numantia (133), des Sohnes des L. Aemilius Paulus, der bei Pydna (168) den folgenreichen Sieg über Perseus von Mazedonien erfochten hatte, mit dem Rom in den Osten übergriff. Wir werden uns über das künstlerische Feingefühl Ciceros freuen, daß er nicht selber noch befangen über die eigene Zeit sprach, sondern auf der Suche nach nichts als der Wahrheit – denn daß er keine bestimmte Tendenz verfolgt, werden wir sehen – sie auch so objektiv als möglich in fremdem Munde darstellt. Und er konnte dafür keinen Besseren finden als Scipio Aemilianus, den ersten Mann seiner Zeit, der römisches Wesen und griechische Bildung beispielhaft vereinigte und in dem

Einleitung

Cicero mit Recht das Musterbild eines Staatsmannes sah. Über die Bedeutung dieses Scipio und seines Kreises, zu dessen jüngeren Mitgliedern Cicero in seiner Jugend noch Beziehungen hatte – eine solche Brücke zum Scipionenkreis[1] war zum Beispiel Rutilius Rufus, von dem Cicero das Gespräch gehört haben will; im Hause des gelehrten Scaevola lernte er die Tochter des Laelius kennen –, kann hier nicht einmal in Andeutungen gesprochen werden. In diesem Kreis des römischen Adels verschmilzt griechisches und römisches Wesen in einer »echten Geistespaarung« zu einer neuen hohen Lebensform, die sich wohl selbst als die eigentliche menschliche und menschenwürdige erlebte und dafür den Begriff *humanitas* aus römischen Anlagen in der Berührung mit Griechischem entwickelte. In diesem Kreis von Männern römischer Tatkraft waren solche Gespräche über den Staat denkbar, ja sie hatten ein solches verpflichtendes Bild vom römischen Staate gehabt, wie die Griechen Polybios, der Historiker, und Panaitios, der stoische Philosoph, es in ihren griechischen Werken zum Ausdruck kommen lassen. Die Bedeutung Ciceros liegt darin, daß er das, was sich im Scipionenkreis im Leben vollzogen hatte, im lateinischen philosophischen Wort zum ersten Male gestaltete. Er konnte also den Ort des Gespräches nicht besser wählen als dort, wo das, was er im Gedanken faßt, zum ersten Male gelebt worden war. Es kam hinzu, daß auch die innere Lage des Staates zu jener Zeit – es ist die Zeit nach der Niederwerfung des Tiberius Gracchus – für Cicero Ähnlichkeit mit der eigenen hatte.

Jeder Tag der *feriae* gibt die Gespräche für zwei Bücher.

---

1 Bei dem Wort »Kreis« ist jeder Gedanke an eine Organisation fernzuhalten, worauf H. Strasburger nachdrücklich hingewiesen hat. Er hat ebensowenig eine *Theorie* des *humanitas* entwickelt, wie E. Norden angenommen hatte. Cicero stellt ihn natürlich idealisiert dar, aber hätte er ihn erfunden, wäre er einer der schöpferischsten Dichter Roms. Die *amici*, geeint in ihren politischen Grundüberzeugungen, zu denen die Offenheit gegenüber der griechischen Kultur gehörte, haben *humanitas*, die allerdings nicht als ›Adelstugend‹ zu fassen ist, gelebt.

Einleitung 9

Vor jedem solchen Bücherpaar hatte Cicero ein Proömium, in dem er selber spricht, vorausgeschickt. So ist das Werk schon rein äußerlich dreigeteilt. Auch inhaltlich macht sich, wie sich zeigen wird, diese Dreiteilung bemerkbar. Freilich ist dies nicht die einzige Gliederung. Über alle diese Dinge aber, wie über Teilnehmer des Gesprächs, Situation, Aufbau spricht man am besten, indem man dem Gedankengang interpretierend nachgeht.

Erstes Buch

Das erste Buch besteht aus zwei etwa gleich großen Teilen, der Einführung und dem Einleitungsgespräch und weiter der Darstellung über die Staatsformen, eingeleitet und abgeschlossen von einer Entschuldigung Scipios. Der Vergleich mit der Einleitung von *De oratore* läßt uns das Einleitungsgespräch rekonstruieren und zugleich erkennen, daß sie etwa zweieinhalbmal so lang war als in jenem Werk: sie hat also ein ganz anderes Gewicht und bedarf einer näheren Betrachtung.

Mit einer heftigen Auseinandersetzung in eigener Person wird das Buch begonnen. Am Schluß des Gedankenganges (1,12) wird der Grund dafür angeführt: Cicero will eine Erörterung über das Gemeinwesen geben. Damit sie nicht vergebens ist, muß er erst die Bedenken, die man hat, sich ihm zu widmen, aus dem Wege räumen. Weit entfernt also, eine rein theoretische Abhandlung geben zu wollen, die ihren Zweck in sich trüge, hat Cicero ein starkes paränetisches Anliegen: jeder soll und muß für die Gemeinschaft tätig sein, dann wird er auch den Drang spüren, sich in Gedanken diese Probleme zu klären. Wie beweist er, daß jeder für das Gemeinwesen tätig sein muß? Indem er einen Gegensatz zweier Lebensformen aufreißt, der alle philosophischen Schulgegensätze weit hinter sich läßt, mit den römischen Lebensbegriffen aber Wirklichkeiten anrührt, die immer wieder erfahrbar sind: er unterscheidet

Einleitung

zwischen einem Leben mit *virtus* und einem Leben in *voluptas* und *otium*. Der Gegensatz Genuß und Streben wird hier in seiner ganzen Schwere empfunden. Daß aber die Verlockungen des Genießens und des Sichgehenlassens nichts sind, daß der Mensch eine innere Nötigung verspürt, sich zu vervollkommnen und für die Gemeinschaft einzutreten, das ist für Cicero gewiß. Er liest es der Geschichte ab. Das Pathos der Geschichte, der überwältigende Glanz, der von Helden wie C. Duelius, A. Atilius, L. Metellus, den Scipionen ausstrahlt, ist stärker als alle Beweise. Wo wäre Rom, wenn in diesen Männern nicht der natürliche Drang gewohnt hätte, sich zu opfern und für die Gemeinschaft in den Kämpfen des öffentlichen Lebens sich herumzuschlagen? Damit beginnt das Werk. Wenn aber die Menschen eine solche innere Nötigung zum Streben nach Bewährung haben, zur *virtus*, wie der Römer unübersetzbar sagt, dann ist es auch klar, daß diese *virtus* nicht eine Kunst ist, die man erwirbt und behält, auch wenn man sie nicht betätigt, sondern daß sie ganz in Betätigung besteht. Ihre höchste Betätigung aber ist die Lenkung von Staaten, die Politik. Philosophen, die mit den Geschäften nichts zu tun gehabt haben, stehen unter dem Politiker. Das ist nicht philosophische Erörterung über *vita contemplativa* und *vita activa*, sondern römische Lebensweisheit, die sich bewußt ist, daß Erkenntnis und Bewährung Hand in Hand gehen müssen und daß die Erfahrung mit den Dingen und Etwas-durchsetzen-Können der bloßen Rede überlegen ist. Der Politiker, das ist der Sinn des Anfangs, ist die höchste Form des Menschen. Von Natur opferbereit, kennt er nichts anderes als Tätigsein für die Gemeinschaft und findet darin – das ist das Paradoxe – seinen höchsten Genuß. Deshalb wollen wir bei diesem Kurs bleiben und nicht die Signale, die zum Rückzug blasen, hören! Damit schließt der positive Gedankengang, der Preis des Lebens für die Gemeinschaft. Leicht werden Einwände dagegen abgewehrt, Einwände, die immer mehr in den Epikureern die Gegner erkennen

Einleitung

lassen: Mühen, Lebensgefahren, Undank, wie ihn Cicero selbst erlebt, sie können nicht von diesem höchsten Beruf des Menschen abschrecken: Cicero kann es aus eigenem Erleben bezeugen: durch seine Erfahrungen nach dem Konsulat ist er an dieser Erkenntnis nicht irre geworden. Andere Argumente – der Weise mache sich die Hände im politischen Kampf nicht schmutzig, er beteilige sich nur dann an der Politik, wenn die Not dränge – werden mit Gedanken Platons und dem ironischen Lächeln des erfahrenen Politikers abgetan. Wenn schon Philosophen, dann soll man anderen, die für das Staatsleben gesprochen haben, Gehör geben, Philosophen, die mit ihrer Philosophie ein Amt des Gemeinwesens geübt haben. Die sieben Weisen jedenfalls, die waren noch ganze Staatsmänner. Mit Recht Weise genannt: denn nirgends ragt menschliche Vollkommenheit näher an das Walten der Götter heran, als wenn sie neue Staaten gründet oder schon gegründete bewahrt. Damit wird der positive Teil des Anfangs wieder aufgenommen und zum Abschluß kräftig betont. Dieser Gedanke berührt sich mit der Laeliusrede im dritten Buch (3,40) und dem Schluß des ganzen Werkes, dem *Somnium Scipionis* (6,29). Was das zu bedeuten hat, ist zu fragen. Um so mehr, als ein scheinbarer Widerspruch des *Somnium*, daß neben der Vergöttlichung des Staatsmannes doch die Entwertung seines Ruhmes auf Erden steht, auch hier schon auftaucht: das eigentliche Einleitungsgespräch reduziert schließlich durch den Mund des größten Politikers diesen emphatischen Preis wieder auf ein menschliches Maß (1,26f.).

Nach kurzer Überleitung nämlich, in der festgestellt wird, daß man sich nur an ein Gespräch zu erinnern brauche, nichts Eigenes zu bringen gedenke, obwohl man kompetent wäre, beginnt die Schilderung der Situation und der Bericht von dem Einleitungsgespräch. Der Ton ändert sich: war er zuletzt fast zu der Höhe des Anfangs emporgestiegen, so setzt er nach der Ankündigung, Cicero wolle ein Gespräch der berühmtesten Männer, das ihnen Ruti-

lius Rufus in Smyrna, als sie ihn in der Verbannung aufsuchten, berichtet habe, ins Gedächtnis rufen, in einer urbanen Mittellage ein, wie es in diesem Kreise, von dem die Rede ist, üblich sein mochte. Am Schluß wird er wieder zu erhabenen Klängen emporsteigen. Das Ganze hat Verwandtschaft mit sokratischer Anmut, nur daß alles etwas feierlicher, gesetzter, würdiger ist. Im Vergleich zu der zwanglosen Leichtigkeit des platonischen Gesprächs ist hier alles angestrengter, zielbewußter, dieser adligen Gesellschaft, die sich nichts vergibt, gemäß. Man hat sich an den Feiertagen des Latinerfestes verabredet, das heißt, die Freunde haben angekündigt, daß sie Scipio auf seinem Landgut besuchen würden. Als erster erscheint ganz früh am Morgen der Neffe Tubero. Scipio empfängt ihn familiär im Bett. Das überaus Seltene und Kostbare, daß man Scipio einmal ohne den Drang der Geschäfte, zumal in dieser politisch aufgeregten Zeit, trifft, gibt für Tubero die Begründung seines frühen Kommens und erweckt in ihm den Wunsch, ein fruchtbares und ergebnisreiches Gespräch zu beginnen: er fragt Scipio, was er von den Vorzeichen einer doppelten Sonne halte, die man ohne Zweifel gesehen. Politisch aufgeregte Zeit, Prodigium der Doppelsonne, das später die Deutung erfuhr, daß damit der Tod Scipios geweissagt worden sei, geben sogleich Hintergrund und Stimmung des Gesprächs. Es entfaltet sich aber noch nicht. Noch ist man bei der Vorbereitung. Der Name des griechischen Freundes Panaitios taucht auf, der über diese Dinge mit einer fast erschreckenden Sicherheit reden kann, erlauchte Namen wie Sokrates, der sich mit größerer Weisheit auf Leben und Sitten der Menschen, auf Wißbares und Wissenswertes beschränkte, wie Platon, der das, was er von Pythagoras' Lehre gelernt, auch Sokrates zuschreiben wollte, zeigen die große Sicht und das Niveau der Unterhaltung und bereiten in dem vorsichtigen Distanzieren von der allzu großen Kühnheit des Freundes ein Thema vor, das dann entwickelt das Thema »Staat« aus sich entläßt: den Gegensatz von wagemutigen Erfor-

Einleitung 13

schungen der Welt, von Welterklärung und Sichheimisch-
machen in dem Notwendigen und vor Händen Liegenden.
Es ist ein Gegensatz, der ein Gegensatz griechischen und
römischen Wesens ist und der in dem bewußten Sichab-
setzen des Vergil von dem größeren Anliegen des Lukrez
seine dichterische Gestaltung erfahren hat (vgl. *Aeneis*
6,84ff.). Mitten in dieses vorbereitende Gespräch treten
seine weiteren Teilnehmer: L. Furius, schon Konsul, von
Scipio auf sein Lager gebeten und nach seiner Meinung
über die Doppelsonne gefragt, der jüngere P. Rutilius, der
den Brüdern Cicero später das Gespräch berichtet, neben
den Neffen Tubero gesetzt. Da wird gemeldet, daß Laelius, der Weise, der ältere Freund, sein Haus verlassen hat,
um sich zu Scipio zu begeben. Scipio erhebt sich, legt
Schuhe an, geht ihm entgegen und begrüßt ihn feierlich
samt seiner Begleitung, dem Spurius Mummius, dem philosophischen Bruder des Zerstörers von Korinth, und seinen beiden Schwiegersöhnen, dem Historiker Fannius
und Q. Scaevola. Man geht in der Halle ein paar Schritte
auf und ab – Laelius als der Ältere auf dem Ehrenplatz in
der Mitte – und beschließt endlich, weil es Winter ist, sich
in der Sonne auf einem Wiesenplätzchen niederzulassen.
Da kommt zum Schluß noch der rechtskundige M.' Manilius hinzu. Damit ist die Gesellschaft vollzählig, und das
Gespräch kann beginnen. Die Vorstellung dieser Adelsge-
sellschaft mit ihren gemessenen, bedächtigen Bewegungen, ihrem selbstbewußten Sichbehaupten und ehrfürchtigen Verneigen, in der jeder von diesen hohen Herren, die
fast alle das Weltreich als höchste Beamte geleitet haben
oder noch leiten werden, seinen Platz und Rang hat und
ihn selber, wie selbstverständlich, auch einnimmt, ist kein
müßiges Spiel, ist gleichsam Abbild einer wahren Gemeinschaft, von der dann ja noch soviel die Rede sein soll.
Als man versammelt ist, versichert man sich erst, ob man
das angeschlagene Thema fortführen dürfe, und Laelius,
der sich zunächst fast übermäßig gewundert hat, daß man
so müßige und abgelegene Dinge behandelt, als ob man

14   *Einleitung*

sich schon im klaren wäre, was in der Familie und im
Staate zu tun sei, hat schließlich nichts dagegen: man hat
ja Ferien. Der Gegensatz zwischen Welterklärung und
Lebenserforschung, beginnend mit Scipios Entgegenset-
zung von Sokrates einerseits und Platon–Panaitios andererseits, erfährt hier eine Verschärfung, da Laelius radika-
ler als Scipio die eine Partei ergreift. Zugleich aber taucht
hier zum ersten Male ein Gedanke auf, der dann am Schluß
des Werkes sich entfaltet, bei Philus entgegnet, es sei
gleichgültig, was *domi*, daheim, vor sich gehe, daheim, das
sei aber die ganze Welt. Darauf berichtet Philus, wie in
dem ähnlichen Falle einer Doppelsonne Sulpicius Gallus
mit der Himmelskugel des Archimedes im Haus des Marcellus, dessen Großvater sie als einzige Beute aus dem er-
oberten Syrakus mit nach Hause gebracht hatte, die Him-
melserscheinungen erklärt hatte. Noch spürt man das
große Staunen, das bei diesem Werke göttlichen Geistes
die Römer damals ergriff, in dem Berichte des Philus, und
Scipio, der eben noch vor der allzu großen Kühnheit seines
Freundes Panaitios zurückscheute, weiß jetzt den Mann,
der sich als erster Römer darauf verstand, den Sulpicius
Gallus zu rühmen und klar darzulegen, wie die Sicherheit
der Naturerkenntnis und Astronomie, die man anderen
mit Gründen durchsichtig machen kann, von Aberglauben und leerem Schrecken befreit, also von höchstem
Nutzen ist. Tubero hat recht, wenn er ihn auf die Inkonsequenz aufmerksam macht, daß Scipio hier selbst von der
unwiderleglichen Sicherheit der Naturwissenschaft und
der Möglichkeit der Berechenbarkeit der Natur fasziniert
ist. Scipio antwortet in hohem Stile mit einem Preis der
doctrina – die Sprache ist ähnlich erhaben wie in Ciceros
Preis des wahren Politikers –, des Wissens und seiner Vertreter, die erst eigentlich Menschen sind, die durch die Erkenntnis der Reiche der Götter und der Ewigkeit und auf
der anderen Seite der Kleinheit der Erde im Vergleich zum
Kosmos das Menschliche in seiner Kurzlebigkeit, Gering-
fügigkeit, Unscheinbarkeit richtig zu würdigen verstehen

Einleitung 15

und die in diesem Wissen Glück und Lohn, Macht und Reichtum haben. Wahrer Lohn und Verachtung des Ruhmes, das sind die großen Themen des Schlusses, des Traumes des Scipio. Dort erfährt der wahre Staatsmann, daß er den Ruhm unter den Menschen geringschätzen darf und muß, weil ihm die Unsterblichkeit im Himmel winkt. Die Erkenntnis, hier speziell die der Sternenwelt, diese mit einem gewissen ehrfürchtigen Schauer betrachtete griechische Erfindung, leistet etwas Ähnliches. Die Beziehung zum Kosmischen ist bei beiden da, es ist dieselbe *lex naturae*, die der Philosoph erkennt, der Staatsmann verwirklicht. Zunächst freilich ist der Widerspruch zu der persönlichen Einleitung, wo der Staatsmann so hoch über den Philosophen gestellt wurde, groß, groß auch zu der nun folgenden Rede des Laelius, der die Staatskunst zunächst einmal so weit wie möglich abrückt von dieser eben noch verzeihlichen Emphase Scipios. Erst ganz am Schluß wird klar, daß auch der Staatsmann, in dem *sapientia* und *potestas* eine Einheit sein müssen, diese Beziehung zum Kosmischen hat. Da aber schon zu Beginn Anfang und Schluß in diesem Gedanken, der seine Kraftströme zum persönlichen Proömium wie dann auch zum dritten Buch ausschickt, aufeinander bezogen sind, muß hierin wohl ein Hauptanliegen Ciceros beschlossen sein.

Laelius rückt also die Staatskunst, auf die er hinlenkt, zunächst einmal sehr von diesem Gedanken ab. Dies alles ist ihm unheimlich und fremd, Philosophie ist ganz schön, aber mit Maßen, diese Beschäftigungen der Griechen sind zur Übung der Knaben gut, aber nur, damit sie Größeres besser lernen können. Auf die Frage des Tubero, der eben wegen seiner *studia* gelobt worden war, jetzt aber sich so herabgewürdigt sehen muß, beginnt Laelius zu sprechen – und damit erfährt der Gegensatz Naturerkenntnis–Lebenswissenschaft seine letzte, schärfste Zuspitzung –, mit dem ganzen Pathos dessen, der zunächst einmal ganz vom Konkreten und dem Notwendigen ausgeht, das man mit solchen Spekulationen aus dem Auge verliert: »Man wird

mich vielleicht verachten, aber ist es nicht widersinnig, daß ein Scipio nach einer Doppelsonne gefragt wird, nicht aber darnach, wie es möglich ist, daß man schon fast zwei Senate, zwei Völker in einem Gemeinwesen hat? Die Doppelsonne, wenn sie uns nicht schadet, geht einen nichts an, man kann durch sie nicht glücklicher oder besser werden. Daß die Eintracht wiederhergestellt wird, das ist allerdings nötig, und man lebt besser und glücklicher, wenn es erreicht ist!« So ergibt sich mit Notwendigkeit auf diese leidenschaftliche Äußerung des Laelius hin das Thema, um das man Scipio bitten soll – und das mit feiner Ironie bei denselben Dingen anlangt, von denen es hier so scharf abgerückt wird –, die Frage nach dem besten Zustand des Staates.

Auf die Aufforderung, die Rede herunterzuholen von dem Himmel zu den irdischen Dingen, erklärt sich Scipio bereit dazu, unter der Bedingung, daß er seine Ausführungen am Beispiel des römischen Staates machen dürfe. Nicht rein theoretische, sondern geschichtliche Betrachtung liegt dem Römer. Laelius entgegnet, gerade dies sei der Grund, daß er Scipio auffordere, erstens, weil es recht und billig wäre, daß der führende Mann über den Staat spreche, dann aber, weil Scipio mit Panaitios vor Polybios die These erhärtet habe, daß der Staat der Väter, der alte Römerstaat, der beste Staat überhaupt sei. Für eine Hauptthese werden in bestimmter Reihenfolge also Panaitios und Polybios, der Historiker, als Gleichgesinnte und damit wohl als Männer, von denen manches sich herleiten kann, genannt. Die Stellung zu den Griechen wird aber im folgenden noch genauer präzisiert. Er – Scipio – wäre schlechter als jeder Meister im Handwerk, wenn er nicht wie diese eben über seinen Beruf immer wieder nachgedacht hätte. Dabei ist ihm klargeworden, daß das, was die Griechen über den Staat gesagt haben, nicht genügt. Andererseits wagt er nicht, seine Ansichten ihren Schriften vorzuziehen. So soll man ihn anhören wie einen der *togati*, der Männer in der Toga, der das Griechische kennt, aber

Einleitung   17

mehr durch Erfahrung und Unterweisung daheim, in der Familientradition der Cornelier und Aemilier, gebildet worden sei als durch Theorie. Damit ist sich Cicero seiner Stellung in der Tradition ganz klar bewußt geworden. Er weiß, daß er Neues zu sagen hat, vermag es aber nicht, die Griechen theoretisch zu überwinden. So lernt er von ihnen und bringt seine Erfahrung dazu.

Zu Beginn seiner Ausführungen legt Scipio zwei Gesetze fest, die er in seiner Rede befolgen will: jede Erörterung muß einer Meinung nach mit einer Definition anfangen. Denn erst muß man wissen, was das ist, worüber man spricht, ehe man davon sprechen kann. Und dann will er den Staat nicht aus den ersten Grundlagen entstehen lassen, von der Vereinigung von Mann und Frau.[2] Denn man spricht ja schließlich vor Männern, die wissen, was Staat ist. Sonst könnte die Sache klarer und bedeutender sein als die Rede, die man darüber führt. Das erste Gesetz ist etwas, das Cicero auch sonst immer wieder am Herzen liegt. Dabei ist klar, daß mit ihm die Sache präjudiziert wird. Sie wird nicht voraussetzungslos entwickelt wie bei den Griechen, sondern von gewissen Vorstellungen aus, über die nicht mehr gestritten wird, die höchstens gegen Angriffe in der Erörterung verteidigt werden. So kommt es, daß die Definition, die Scipio vom Staate gibt, im dritten Buche unter Betonung ihres Nutzens wieder aufgenommen und dort in ihrer ganzen Tragweite verstanden wird. Das zweite Gesetz ist eine von den beiden Entschuldigungen, in die die Erörterung der zweiten Hälfte des ersten Buches eingespannt ist. Die Erörterung der Grundbegriffe des Staates ist etwas, das dem hohen Rang der Zuhörer entsprechen muß. Und so bricht Scipio am Schluß der Erörterung auch ab, damit es nicht scheint, als ob er wie ein griechischer Lehrer doziere, nicht mit römischen Adligen seinesgleichen sich unterhalte. Es kommt für das Ver-

2 Von den Herrschaftsformen, wie sie sich in der Familie zeigen, hatte Aristoteles in seiner *Politik* und in seinem Werke über die Gerechtigkeit, das Cicero wahrscheinlich kannte, den Ausgang genommen.

ständnis dieser zweiten Hälfte alles darauf an, daß man die innere Form dieser Darlegungen faßt. Wird hier doch nicht entwickelt und bewiesen, wird doch das Verhältnis der Gedanken zueinander nicht ausdrücklich festgestellt. Es ist vielmehr so, daß nach Behandlung bestimmter Dinge oder neuen Materials Scipio seine *Meinung* abgibt, die der neuen Situation entsprechend formuliert wird. Sie wird häufig mit *censeo* oder *sic adfirmo* eingeleitet wie bei der Abgabe der *sententia* im Senat: die Frage, was Scipio meint und für das Beste hält, ist von größerer Bedeutung als systematisch ausgesprochene Logik des Gedankenganges. Dem Leser bleibt es offenbar überlassen, diese Logik selbst ausdrücklich in Worte zu fassen. Das lohnt sich aber immer. Sind es doch Männer, die hier reden, die das Gewicht ihrer Worte zu wiegen verstehen.

Res publica, das Gemeinwesen, ist *res populi*, Sache des Volkes, wie zu Beginn nach einer im Volke lebenden Etymologie gesagt wird. Dieses ganz römische Wort *res* wird nicht weiter definiert. Es sind die Belange, also die Dinge, die sich auf das Volk beziehen. Dazu gehört sicher der Besitz, aber ebenso der sittliche Zustand. *Res publica* aber ist schon in der Wortbildung bezogen auf eine andere *res*, die unabtrennbar damit verbunden ist: die *res privata:* alle Belange, die den einzelnen angehen, soweit der Staat etwas übrigläßt. Dabei wird der *privatus* als ein beraubtes, unvollkommenes Wesen angesehen, während im griechischen Worte ἰδιώτης doch mehr das Eigene, Selbständige gesehen wird. Das bedeutet freilich nicht, daß die Sphäre des Privaten in Wirklichkeit einen geringen Umfang in Rom gehabt habe. Das Gegenteil ist der Fall, weil der Staat selbst ihre Berechtigung anerkannte und die stolzen Persönlichkeiten sich in ihrem Bereich fest behaupteten. Ein Volk aber, so wird der andere, für den Römer weniger selbstverständliche Teil definiert, ist nicht jede Versammlung von Menschen, sondern ein *coetus multitudinis iuris consensu et utilitatis communione sociatus*, eine Versammlung, eine Menge, die sich in der Anerkennung des

Einleitung 19

Rechts und der Gemeinschaft des Nutzens vereinigt hat.
Die Zweckursache dieser Vereinigung ist nicht die Schwäche, sondern eine Wesenseigenschaft des Menschen, der
nur in Gemeinschaft leben kann. Wäre es nicht so, gäbe
es keine Gerechtigkeit, keine übrigen Tugenden, keinen
Staat. Diese Darlegungen, so knapp sie sind, sind keine
Abbreviatur der üblichen vorliegenden Staatstheorien,
über die Scipio–Cicero hinwegeilte, sondern Ciceros eigene Grundlegung, die im Keim alle späteren Ausführungen enthält. So hat sich denn eine gleiche Definition des
Staates auch nicht in der Literatur finden lassen. Mit ihr
aber setzt sich Cicero sogleich entschieden ab gegen die
säkularisierten Gedankengänge der hellenistischen Griechen, die Schwächetheorie des Polybios. Sinn des Staates
ist nach ihm seiner Ursache entsprechend in erster Linie
Verwirklichung des Rechtes, in zweiter Linie der gemeinsame Nutzen (συμφέρον), den die Schwächetheorie letztlich als den einzigen Sinn gelten läßt.
Eine so bestimmte Gemeinschaft aber, wie man sie auch
immer nennen mag, bedarf einer geistigen Lenkung, des
consilium, damit sie dauert. Damit wendet sich der Gedanke vom Sinn des Staates zum Leben des Staates. Diese
Trennung wird sich als äußerst wichtig und fruchtbar erweisen. Aber es ist bezeichnend für den Stil des Werkes,
daß sie nicht ausdrücklich ins Bewußtsein gebracht, sondern hinfort nur mit ihr gearbeitet wird. Von größter
Tragweite ist es auch, daß hier das, was den Staat dauernd
macht, in dem römischen Lebensbegriff *consilium* gefaßt
wird. Es ist dies die Herrscherweisheit, die sich jeweils in
Entschluß, Plan und Rat offenbart; die Lösung, die das
Scheitern in kritischer Situation verhindert, also zugleich
– schon das Verb *regere* zeigt es – etwas Willentliches ist.
Faßt man den lebenerhaltenden geistigen Staatswillen als
consilium, so ist man dem Problem des Machtstaates und
des historischen Staates gewachsen. Bei Horaz wird diesem *consilium* in der vierten Römerode ein Denkmal gesetzt.

Das *consilium* muß entweder einem oder mehreren übertragen werden, oder das Volk muß es selbst in die Hand nehmen. Die Zahl der Träger dieses geistigen, staatserhaltenden Gemeinschaftswillens ist das primitive, aber sehr folgenreiche Kriterium für die verschiedenen Staatsformen, Monarchie, Aristokratie und Demokratie. Jede dieser Verfassungen ist erträglich, solange sie das Band wahrt, das die Staaten zusammenschloß, ist aber doch nicht die beste. Formen, in denen sich das Leben des Staates vollzieht, werden hier also zum Sinn des Staates, der Gerechtigkeit, in Beziehung gesetzt. Was ist es, was diese Staatsformen und noch dazu in verschiedenem Grade – die *popularis res publica* ist es am wenigsten – minder gut erscheinen läßt? Zwei Gründe sind es: unter dem Königtum haben die übrigen zuwenig Anteil an dem *commune consilium et ius*, in einer Aristokratie ist das Volk nicht frei, da es das *commune consilium* und die *communis potestas* entbehrt, und in der Demokratie ist die Gleichheit ungerecht, da sie keine *gradus dignitatis* kennt. Zum anderen lauert in jeder dieser Formen ihre Entartung zur Tyrannei, sei es der eines einzelnen, mehrerer oder der Mehrheit. Daraus aber entspringen die Kämpfe und die merkwürdigen Kreisläufe der Staatsformen: sie haben keine Dauer. Die einfachen Formen werden also abgelehnt, weil sie erstens – das steht an wichtigster Stelle – der Gerechtigkeit widersprechen, also dem Sinn des Staates, zweitens unbeständig sind, also das Leben des Staates gefährden. Der Sinn des Staates fordert es also, daß alle an dem gemeinsamen Willen, aber dem Rang ihrer Persönlichkeit entsprechend beteiligt sind, das Gesamtvolk ist die Quelle der Souveränität, und zwar in der Weise, daß nicht jeder, der sein Vertrauen hat, etwa als Beauftragter seinen Willen durchführt, sondern daß das Volk seinerseits an die Persönlichkeit, die Würde des einzelnen gebunden ist.

Das Leben und die Dauer des Staates sind gefährdet, sobald die Formen in ihr benachbartes Übel abgleiten, das heißt nicht, daß der Verfassungswechsel als solcher sie ge-

Einleitung

fährdet, wohl aber das Ableiten in den Egoismus, wodurch allein der Kreislauf entsteht. Römische Lebensbegriffe sind es wieder, die diese Ableitungen tragen: *ius, consilium, libertas, dignitas.* So sehr auch die Ausführungen an die Kreislauftheorie des Polybios erinnern, so entfernt sind sie deshalb ihrem Wesen nach. Das zeigt sich noch deutlicher in den Folgerungen, die gezogen werden. Das Ableiten in den Egoismus ist bei jeder Form möglich, aber vollzieht sich nicht wie bei Polybios in bestimmter Reihenfolge, daß auf Königtum Tyrannis und darauf nicht Oligarchie, sondern Aristokratie folgt, weil zu der gesunden Reaktion nur die Besseren geeignet sind, sondern aus der Aristokratie, der Oligarchie, ihrer Entartungsform, der Demokratie kann der egoistische Tyrann die Macht ergreifen und umgekehrt aus jeder schlechten Form entweder einer oder mehrere Verantwortungsbewußte den Staat wieder aufrichten. So nimmt Cicero diesem Geschehen gegenüber auch nicht die Haltung des betrachtenden, die Zukunft erkennenden Historikers ein, sondern es ergibt sich hieraus die *Aufgabe* für den Staatsmann, aus der Erkenntnis dieser Möglichkeiten den richtigen Zustand immer wieder herzustellen, den Lauf zu zügeln. »Ein großer, beinahe göttlicher Bürger« wird dieser Staatsmann genannt, dem diese hohe Aufgabe aus dem Wesen des Staates zufällt.

Des Staates oder nur des Kampfes der einzelnen Staatsformen? Fast möchte das letztere anzunehmen sein, wenn aus allem jetzt die Folgerung gezogen wird, daß aus diesem Grunde die aus den drei Einzelformen gemischte und ausgeglichene Verfassung die beste sei. Die gemischte Verfassung schließt nach Polybios den Kreislauf aus und läßt damit für die Aufgabe des Staatsmannes in dieser Richtung wenig oder gar keinen Raum. Und faßt man Ciceros gemischte Verfassung in diesem Sinne auf, daß sie als *Form* Beständigkeit garantiert, dann wäre die Aufgabe des göttlichen Mannes nur für die Einzelform gedacht. Daß das Ciceros Gedanke nicht sein kann, ergibt sich schon dar-

aus, daß das ganze Werk zugespitzt ist auf diese Aufgabe des Staatsmannes, und zwar in der römischen, der Form nach gemischten Verfassung. Für Cicero handelt es sich bei dieser gemischten Verfassung nicht um eine mechanisch funktionierende Form, sondern um den Ausdruck des Wesens des Staates, der Gerechtigkeit. Sie muß vom Staatsmann immer wieder verwirklicht werden. So weit aber ist der Gedanke noch nicht, und so stehen diese beiden Dinge, Aufgabe des Staatsmannes und gemischte Verfassung, noch unverträglich nebeneinander. Das kommt daher, daß Cicero seine Gedanken entwickelt von den vorgeformten griechischen Theorien her, ist also Ausdruck der Schicksalslage des römischen Geistes überhaupt.

In dieser Meinungsabgabe Scipios sind alle Motive des Werkes und seine ganze Absicht schon enthalten. Es lohnt sich bei der Interpretation des Werkes, gerade von diesem Abschnitt auszugehen und sie nicht als rasch rekapitulierte griechische Theorie zu übergehen, wie man es bis jetzt getan hat. Sie sind ein Abriß oder Aufriß des ganzen Werkes. Ein Aufriß freilich, der, wie sich aus diesem Wesen ergibt, voll drängender Fragen steckt, von denen wir einige andeuteten. Sie werden im folgenden entwickelt, aber wieder nicht ausdrücklich, sondern so, daß der Leser die immanente Logik selbst ans Licht stellen muß.

So nimmt das Folgende von einer Frage des Laelius seinen Ausgang, anknüpfend an die beiläufige Bemerkung Scipios, daß die Einzelformen verschieden gut sein könnten. Laelius fragt, welche der einzelnen Verfassungen Scipio für die beste halte; denn das dürfte zur Erkenntnis des besten Zustands beitragen. Scipio entscheidet nicht selbst, sondern schlägt einen Umweg ein; er läßt nämlich, sich mehr oder weniger in ihre Seele versetzend, die Vertreter der einzelnen Verfassungen ihr Prinzip entwickeln und verteidigen, so wie seit der Sophistenzeit – wir fassen das bei Herodot 3,80–82 – dieser Streit von den Monarchisten, Aristokraten und Demokraten ausgefochten wurde. Am

Einleitung

Schluß freilich ist Scipio nicht gewillt, sich einem dieser Prinzipien anzuschließen, sondern gibt erst auf erneute Bitten seine Stellungnahme kund. Diese Reden der Demokraten, Monarchisten – von dieser Rede ist leider nur ein Paragraph, der sich gegen die Entartungsformen des eigenen Prinzips wendet, erhalten – und Aristokraten, etwa gleichen Umfanges, zeigen einen ganz parallelen logischen Aufbau und straffe prinzipielle Gedankenführung. Ihr anderer Stil und peripatetisches Gedankengut lassen eine peripatetische Quelle vermuten, vielleicht des Aristoteles Schrift über die Gerechtigkeit. Cicero darf hier einer Quelle in enger Anlehnung folgen, ohne die künstlerische Einheit zu verletzen, da ja Scipio diese Gedanken als fremdes Gut bezeichnet. Es sind gleichsam Gutachten, die man sich anhört, um dann seine Meinung selbst zu formulieren. Die Vertreter der Verfassungen suchen die Vorzüge ihres Prinzips zu entwickeln in jeweils sechs Gedankenstufen: 1. Entwicklung des Prinzips, 2. Verwahrung gegen Entstellung dieses Prinzips, 3. Funktionieren des Prinzips, 4. Begründung des Vorzuges aus der Geschichte und dem Ablauf des Prinzips, 5. das spezifisch Gute, das für das Volk damit erreicht wird, 6. grundsätzliche Verteidigung des Prinzips. Die Demokraten machen das Prinzip der Freiheit geltend, das erfüllt sei nur bei völliger Gleichheit nicht nur des Rechts, sondern auch aller politischen Rechte, die Monarchisten das Prinzip der überlegenen Einsicht eines hervorragenden Mannes, dem alle in Liebe verbunden sind, die Aristokraten das Prinzip der Einsicht, das mehrere besser verträten als der schwache einzelne. *Libertas, caritas, consilium*, unter diesen Vorzügen heißt es die Wahl treffen, und entscheidet man sich für den königlichen Mann, so kommen sofort die anderen gelaufen und machen ihre Gesichtspunkte geltend. Das ist das Resultat aus diesen Reden für Scipio, also ein negatives.

Da natürlich sich Scipio bei der Umsetzung griechischer Gedanken der römischen Begriffe bedienen muß, scheint

es so, als ob dieselben Begriffe, vor allem *libertas* und *consilium*, wie in seinem eigenen Abriß zur Debatte stünden. Aber der Gedanke, daß das *consilium* leichter bei mehreren sei als bei einem, weil sie mehr sähen, und weiter der Gedanke, daß Freiheit gleiche politische Rechte fordere, daß Rechtsgleichheit unmöglich und höchstes Unrecht sei, zeigen, daß hier andere Begriffe dahinterstehen, als sie Scipio selbst positiv vertrat: hier Freiheit im Sinne völlig gleicher Macht, dort im Sinne gleicher Möglichkeit zur Teilnahme, hier Einsicht im Sinne von objektiver Erkenntnis, die mehrere besser haben als einer, dort im Sinne des einheitlichen geistigen Willens, hier Rechtsgleichheit im Sinne der unmöglichen gleichen Machtverteilung, dort als Forderung der Beteiligung aller entsprechend ihrer Würde. Die Reden zeigen die Aporie – daher das negative Resultat –, in die man gerät, wenn man nach der richtigen Form vom *Anspruch des einzelnen* aus fragt und diese Ansprüche nicht als Funktionen des Volkes im ganzen und seines Sinnes sieht, wie es bei Scipios Abriß der Fall war.

Zunächst also bleiben diese Reden ohne Entscheidung und ohne Funktion, und Scipio wird von Laelius erneut gefragt, welche der drei einzelnen Formen er für die beste hält. In dieser zweiten »Königsrede«, dem Superarbitrium über die drei Verfassungen, entscheidet sich Scipio für das Königtum. Diese Rede ist in der Form ganz anders, lockerer und weniger durch das Gedankliche zwingend als die drei ersten. Sie zeigt das feine Scherzen dieser adligen Herren untereinander und wirkt hauptsächlich durch Beispiele aus der römischen Lebenswirklichkeit. Sie trägt den Stempel Ciceros auf der Stirn. Man hat hauptsächlich auf Grund dieser Rede, in der das Königtum so gepriesen würde, daß hinter ihr die Mischverfassung ganz zurückträte, schließen zu können gemeint, daß Cicero mit seinem Werk die dauernde Herrschaft eines Mannes, etwa im Stile des Pompeius oder des späteren Augustus, als das Richtige habe hinstellen wollen. Die Frage muß im Zusammenhang

Einleitung 25

des fünften und sechsten Buches noch einmal angeschnitten werden. Wie ungeheuerlich es wäre, Cicero die Dauerherrschaft eines Mannes empfehlen lassen zu wollen, ist ja aus seinem ganzen Leben, seiner Art, aber auch den Ausführungen, die bis jetzt den Grund gelegt haben, klar ersichtlich. Hier gilt es, zweierlei sich bewußt zu machen. Warum empfiehlt Cicero das Königtum? Weil in ihm – er geht auf den Begriff *caritas* gar nicht ausdrücklich ein; um so deutlicher wird das Fremde der drei Reden – die einheitliche Lenkung am besten garantiert wird. Das *consilium*, das die Dauer garantiert, ist das *imperium*, der einheitliche befehlende Wille, und »der ist keiner, wenn es nicht *einer* ist«, wie klassisch einfach an der entscheidenden Stelle gesagt wird. Das Erlebnis dieses einheitlichen Willens, das jedes Haupt einer römischen Familie hat, wirkt hier beweiskräftiger als jeder Gedanke. Das Königtum wird also nur in *einer* Hinsicht gepriesen, werden wir nach der Unterscheidung des Anfanges sagen dürfen, in Hinsicht auf das *Leben* des Staates. Von der Gerechtigkeit, die doch am Anfang gegen das Königtum geltend gemacht wurde, ist nicht die Rede. Der zweite Grund gegen das Königtum aber, daß es am leichtesten in seine benachbarte schlechte Form ausarte, wird in diesem »Preis« des Königtums nicht etwa verschwiegen, sondern sogar an Stellen, wo durchaus keine Not dazu zwingt, erscheint immer wieder das düstere Gegenbild des Tyrannen Tarquinius. Das also, was die Dauer des Staates am besten garantiert, das einheitliche *consilium*, hier nun so ganz römisch gefaßt wie am Anfang, ist im Königtum am besten garantiert, das doch am ungerechtesten scheint und am leichtesten in Ungerechtigkeit ausartet. Leben und Sinn des Staates, *salus* und *dignitas*, so dürfen wir wohl nicht zu kühn begrifflich formulieren, stehen am Schluß des ersten Buches scheinbar unvereinbar, antinomisch gegenüber. Das erste Buch endet mit einer großen Spannung, die nach Auflösung drängt.

Denn das Folgende sind zwar Schlüsse aus dem bis jetzt

Erkannten, auch auf höherer Ebene, aber doch Schlüsse, in denen diese Spannung enthalten ist. Nach einem steilen Absturz am Ende der Königsrede, der diese scheinbar hoffnungslose Antinomie spürbar macht, wird auf die Frage des Laelius breiter das Wesen dieser Veränderungen im Staate geschildert; dabei wird eine Übersetzung aus Platon über die Entartung der Demokratie eingeflochten. Scipio zieht die Folgerung aus allem und gibt sein *placet* auf der neuen Stufe des Gedankens: die beste einzelne Form ist das gerechte Königtum, die beste Form überhaupt ist die Form, die aus den drei einzelnen Formen ausgeglichen geordnet ist; denn es muß in einem Staate ein königliches Element sein, es muß der *auctoritas* der führenden Männer etwas zugeteilt und dem Urteil und dem Willen des Volkes etwas vorbehalten sein.

In dieser Stellungnahme wird der Sinn der zweiten Königsrede aufgehoben, und zugleich werden verwandelt die Ansprüche der drei Vertreter der Einzelverfassungen berücksichtigt. Aber nicht so, daß hier das Fazit aus ihnen gezogen würde: aus dem *consilium* der Aristokraten ist die römische *auctoritas* der *principes* geworden, und die Ansprüche des Volkes werden im Rahmen der übrigen berücksichtigt. Die aus den drei Einzelverfassungen verschmolzene und geordnete Verfassung aber wird jetzt nicht empfohlen, weil sie zwei, wenn auch noch so gewichtige, auf den Sinn des Staates gehende Übel vermeidet, sondern weil jedes der drei Elemente *positive* Funktionen im Sinne der Gerechtigkeit und des Lebens hat. Jetzt zeigt es sich, weshalb drei Reden eingelegt wurden, die positive Absicht haben, und warum Scipio so sehr das in einer Hinsicht Positive beim Königtum hervorhob. – Die Mischverfassung, wenn wir sie weiter so abgekürzt nennen dürfen, hat beides, *aequabilitas* und *firmitudo*, wird weiter begründend gesagt: Leben und Sinn sind in ihr vereinigt. Dieses *placet* Scipios, obwohl es die Frage der gemischten Verfassung auf eine neue Basis stellt, hat doch etwas Vorläufiges und Abruptes. Man fragt nach dem Wie

Einleitung 27

und nach dem die spannungsreiche Antinomie auflösenden Prinzip. Das eine Verlangen wird in der historischen Betrachtung des zweiten, das andere in der Besinnung des dritten Buches befriedigt. Dieser so sehr verständliche Schritt aber zu der Behandlung des Wie wird nicht ausdrücklich ins Bewußtsein gehoben, sondern mit der oben erwähnten Entschuldigung abbrechend, kündigt Scipio unter dem Beifall der übrigen an, daß er das übrige an Hand des römischen Staates behandeln werde. Das ist berechtigt. Ist er doch die beste Verfassung: *sic enim decerno, sic sentio, sic adfirmo, nullam omnium rerum publicarum aut constitutione aut descriptione aut disciplina conferendam esse cum ea, quam patres nostri nobis acceptam iam inde a maioribus reliquerunt* (vgl. Übers. 1,70).

Zweites Buch

Um Sinn und Absicht des zweiten Buches zu begreifen, muß man von dem Methodenkapitel 2,21 und 22 ausgehen. Nach der Darstellung des Romulus bestätigt Laelius auf die Frage des Scipio, ob er sähe, wie durch eines Mannes Herrscherweisheit (*consilium*) ein neues Volk entstanden und fast zur Mannesreife gediehen sei, diese Behauptung Scipios und charakterisiert die Methode der Darstellung. Sie sei völlig neu und nirgends in den Büchern der Griechen zu finden. Die Behauptung ist eindeutig und klar. Nach ihr anzunehmen, Polybios, um von anderen zu schweigen, habe dasselbe wie Scipio–Cicero getan, geht nicht an, wenn man Cicero nicht einer krassen Lüge zeihen will. Worin aber besteht das Neue? Die Begründung für diese Behauptung beginnt mit einem Rückblick auf die griechische Staatslehre. Platon hat sich bei seiner *Politeia* einen Bauplatz ausgewählt, auf dem er nach seinem Gutdünken einen Staat konstruierte, der dem Leben und den Sitten der Menschen widerspricht, die übrigen haben ohne ein besonderes Musterbild über die Arten und Prinzipien der Staaten gehandelt. Mit den übrigen

sind die sich an der Wirklichkeit orientierenden und ihre Gesetze aufspürenden Peripatetiker gemeint, von denen auch Polybios beeinflußt ist. Das Neue bei Cicero besteht darin, daß er beides verbindet, nämlich das Verfahren der Peripatetiker und Platons. Worin besteht es? Dadurch, daß die folgenden Erklärungen das Verfahren nicht begrifflich scharf fixieren, sondern beschreiben, ist das Verständnis erschwert, beziehungsweise gehindert worden. Scipio, heißt es, will lieber anderen zuschreiben, was er selber findet, als es selbst erdichten, wie es Sokrates bei Platon tut, und bezieht auf die Vernunft, was Romulus zu Zufall oder Notwendigkeit geleistet hat, und er behandelt den Gegenstand nicht in frei sich ergehender Rede, sondern in einer, die haftet an *einem* Staate. Weil diese Sätze das Anliegen des zweiten Buches erschließen müssen, dürfen sie wohl auch in einer allgemeinen Einführung genau behandelt werden. Klar ist zunächst wohl, daß das Anliegen nur in dieser Beschreibung des Verfahrens enthalten ist, daß man also die allgemeine Charakterisierung der Peripatetiker, daß sie nur über Arten und Prinzipien gesprochen hätten, nicht dafür in Anspruch nehmen darf. Bei der Beschreibung aber spitzt sich die Frage darauf zu, welcher Teil das platonische und welcher das peripatetische Verfahren meint. Die Beschreibung besteht aus zwei Gegensatzpaaren, von denen das erste aus zwei Sätzen, das zweite aus zwei entgegengesetzten Attributen gebildet ist. Das letzte Paar stellt die frei sich ergehende Rede der anderen entgegen, die an einem Staatswesen haftet. Daß mit der frei sich ergehenden Rede Platons Verfahren, der nach seinem Gutdünken sich einen Staat errichtet, gemeint sein muß, ergibt sich aus der engen begrifflichen Zusammengehörigkeit des Ausdrucks *vaganti* mit Begriffen wie *arbitratu suo*, *ipse fingere*, *sibi ipse depingere* (2,51), in *umbra et imagine civitatis*. Also ist der Gegensatz, das positive Verfahren des letzten Gegensatzpaares, das *peripatetische* Verfahren: daß die Rede haftet an *einem* Staate, nämlich der Wirklichkeit, das unterscheidet Cicero

Einleitung 29

von Platon, der sich selber ein Bild entwirft, und stellt ihn
zu den Peripatetikern, die sich zwar nicht an *einen* Staat
der Wirklichkeit, aber an die Staaten der *Wirklichkeit* gehalten hatten. Also muß das erste Gegensatzpaar das platonische Verfahren bezeichnen. Zunächst freilich wird
auch hier ein Unterschied festgestellt: Cicero will, was er
selber findet, nicht wie Sokrates bei Platon selber gestal-
ten, sondern er legt es anderen unter. Dieser Unterschied
von Platon deckt sich nicht wie der des zweiten Paares mit
der Eigentümlichkeit der Peripatetiker, wodurch die Parallelität etwas gestört wird, sondern sagt etwas ganz Neues
aus. Dann aber muß erst recht der folgende Satz das platonische Verfahren bezeichnen: hat es doch keinen Sinn, einen Unterschied vom platonischen Verfahren dort neu
einzuführen, wo man vom peripatetischen spricht. Also
liegt das platonische Verfahren darin, daß Cicero alles auf
die Vernunft bezieht, *ad rationem revocat.* Alles, was Romulus *casu et necessitate* getan hat, aus Zufall oder aus
Notwendigkeit, das heißt aber nach den Gesetzen des geschichtlichen Handelns, die Cicero mit den beiden Worten umschreibt und unentschieden läßt wie Tacitus in dem
berühmten Kapitel der *Annalen* (6,22). Wieso aber ist das
platonisch? Hier hilft der 52. Paragraph. Dort wird gesagt,
Platon habe sich einen Staat, mehr wünschbar als erhoff-
bar, so klein wie möglich hergestellt, nicht daß er existieren könne, sondern um an ihm die *ratio rerum civilium*
zu durchschauen, das Wesen des Staates, die Idee des Staates, schließlich die Gerechtigkeit. Cicero will mit denselben Wesenszügen – *rationibus* ist also etwas anderes als
die *rationes*, mit denen sich die Peripatetiker befaßten –
wie mit einer Wünschelrute die Ursache eines jeden Übels
oder Guten an dem größten Staat der Wirklichkeit erkennen. *Ratio* hat also so großen Umfang und so großes Gewicht, daß es an die Stelle der platonischen Idee treten
kann. *Ad rationem revocare* heißt soviel wie ein *certum
exemplar et forma rei publicae* haben. Die Verbindung von
Platonischem und Peripatetischem, dürfen wir jetzt sagen,

besteht also darin, daß Cicero zwar seine Betrachtungen an einem Staate, dem größten Staate der Wirklichkeit, macht, daß er aber an ihm und der Geschichte die Idee des Staates, sein Grundprinzip, wie Platon erkennt. Cicero verfolgt im zweiten Buch das Wirken der Idee in der Geschichte und ist sich dessen als eines Neuen auch bewußt. Daß diese theoretischen Ausführungen vor allem in dem Operieren mit dem in vielerlei Bedeutungen schillernden Wort *ratio* die Schwierigkeiten erkennen lassen, die Cicero hat, seine Entdeckung begrifflich zu fassen, wer wollte ihm das zum Vorwurf machen? Diese Entdeckung, daß die platonische Idee in der Geschichte wirkt, daß sie im Staat der Väter Wirklichkeit geworden ist, wie er es im zweiten Buche darstellt, sie ist es, die ihn zum glühenden Jünger Platons macht, zugleich aber eine fruchtbare Kritik an ihm üben läßt, die nur der banausisch schelten kann, der die Schwierigkeit verkennt, die gerade ein so lebensnahes Denken wie das römische hat, sich zur Abstraktion zu erheben.

Entsprechend dieser Entdeckung und dieser Absicht, die den Übergang vom ersten zum zweiten Buch verständlich macht, verfolgt das zweite Buch, ausgehend von dem Catowort, daß die römische Verfassung nicht wie in Griechenland von einzelnen Männern, sondern von vielen in generationenlanger Arbeit geschaffen worden sei, die römische Geschichte über die sieben Könige Romulus, Numa, Tullus Hostilius, Ancus Marcius, L. Tarquinius, Servius Tullius, Tarquinius Superbus, die Vertreibung der Könige bis auf die Zeit nach dem Dezemvirat. An ihr wird gezeigt, wie die Vernunft in der Geschichte schrittweise schließlich die römische Mischverfassung hervorgebracht hat. Am Schluß erhebt es sich zu gewaltigen Bildern und stößt zum letzten Prinzip vor.

Führt das Wirken der *ratio* schließlich zur Mischverfassung, dem besten Zustand, setzt sich die Idee des Staates in der Geschichte durch, erwartet man, daß die Begriffe des ersten Buches nun hier in der Geschichte eine Rolle

Einleitung 31

spielen. So ist es in der Tat. Das, was dort begrifflich vom
Wesen und Ziel des Staates, vom Leben des Staates, seinen
Notwendigkeiten, Formen und Gefahren abgeleitet wor-
den war, wird hier im Wachsen gezeigt und bis zu dem
Zustand geführt, der die Idee erfüllt und den es dann immer wieder zu behaupten gilt. Das erste Buch enthält die
Kategorien, mit denen hier Geschichte gesehen wird, und
läßt diese wiederum im jeweils konkreten Ereignis in dem
Gemeinten klarer und deutlicher erkennen. Das Ziel des
Staates, Gerechtigkeit in erster Linie, die den verschiedenen Wert der Würde gerecht wird, und Nutzen, schwebt
vor, wenn von einer *accessio rerum bonarum et utilium*
gesprochen wird (2,37). *Consilium*, der lebenerhaltende
geistige Gemeinwille, der Dauer verbürgt, ist dasjenige,
was den Staat weiterbringt (2, 5.12.15.16.17.21.23.26.30 –
wo das Wort nicht fällt, schwebt der Begriff vor).
Dieses auf den Sinn des Staates, auf Verwirklichung der
Gerechtigkeit und gemeinsamen Nutzen, auf *dignitas* und
libertas gerichtete, weitschauende, an Dauer denkende,
realistische *consilium*, die sich in den konkreten Lagen jeweils verwirklichende Vernunft, hat schließlich zur wohl-
temperierten Verfassung, dem besten Zustand geführt.
Damit wird dieser beste Zustand nicht grundsätzlich als
Mischung der Funktionen bestimmt wie am Ende des ersten Buches, sondern als Resultat der in der Geschichte
wirkenden *ratio*, die auf natürlichem Wege zur besten
Form drängt.
Es sind besonders die allgemeinen Betrachtungen, die jeweils der historischen Erzählung angefügt werden, in denen diese Schritte abgegrenzt werden und in denen das
Begriffsgefüge des ersten Buches zur Geltung kommt. Da
dort diese Grundvorstellungen als ciceronisch erwiesen
werden konnten, darf man schließen, daß es diese Zusam-
menfassungen bei Polybios, dem sonst Cicero in dieser
Archäologie vielfach folgt, nicht gegeben hat.
Wie hat man sich diesen natürlichen Weg (2,30), den die
römische Verfassung geht, vorzustellen? Schon Romulus

Einleitung

hat gesehen, daß mit königlicher Machtvollkommenheit besser regiert wird, wenn das Ansehen der besten Männer mit dieser Macht verbunden ist (2,15). Ein weiterer Schritt nach diesen Anfängen eines Senates war der, daß man nach dem Tode des Romulus nicht die Erbmonarchie, sondern das Wahlkönigtum einrichtete, weil man sah, daß man nur die *sapientia regalis*, nicht königliches Blut suchen müsse (2,25). Damit wurde gerechterweise das Volk befragt; denn jeder König ließ sich, gewählt, vom Volk bestätigen. Überhaupt sahen die Könige, daß man dem Volke gewisse Rechte zubilligen müsse (2,31). Das gipfelt schließlich in der Ordnung des Servius, mit der dem Volke offizielle Rechte der Wahl eingeräumt werden. Freilich nicht gleiche Rechte: wenn zu den Rittern und der ersten Klasse nur acht Zenturienstimmen der anderen kommen, ist die Mehrheit – *vis populi universa* – erfüllt. Die Majorität war bei dieser Ordnung bei den Begüterten. So wurde das Volk nicht von der Wahl ausgeschlossen – das wäre *superbum* und ungerecht gewesen –, aber die große Masse hatte nicht das Übergewicht – das wäre gefährlich gewesen (2,39f.). Hier zeigt sich wieder die Antinomie zwischen Sinn und Leben des Staates, zwischen Gerechtigkeit und Sicherheit, die von der richtig verstandenen Gerechtigkeit aufgelöst wird. Dabei ist es so, daß alles dies in der Darstellung enthalten ist, aber nicht bis zur begrifflichen Ausdrücklichkeit geführt wird. Es heißt also: »man sah, daß dem Volke etwas eingeräumt werden müsse«, aber es bleibt mit Absicht so unbestimmt; es wird nicht etwa von dieser Anerkennung der Begriff der Volkssouveränität abgeleitet. Aber er scheint immer mehr oder weniger nahezuliegen.

Mit der Verfassung des Servius hat die römische Verfassung die Stufe erklommen, die an den anderen gerühmten Mischverfassungen, Karthago und Sparta, gepriesen wird. In einer ausführlichen Betrachtung wird angekündigt, daß sich von da ab etwas mit dem römischen Volke ereignet hat, was keinen Vergleich sonst neben sich duldet und die Mischverfassung erst ihr eigentliches Wesen erreichen

Einleitung 33

läßt. Denn die spartanische, die karthagische Verfassung und die römische auf dieser Stufe waren zwar aus den drei Elementen gemischt (*mixta*), aber nicht *temperata*, das heißt richtig und ausgeglichen geordnet. Wo nämlich ein König dauernde Macht hat, überwiegt das *regnum*, in dem nach 1,43 keine wirkliche Freiheit ist und das eben die gefährlichste, weil veränderlichste Form ist. Selbst wenn das Königtum seinen Zustand bewahrt, fehlt dem Volke die Freiheit, das heißt: der Sinn des Staates, die Gerechtigkeit, ist nicht erfüllt. Besteht doch die Freiheit nicht darin, daß man einen gerechten Herrn hat, sondern keinen Herrn. Einen *rex iustus* haben ist noch nicht *iuris consensus*.

Dieser neue Zustand beginnt mit der ersten Drehung des Kreislaufes dort, wo aus dem König der Tyrann wird. Auch dies ist eine natürliche Bewegung (*naturalis motus* 2,45), aber nicht in dem Sinne des Polybios, daß man aus ihrem festen Ablauf die Zukunft berechnen könnte. Ihre Kenntnis ist vielmehr dazu nötig, wie auch hier mit Betonung wiederholt wird, daß man erkennt, wohin eine jede Sache neigt und wie man diesem natürlichen Zuge begegnen kann. Nachdem kurz der Frevel an der Lucretia und die Vertreibung des Tarquinius berichtet worden sind, wird in fast schwerfälligem, dreimaligem Absatz breit, die Wichtigkeit des Themas auch schon durch den Umfang zum Ausdruck bringend, vom Wesen des Tyrannen gesprochen. Sobald aus dem König der Gewaltherr wird, ist der Staat aus einem guten Zustand in den verderblichsten geraten. Denn nach der Ausdrucksweise der Griechen hat man, wenn der König ungerecht wird, sofort den Tyrannen, das schcußlichste Untier. Denn wie soll man ihn noch einen Menschen nennen, da er keine *iuris communio*, keine *humanitatis societas*, die ihn mit seinem Mitmenschen verbände, anerkennt. Tarquinius zeigt als erster die Entstehung des Tyrannen. Die Römer unterscheiden ihn übrigens sprachlich nicht vom *rex*; im Gegenteil, *rex* hat bei den Römern einen schlechten Klang, von allen, die als

einzelne dauernde Herrschaft über das Volk erstrebten, sagen sie, sie hätten das *regnum* erringen wollen. Denn solche tyrannischen Versuche hat es bis zur Gegenwart gegeben. Die Gefahr des Tyrannen ist bei Einzelherrschaft immer da. Diese erste Form des Tyrannen – man hört heraus, daß es noch andere gibt – enthüllt sich nicht wie bei Platon an einem Manne, der eine neue Gewalt erringt, sondern bereits besessene mißbraucht. Diesem Tyrannen steht auf der anderen Seite der gegenüber, der weiß, was Würde und Nutzen – der doppelte Sinn des Staates – verlangen, und dies selbstlos verwirklicht.

An diesen Darstellungen, aber auch an der kurzen monumentalen Erzählung von der Vertreibung des Tyrannen zeigt es sich schon, daß es nicht so sehr auf die Form ankommt, sondern auf den Geist, in dem Macht ausgeübt wird. Es wird am Beispiel des Tarquinius dargelegt, daß der verderbliche Kreislauf der Staaten dadurch entsteht, daß die andere Natur des Menschen die Vernunft, die zur besten Form führt, überwindet und so ins Verderben stürzt. Tarquinius, infolge der Mordtat an dem Vorgänger nicht mehr reinen Sinnes *(integra mente)*, schuldverstrickt *(obnoxius)*, will in seiner Angst gefürchtet werden, überhebt sich in dieser Schwäche auf Grund äußerer Erfolge und kann sich und die Seinen nicht mehr beherrschen. Brutus setzt diesem zügellosen Treiben, das aus Schuld immer wieder Schuld gebiert, sich nur noch selber will und die anderen versklavt, ein Ende und zeigt zum ersten Male, daß, wo es gilt, die Freiheit zu wahren, niemand Privatmann ist.

In diesem Zustand, in dem das Volk zum ersten Male frei ist, in dem Männer wie P. Valerius Publicola, Lucius Valerius Potitus, M. Horatius Barbatus um der Eintracht willen weise dem Volk entgegenkommen *(concordiae causa sapienter populares)*, hat der Senat die Macht inne, so daß bei einem freien Volke weniges durch das Volk selbst, das meiste kraft des Ansehens und nach Maßgabe des Senates ausgeführt wurde, die Konsuln jedoch zwar königliche,

Einleitung 35

aber auf ein Jahr begrenzte Macht hatten. Zur Erhaltung
der Macht der Adligen trug am meisten der Umstand bei,
daß die Volksbeschlüsse nur nach Billigung durch den Senat Gültigkeit hatten. Daß hier noch von *potentia* gesprochen wird, zeigt, daß auch dieser Zustand noch nicht der
endgültige ist. Das königliche Element freilich hat in den
Konsuln seine endgültige Form gefunden: es erfüllt die
Funktion des Königs und vermeidet seine Gefahren, und
da die Konsuln aus den *patres* gewählt werden, ist auch jener Vorzug, den die Vertreter des Königtums im ersten
Buche geltend machten, verwirklicht, die *caritas*: denn
wegen der *caritas* wurden die *patres* ja so benannt (2,14).
Daß dieser Zustand noch nicht volle Gerechtigkeit ist, der
Zustand, in dem genügend Macht bei den Konsuln, genügend Freiheit beim Volke, genügend wirkendes Ansehen
bei den führenden Männern der Nobilität ist, daß er noch
nicht die gerechte Ausgewogenheit hat, zeigt das Zwi-
schenspiel des Auszugs der *plebs*, die sich bei dieser Gelegenheit die Volkstribunen als Vertreter erringt. Der
Grund war die Verschuldung des Volkes, für die man
keine Abhilfe fand, schuld war das *consilium praetermissum*. Es hätte auch hier eine Lösung geben müssen, das ist
der feste Glaube Ciceros, nur ist sie versäumt worden.
Von diesem Ereignis sagt Cicero, daß hierbei die *ratio*, der
vernünftige Sinn, vielleicht fehlte – das Tribunat ist ihm
wohl unter dem Eindruck seiner eigenen Erlebnisse frag-
würdig geworden –, daß aber die Natur der öffentlichen
Angelegenheiten die Vernunft und das Sinnvolle häufig
besiege. Man kann in diesem Satze aber nur dann, wie man
es getan, einen Verzicht auf Durchführung des Planes des
zweiten Buches hören, wenn man meint, Cicero wolle ein
jedes Ereignis aus der *ratio* rechtfertigen. Das Gegenteil
ist der Fall: der Gang der *ratio*, der freilich – das ist seine
feste Überzeugung – in der römischen Verfassung zum
Schluß den besten Zustand erreicht hat und die Idee des
Staates erfüllt, ist, wie wir das schon bei Tarquinius Superbus sahen, immer wieder bedroht von der anderen Natur,

36 *Einleitung*

dem egoistischen Interesse, das soviel Macht wie nur möglich erringen möchte.

Das zeigt sich deutlich noch einmal bei der Zwölftafelgesetzgebung (in den Jahren 451 bis 449 v. Chr.). Dort wollen die zehn Männer des zweiten Jahres ihr Amt nicht niederlegen, fassen Entschlüsse, die mit Recht als unmenschlich empfunden werden, und bringen durch ihre Ungerechtigkeit den ganzen Staat in Bewegung (2,63 *in iustitia subita exorta est maxima perturbatio*). Weil der Zustand nicht gegen alle gerecht ausgewogen war – *aequabilitas* ist das Wort, das am Ende des ersten Buches auftauchte und im zweiten seine konkrete Ausgestaltung empfängt (bis 2,62) –, kann er nicht dauernd sein. Diese Ausgewogenheit ist also nicht die Folge einer wohlausgedachten, die einzelnen Teile in gegenseitiger Furcht haltenden Mechanik der Verfassung wie bei Polybios, sondern kann auch im besten Zustand immer wieder gefährdet werden durch den Einbruch des Irrationalen, so wie in der Zeit hier, die der endgültigen Form so nahe kam.[3] Wie sie durch Ungerechtigkeit zerstört wird, muß sie von der Gerechtigkeit, die im richtigen *consilium* die Lösung findet, immer wieder gleichsam von innen heraus verwirklicht werden, hält sich nicht etwa in Gegenspannung selbst. Nicht voll Mißtrauen stehen sich die Parteien gegenüber, sondern arbeiten im gegenseitigen Vertrauen an etwas Objektivem; wird von einer Seite das gerechte Gleichgewicht gestört, so ist niemand Privatmann, ein jeder muß versuchen, es wieder in Ordnung zu bringen, der in der Lage ist, es zu tun. Auch nach dem Dezemvirat ist das Gleichgewicht und die gerechte Ausgewogenheit wieder errungen worden, und der Staat hat seine endgültige Form gefunden, bei der gewisse Privilegien der Nobilität noch abgeschliffen wurden. Das muß in der größeren Lücke nach 2,63 ausgeführt worden sein. Der Schluß der

3 Über die Mischverfassung des Polybios vgl. H. v. Fritz, *The Theory of the Mixed Constitution in Antiquity*, New York 1954, der freilich die ciceronische Form nicht interpretiert.

Einleitung 37

Scipiorede, daß die Vorfahren diesen Zustand besonders gebilligt und mit Weisheit an ihm festgehalten haben, ist uns gerade noch erhalten.

Auf diesem natürlichen und vernunftgemäßen Wege zum besten Zustand hat die Arbeit der Generationen noch andere Errungenschaften hervorgebracht, die, seitdem als gut erkannt, pietätvoll bewahrt werden, Religion und Kultus, Bildung und sonstige Einrichtungen, die ganze staatliche römische Wirklichkeit. Das Hauptgewicht liegt freilich darauf, zu zeigen, wie es zu dieser *aequabilitas* der gemischten Verfassung durch die Vernunft gekommen ist.

Deswegen wird Tubero, als er kritisch bemerkt, er vermisse eine Darlegung, durch welche Zucht, durch welche Sitten und Gesetze der Staat bewahrt werde, mit Recht auf das vierte Buch verwiesen; die andere kritische Bemerkung, Scipio habe vom römischen Staat gesprochen, während man nach dem Gemeinwesen an sich gefragt habe, darf zurückgewiesen werden: er hat im zweiten Buch am größten Staat gezeigt, was der Logos, die vernünftige Überlegung, als Wesen des Staates erkennt. Um aber das Gemeinte noch deutlicher zu machen, wird in Bildern zum Schluß das Wesentliche symbolisch zusammengeschaut.

Wenn man nicht sieht, daß die römische Geschichte im zweiten Buch als der Kampf zweier Naturen dargestellt wird, kann man den Zusammenhang zwischen ihr und dem Bild des Elefantenführers nicht verstehen. Scipio will nämlich den besten staatlichen Zustand durch ein Bild der Natur verdeutlichen. Dieses Bild ist leider in einer Lücke verlorengegangen. Es kann nicht der Elefantenführer selbst, aber auch nicht der *prudens* gewesen sein, zu dem man von diesem Bild aus gelangt. Aber in dem Bilde, mit dem die Seele des Staatsmannes verglichen wird, wird das Gemeinte und der Zusammenhang mit der geschichtlichen Darstellung doch deutlich. Der *prudens* nämlich ist der Beherrschte, der wie der Elefantenführer das Untier in seiner Seele bändigt, die Leidenschaften und Begierden

und die vier Affekte, wie sie nach stoischer Lehre in Verbindung mit der platonischen Seelenlehre gegeben werden. Dieser *prudens* ist derjenige, der in sich selbst die Herrschaft der Vernunft so verwirklicht, wie sie im Staate verwirklicht werden muß. Wir erkennen in ihm den Staatsmann wieder. Nur wird hier nicht sein Eingreifen in den Krisen geschildert, wie es dann im sechsten Buch geschehen wird, sondern seine Pflicht und Aufgabe wird in Hinsicht auf den besten Zustand ihrem Wesen nach bestimmt: wie aus verschiedenen Tönen – hier wird das andere Bild gebraucht, das diesem Buchschluß seine Höhe gibt – durch Modulation und Abmessung der reine harmonische Zusammenklang entsteht, so wird durch maßhaltende Vernunft die Eintracht, das engste Band des Staates, verwirklicht. Der *prudens* aber ist der Träger dieser Vernunft. Wie bringt er sie zur Geltung? Wie kommt es zu dieser Harmonie im Staate? Kein direktes Eingreifen ist nötig. Er hat eine Aufgabe, in der alles beschlossen ist: zu sein, wie er ist, das heißt immer wieder in sich das Vernünftige durch ständiges sich in der Situation Heimischmachen, durch ständige Selbstbeobachtung zu verwirklichen und die übrigen zur Nachahmung anzuregen und durch den Glanz seiner Seele und seines Lebens, durch das Festliche der Persönlichkeit sich seinen Mitbürgern wie einen Spiegel vorzuhalten, in dem sie ihr besseres Selbst erkennen können.

Solche Vorbilder kann es nur wenige geben, aber jeder soll es sein. Sie sind es, die jene *aequabilitas* tragen, die auf natürlichem Wege die römische Verfassung erreicht hatte. Damit ist statt der Form der Mensch als das Entscheidende hervorgetreten. Freilich ist die Frage der Formen noch nicht abgeschlossen. Das wird erst im dritten Buch geschehen. Vorher nämlich stößt das Gespräch zu den letzten Grundlagen vor. War schon mehrfach die römische Mischverfassung als gerecht und damit als die beste hingestellt worden, war gesagt worden, daß sie das Wesen des Staates verkörpert, war die Definition des Staates von dem

Einleitung 39

iuris consensus omnium ausgegangen, war gesagt worden, daß Ungerechtigkeit diesen besten, allen gerecht werdenden Zustand zerstört und in Bewegung bringt, so war die Gerechtigkeit doch noch nicht ausdrücklich als Prinzip des Staates erkannt worden. Am Ende des zweiten Buches taucht sie zum ersten Male ausdrücklich auf: Eintracht kann nicht sein ohne Gerechtigkeit. Alle stimmen darin überein, daß die Gerechtigkeit dem Staate nütze, ihr Gegenteil ihm schade. Aber hier gilt es, sich mit der Meinung auseinanderzusetzen, daß man Politik ohne Ungerechtigkeit nicht führen könne. Mit der Meinungsabgabe Scipios, daß bis jetzt gar nichts erreicht sei, wenn nicht gesichert wäre, daß man das Gemeinwesen nur mit höchster Gerechtigkeit führen könne, wird der Kampf um die Grundlagen und die Bestimmung der Gerechtigkeit auf das dritte Buch verschoben.

Als eine Sicherung erscheint so das dritte Buch. Die Gerechtigkeit taucht zwischen *concordia* und *moderata ratio* gleichsam wie zufällig auf. Wieder also ist der Übergang nicht logisch ausdrücklich gewonnen, sondern von festen römischen Lebensbegriffen aus. Die innere Verbindung bleibt zu ergänzen: nachdem das Wirken der Idee in ihrem natürlichen Weg bis zum Zustand im Staat der Väter verfolgt worden ist, wird diese Idee des Staates wie bei Platon in der Gerechtigkeit erkannt.

Das zweite Buch gibt eine Sinndeutung der Geschichte. Das ist etwas, was dem Römer naheliegt. Vergil hat in der römischen Geschichte Wirken und Ziel der Fata erkannt. Das Gemeinsame ist dieses, daß beide Herrschaft begründet sein lassen in der Schaffung und Wahrung einer gerechten Ordnung. Der Unterschied ist aber der, daß Vergil in der Herrschaft des Augustus das Ziel und den Willen des göttlichen Schicksals erkennt, weil er den göttlichen Willen auf Erden verwirklicht, Cicero in einer bestimmten Epoche des Staates der Vorfahren die Verwirklichung der Idee des Staates und seiner Zeit das Recht sowie die Möglichkeit zur Herrschaft zuspricht, wofern sie diese in der

Geschichte Wirklichkeit gewordene Idee erfüllt. Von dem Wesen eines Polybios ist das grundverschieden. Er denkt pessimistisch über die Menschen. Im Besitz der Macht entartet nach ihm der Mensch. So kommt der Kreislauf von Königtum zu Tyrannis, Aristokratie, Oligarchie, Demokratie und seine Wiederholung zustande. Für Cicero gibt es neben dem Kreislauf das Streben nach dem besten Zustand und die Aufgabe, diesen besten Zustand zu wahren. Selbst wo Polybios sagt, daß die Römer die Lösung, die Lykurg rational gegen die Notwendigkeit des Kreislaufs in der Mischverfassung gefunden hatte, im Lauf der Geschichte und Generationen erreicht hätten, führt er das nicht auf eine zielstrebige Idee, sondern darauf zurück, daß die Römer in den Krisen (Peripetien) das Bessere wählten. Bei Cicero wird so die Geschichte ein dauernd aufgegebener Kampf gegen den Kreislauf. In jedem Augenblick kann man seine Räder knarren hören, in jedem Augenblick muß man ihm entsprechend entgegentreten. Aus dem Kampf der Teile untereinander, die notwendig entarten, und aus dem Gleichgewicht, das durch gegenseitige Furcht die Macht zerteilt und den Kampf und die Entartung verhindert, ist so bei Cicero ein Kampf im eigenen Innern geworden, den die Vernunft zu dem Siege führt, der in der Selbstbeherrschung die Eintracht ermöglicht und durch die einträchtige Gemeinschaft das Durchbrechen des egoistischen Machttriebes verhindert. Erst bei Cicero ist nicht mehr von der Natur des Menschen, sondern in der Verinnerlichung von der Möglichkeit der Dämonie der Macht, des Besessenseins von ihr, zu sprechen. Man kann nicht sagen, daß Cicero das Problem der Dämonie der Macht nicht gesehen hätte. Sein ganzes Werk ist der Überwindung dieser die Gemeinschaft vernichtenden Besessenheit gewidmet. Nur glaubt er nicht, daß sie ein notwendiges Zeichen jeden echten Machtkampfes ist, sondern ist unerschütterlich von der Macht der Vernunft überzeugt, die allein dauernde Herrschaft zu geben und zu erhalten vermag.

Einleitung 41

Drittes Buch

Vom dritten Buch sind uns nicht so viele Fragmente wie vom zweiten und ersten erhalten, aber dank der Reflexe bei Laktanz und Augustin können wir seinen Verlauf überblicken. Es besteht aus drei großen Reden. Der Rede des Philus, der als *advocatus diaboli* gegen die Gerechtigkeit redet, der Verteidigung der Gerechtigkeit durch Laelius und der Rede des Scipio, der nach der Klärung des grundsätzlichen Problems die Frage der Verfassungen zu Ende und zur Entscheidung bringt. Zugleich beginnt mit dem Buche etwas Neues: die grundsätzliche Klärung ermöglicht dann eine Darstellung der Sitten auf dieser Grundlage. Deshalb ist es sinnvoll, daß das dritte und das vierte Buch einen Tag ausmachen und zu Beginn des dritten Buches ein langes Proömium Ciceros selber den Einschnitt markiert. Man empfindet stark das kunstvolle Bauen, das scharf gliedert, aber zugleich wieder verklammert. Es ist ganz verwandt der Architektonik in der *Aeneis*. Auch dort legt sich über die Hauptgliederung in zwei Teile (römische *Odyssee* und *Ilias*) die überschneidende in drei räumlich und zeitlich enger zusammengehörige: die ersten vier Bücher spielen in Afrika bei Dido, die zweiten handeln von der Fahrt nach Latium bis zum Ausbruch des Krieges, die dritten enthalten den eigentlichen Kampf.

Das persönliche Proömium spricht nicht zufällig vom Wesen des Menschen. Die Natur hat ihn stiefmütterlich bedacht, vergleicht man seinen Körper mit den Tieren, hat ihn mit einer Seele begabt, die schwach und allen Leidenschaften gegenüber anfällig ist, hat ihm aber in dem verschütteten Fünkchen göttlichen Geistes die Möglichkeit gegeben, die schließlich zur Beherrschung der Welt führt. Im Staatsmann und Philosophen hat der Mensch mit seiner Vernunft seine höchste Ausprägung gefunden. Denn gerade die *ratio civilis* hat unglaubliche menschliche Vollkommenheit hervorgebracht und ist deshalb nicht gering-

schätzig zu behandeln. Wo sie wie bei Scipio und seinem
Kreis gar mit der anderen Erkenntnis eine Verbindung
eingegangen ist, gibt es nichts Vollkommeneres. Es ist
derselbe Wunsch wie im ersten Proömium, dem Tun neben dem reinen Denken seinen Platz zu sichern und im
vollendeten, bewußten Staatsmann die höchste Form
menschlicher Vollkommenheit zu erblicken, der dieses
Proömium gestaltet. Und wenn die Philosophen auch den
Begriff des Weisen eng auf die Philosophen beschränken,
so betont Cicero das Verbindende und Gemeinsame, wie
er in *De oratore* bewußt das *discidium linguae atque cor-
dis* überwunden hatte, und macht wenigstens, ohne um
den Namen zu streiten – wohlgemerkt wird hier nicht
mehr von Erscheinungen wie Scipio geredet –, für sie auf
den Titel eines höchst lobenswürdigen Mannes Anspruch.
Voller Begeisterung schaut er auf die unendliche Zahl solcher Männer, die in lobenswerten Staaten dieses Amt des
Staatsmannes geübt haben, das von allen am meisten
Herrscherweisheit *(consilium)* fordert. Das Pathos der
unendlichen Aufreihung hat etwas dem Pathos des Anfanges des Werkes Verwandtes. Und dies dürfte dann dazu
geführt haben, den Glauben an die Existenz der Gerechtigkeit schon im Vorwort zu bestärken, da die dem Menschen verliehene Vernunft in solchen Männern schließlich
zum staatsmännischen Tun, der Verwirklichung der Gerechtigkeit, führt. Wir werden sehen, daß der Beweis Ciceros für die Gerechtigkeit eng mit seinem Menschenbild
zusammenhängt. So präludiert das Proömium dem Thema
des Buches.
Es ist höchst bemerkenswert für die Kraft der *memoria*,
daß ein Vortrag, der vor hundert Jahren die Bürger Roms
in Aufregung versetzte, in Philus' Rede seine Auferstehung feiert und von Laelius vom römischen Standpunkt
aus widerlegt wird. Karneades, das Schulhaupt der skeptischen Akademie, mit den Vertretern der anderen Schulen
als Gesandter nach Rom geschickt, hatte damals seine
Kunst der Dialektik gezeigt, indem er an einem Tage die

Einleitung 43

Gerechtigkeit pries, um sie am anderen Tage zu leugnen. Man spürt aus der heftigen Reaktion des alten Cato, der seinen verzweifelten und tragischen Kampf gegen das Eindringen der griechischen Bildung immer mehr gefährdet sah, wie sehr diese Rede die frommen Gemüter ängstigte. Cato drang auf schleunige Abreise der gefährlichen Gäste. Die Form dieser Doppelrede – das Gespräch der Männer ist nicht mehr Darlegung, auch nicht mehr sokratisches Gespräch wie in Scipios zweiter Königsrede – ist Ciceros Vorbild hier im dritten Buche und dem im Gespräch nicht mehr auflösbaren Gegensatz zwischen Glauben und Unglauben, jenem größten und dauernden Kampfe in der Weltgeschichte, besonders gemäß. Nur daß Cicero Philus die zweite Rede des Karneades[4] halten läßt, um sie in der Rede des Laelius zu widerlegen.

In Philus' Rede spürt man etwas von der unerbittlichen logischen Stringenz, die mit scheinbar unwiderlegbarer Konsequenz Stein um Stein aus dem Gebäude der Philosophen, die von der Gerechtigkeit gehandelt hatten, ausbricht. Ausgehend von der Relativität der Rechtsvorstellungen, die sich in ihren Göttervorstellungen bei den verschiedenen Völkern genauso wie in ihren Lebenseinrichtungen zeigt und die dadurch noch gleichsam potenziert wird, daß zu verschiedenen Zeiten in einer Stadt verschiedenes Recht gilt, zieht Philus als *advocatus diaboli* die Folgerung, daß es ein Recht von Natur nicht gibt. Die genaue Rechtskenntnis der Römer spürt man vor allen Dingen in der Darlegung über die Verschiedenheit des Rechts zu verschiedenen Zeiten. Hätte die Natur das Recht gesetzt und gäbe es deshalb eine allgemeinverbind-

---

4 Vgl. Verzeichnis der Eigennamen und H. v. Arnim in der *RE* (20. Hbd., 1919, Sp. 1964–85). Dort wird allerdings fälschlich behauptet, daß Cicero die beiden Reden des Karneades dem 3. Buch einverleibt, die Empfehlung der Gerechtigkeit dem Laelius, ihre Bekämpfung dem Furius Philus in den Mund gelegt und seiner Tendenz zuliebe die Reihenfolge der Reden geändert habe. Die Rede des Laelius ist vielmehr eine eigene Schöpfung Ciceros, Philus hält sich an die zweite Rede des Karneades.

liche Gerechtigkeit, so müßte, wird argumentiert, gerecht wie kalt und warm zu allen Zeiten überall dasselbe sein. Nennt man gerecht, wer den Gesetzen gehorcht, so muß man also fragen, welchen denn? Doch nicht denen von den Staaten, denen Strafe, nicht die Gerechtigkeit, die, wäre sie von Natur, unwandelbar sein müßte, Geltung verschafft. Es gibt also auch keinen Gerechten von Natur. Ergreift man die Ausflucht, zu sagen, daß zwar die Gesetze verschieden wären, daß aber der von Natur Gerechte nicht der gerade durch Konvention geltenden, sondern einer wirklich seienden Gerechtigkeit folge, indem er einem jeden erweise, was er verdient, so ist man nicht gebessert. Erhebt sich doch der Streit darüber, was jeder verdient, jedem angemessen ist. Haben Tiere als Lebewesen dasselbe Recht wie wir, wie einige Philosophen, Pythagoras und Empedokles, meinen? Eine höchst gefährliche Sache dann, nicht Unrecht zu tun, zumal wenn es sich um ein wildes Tier handelt. Die Natur kennt keine Gerechtigkeit, sie kennt nur ein Gesetz, daß Mensch wie Tier auf seinen Nutzen geht und sich durchsetzen will. Nach dieser Destruktion werden die Erscheinungen der Wirklichkeit, die zu dem Glauben führen könnten, es gäbe so etwas wie Gerechtigkeit, entlarvt. Daß wir uns noch im Zusammenhang der Frage nach dem besten Zustand, das heißt der besten Verfassung, befinden, zeigt die Erörterung über die drei guten – die schlechten waren ja sowieso ein Beweis für die These – Verfassungsformen und die Mischverfassung: die sogenannten guten Formen, Königtum, Aristokratie, Demokratie, verdecken ihren egoistischen Herrschaftsanspruch nur mit einem schönen Namen. Das schönste aller Dinge ist nämlich, ungestraft Unrecht tun zu können, das schlimmste, immer in beständigem Kampf Unrecht zu leiden und wieder zuzufügen. So schließt man einen Vertrag auf gegenseitige Unschädlichkeit, das ist die Mischverfassung. Sie hat nichts mit Gerechtigkeit zu tun, wie im zweiten Buche behauptet und an der römischen Geschichte gezeigt worden war, sondern ist ein Produkt der Schwäche.

Einleitung 45

Das beste Argument für diese These ist natürlich der Imperialismus der Staaten. Das Recht eines Seeräubers, der mit seinem Kaperschiff ein Meer unsicher macht, ist nicht besser als das des größten Staates, der sich den Erdkreis untertan macht. Das ist Klugheit, *sapientia*, die die Natur empfiehlt, Gerechtigkeit, nähme man an, es gäbe sie, ist es nicht. Wenn das römische Volk gerecht sein wollte, müßte es in die Hütten zurückkehren, von denen es seinen Ausgang nahm. *Sapientia*, Klugheit, und *iustitia*, Gerechtigkeit, sind Gegensätze. Weist man darauf hin, daß der *sapiens* allgemein seinem Begriff nach als ein *vir bonus* gefaßt wird, so muß man sich doch fragen, warum er gut ist. Hört man die offen redenden Philosophen – gemeint sind die Epikureer, die für diese These natürlich eine willkommene Autorität sind –, so ist er gut, nicht weil ihm Güte und Gerechtigkeit an sich Freude machen, sondern weil jede von der Norm abweichende Untat Aufregung mit sich bringt. Er will also lieber seine Ruhe haben. Das Los eines von einer im Irrtum lebenden Gemeinschaft gehetzten und gemarterten Gerechten und eines mit Ehre überschütteten Schuftes zeigt doch klar, welches Leben vorzuziehen ist. Ja, diese Dummheit des Gerechten, die sich bei Staaten genauso auswirkt wie beim einzelnen, gefährdet nicht nur den Besitz, sondern sogar das Leben. Was wird er tun, so wird schließlich der Gegensatz im äußersten Beispiel auf die Spitze getrieben, wenn ihm nach verlorener Schlacht einer der verwundeten Kameraden auf einem Pferd begegnet? Wenn er klug ist, wird er sich selber draufsetzen, ihn herunterstoßen und so entkommen. Schont er ihn, um selber getötet zu werden, ist er zwar gerecht, aber im Sinne des Lebens notwendig dumm.

Das ist die Rede des Philus, der zunächst die Existenz einer natürlichen Gerechtigkeit leugnet, das Ziel aller Wesen im eigenen Nutzen erkennt, den Schein der Wirklichkeit entlarvt und dann bei Annahme einer natürlichen Gerechtigkeit ihre Unvereinbarkeit mit der *sapientia* am Beispiel des sogenannten *vir bonus* zeigt. Sie gipfelt schließlich in einer

großen Antinomie. Diese Antinomie faßt jetzt grundsätzlich das, was sich als Gegensatz in der Gegenüberstellung von Königtum und Mischverfassung auftat und vorläufig in der Mischverfassung überbrückt wurde, in seinen Spannungen und glücklichen Lösungen dann an der Geschichte Roms aufgewiesen wurde. Es ist die Spannung zwischen Leben und Sinn, die antinomisch auseinandertreten. Die Laeliusrede muß also die grundsätzliche Überwindung dieser Spannung bringen.

Wäre uns die Laeliusrede erhalten, so wäre sie eines der größten Stücke römischer Prosa. Das lassen bereits die wenigen Fragmente erkennen. Schon ihr Ton steht im Gegensatz zur beweisenden Stringenz der zerstörenden Logik der ersten und wirbt mit einem von der Größe menschlichen Wesens ergriffenen Pathos, ohne das Gedankliche zu versäumen. Wie weit sie der Philusrede im Aufbau gefolgt ist – eine Abweichung ist deutlich: Scipio übernimmt es, die Konsequenzen der grundsätzlichen Ausführungen des Laelius für die Frage nach den Verfassungen darzustellen –, läßt sich nicht mehr ganz sicher sagen, doch hat sie auf das Hauptproblem eine Antwort gegeben. Laelius hat der Natur des Philus eine andere Natur des Menschen entgegengestellt: seine Geistnatur, die ihn unlöslich an die Gemeinschaft bindet, die ihrerseits wieder zerstört wird, wenn der Mensch sich aus ihr herausstellt. Das wahre Gesetz ist die richtige Vernunft, die, mit der Natur in Einklang, ewig, in sich konsequent, sich auf alle erstreckt und die Redlichen zu ihrer Pflicht führt und von betrügerischer Doppeldeutigkeit fernhält, freilich auf die Unredlichen keinen Einfluß hat. Aber dieses Gesetz ist unabdingbar und bedarf keines Auslegers; es gilt bei allen Völkern und zu allen Zeiten – hier wird Philus geantwortet –, und wer ihm nicht gehorcht, hat seine Strafe, selbst wenn er nicht äußerlich bestraft wird, dadurch, daß er gegen das Wesen des Menschen verstößt, daß er einen Verlust an Seinsfülle erleidet. Die immer wieder zu errichtende Vernunft, in der sich alle einigen, gewährt allein

Einleitung 47

Dauer; denn jede Absonderung führt zum Verfall, nicht nur des einzelnen, sondern auch des Staates. Folgt beim einzelnen der Asozialisierung eine der gewöhnlichen Strafen, so kann er ihr durch den Tod häufig wie durch eine Erlösung entfliehen. Das Gemeinwesen, das durch Verletzung des von Gott befohlenen Gesetzes zerfällt, findet im Tod keine Erlösung, sondern sein Tod ist seine Strafe für die Verletzung dieses göttlichen Gesetzes. Denn Staaten müssen für die Ewigkeit gebaut sein, es gibt keinen natürlichen Untergang für einen Staat. Geht er zugrunde, ist das einem Weltuntergang vergleichbar. In diesem monumentalen Abschnitt (3,34), der ganz römisch ist und auf dem Erlebnis der Macht ohne Grenzen ruht, wird sich die Macht ihrer selbst als eins mit dem Geiste bewußt. Sie erlebt, von äußeren Feinden nicht gefährdet, daß ihre Ewigkeit nur von innen her erschüttert werden kann, das Gemeinwesen nur dadurch zerstört werden kann, daß der Mensch, nur auf seinen Nutzen bedacht, im Gegeneinander statt dem Miteinander zum gemeinsamen Ziel durch Zwietracht den Tod herbeiführt. – Gilt das nach innen, so gilt es auch nach außen: ein Krieg darf nicht ohne zwingende Ursache – Abwehr oder Hilfe – geführt werden. Der Imperialismus ist aber nicht an sich verwerflich, nur kommt es auf die Art der Herrschaft an: ist sie zum Nutzen der Beherrschten, das heißt, nimmt sie die Möglichkeit zu Willkürakten und befinden sich die Beherrschten besser als vorher, so entspricht er den Herrschaftsformen der Natur, Gottes über den Menschen, der Seele über den Körper, der Vernunft über die Begierden. Sind freilich Menschen *sui iuris*, eigenen Rechtes und fähig, teilzunehmen an der Vernunft und Herrschaft, dann ist es ungerecht, daß sie in eines anderen Gewalt sind. Wenn aber der *vir bonus* alles nur auf seinen Nutzen bezieht, sei es auch seine Gemütsruhe, gibt es ihn überhaupt nicht. Dann ist es nicht möglich, sich auf die Art und Gerechtigkeit eines Mannes zu verlassen. Das gibt es aber. Das ist unerschütterliche ciceronische und römische Überzeugung. Ein sol-

cher Mann wird nie einem anderen schaden, um einen eigenen Vorteil zu erlangen. Freilich – das bedeutet wohl das Fragment –, ein Weiser wird nicht eine gefährliche und bedenkliche Gerechtigkeit üben, das heißt, er wird bei allem Geltenlassen und aller Hilfe für den anderen sich selber behaupten. Ein solcher Mann – offenbar entspricht der letzte Teil der Laeliusrede weithin dem letzten Teil der Philusrede – kann nicht mit äußeren Belohnungen abgefunden werden. Anerkennung, die er nicht fordert, und das Bewußtsein des Rechten und des Glanzes eines solchen Lebens, das unsterblich macht, sind sein Lohn. Damit wird der Gegensatz *sapientia–stultitia* sinnlos: einem solchen Manne sind die Gewinne der *sapientia* nichts. Und so dumm, daß sie lieber arm sein wollten, ja ihr Leben hingeben wollten, wird man ergänzen dürfen, sind allerdings die Helden der römischen Geschichte gewesen. Beispiele aus ihr erinnern an den Anfang des Werkes mit seinem Pathos der Geschichte. Die römische Herrschaft ist so gerechtfertigt, aber an die Bedingung der Gerechtigkeit geknüpft. Ein besorgter Ausblick in die Zukunft schließt die Rede des Laelius: wenn, wie es üblich wird, statt Recht Gewalt, statt freiem Willen Terror zur Herrschaft kommen, muß man um die Zukunft des Reiches besorgt sein, das ewig sein könnte, wenn man nach Väterart lebte.

Pathos der Geschichte und Ruhm, Selbstbewußtsein und ewiges Leben als Lohn menschlicher Größe, das sind die Motive des Anfanges und des Schlusses. Sie sind in der Laeliusrede in der Mitte des Werkes, Anfang und Schluß des Ganzen so aufeinander beziehend, wichtige Bausteine des Gedankens. Man sieht die Bedeutung des Menschenbildes Ciceros, seines Humanismus, wenn man so sagen darf, für den Erweis der Existenz der *iustitia*, der Gerechtigkeit, jener Tugend, die vor den übrigen ganz nach außen gewendet ist. Diese Gerechtigkeit löst die Antinomie auf zwischen Sinn und Leben sowohl beim Staate – nur durch Gerechtigkeit erlangt er Ewigkeit – als auch beim einzelnen: nur durch sie erhält sein Leben den eigentlichen

Einleitung 49

menschlichen Sinn, der ihn von der Tieren und Menschen gemeinsamen Natur unterscheidet. Was ist sie? Behauptung des wahren Selbst in der Anerkennung des ihm entsprechenden Lebensanspruches des anderen, das Prinzip, das aller Willen sich auf das eine Vernünftige einigen läßt, nicht so sehr Überwindung des Egoismus, sondern natürliche Anlage des sich primär und zuhöchst in der Gemeinschaft wissenden Menschen, der Sinn der Beherrschung, der von Gott gesetzt ist. Sie ist das Prinzip des Staates als der *res publica*.

Man sollte meinen, daß dieses Prinzip des Staates, wie es einer der größten, wirksamsten und geistesmächtigsten Römer faßt, von einigem Interesse wäre, und man darf hier wohl von einem Versäumnis sprechen, daß es kaum behandelt ist. Die oben gegebenen Umschreibungen können daher nur durch einige Aussagen ergänzt werden, die zum Verständnis des Zusammenhanges und des Folgenden dienen sollen. Schuld an diesem Versäumnis mag sein, daß das Wort *iustitia* im Text ganz wenig gebraucht wird. Meist werden die Probleme am *vir bonus* demonstriert, und zwar an einzelnen Fällen. Das ist kein Zufall. Dieses wahre Gesetz, das ewig beständig ist, wird ja nicht konkret formuliert und inhaltlich irgendwie bestimmt – ob Laelius sich auf die Formel *suum cuique tribuere* festgelegt hat, läßt der Text nicht erkennen und bezeichnet ja auch seinerseits wieder nur eine Relation –, sondern seine Ewigkeit besteht in der Ewigkeit der Relation und der Konsequenz ihrer Auflösung. Wenn jemand *iniustus* wird, wird er sofort *tyrannus*, er strebt, seinem Willen eine Ausdehnung zu geben, die den freien Willen und den wohlbegründeten Anspruch des anderen verletzt und ihm die Freiheit nimmt. Wohlbegründet muß er freilich sein, der andere muß *sui iuris* sein, darf ebenfalls nicht seiner *licentia* die Zügel schießen lassen, darf nicht betrügen, muß gewillt sein, Gleiches auf sich zu nehmen. Ohne *fides* und *aequitas* ist *iustitia* nicht denkbar. Sonst ist Beherrschung gerecht. Wer aber entscheidet, wo der Anspruch des ande-

ren *licentia* wird? Nicht der einzelne, sondern die Gemeinschaft. Die *iustitia* spielt nicht nur in der Relation zwischen einzelnen, sondern auch in der Relation zwischen einzelnen und Gemeinschaft eine Rolle, die der einzelne ja selber mitformt. Daher wird die *virtus* Ehre. Die *iustitia* muß dabei natürlich die Zeit, Gegenwart und wirkende Vergangenheit berücksichtigen samt der Zukunft, muß die Dinge kennen, sie ist ohne *ratio* nicht denkbar, ja sie ist die richtige Vernunft, auf die sich alle einigen. Daher ist der *iustus* auch der *sapiens* und *prudens*, wie er der *bonus* ohne Falsch und der *probus* ist, der von der Gemeinschaft als redlich erkannt ist. Da die *ratio* in jedem Augenblick das *consilium* neu fassen muß, kommt das positive Recht des Staates notwendig in Konflikt mit der Gerechtigkeit. Um so wichtiger die Aufgabe des *sapiens et iustus*, der das wieder ins Gleichgewicht bringt. Denn dieses Gleichgewicht, das Gehaltensein in der immer in der jeweiligen Gegenwart sich verwirklichenden Gemeinschaft, ist der Erfolg der *iustitia*, *aequabilitas* ist Gerechtigkeit. Sie zu erreichen ist Anstrengung nötig; denn der Mensch sinkt, zumal in Not, allzuleicht in die Vereinzelung zurück. Schlimmer noch, wenn er seinen Gelüsten unterliegt und sie auf Kosten der Gemeinschaft durchsetzt. Dafür aber winkt im andern Falle dem Menschen hoher Lohn: Ruhm und Ehre statt Einsamkeit und Aufsichgestelltsein, Gehaltenheit in der Gemeinschaft, Erfüllung seiner Natur. Freilich kann es sein, daß diese Gemeinschaft in sich zerfallen und zersetzt ist. Dann ist nicht ihre nichtssagende Anerkennung, sondern seine *conscientia*, das Gebot des Rechten und Gottes erfüllt zu haben, sein ewiger Lohn und das Geschenk der Unsterblichkeit. Denn der Staat und die Gemeinschaft sind nicht absolut, sondern auch hier waltet eine Verbindung; der Staat ist ein Abbild des Kosmos, sein Untergang einem Weltuntergang vergleichbar, Schöpfer gerechter Staaten ewigen Lebens sicher. Wie ist diese Gerechtigkeit zu erfüllen? Selbstverständlich im Staatsamt, und man muß sehen, daß man eine

Einleitung 51

möglichst hohe Funktion in dieser Gemeinschaft hat. Aber man ist nicht immer im Amt, und nicht immer ist der Beste im Amt. Die Gerechtigkeit aber braucht jemanden, der sie verwirklicht, Männer, die sie erkennen, die Ansprüche abwägen, die Gefahren, welche ja nur noch von innen drohen können, sehen und abwenden; den Willen des anderen zu bändigen wäre Tyrannei. Wir verstehen darum jetzt, warum die Aufgabe derer, die fähig sind, die Initiative zu ergreifen, der *principes*, im Vorbildsein besteht und darin, daß sie die Gerechtigkeit in sich verwirklichen. Die anderen werden dieser wahrhaft starken Persönlichkeit folgen, andere starke und beherrschte Persönlichkeiten sich auf das Erkannte einigen, ein Maximum an Mannigfaltigkeit mit einem Maximum an Ordnung wird erreicht sein, wie in der Natur. Dann muß der Staat ewig sein, nur die Zwietracht ist sein Tod, die Vereinzelung, die in den verschiedenen Richtungen auseinanderfährt.

In der *iustitia* hat Cicero einen Begriff und ein Ziel, mit dem er die vielfältigen Relationen zusammenfaßt, die der moderne Philosoph im Problem des Primats des Füreinanderseins entwickelt. Er ist erwachsen aus dem Erlebnis menschlicher Kraft, des Glückes der Gemeinschaft, der Sicherheit und der Dauer, aus einem Gefühl der Ehrfurcht vor dem Leben und dem Willen des anderen, gefunden von Männern, die wußten, daß alles Leben samt dem Erkennen ein Handeln ist und jedes Handeln beherrscht sein muß.

Cicero hat die Probleme in der Laeliusrede offenbar nicht in scharfen begrifflichen Entgegensetzungen wie in der Philusrede entwickelt. Sonst hätte Laktanz nicht behaupten können, im Grunde habe er die *iustitia civilis*, nicht die *iustitia naturalis* verteidigt und sei an Philus' Argumenten wie an einer Fallgrube vorbeigeschlichen. Daß er aber Ciceros Argumente nicht mehr verstanden hat, zeigt, daß ihm Ciceros Menschenbild und Staatsgefühl fremd geworden waren. Tiefer geht wie immer die Kritik des Augustinus, der sich anheischig macht, zu beweisen, daß auch

der römische Staat nach der Definition Scipios kein Staat sei, weil in ihm keine wahre Gerechtigkeit sei. Ihm ist diese Gerechtigkeit, die der Mensch übt im Vertrauen auf seine Vernunft, Überhebung, *superbia*. Auf seine Kritik ist unten noch kurz einzugehen.

Nach dem Erweis, daß die Gerechtigkeit existiert und sie die Idee des Staates ist, hat Scipio seine Anfangsdefinition wiederaufgenommen – jetzt wird das *iuris consensu sociatus* in seiner ganzen Fülle verstanden – und das endgültige Urteil über die Einzelformen und die Mischverfassung gefällt. Am Ende des dritten Buches herrscht damit dieselbe Darstellungsform wie am Anfang der Erörterung in der Mitte des ersten Buches. So wird die Gliederung des Werkes sinnfällig markiert. Nacheinander wie im ersten Buche werden nämlich mit Beispielen die drei entarteten Formen und sicher auch die gemischte Form besprochen. Die drei entarteten Formen sind, weil der Tyrann, eine Clique oder auch die Masse nur auf die Durchsetzung ihres eigenen Nutzens gehen, also nicht Gerechtigkeit üben, überhaupt keine Staaten nach der Definition, weil sie, wie wir jetzt sagen können, keine Gemeinschaft sind. Schwierigkeiten scheint die entartete Demokratie zu machen, wo doch alle in gleicher Weise die Macht haben und zu ihrem Nutzen ausüben. Aber da sie nicht Gerechtigkeit übt, das heißt hier, alle gleich behandelt und keine Würde anerkennt, kann auch hier nicht von Gemeinschaft gesprochen werden. Das höhere Streben wird erstickt und der Sinn des Staates über dem reinen egoistischen Nutzen verkannt. Die Gerechtigkeit ist eben nicht nur die Anerkennung eines gleichen Herrschaftsanspruches aller, sondern ihr ist erst Genüge getan, wenn sie das göttliche Gesetz erfüllt und auf das Höhere ausgerichtet ist. – Die sogenannten guten Formen sind wirksame Staaten; denn sie üben Gerechtigkeit. Macht es doch nicht viel aus, wie Scipio in Erinnerung an eine Frage des Laelius im ersten Buche scherzen kann, wer die Gerechtigkeit übt, wenn sie nur zur wirklichen Gerechtigkeit führt, zur Eintracht. Doch

Einleitung 53

bleiben Unterschiede wie am Anfang der Erörterung bestehen, je nachdem in welchen Formen sie leichter zu verwirklichen ist und die Labilität größer ist. Von selbst aber wird die Gerechtigkeit sich die beste Form in der Verfassung schaffen, in der dank der Ausgewogenheit der Elemente *aequabilitas* herrscht: die sogenannte Mischverfassung, verwirklicht im Staate der Väter, ist Ausdruck dieser Gerechtigkeit und der Idee des Staates. Sie ist der beste Zustand, in der die Einheit mit einem Minimum an Herrschaft in wirklicher Freiheit erreicht wird. Das wird in der Lücke nach 3,42 ausgeführt worden sein. Die Frage der Formen ist auf jeden Fall unwichtig geworden gegenüber der Idee des Staates, der Gerechtigkeit, und damit gegenüber dem sittlichen Zustand der Gemeinschaft und ihrer verantwortlichen Männer. Der Mensch ist als das Entscheidende in den Vordergrund gerückt. So wird folgerichtig im vierten Buch von dem sittlichen Zustand der Gemeinschaft, im fünften und sechsten vom *princeps*, seinem Wesen und seiner Aufgabe in der Krise des Staates gesprochen.

Viertes Buch

Das vierte Buch beantwortet die Frage Tuberos am Ende des zweiten Buches *qua disciplina quibus moribus aut legibus* die Gemeinschaft, der Staat, im besten Zustand erhalten werden könnte, durch welche Zucht, welche Sitten und Gesetze. Die Verbindung zum dritten Buch, das den Abschluß der Formfrage ermöglichte, ist deutlich. Die Auswirkungen des Prinzips in den Lebensformen und umgekehrt die Ermöglichung des Prinzips durch die Lebensformen müssen gezeigt werden. Da der Staat der Väter die Idee des Staates, die Gerechtigkeit, verwirklicht hat, ist es jetzt innerlich verständlich, daß auch diese Darlegung ganz von der moralischen Welt des römischen Staates ausgeht, wie es 1,70 zunächst kategorisch angekündigt worden war; »Seht, wie weise auch das übrige

vorsorglich eingerichtet ist in Hinsicht auf das Ziel jener Gemeinschaft glücklichen und sittlichen Lebens der Bürger!« (4,3). Das zeigt den Ton, auf den dieses Buch abgestimmt war. Hierbei liegt natürlich eine große Gefahr. Jede gewachsene Kultur hat ihr Eigenrecht. Sicher gibt es welche, die hohem menschlichen Wesen am nächsten kommen, aber wer wagt, darüber zu urteilen und die anderen zu verurteilen? Wird man nicht leicht ungerecht, schon weil man das Eigene besser versteht? Wird das Prinzip der Gemeinschaft so allgemein gefaßt wie im dritten Buche, so wird es übertragbar und verbindlich für alle. Wenn Cicero die zeitlichen Auswirkungen verbindlich machen wollte, so würde er einer plumpen Überheblichkeit nicht entgehen. Nun, Cicero geht auf das Grundsätzliche und mag da trotz manchem Nichtverstehen und Nichtverstehenwollen, aufs Letzte gesehen, doch recht behalten. Die kargen Fragmente lassen den Aufbau des Buches nicht mehr erkennen, wohl aber, daß es die römischen Sitten auf eine Grundeigenschaft bezogen hat, die Gerechtigkeit ermöglicht, sie von den griechischen Sitten abgehoben und bei ihrer Darstellung auch Kritik an Platons *Staat* geübt hat. Daß Cicero die römischen Sitten nach den vier Kardinaltugenden dargestellt hätte, wie man angenommen hat, dafür gibt es im Text keinen Anhalt, ist wohl auch bei der ganzen Absicht kaum wahrscheinlich.

Hatte er in dem Proömium zum dritten Buch persönlich von der geistigen Natur des Menschen gesprochen, hatte sie in Laelius' Rede bei der Begründung der Gerechtigkeit eine Rolle gespielt, so hat Scipio, wie Cicero im Werke über die Gesetze sagt, zu Beginn des vierten Buches über die Geistnatur des Menschen und das Wesen des welterfüllenden Geistes gesprochen. Wir können es an den Fragmenten gerade noch ahnen.

Die Grundeigenschaft aber, auf der er die Gerechtigkeit ermöglichende Wertewelt aufbaut, ist, das läßt sich erkennen und scheint das Wichtigste zu sein, die *verecundia*, die behutsame Scheu vor dem anderen, dem man nicht zu

Einleitung 55

nahe tritt, mit den eigenen Unzulänglichkeiten nicht zur
Last fällt, in seinem Anderssein respektiert. Die Kindererziehung wird in die Obhut des Hauses genommen. Der
Heranwachsende darf sich nicht nackt zeigen wie in Griechenland in den Gymnasien. Die Ehe wird gehütet, *continentia* des Mannes, *pudicitia* der Frau sind Tugenden,
die gepflegt werden und im engen Zusammenhang mit der
verecundia stehen. Der direkte Eingriff in den Willen,
polizeiliche Maßnahmen sind auch im Staate beschränkt. Die
Rüge des Zensors baut auf der Furcht vor Schande auf,
also auf der *verecundia* vor der Gemeinschaft und vor gerechtem Tadel. Über die Frauen bestellt der Staat keinen
Frauenaufseher wie in Griechenland. Der Zensor hält den
Mann an, seine Frau zu zügeln. Die Frauen besitzen so viel
verecundia, daß sie sich selbst beherrschen, zum Beispiel
keinen Wein trinken. Direktes Bitten und Fordern ist verpönt; die Begriffswelt zeigt es: leiten sich von diesen Worten doch *petulantia* und *procacitas*, freches und aufdringliches Wesen, ab. Hemmungsloser Erwerb ist gesellschaftlich genauso unmöglich wie Buhlen um Gunst oder
Prunken bei den führenden Männern. Man streitet auch
nicht direkt mit einem Mitbürger: wie schon die feinen
sprachlichen Unterscheidungen zeigen, setzt man sich mit
seinen Ansprüchen auseinander. Die Leidenschaft für das
Theater und der Schauspielerstand stehen nicht in Ansehen. Der Dichter darf nicht von der Bühne herab spotten
und angreifen. Zu den Dingen, auf die nach Cicero das
Zwölftafelgesetz die Todesstrafe setzte, gehört das Spottgedicht, das jemandes Ehre kränkt. Denn gesetzmäßigem
Verfahren mit Rechtfertigungsmöglichkeit untersteht die
Lebensführung der Bürger. Ebenso ist Musik unerwünscht, die die Leidenschaft erregt.

Man sieht, alle diese Fragmente preisen immer wieder das
eine: alles direkte Gegeneinander der Menschen, alles
Sichausleben ist überwunden durch das Indirekte, die
Rücksicht auf den anderen und die Gemeinschaft. So
kommt diese wieder mit einem Minimum direkten Ein-

greifens aus, wie die Rüge des Zensors, diese römische Einrichtung, zeigt.

Die Darstellung der auf der *verecundia* beruhenden römischen Sitten ist in Hinsicht auf den Gegensatz des Griechischen gegeben. Sie werden natürlich unhistorisch in einem gesehen, aber Cicero ist doch wohl ein Hauptunterschied bewußt gewesen, und er hat ihn getadelt: das Direkte, das schließlich zu dem führt, was wir das agonistische Prinzip nennen, daß das Streben sich im direkten Sichmessen, nicht im Ringen um etwas Gemeinsames vollzieht. Die Knabenliebe, die der *licentia* soviel Raum gibt, wäre ihm verhaßt, selbst wenn der Staat Vorteil aus der gegenseitigen Hingabe der Liebenden ziehen würde. Die polizeilichen Einrichtungen, die der Staat bei der Lockerheit der Sitten treffen muß, scheinen ihm unwürdig. Die direkten Angriffe der Komödie, die auf das ganze Leben schließen läßt, sind ihm unverständlich ebenso wie die Verbindung von Dichter und Politiker.

Dies alles scheint ihm ebensowenig »diskret« wie die kühne Konstruktion Platons, der die Leidenschaften und das Gegeneinander zu bändigen suchte, indem er die Objekte nahm und bei seinen Wächtern Weiber- und Gütergemeinschaft einführte. Wenn es auch ungerecht ist, daß der Fleißige nicht mehr haben soll als der Faule, so ließe sich die Gütergemeinschaft noch ertragen. Aber sollen auch die Frauen und Kinder gemeinsam sein, alles, wie beim Vieh, *confusa atque indiscreta*? Was ist das für eine Liebe, die nichts Bestimmtes und Eigenes liebt! Zwischen den Gegensätzen zu vermitteln, indem man sie nicht aufhebt, was unmöglich ist, sondern sie in gegenseitiger Rücksicht, *verecundia*, auf etwas Höheres, Gemeinsames in gleichem Streben ausrichtet, eben auf die *res publica*, das ist das gewiß nicht heroische, aber dauerndes Heil bringende Anliegen des vierten Buches.[5]

5 Über Ciceros Auseinandersetzung mit Platon im 4. Buch vgl. K. Büchner, »Zum Platonismus Ciceros. Bemerkungen zum vierten Buch von Ciceros Werk De re publica«, in: *Studia Platonica. Festschrift für Hermann Gundert*, Amsterdam 1974, 165–194.

Einleitung 57

Fünftes Buch

Das Widerspiel zwischen Einzelnem und Gemeinschaft, zum ersten Male am Ende des zweiten Buches berührt und im vierten ebenso wie die Bewegung und Störung der Ordnung mehrfach aufklingend, führt im fünften Buche dazu, daß die Gestalt des führenden Mannes bestimmt wird, der verantwortlich für sie ist, dank seiner höheren Kraft, die ihm Verpflichtungen auferlegt. Denn der einzelne kann nichts ausrichten in Hinsicht auf Stiftung und Erhaltung des besten Staates, wenn die Gemeinschaft nicht so gesittet ist, wie im vierten Buche geschildert, und die Sitten wiederum könnten nicht in dieser Weise dauernde Grundlagen sein, wenn ihnen die Männer, von denen die Rede sein soll, nicht vorgestanden hätten *(praefuissent)*. Das hatte das Dichterwort des Ennius sagen wollen, der römische Staat beruhe auf den alten Sitten und Männern. Mit ihm leitet Cicero das persönliche Proömium zu Beginn des dritten Tages und damit des letzten Bücherpaares ein. Teilnahme am politischen Leben ist also Pflicht schon deswegen, weil man die Ermöglichung seines Wesens selber in die Hand nehmen muß. Freilich jetzt ist der Staat zerrüttet, das Band zerrissen, man kann wie bei einem ungepflegten und vom Alter verdunkelten Bilde kaum noch die Umrisse erkennen. Die alten Sitten sind in Vergessenheit geraten, und die Männer? Ihr Fehlen ist daran schuld. Diese erschütternde Klage zeigt, wie die Erkenntnis Ciceros vom Wesen der Gemeinschaft aus ihrem Scheitern entspringt. Dieses Scheitern wird aber nicht fatalistisch hingenommen, sondern als Schuld erlebt: für die eigenen Laster, die durch mangelnde Pflege diese Einheit haben verkommen lassen, muß die Zeit Rechenschaft ablegen, sie ist angeklagt auf Leben und Tod. Sünde und Schuld werden als mangelhafte Erfüllung der Gemeinschaft empfunden, ihr Kennzeichen ist der Widerspruch zwischen Wort und Sache: dem Namen nach nur, nicht ihrem Wesen nach hat man noch die *res publica*.

58   *Einleitung*

Mit schärferem Aufruf konnte man nicht die Notwendigkeit, daß die führenden Männer Hilfe bringen müßten, zu
Anfang erweisen. Wie sieht dieser Bürger aus, der die Gemeinschaft erhält? Ein Zitat aus einem Kommentar zu Ciceros rhetorischer Jugendschrift *De inventione* läßt uns
die Hauptzüge erkennen, die uns bei den wenigen Fragmenten – im fünften Buch lenket der Palimpsest – entgehen
würden: der *rector*, der Lenker des Gemeinwesens muß
der gebildetste und größte, unterrichtetste Mann sein: er
muß weise, gerecht, maßvoll und beredt sein – er muß das
Recht kennen, er muß die Schriften der Griechen kennen.
Er ist eben der, der die Gerechtigkeit verwirklicht. Er ist
es, der das Recht deutet. Nichts ist so königlich, so wahrhaft herrscherlich. Dazu muß man etwas verstehen, freilich nicht die Wissenschaften um der Wissenschaft willen
treiben, was ein Leben für sich fordern würde, sondern sie
so kennen wie der Gutsverwalter seine Pflanzen und die
Natur seines Ackers, der Steuermann die Sterne, immer
also in Hinsicht auf das Leben. Es gehört dazu die griechische Bildung, deren Notwendigkeit selbst der Griechen-
haß des alten Cato eingesehen hatte. Man muß sich also
mit den Dingen und den Ergebnissen der Wissenschaften
vertraut machen. Es war das Ideal, das Cicero verkörperte
und in *De oratore* verkündet hatte. Dieser Mann, dem das
glückliche Leben der Mitbürger zur Aufgabe gesetzt ist,
die höchste Aufgabe unter den Menschen, muß ferner ein
Redner sein, er muß sich und die Ansprüche der anderen
verständlich machen können, er muß die Gemüter des
Volkes durch die Kraft seiner Rede bewegen können.
Aber da alles darauf ankommt, daß Meinung und Stimme
des Mitbürgers nicht verdorben wird, muß er knapp sein,
die Sache darstellen. Schlimmer als jede Bestechung mit
Geld, die der geistig Schlichte merkt, wenn er rechtschaf-
fen ist, ist die Bestechung durchs Wort. Dieser Mann ist
es, ein *actor veritatis*,[6] der die Wahrheit immer wieder zur

---

6 Cicero hatte in *De oratore* mehrfach und an entscheidenden Stellen den

Einleitung 59

Geltung bringt, der wie ein Numa nicht durch Strafen, sondern durch *verecundia* vor der Größe und Reinheit seines Lebens in Schranken hält. Durch Ruhm ist er zu nähren. Der Beifall der rechten Gemeinschaft ist der Gegenlohn, der ihn sich aufopfern läßt in Mühen für diese Gemeinschaft. Wie ist er zu erkennen? Sicher nicht allein durch seine große Natur, sondern vor allem durch seine Beherrschung. Allzuleicht führt eine wilde Natur zur Überhebung. Jedenfalls gibt es viele Formen, in denen sich der Dienst an der *res publica* entsprechend der Individualität vollziehen kann: wie Marcellus scharf und kämpferisch, so war Maximus bedacht und zäh.

Ob die vier Kardinaltugenden das Schema waren, nach dem die Erörterung aufgebaut wurde?[7] Sollte der Kommentar zu *De inventione* statt der Tapferkeit die *eloquentia* eingeführt haben? Mut versteht sich für die *virtus* von selbst. Und wenn man mit Recht gesagt hat, daß Cato Uticensis sich als Stoiker, um sich selbst zu bewähren, nicht als Römer den Tod gegeben hat, wenn man die Bedenken liest, die Cicero gegen die Seelengröße und ihre Gefahren genauso äußert wie in *De officiis*, so möchte man meinen, daß er im fünften Buch ein Bild des realistischen, für die *res publica* sich aufopfernden, mit Weisheit aus aller erreichbaren Lebenserfahrung immer wieder die Gerechtigkeit verwirklichenden Staatsmannes entworfen hat, ohne sich ganz einem Schema zu verschreiben. Er hat den Mann

---

Redner als den begriffen, der die Wahrheit verwirklicht, die sich nicht von selbst ergibt, sondern dargestellt und vertreten werden will.

7 Seit Platon hat sich ein Kanon von Tugenden entwickelt, der, um die christlichen von Glaube, Liebe, Hoffnung vermehrt, noch viele Jahrhunderte nach dem Altertum das ethische Denken beherrschte, Klugheit, Tapferkeit, Gerechtigkeit, Bescheidenheit. Panaitios hatte sie in seiner Ethik neu gesehen und als Gliederungsprinzip zugrunde gelegt. Hier im 5. Buch hat sich Cicero sicher an den Kanon angelehnt (man wird auch nicht verkennen, daß in *summus vir* die *virtus* auch im Sinne der *fortitudo* steckt), und ein Satz des Macrobius zeigt, daß die Erfüllung dieser Tugenden Voraussetzung für den jenseitigen Lohn ist. Dennoch dürfte bestehen bleiben, daß Cicero im 5. Buch diese Tugenden nicht nur durch die Beredsamkeit ergänzt, sondern das Gewicht auf die sanfteren Tugenden gelegt hat.

60 *Einleitung*

geschildert, der seine höchste Autorität in allen Fragen bewährt und die Gemeinschaft kraft der *verecundia*, die sie vor ihm hat, im eigentlichen Sinne führt.

Auf eine Frage sei noch kurz eingegangen. Weil für diesen Mann, der gewöhnlich als Bürger, Lenker, Schützer bezeichnet wird, einmal oder zweimal der Name *princeps* auftaucht, hat man geschlossen, Cicero befürworte ein Prinzipat im Sinne des späteren Augustus, dauernde Zusammenfassung der Macht in eines Mannes Hand. Läßt sich auch nicht ganz sicher entscheiden, ob der Singular *princeps* generelle Bedeutung hat, wie wahrscheinlich, so spricht doch der ganze Sinn des Werkes dagegen. Sind wir doch hier längst an der Stelle, wo das Heil nicht mehr von einer Form, sondern dem Menschen erwartet wird, ist doch hier die Mischverfassung allein als Ausdruck wahrer Gerechtigkeit erkannt, und zielt doch der Preis des Königtums im ersten Buch – ihn verwendet man als Stütze für diese These – auf alles andere als eine Rechtfertigung schlechthin, sondern nur auf die Klarstellung der Antinomie zwischen Sinn und Leben des Staates. Ein solcher Prinzipat wäre nach allem, was die Schrift will, ungerecht, weil er die echte Gemeinschaft der Männer, die *sui iuris* sind, zerstören würde.

Sechstes Buch

Doch kann wohl einmal die Lage kommen, wo die *res publica* so zerrüttet ist, daß die Bürgerschaft, das sind die, die noch um echte Gemeinschaft besorgt sind, in ihrer Ratlosigkeit einem Manne alle Gewalt geben, um sie wiederherzustellen. Damit kommen wir zur »ganzen Klugheit dieses Lenkers«, seiner Hauptaufgabe schlechthin und zum sechsten Buch. Hier führen alle Themen des Werkes zusammen, um schließlich im Traum des Scipio ihren krönenden Abschluß zu finden. Diese Gemeinschaft ist nämlich, selbst wenn sie die *aequabilitas* aufweist, nie

Einleitung

selbstverständlich: Sie ist zwar nicht das Gleichgewicht
der gegeneinander wirkenden Kräfte mit seiner Möglichkeit äußerer Störung, wohl aber kann die andere Natur im
Menschen selbst durchbrechen. Gegen diese Störungen
muß – das ist seine Hauptaufgabe – der führende Bürger
immer gerüstet sein. Er muß sie also in jeder Situation
kraft seiner Überzeugung auf die vernünftige Lösung einigen. Im zweiten Buche wird geschildert, wie das aussieht.
Ist die Einigung nicht möglich und nicht gelungen, dann
müssen, wenn die Guten die Macht haben, die Bürger gewogen, nicht gezählt werden. Dann ist der Wille des Volkes also nicht mehr an die Mehrheit gebunden, sondern da
muß die Vernunft herrschen, selbst wenn nur eine Minderheit sie vertritt. Eine schwere Verantwortung muß da
übernommen werden, die sich zutraut, zu erkennen, was
für den Staat jeweils das beste ist. Die feste Entschlossen-
heit dazu beruht auf der Überzeugung, daß diese Bewegungen des Staates auf einem Sieg der zügellosen Triebe
beruhen. Denn berechtigte Ansprüche wird der Weise und
Gerechte ja erkennen. Strebt irgendeiner nach einer ge-
waltsamen Lösung und nährt diese Begierden, so muß der
Lenker – und keiner ist hier Privatmann, jeder hat die Ver-
pflichtung, einzugreifen, weil es sich um seine eigene Existenz, die Möglichkeit der Erfüllung seines Wesens handelt – zum Äußersten greifen. Es ist die Rede von der
gracchischen Bewegung. Scipio Nasica ist da der Retter
der *res publica* gewesen. Ihre Schilderung wird alle Motive
des Werkes zusammengefaßt haben. War doch am Anfang
versprochen worden, daß man nach der Erkenntnis der
besten Form auch die Situation der Gegenwart, daß man
gleichsam zwei Senate und zwei Völker, erkennen
könne. Auf die Klage des Laelius, daß die Bürgerschaft
diesem Retter der *res publica* keine Statuen für die Tötung
des Tyrannen errichtet habe, ein Zeichen, daß mit der Tat
das Gemeinwesen noch nicht wiederhergestellt war, antwortet Scipio und erhält zum Schluß das Wort. Diesem
Staatsmann ist das Bewußtsein, das Rechte getan zu haben,

wenn er keine der üblichen Belohnungen erhält, genug. Es winken ihm aber noch andere Belohnungen: im Jenseits. Darauf erzählt er einen Traum, der unter dem Titel *Somnium Scipionis* schon im Altertum als eines der berühmtesten Dichtwerke in Prosa gegolten hat. Die Nachwirkungen bei Augustin, Macrobius, Boethius beweisen das. Darum ist das Stück von Macrobius auch gesondert kommentiert und losgelöst tradiert worden.

Scipio erzählt im Kreise der verstehenden Freunde eine Traumerscheinung, die ihm im Jahre 149 widerfahren, als er den seiner Familie befreundeten König Masinissa von Numidien auf dem Feldzuge gegen Karthago besuchte. Dort erschien ihm Scipio Africanus der Ältere, sein Adoptivgroßvater, kündete ihm sein Schicksal, seine Aufgabe und enthüllte ihm die letzten Dinge.

So schließt das Werk wie Platons *Staat* in seiner Nachfolge mit einem Blick auf die letzten Dinge. Nur daß in Rücksicht auf die rationalistische Kritik, die man gegen Platons kühne Idee, einen Menschen aus dem Jenseits zurückkehren zu lassen, geübt hatte, in der Form des Traumes das Gesetz der Wahrscheinlichkeit nicht verletzt wurde. Zugleich konnte man in dem Traumhaften der Stimmung scheue und unbestimmte Zurückhaltung vor Aussagen über das Unerforschliche mit der Sicherheit fester Gläubigkeit verbinden und in der Rede, ohne auf das Konkrete der Aussagen und der Vorstellungen festgelegt zu werden, um so bestimmter für die Idee der Ewigkeit werben. So kommt eine schwebende Stimmung zustande.

Ohne auf das Poetische und die Quellen einzugehen, sei ganz kurz nur das Wesentliche der Aussagen angedeutet. Scipio verkündet zunächst seinem Adoptivenkel in der Prophezeiung, eine *laudatio funebris* gleichsam vorwegnehmend, seine weiteren Schicksale bis zur Zeit des Gesprächs und darüber hinaus. Ein doppelter Weg liegt von diesem Punkt an vor ihm: wenn er den mörderischen Händen der eigenen Verwandten entflieht – dies die eine Möglichkeit, im Bedingungssatz nur angedeutet –, wird

Einleitung 63

das Heil des zerrütteten Staates auf ihm ruhen, alle Guten werden von ihm Rettung erwarten, und er muß als *dictator rei publicae constituendae* (als Diktator mit der Aufgabe, das Gemeinwesen wiederherzustellen), die verlorene Eintracht wiedererringen, natürlich, um nach der Erfüllung der Aufgabe, wie das schon in dem einen Auftrag beschlossen liegt, wieder zurückzutreten. Die Anwesenden stöhnen auf, wohl nicht nur bei dem Gedanken an den möglichen Tod Scipios, sondern auch über die Notlage des Staates, die die Kur des einen Mannes, des Gerechtesten und Größten nötig macht. Aus dem ganzen Werk wird so die Folgerung gezogen und der Sinn des Lebens eines Scipio, der durch den jähen Tod kurz nach dem Gespräch abgerufen wurde, in der Vorstellung zu Ende geführt. Scipio wäre wie ein Brutus ein mächtiger Mann gewesen, dem es gelungen wäre, alle Guten mit sich zu vereinigen und selbstlos nach Niederwerfung der von ihren Begierden Besessenen das Gemeinwesen wiederherzustellen. Der Tod hat das unmöglich gemacht, die Aufgabe besteht weiter. Nicht Verzweiflung über die sinnlose Vernichtung des einen, der allein die Rettung bringen kann – so wird es dann im Verhältnis des Sallust zu Cäsar sein –, atmet das Werk, sondern es ist ein Aufruf zur Pflicht am Beispiel des Scipio. Ist es Cicero doch selbst gelungen, in noch zerrütteterer Zeit in seinem Konsulat diesen *consensus omnium bonorum* (das Einverständnis aller Guten), diese *concordia ordinum* (die Eintracht der Stände) zu erreichen. Nicht der Glaube an den einen Menschen ist es, was das Werk trägt, sondern der Glaube an den Menschen und seine hohe Aufgabe überhaupt. Wenn aber in der höchsten Not einmal die ganze Macht sich in dem einen Geistigsten und Mächtigsten sammeln muß, so bedeutet das nie und nimmermehr die Empfehlung einer bestimmten Form. Aushalten in der Aufgabe, das ist die Lehre, die darauf, als Scipio beim Anblick seines verstorbenen und jetzt ein ewiges Leben genießenden Vaters Paulus am liebsten in die seligen Bereiche eilen möchte, von dem Vater ihm als

Gottes Gebot enthüllt wird. Die Aufgabe: Übung von Gerechtigkeit und Frömmigkeit. Dann winkt das ewige Leben am Ort der Seligkeit auf der Milchstraße.

Dem in Staunen beim Anblick dieser Bereiche Versunkenen tritt jetzt wieder Scipio als Erklärer zur Seite, um nach der Kosmosschau alles Irdische, vor allem den irdischen Ruhm zu entwerten. Wenn es daher diese Rückkehr zu diesem Orte nicht gäbe, was könnte dann schon der irdische Ruhm bedeuten? Und als der Träumende, entzündet nach diesem ewigen Leben, verspricht, nur noch wackerer den Spuren des Vaters und des Großvaters zu folgen, gibt Scipio auch noch den Beweis für die Ewigkeit der Seele als der Substanz, die sich selbst bewegt und deshalb keinen Anfang und kein Ende hat. Sie soll er in den besten Dingen üben; das sind aber die Sorgen um das Heil des Vaterlandes. Je mehr die Seele sich schon im Leben aus dem Gefängnis des Leibes herausstreckt, um so schneller wird sie geübt den Leib verlassen und in diese Gefilde eilen. Die von ihren Begierden Besessenen werden erst nach jahrhundertelangem Kreisen der Seele um die Erde diesen Ort erreichen.

Es ist kein Widerspruch, daß hier der Ruhm entwertet wird, während im fünften Buch gesagt wurde, der führende Mann sei durch Ruhm zu nähren. Das ist die Aufgabe der Gemeinschaft, und sie beweist ihre Existenz und Intaktheit gerade dadurch, daß sie dem selbstlosen Streben dessen, der in seiner Kraft am leichtesten sich selber durchsetzen könnte, Anerkennung zollt. Ja, es ist schon eine hohe Verachtung des Irdischen, wenn die *virtus* als Lohn nur die Ehre annimmt, nicht fordert. Ist aber die Gemeinschaft in der Krise oder gar zerfallen, so müßte der führende Mann darüber verzweifeln, wo das Richtige liegt, wenn er nicht in seiner *conscientia* Halt und Lohn hätte, dem nach dem Tode ein ewiger Lohn entspricht. Diese *conscientia* ist das Bewußtsein hervorragender Taten, der *cura rei publicae*, der Sorge um das Überpersönliche, das Gemeinwesen, das in erster Linie das Ziel der Er-

Einleitung 65

füllung des Menschen als geistigen Wesens, des anständigen Lebens, der Gerechtigkeit hat.

Befremden kann nach dem ganzen Werk ebensowenig, daß es die für das Gemeinwesen Tätigen sind, die das von Gott zugewiesene Amt der Verwaltung der Erde in Gerechtigkeit als Bestimmung des Menschen ausüben. Erhalten sie doch im ewigen Ringen um echte Gemeinschaft die Möglichkeit des Geistigen überhaupt, und verwirklichen sie das Wesen des Geistes allein auf diese Weise: mit Verachtung werden die geistigen Epikureer behandelt; diejenigen freilich, die über den Staat nachgedacht haben, haben damit auch ein Amt der *res publica* geübt, nur nicht das höchste. Und das mag dann für alles Wissen gelten, für alle besten Dinge, die nicht im egoistischen Selbstgenuß, sondern im Sinne der Gemeinschaft unternommen werden. Dem göttlichen Lenker und Erhalter der Welt am angenehmsten aber sind die Lenker und Erhalter der *concilia coetusque hominum iure sociati*, der im Rechte geeinten Gemeinschaften und Verbände der Menschen. Damit fügt sich der Schluß zum Anfangsgespräch, es zum Teil wörtlich aufnehmend. Nichts gibt es, was näher an das göttliche Walten heranreichte, hieß es dort. Nicht die Erkenntnis der Wahrheit an sich, nach deren Schau man gezwungen dem Staate seinen Dienst gibt, sondern ständige Verwirklichung des menschlichen Sinnes, der Gemeinschaft, mühsames Ringen um die Beherrschung ist das Höchste.

Historische Stellung

Mit Absicht haben wir versucht, die Konsequenz der Gedanken und die Einheit des Werkes aus sich heraus zu entwickeln. Es erhebt sich jetzt die Frage nach seinen Voraussetzungen und die Frage, was das Neue an diesen Gedanken ist.

Will man das Neue würdigen, wird man zunächst nicht das Einmalige der Situation übersehen dürfen, die das

Werk als einziges dieser Art auf dem Boden der römischen Kultur hat entstehen lassen und den Christen dann die Gedanken zusammenfaßte, mit denen sie sich auseinandersetzen konnten. In einer Wende der Zeiten ist römisches Staatsgefühl im Scheitern und Verlieren der alten *res publica* noch einmal Gestalt geworden, bevor das Kaisertum den Mut zum Aussprechen und Erleben dieser Erkenntnisse für immer nahm. Die müde Verzweiflung des Tacitus glaubt nicht mehr an die gemischte Verfassung als Ausdruck der Gerechtigkeit. Nicht nur, daß sie als Form an sich den Bestand des Staates nicht garantiert – das war auch Ciceros Meinung nicht gewesen –, sondern sie kann überhaupt nur kurze Zeit existieren. Forscht man aber über dieses innere Anliegen hinaus, das sich mit Hilfe der Griechen wenigstens des Wesens des Entschwindenden versichert, nach dem Ursprung der Gedanken, so gerät man in eigentümliche Schwierigkeiten, deren auch die Wissenschaft noch nicht restlos Herr geworden ist. Doch ist man sich jetzt der Selbständigkeit des Werkes immer bewußter geworden, derart, daß man sich jetzt wohl gar schon entschuldigt hat, wenn man in Cicero zu sehr den Philosophen sah. Man hat bisweilen Cicero ein Wunder an Bildung genannt. Er hat Platon, Aristoteles, Theophrast, Dikaiarch, Panaitios gekannt und die griechischen Schriften sonst gegenwärtig. Das Erschwerende, will man den Grad seiner Abhängigkeit von allen diesen Schriften erkennen, ist dies, daß uns die hellenistische Staatstheorie zum größten Teil verloren ist. Doch läßt sich das Eigene und das Neue Ciceros – und etwas Neues ist zweifellos da: man versteht nicht recht, warum die Behandlungen der antiken Staatslehre die Antike meist mit Polybios abschließen lassen – vielleicht am besten in zwei Hauptsachen zusammenfassen: es gelingt ihm, durch die hellenistische Staatstheorie hindurch mit ihrer Benützung und Verarbeitung zu Platon durchzustoßen und zur Idee des Staates zurückzufinden, und er geht bei der Entwicklung des Staates nicht wie die Griechen vom einzelnen, sondern

Einleitung 67

aus dem Erlebnis des römischen Staates von der Gemeinschaft aus. Was das bedeutet, wird am ehesten klar, wenn man die Antworten prüft, die Cicero auf die Hauptfragen der griechischen Staatslehre gibt. Zu diesem Zwecke ist es nötig, im kürzesten Abriß, soweit uns möglich, diese griechischen Fragen und den Wandel der Antworten zu überblicken. Es sind die Fragen nach der besten Verfassung, nach den einzelnen Verfassungstypen, den Revolutionen, der Mischverfassung.

Und zwar dürfen wir hier die staatliche Entwicklung, die schon zu weitgehender Auflösung geführt hatte, als aus einer ähnlichen Krise wie bei Cicero der Beginn der griechischen Staatsphilosophie entstand, ebenso wie die lebensnahen Gedanken der Dichter und Staatsmänner vorher außer Betracht lassen: sind es doch die eigentlich systematischen Gedanken, mit denen sich Cicero auseinanderzusetzen hat und auseinandergesetzt hat.

Herodot (3,80–82) zeigt uns, wie zur Zeit der Sophisten die Frage nach den Staatsformen heftig diskutiert wird, und zugleich, wie ein Maßstab fehlt, an dem die Güte einer Staatsform, von denen drei nach der Zahl der Herrschenden unterschieden werden, gemessen werden könnte. Man sieht das an den Argumenten, die der Vertreter des Königtums, das man gleich zu Anfang wegen der notwendigen Entartung des Inhabers der Macht abgelehnt hatte, gegen die beiden anderen Verfassungen vorbringt: beide, Demokratie und Oligarchie, führen im ständigen Rivalisieren der Vornehmen oder der Gruppen schließlich immer wieder zur Monarchie. Bei der Monarchie aber müsse man, wie überhaupt, die beste Form der Betrachtung zugrunde legen, daß nämlich ein Mann mit Einsicht sein Volk wie ein Vormund lenkt. Selbst auf der neuen Basis, auf der man die beste Form und Ausprägung betrachtet, kann sich der Vertreter des Königtums das politische Leben nicht anders denn als einen Kampf um die Macht vorstellen, aus dem einer immer als Sieger schließlich und endlich hervorgehen muß. Wieso dann aber die zuerst vorgebrachten Argu-

mente gegen das Königtum nicht mehr gelten, wieso man nicht auch eine beste Form der beiden anderen, die den inneren Kampf schließt, annehmen kann und was das ist, was die beste Form ermöglicht, das wird nicht deutlich, und so bleibt diese Debatte im Widerspruch stecken. Dieser Widerspruch beruht auf dem Fragwürdigen der Werte dieser Zeit.

Platon hat als Schüler seines Meisters Sokrates die Werte zugleich als Erneuerer und Reaktionär gegen die Sophisten bewußt gesetzt. Der beste Staat ist der Staat, in dem die Gerechtigkeit herrscht, der Form nach eine Monarchie oder eine Aristokratie. Die Gerechtigkeit bewirkt als Prinzip des Staates, daß jeder das Seine tut (sie ist die οἰκειοπραγία im Gegensatz zur ἀλλοπραγία). Die Philosophen müssen regieren, die Wächter schützen, die Handwerker den Lebensunterhalt schaffen. Diese ständische Gliederung des Staates ist ein Abbild der menschlichen Seele, deren Wesen in der »großen Schrift«, die der *Staat* darstellt, erforscht wird. In ihr soll der Geist herrschen, der Mut ihm zur Seite stehen und die Begierden gehorchen. Jedem Stande kommt eine besondere Tugend zu: Weisheit, Mut, Bescheidenheit, allen die Gerechtigkeit. Ein großer Teil des Staates ist so von der Herrschaft ausgeschlossen. Das ist deshalb möglich, weil die Philosophen das Wahre sehen, durch die dahin führenden Wissenschaften zur Schau der Idee des Guten vorgestoßen sind. Die Ausschließung der anderen Stände ist dadurch kompensiert, daß die Herrscher aus allen Ständen nach der Qualität ihrer Anlagen ausgewählt werden. Sie werden erkannt an ihren Fähigkeiten zu körperlichem Mut, vor allem aber ihrer geistigen Fähigkeit. Der Egoismus wird ertötet, indem ihm die Gegenstände genommen werden: Die Philosophenherrscher, die sich aus den Wächtern herausheben, sind mit diesen zusammen ohne Besitz und ohne Familie. Ihr Glück, das sie entschädigt, ist die Ideenschau, das der anderen die Fürsorge für das allgemeine Beste. Weil das allgemeine Beste das Ziel des Staates ist, muß sich

Einleitung 69

der Philosoph, der lieber in der Ideenschau persönlich glücklich verweilen möchte, zum Staatsdienst bequemen.

Dieser Staat, nach dem Vorbild im Himmel, der Idee, gebaut, ist wie alles Irdische nicht unveränderlich, wenn er sich gegen Änderungen auch am längsten sträubt. Die Veränderungen beruhen letztlich darauf, daß die Zeugung der guten Naturen nicht völlig in der Hand der Menschen ist. Je nachdem, wie weit sich ein Staat und der dazugehörige Mensch von dem Streben nach der Idee entfernt und mehr den niederen Seelenteilen die Herrschaft überläßt, kommt es zu den Formen der Timokratie,[8] Oligarchie, Demokratie und Tyrannis. Alle diese Formen sind in verschiedenem Abstand von der Idee schlecht. Am schlechtesten die Form der Tyrannis. Der Tyrann, der völlige Egoist, ist der schlechteste und zugleich unglücklichste der Menschen, nur seinen Begierden folgend und in ständiger Furcht vor denen, die ihm nach dem Leben trachten.

Die Abfolge der Verfassungen bei Platon ist nicht eine historische Entwicklung, sondern wie die Schilderung der Entstehung des Staates und des ganzen Staatsbaus selbst ein Modell des Staates, um seine Idee, die Gerechtigkeit, die gegründet ist in der Schau der Idee, zu entwickeln.

Die Mischform spielt erst, ohne daß der erste aufgehoben wäre, im zweiten der Wirklichkeit angenäherten Staatsentwurf, den *Gesetzen*, eine Rolle. Dort heißt es, daß die beiden entgegengesetzten Formen, Monarchie und Demokratie, gemischt werden müßten, um das Staatsziel, Freiheit, Einsicht und Liebe, zu erreichen.

8 Timokratie ist die Form der Verfassung, in der das Prinzip der Ehre am höchsten gestellt wird, die nächstbeste Form nach der, in der die Philosophen nach dem Prinzip des Guten herrschen. Schon diese nicht wieder fruchtbar gewordene Form zeigt, daß es sich bei Platon nicht um Formen der Wirklichkeit, sondern um die Konstruktion von Modellen handelt, an denen Wesentliches erkannt werden soll. Die Kritiker, in neuerer Zeit etwa Popper verkennen das meist, freilich nicht ohne Schuld Platons: wer so plastisch aus den Begriffen der Sprache baut, darf sich nicht wundern, wenn man Gedanken und Wirklichkeit verwechselt.

Aristoteles, zwanzig Jahre lang Schüler Platons, hat mit geschärftem Blick für die Staaten der Wirklichkeit sich mit Platon auseinandergesetzt und in seiner späteren Zeit, den Büchern 4 bis 6 seiner *Politik*, die Mischformen als das Bezeichnende für die Wirklichkeit in den Mittelpunkt seiner Untersuchungen gerückt.

Für Platon war der Staat eine Notwendigkeit, die ihren Sinn von der Idee her empfängt, für Aristoteles ist er Mittel zum Zweck. Zweck ist das gesittete Leben (εὖ ζῆν), das Glück (εὐδαιμονία), das ungehinderte Leben gemäß der Vollendung (ζῆν κατ' ἀρετὴν ἀνεμποδίστως). Der Staat ist vor den Menschen wie das Ganze vor dem Teil, der Mensch deshalb von Natur ein Gemeinschaftswesen (φύσει ζῷον πολιτικόν). Ein vollkommenes menschliches Leben kann nicht in den einzelnen Teilen, aus denen sich der Staat zusammensetzt, Familie und Dörfern, geführt werden, sondern erst im Staate. Als Träger des λόγος ist der Mensch befähigt, nicht nur Gefühlen Ausdruck zu geben, sondern auch nützlich und unnütz, gerecht und ungerecht zu unterscheiden und mitzuteilen. Gerechtigkeit ist ein πολιτικόν. Das Recht ist die Ordnung der Gemeinschaft. Die Verfassung ist die Ordnung der Mitglieder der πόλις, der Bürger. Bürger ist jeder, der teilnimmt an der Herrschaft, der beratenden und richtenden. Die verschiedenen Staatsformen unterscheiden sich danach, bei wem die Entscheidung liegt (τὸ κύριον). Sie sind richtig (ὀρθαί), wenn sie auf den Nutzen der Beherrschten schauen, Entartungen (παρεκβάσεις), wenn sie nur den eigenen Nutzen im Auge haben. Je nach der Zahl der Herrschenden hat man auf der einen Seite Königtum, Aristokratie, Politie, auf der anderen Seite Tyrannis, Oligarchie, Demokratie. Die schwierige Frage, welches jeweils die gerechte Form ist, entscheidet sich nach dem Begriff der Gerechtigkeit, die Zuteilung des Gleichen an Gleiche, von Ungleichem an Ungleiche fordert. Herrschaftsanspruch geben Tüchtigkeit, Reichtum, Freiheit (Bildung; Adel ist vererbte Tüchtigkeit und vererbter Reichtum). Ein falscher Herr-

Einleitung 71

schaftsanspruch wird erhoben, wenn die in einem Überlegenen, etwa die Reichen, beanspruchen, in allem überlegen zu sein und zu herrschen. Ihr Anspruch wäre berechtigt, wenn der Staat eine Erwerbsgesellschaft wäre. Außerdem ist zu bedenken, ob das Volk sich mehr für Königtum, Aristokratie oder Demokratie eignet. Das sind eine Reihe von dem als Organismus aufgefaßten Staate abgelesenen Prinzipien, die zu bestimmten Antworten auf die oben gestellten Fragen führen.

Der beste Staat ist ein von Aristoteles später wohl von selber aufgegebenes Phantom. Er ist ein Wunschstaat der besten Bedingungen. Lage und Land, Mut, Geist und Kunstfertigkeit der Bevölkerung müssen die Voraussetzungen geben. Sein Ziel ist, alle Bürger durch Tugend zum glücklichen Leben zu führen. Die politische Tüchtigkeit, die der Idealstaat fordert, fällt im Gegensatz zu allen anderen Verfassungen – man sieht, wie Staat und Staatsform fast identisch sind – mit der allgemeinen menschlichen Tüchtigkeit zusammen. Die körperliche, ethische und intellektuelle Erziehung bringt allen gleichmäßig begabten Bürgern gleichmäßig die Tugend. Dann aber ist es nicht recht, irgendeinen Teil der Bürger von den politischen Rechten auszuschließen. Eine so beschaffene Bürgerschaft gleichmäßig an den politischen Rechten zu beteiligen, ist aristokratisch und nicht demokratisch. Diese Aristokratie ist trotzdem die Herrschaft einer qualifizierten Minderheit, weil nur bestimmte Altersstufen, die Männer, die Herrschaft ausüben.

Die Einzelformen sind wieder wie bei Herodot im Unterschied zu dem Symbolcharakter bei Platon Formen der Wirklichkeit. Die drei Formen rivalisieren aber nicht an sich miteinander, sondern ein Prinzip scheidet je eine gute von der schlechten Form. Unter den guten Formen wird die beste danach bestimmt, wie weit in ihr die Verwirklichung der ἀρετή und εὐδαιμονία möglich ist und die ἀρετή des Bürgers und des Menschen sich zur Deckung bringen läßt. Der scharfe Blick des Aristoteles für die

Wirklichkeit hat aber erkannt, daß es mit diesen drei Formen und ihren Entartungen nicht getan ist. In Wirklichkeit gibt es etwa sehr verschiedene Formen der Alleinherrschaft. So unterscheidet er beim Königtum allein vier Unterformen. Die Wirklichkeit hält den von einer Idee her geprägten Formen nicht stand.

Deshalb erkennt Aristoteles, Gedanken der platonischen *Gesetze* so weiterführend, in den gemischten Formen die Formen der Wirklichkeit und hält sie für die besten. Gaben bei Königtum und Aristokratie ἀρετή als Herrschaftsanspruch den Ausschlag, bei Oligarchie Reichtum, in der Demokratie die Freiheit, so ist es am besten, da keines der Prinzipien alleinigen Geltungsanspruch hat, die Formen zu mischen. Mischt man Oligarchie und Demokratie (Reichtum und Freiheit), hat man die Politie im gewöhnlichen Sinne, Aristokratie und Demokratie oder Aristokratie, Demokratie und Oligarchie die Aristokratie im gewöhnlichen Sinne. Es gibt eine Fülle dieser Formen in der Wirklichkeit. Sie treten im Grunde bei Aristoteles als die besten Formen der Wirklichkeit an die Stelle der schemenhaften »besten Verfassung«. Die gemischten Formen, die μικταί, aber sind deshalb am besten, weil sie die längste Dauer verbürgen. Die Mischung der Ansprüche schützt am besten gegen die Revolutionen.

Die Revolutionen nämlich – στάσεις und μεταβολαί – geschehen meist aus Überspannung eines Herrschaftsanspruches. Sie werden um großer Ziele – nicht nur materieller, sondern auch idealer Art (Ehre) – unternommen, auch wenn die Anlässe klein sind. Aristoteles führt im fünften Buch seiner *Politik* eine Fülle von Gründen für Revolutionen an, zeigt auch, daß die Umwandlungen in andere Formen aus Überspannung eines Prinzips sich nicht in einer bestimmten Reihenfolge vollziehen, sondern daß sozusagen alles aus allem entstehen kann. Er übt dabei eine billige, beziehungsweise unbillige Kritik an Platons *Staat*, dessen Theorie der Revolutionen (infolge der Umwandlung der Seelen der Menschen und der Änderung des

Einleitung 73

Zieles) ja gar keine Regel des Ablaufs in der Wirklichkeit geben wollte.

Die Nachfolger des Aristoteles sind uns mit ihren politischen Schriften verloren. Es ist eine der schmerzlichsten Lücken der antiken Staatstheorie. Theophrast, von Cicero eifrig gelesen, hat wohl die Studien des späteren Aristoteles, die in den Büchern 4 bis 6 niedergelegt sind, fortgesetzt. Das zeigt der Titel seiner wichtigsten Schrift *Politik in den Krisen* (Πολιτικὰ πρὸς τοὺς καιρούς). Auf Theophrast geht die Unterscheidung von Demokratie und Ochlokratie zurück, die dann bei Polybios geläufig ist. Wahrscheinlich hat Theophrast bereits vom Kreislauf der Verfassungen gesprochen (κύκλος τῆς πολιτείας). Die Mischformen sind auch ihm die besten Formen.

Ein anderer Schüler des Aristoteles muß in der gleichen Richtung geforscht haben: Dikaiarch (310 v. Chr.). Dikaiarch hat die aus den drei Einzelverfassungen gemischte Verfassung für die beste erklärt. Das zeigt uns ein überkommener Titel einer Schrift, der Τριπολιτικός. An einer anderen heftig umstrittenen Stelle wird die aus den dreien gemischte Form das γένος Δικαιαρχικον genannt. Die Frage, ob das heißt: die Form des Dikaiarch oder die Form, die eine gerechte Herrschaft garantiert – sprachlich eines so schwierig wie das andere –, wird wohl aus zwei Gründen zugunsten der ersten Möglichkeit zu entscheiden sein: seit des Aristoteles wirklichkeitsnahen Studien tritt der Gedanke der Gerechtigkeit als Kriterium der besten Verfassung zugunsten der Dauerhaftigkeit zurück, die »beste« Verfassung verblaßt ja schon bei Aristoteles zu einem Schemen, und zweitens spielt bei Polybios der Gedanke der Gerechtigkeit bei der Begründung der Mischverfassung keine Rolle. Aus der Richtung immer stärkerer Säkularisierung von Platon bis Polybios möchte man schließen, daß auch bei Dikaiarch die Mischverfassung nicht von der Gerechtigkeit her begründet worden ist.

Bei Polybios (geb. um 200 in Megalopolis, nach der

Schlacht von Pydna 168 als Geisel nach Rom gekommen)
liegt die Theorie der Mischverfassung in einer schon sche-
matisch gewordenen Form vor. Hier ist der Schritt vollzogen, der bei Aristoteles angebahnt war: die gemischte
Verfassung aus den drei Einzelverfassungen ist die »beste«
Verfassung.

Er lehrt: es gibt drei gute Verfassungen, Königtum (Alleinherrschaft über Freiwillige nach der Vernunft), Aristokratie (Herrschaft der Gerechtesten und Verständig-
sten), Demokratie (Verfassung, wo Götter und Eltern
geehrt, das Alter geachtet, den Gesetzen gehorcht wird).
Jede dieser Verfassungen hat ihre Entartungsform, die
συμφυῆ κακά: Tyrannis, Oligarchie und Ochlokratie.
Diese Formen wechseln in einer bestimmten Reihenfolge
ab. Wenn aus dem Alleinherrscher, so beginnt er eine historische Konstruktion einer Staatsentstehung, dadurch,
daß durch Erwägungen des Nutzens die Gesittung Einzug
hält, der König geworden ist, entartet er notwendig im
Besitze der Macht, und es entsteht die Tyrannis. Diejenigen, die dem Treiben ein Ende setzen, sind gute und be-
herzte Männer. So hat man nach der Vertreibung des Königs die Aristokratie. Die Aristokraten entarten ebenso
wie der König in den nächsten Generationen im Besitz der
Macht, und es kommt zur Oligarchie. Derselbe Vorgang
wiederholt sich bei Demokratie und Ochlokratie, bis sich
schließlich wieder ein Alleinherrscher aufschwingt und
der Kreislauf von vorn beginnt. Mit Hilfe dieses Kreislaufes, eines notwendigen Zwanges der menschlichen Natur,
läßt sich die Zukunft der Geschichte berechnen.

Diesem notwendigen Kreis von Revolutionen entgeht
man, wenn man alle drei einfachen Formen zusammen-
fügt, daß keiner der Teile in sein benachbartes Übel abgleiten kann. Dann hat man die beste, weil dauerhafte
Verfassung. Die Furcht ist es, die die Teile im Gleichgewicht der Kräfte hält. Daß man auch die Vorzüge aller drei
einzelnen Verfassungen vereinigt, wird in einem Satz angedeutet, aber es hat für das Prinzip keine Bedeutung. Wie

Einleitung 75

alles Entstandene ist die Mischverfassung einem biologischen Verfallsprozeß unterworfen.

Beste Verfassung und gemischte Verfassung sind also zusammengefallen. Auf die vier Fragen werden drei Antworten gegeben.

Zu diesen Voraussetzungen, die Cicero gegeben waren, kommen noch die Lehren der hellenistischen Systeme. Da sind Epikureer mit ihrem kultivierten Egoismus und ihrem λάθε βιώσας[9], die lebenslangen Feinde Ciceros. Daß wir aber von der Staatslehre der Stoa so wenig haben, ist ein weiterer schmerzlicher Verlust. Wenn es wahr ist, daß Chrysipp die aus Demokratie, Königtum und Aristokratie gemischte Form für die beste Verfassung gehalten hat, so hat er sich einfach der peripatetischen Lehre angeschlossen. Im allgemeinen hat die Stoa eine Neigung für das Königtum als Abbild der Herrschaft des Geistes über die Welt. Im übrigen aber zeigt wohl das Wort, der Weise sei immer im Konflikt (handle er recht, so mißfalle er seinen Mitbürgern, handle er so, wie es denen gefalle, so mißfalle er Gott), daß ihre Teilnahme an diesen Fragen auf einem anderen Felde lag und von anderen Motiven bewegt war. Wissen wir nicht, was Panaitios zu diesen Fragen meinte, so kennen wir seine Gemeinschaftstheorie: Er geht dabei aus von der Natur des Menschen, seinem Selbsterhaltungstrieb und Fortpflanzungstrieb, die er mit den Tieren gemein hat, um ihre Verwandlung durch die spezifisch menschliche Gabe der Vernunft zu entwickeln. Der Fortpflanzungstrieb führt zur Sorge und Liebe für die Nachkommen und umfaßt schließlich immer weitere

---

9 Λάθε βιώσας, »lebe verborgen«. Epikur fragt wie die Stoa nach dem menschlichen Glück, der εὐδαιμονια, und findet es nicht in der Tätigkeit, sondern im Freisein von Schmerz sowohl der Seele wie des Körpers, was nur in der Zurückgezogenheit möglich ist. Sein Ziel ist die ἡδονή, ein ausgewogen gemäßigtes Gefühl des Lebensgenusses. Augustin hätte, wie er sagt, unter allen antiken Schulen die Epikureer gewählt, wenn er nicht Christ geworden wäre. Im übrigen haben sich schon vorher, aber besonders nachher alle Philosophen mit dem Ziel des Menschen befaßt und dafür dann eine Formel entwickelt.

Kreise. Aus ihm entspringt die Gemeinschaftstugend, die zur Vollkommenheit unerläßlich ist. Der Mensch steht so in der Mitte konzentrischer Kreise, deren äußerster die gesamte Menschheit ist, mit der ihn der λόγος verbindet. So viele Berührungen das Römische mit dem Stoischen gerade auf diesem Gebiete der Pflichten für die Gemeinschaft hat, soviel auch Cicero Anregungen in seinem Werke von stoischem Gedankengehalt haben mag, so führt doch auch von hier kein direkter Weg zu Cicero.

Der Sinn dieser Skizze ist erfüllt, wenn so viel aus den Andeutungen der verschiedenen Gedankenwelten erkannt werden kann, daß Cicero in seinem Werke alle irgendwie berücksichtigt und sich doch in einem, was jene alle verbindet, unterscheidet. So gibt er auf die griechischen Fragen seine Antwort und unterscheidet sich doch in allen Antworten. Die Unterschiede aber lassen sich auf einen Nenner bringen und müssen demnach das Ciceronische enthüllen.

Auch Cicero unterscheidet drei gute und drei schlechte Verfassungen. Die drei schlechten sind die *finitima mala* der guten. Das klingt so, als wäre es reiner Polybios. Aber es gibt darin Unterschiede. Gewiß, man mag sie gut nennen oder erträglich, wenn sie bezogen sind auf die *prima causa coeundi*, und mag sie auch nach der Zahl, nun nicht der Herrschenden oder derer, deren Meinung siegt oder entscheidend ist, sondern derer, die das *consilium publicum* vertreten, unterscheiden. Aber das ist nicht das Wesentliche und viel zu einfach. Zunächst gibt es Unterschiede im Werte der drei guten Formen. Die reine Demokratie ist am wenigsten zu billigen. Aber auch innerhalb der Formen kann ein Staat besser sein als der andere. Man muß das am Beispiel entscheiden (dafür jeweils die angeführten Beispiele). Schließlich kommt es überhaupt nicht auf die Form an. Gewiß, die reine Demokratie wird das Ziel am schwersten erreichen, aber was macht es aus, ob man ein Königtum oder eine Aristokratie hat? Gewiß, am Königtum, wenn es gerecht ist, kann man am be-

Einleitung 77

sten erkennen, was für das Leben des Staates nottut, die Einheit des Willens; aber wodurch unterscheidet sich das Königtum von der Aristokratie, wenn sie gerecht ist? Denn darauf kommt es allein an, daß Gerechtigkeit verwirklicht wird. Wird in den drei einzelnen Formen Gerechtigkeit verwirklicht, so sind es, so viele Spielarten es ihrer geben mag, jedenfalls Staaten, wenn sie auch alle nicht vollkommen sind, *perfectae*. Die Vielzahl, in die bei Aristoteles die Betrachtung der Wirklichkeit die Formen aufgelöst hatte, ist damit ebenso berücksichtigt, wie Platons Gedanke, daß alle Formen außer der, in der die Gerechtigkeit herrscht, schlechter sind. Die ungerechten Formen entstehen dann, wenn die Verwalter der Macht nicht gerecht sind, sondern nur ihre Triebe, Wünsche und Vorteile durchsetzen und den Willen der anderen, sofern er auf das Rechte zielt, vergewaltigen. Dazu bedarf es aber nicht der Ablösung einer Form, vertreten durch bestimmte Menschen, durch eine andere, vertreten durch andere Menschen. So fein säuberlich geht es nicht zu: in jedem König lauert der Tyrann, in jeder Aristokratie die Clique, in jedem *populus* die Willkür. Der Umbruch und die Krise sind ins Innere verlegt.

Damit verwandelt sich die Theorie der Revolutionen. Revolutionen geschehen, wenn Ungerechtigkeit geschieht. Sicher ist das auch Platons Meinung. Aber sie geschehen nicht, weil falsche Herrschaftsansprüche gestellt werden – Herrschaftsansprüche hat niemand –, sie geschehen auch nicht, weil die Natur des Menschen notwendig im längeren Besitz der Macht entartet, sondern sie geschehen irrational und plötzlich. Erst hier, wo die Krise ins Innere des Menschen verlegt wird, kann man von der Dämonie der Macht sprechen. Wenn der Machtwille des Menschen besessen und nicht beherrscht ist, dann kommt es zu den Entartungen und den Reaktionen auf sie, eben jenen Umwälzungen des Kreislaufes. Es kommt aber bei diesen Revolutionen kein Kreislauf zustande: erklärlich, da ja ebenso wie jede Anzahl von Menschen der Herrschsucht

verfallen kann, eine jede auch wieder je nach ihrer Kraft den vernünftigen Ausgleich zu bewirken vermag. Es ist auch nicht gesagt, daß die Reaktion das Bessere bringt, wohl aber hat jeder die Aufgabe, der Ungerechtigkeit entgegenzutreten. So sind die Revolutionen zum Kampf der beiden Naturen geworden. Irrational ist ihr Lauf nicht berechenbar. Wohl aber läßt sich erkennen, wann das Rad zu knirschen beginnt, es läßt sich wissen, daß, wenn das *consilium* nicht gefunden wird, diese irrationale Bewegung in den Tod führt, und Schuld, Aufgabe und Größe des Menschen als verantwortlichen Bürgers bemessen sich nach ihrer Überwindung oder ihrer Fahrlässigkeit.

Volle Gerechtigkeit aber gibt es nur in der aus allen dreien gemischten Verfassung. Wie bei Polybios fallen die Fragen nach der gemischten Verfassung und der besten Verfassung zusammen. Aber sie ist nicht deshalb allein die beste Verfassung, weil sie am dauerhaftesten ist, sondern weil sie allein volle Gerechtigkeit verwirklicht, indem alle ihrer Würde entsprechend an dem Gemeinwesen teilnehmen. Wie bei Platon ist sie der beste Staat der Gerechtigkeit. Ihr Ausdruck ist die *aequabilitas*, das Ermöglichende, was schließlich zu ihr führt, ist die richtige Vernunft = Gerechtigkeit. Sie ist keine Konstruktion, kein Mythos, sondern im Staat der Väter war sie Wirklichkeit. Sie ist nicht, wie bei Aristoteles, der Wunschstaat der »bemittelten Tugend«, sondern sie ist die sich im Unterschied zu Platon in der Geschichte ausprägende Idee der Gerechtigkeit. Darum umschließt sie alle gewachsenen Einrichtungen mit, wofern sie zum gesitteten und nützlichen Leben beitrugen und damit die Gerechtigkeit förderten. Sie ist kein Dauer garantierender Mechanismus, sondern immer wieder zu verwirklichen. Hier herrscht kein statisches Denken, sondern ein unerhört dynamisches, nur daß die Fahrt in gerader Richtung geht, immer wieder die *aequabilitas* zu schaffen sucht; denn mehr läßt sich nicht erreichen. In ihrem ewigen Leben liegt zugleich der Sinn des Gemeinwesens. Sie verkörpert den sich in Richtung auf das Hö-

Einleitung 79

here differenzierenden und zugleich immer wieder einigenden Willen der Gesamtheit nicht von irgendwelchen Ansprüchen aus gesehen, sondern von den Funktionen, deren er bedarf.

Denn fragt man sich, woher es kommt, daß Cicero es vermag, durch einen so geschlossenen Entwurf wie den des Polybios durchzubrechen und auf die alten Fragen Antworten zu geben, die eine neue Einheit, die aber Verwandtschaft hat mit der platonischen, aufweisen, so muß man den Grund darin sehen, daß Ciceros Denken aus dem Staate her denkt, das aller Griechen, einschließlich Platons, vom einzelnen her. Für Cicero ist die *res publica* der Sinn des Lebens, wenn auch der von Gott gesetzte, für den Griechen die Vollendung des einzelnen, auch wenn diese nur im Staate, der sich dann zur Menschheit weitet, möglich ist. Auch Cicero erkennt, wie Platon, im Menschen, nicht in der Form, das Entscheidende. Denn der Mensch ist der Träger und Verwirklicher der richtigen Vernunft und Gerechtigkeit. Aber diese Gerechtigkeit und dieser Mensch sieht anders aus, selbst als der platonische. Er ist, was er ist, durch die *res publica.* Nach ihr bestimmt sich seine *dignitas.* Nicht persönliche Vollendung, geschweige denn andere Dinge, geben ihm Anspruch auf Herrschaft oder die Pflicht dazu, sondern vom Sinn des Staates her und seinen Bedürfnissen wird die Funktion des einzelnen bestimmt. Dieser Dienst, seine Pflicht, ist aber nicht erzwungen, obwohl es Höheres und Besseres gibt, sondern in ihr vollendet sich der Mensch. In ihm hat er das Erlebnis dauernden Sinnes. Daher die Verewigung nicht des Philosophen, sondern des Staatsmannes. Seine Gerechtigkeit ist nicht οἰκειοπραγία, beim Philosophen die Schau der Idee, sondern immer wieder die Verwirklichung der Gemeinschaft. Freilich ist die Verwirklichung dieser richtigen Vernunft und Gerechtigkeit nicht ohne Wissen möglich. Der *sapiens* und *iustus* muß sich auf alle Dinge verstehen. Aber dieses Wissen ist nicht absolutes Wissen, sondern auf den Menschen bezogenes Wissen. Konkret, so wie der

Landmann seinen Acker kennt. Mindestens aber ebenso wichtig ist der Wille, gerecht zu sein, die Selbstentäußerung und Beherrschung. Die Gerechtigkeit wird so zur Selbstbehauptung in der Gemeinschaft, die sich immer wieder im ganzen den richtigen Platz anweist und so mit denen, die gleichen Sinnes sind, die vielgliedrige Einheit immer neu aktualisiert. Auf diesem guten Willen beruht der Staat, nicht auf Ordnungen aus Einsicht allein. Der ganze Mensch im historischen Machtstaat, dem er in unlöslichem Wechselbezug selber im Streben nach dem Höheren und der Verwirklichung der Vernunft, des Geistigen und der Gesittung seinen Sinn gibt, das ist das Neue, das Cicero auch gegenüber Platon behauptet, das ihn zum Urteil kommen läßt, daß ihm, ohne daß er sein Werk den ihren voranstellen wolle, die Schriften der Griechen nicht ganz Genüge tun.

Man versteht aber nach alledem, warum er in Liebe vor allem zu Platon sich hingezogen fühlt. Manchen Gedanken über die Gerechtigkeit oder die Vernunft hat er von den Stoikern entlehnt. Aber sie bekommen durch sein von der *res publica* her orientiertes Denken einen anderen Sinn. Überhaupt ist es wohl klar, daß es bei der Geschlossenheit dieser Gedanken verfehlt ist, nach direkten Vorlagen, nach »Quellen« im philologischen Sinne zu fragen. Das ganze Denken bis dahin ist seine Quelle. Sein Vorbild aber ist Platon. Er ist derjenige, der den Menschen am stärksten in der Notwendigkeit des Staates sieht, der die Selbstentäußerung am weitesten treibt, der alles auf die Idee der Gerechtigkeit bezieht. Ihm gegenüber wahrt er die Ansprüche des Lebens – zwar gibt es keinen Anspruch auf Herrschaft im Staate bei ihm, wohl aber den Anspruch des Lebens auf Freiheit und Teilnahme, wenn es *sui iuris* ist –, indem alle an dem Gemeinwesen beteiligt sind und der Vielfältigkeit in der Wahrung von Ehe und Eigentum Rechnung getragen wird. Aber Platons Wahrheit hat sich ihm an der Wirklichkeit des römischen Staates bewährt und ihm die Wünschelrute der Erkenntnis geschenkt. Das

Einleitung

Ziel, die Herrschaft des Geistes zu verewigen, teilte er mit ihm. Der Hauptunterschied besteht in seiner Diesseitigkeit. Nicht die Idee, sondern die *res publica* ist das, was den Menschen Sinn gibt. Der Mensch transzendiert zwar, aber nicht in ein Jenseits. Von Platon hat er auch manches für die Form des Gespräches aus dieser Liebe heraus genommen, aber die Architektonik des Werkes steht doch zu dem organisch sich entwickelnden Gespräch so im Gegensatz, daß man sich durch Ähnlichkeiten nicht täuschen lassen und jedenfalls nicht vom platonischen Aufbau auf verlorene Stücke bei Cicero schließen darf.

Man versteht von der Diesseitigkeit des ciceronischen Staates her, daß das strenge Christentum diese Form der Gerechtigkeit nicht als wahre anerkannte. Nicht die *res publica*, sondern Gott ist das Ziel und der Sinn. Doch haben andere Christen die *pietas*, die neben der *iustitia* und der *ratio* steht, den frommen Sinn, der sich unter dem Walten der Götter weiß und mit Ehrfurcht Dingen und Menschen naht, gesehen und haben nicht so hart von *superbia* gesprochen wie Augustinus,[10] sondern in der *ratio* die Voraussetzung auch für das Reich Gottes anerkannt. Doch findet der Christ leichter wohl Zugang zur Wahrheit Platons als zum Staate Ciceros.

Zum Schluß seien darum ein paar Worte über die Bedeutung des Werkes gestattet. Die Lehre vom Staat gehört zu den Geisteswissenschaften. Als solche kann und will sie nicht konkrete dogmatische Wahrheiten geben. Wohl aber kommen ihre Resultate der Wahrheit näher und sind fruchtbarer, je näher ihre Grundbegriffe jenen Funktionssystemen kommen, die die Philosophie in ihrer Selbstdurchleuchtung als bestimmend für das Wesen des Menschen erkennt. Eine isolierte Betrachtung des Menschen an sich, erkennt sie dabei, würde ein Springen über den ei-

---

10 *Superbia*, menschliche Überhebung, erkennt Augustinus im Vorwort seiner *Civitas dei* sogar in Vergils fast christlich klingendem Vers *parcere subiectis et debellare superbis*, weil der Mensch sich anmaßt, über Demut und Hoffart der anderen zu urteilen.

genen Schatten bedeuten. Faßt sie sich doch überhaupt bei ihrem Geschäft nur im gemeinsam verbindenden Geiste. Cicero denkt als Römer von der *res publica* her und in Funktionen. So treffen seine Lebensbegriffe wie *iustitia, sapientia, aequabilitas, res publica* Wirklichkeiten, die ein isolierendes Denken nicht zu fassen bekommt. Hinzu kommt die einmalige Situation, daß die Macht keine Grenzen hat. Sie erlaubt es ihm, aus dem Erlebnis der ganzen Macht Aussagen über sie und das Wesen der Gemeinschaft zu machen, die anderen Zeiten verschlossen waren und deren Größe und Unausweichlichkeit ein jeder, der Sinn für menschliche Größe hat und an das Gute im Menschen glaubt, an sich erfahren kann. Mit hellstem Bewußtsein sind hier Macht, Staat und Gemeinschaft erlebt worden und haben sich in Erkenntnissen und einem in sich konsequenten Gefüge von Lebensbegriffen verdichtet, die für das Leben jeder Gemeinschaft gültig sind. Die ehrfürchtige Beschränkung auf das Leben in der Zeit hat zu Erkenntnissen geführt, die sich kraft der Vernunft, die die Konsequenzen ihrer Vernachlässigung zeigt, mitteilen, ja zwingend aufweisen lassen. Sie sind ein Preis auf das, was jeder Gemeinschaft nottut, guter Wille und Beherrschung.

De re publica
Vom Gemeinwesen

Liber primus

Sic, quoniam plura beneficia continet patria, et est antiquior parens quam is qui creavit, maior ei profecto quam parenti debetur gratia. *(Non. p. 426,9)*

De re publica Platonis se comitem profitetur, in Consolatione filiae »Crantorem« inquit, »sequor« item Panaetium de officiis. (Plin. nat. hist. praef. 22)

Praeterea est quaedam publica etiam eruditorum reiectio. Utitur illa et M. Tullius extra omnem ingenii aleam positus, et quod miremur, per advocatum defenditur: nec doctissimis †. Manium Persium haec legere nolo, Junium Congum volo. Quodsi hoc Lucilius, qui primus condidit stili nasum, dicendum sibi putavit, Cicero mutuandum, praesertim cum de re publica scriberet, quanto nos causatius ab aliquo iudice defendimur? (Plin. nat. hist. praef. 7)

Erstes Buch

Am Anfang sind die beiden ersten Quaternionen[1] und das erste Blatt des dritten verlorengegangen. Das sind 2mal 8 + 1 Blatt. Da sich errechnen läßt, daß jedes Blatt des Palimpsestes etwa 14 Teubnerzeilen umfaßte, fehlen etwa 238 Teubnerzeilen, also etwa 8 bis 10 Seiten. Wir können nur erschließen, daß Cicero in ihnen den Bruder Quintus, dem er das Werk widmet, angeredet hat. Rechtfertigt er sein Werk über den Redner mit einer Bitte des Bruders, so mag er hier das Werk als Dienst am Vaterland begründet haben wie Sallust seine Geschichtsschreibung. In diesen Zusammenhang mag von den noch nicht eingeordneten Fragmenten das zweite gehören (libri 1 de r. p. frg. inc. sedis frg. 2, Ziegler[2]*, Non. p. 426,9): »So wird, da das Vaterland noch mehr Wohltaten umschließt und ein ehrwürdigerer Vater ist als der, der einen zeugte, in der Tat ihm größerer Dank geschuldet als dem Vater.« Cicero ist dann wahrscheinlich auf Art und Wesen seines Werkes eingegangen. Mit einem Wort des Satirendichters Lucilius: »Und nicht für die Gelehrtesten! Manius Persius soll das nicht lesen, Junius Congus wohl!« – hat er entschuldigend das Publikum abgegrenzt, für das er schreibt: nicht für die Gelehrten (vgl. Plin. nat. hist. praef. 7 = frg. inc. 1 Ziegler[2]). Ebenso wird er wohl auch hier ausdrücklich seine Gefolgschaft Platons bekannt haben (vgl. Plin. nat. hist. praef. 22 – von Ziegler von der 3. Aufl. ab unter die Fragmente eingereiht).

Von dem Gedankengang, mit dem der Palimpsest einsetzt, kann nicht viel verloren sein. Das Leben für die Gemeinschaft und mit dem Ziel der »virtus« wird dem Leben für den Genuß entgegengesetzt. Ein positiver Gedankengang (einschließlich 1,3) wird ergänzt durch einen negativen (einschließlich 1,11). Im ersten ist das Beweisende die be-

---

* Von der 3. Auflage ab wie hier eingeordnet.

A qua isti avocant. *(Arus. Mess. 174 Marmorale)*
Profecto omnis istorum disputatio, quamquam uberrimos
fontes virtutis et scientiae continet, tamen conlata cum
eorum actis perfectisque rebus vereor ne non tantum videatur utilitatis adtulisse negotiis hominum, quantam ob-
lectationem otio. *(Lact. inst. 3,16,5)*
1 (1) … ⟨im⟩petu liberavissent nec C. Duelius A. Atilius
L. Metellus terrore Karthaginis, non duo Scipiones oriens
incendium belli Punici secundi sanguine suo restinxissent
nec id excitatum maioribus copiis aut Q. Maximus enerva-
visset aut M. Marcellus contudisset aut a portis huius urbis
avolsum P. Africanus compulisset intra hostium moenia.
M. vero Catoni homini ignoto et novo, quo omnes qui isdem rebus studemus quasi exemplari ad industriam virtu-

Erstes Buch 87

geisternde Vorbildhaftigkeit der Helden Roms, die allen Verlockungen widerstanden haben, im zweiten sind die Gegner hauptsächlich die Epikureer. In diesen allgemeinen Zusammenhang gehören wohl noch die frg. inc. 5 und 6; frg. 6: »a qua isti avocant«, *»von dem (dem Staate) diese wegrufen (die Epikureer wahrscheinlich)« und frg. 5.* »Wirklich fürchte ich, daß alle Darlegung dieser Leute, mag sie auch reiche Quellen der Vollkommenheit und Wissenschaft enthalten, doch verglichen mit ihren Handlungen und Taten nicht soviel Nutzen den Geschäften der Menschen gebracht haben wie Ergötzen für die Muße.« *Das letzte Fragment ist bei Laktanz erhalten und nicht ausdrücklich für De re publica bezeugt.*

Ein positiver Gedanke, der den Gegensatz »virtus« und »otium« verbindet, mag vorausgegangen sein, in dem diese Fragmente ihren Platz haben konnten. Etwa: von den Lebensformen entsprechen nicht die dem Wesen des Menschen am meisten, die auf »otium«, sondern die auf »virtus« ausgehen. So nicht die Lehre der Epikureer, die vom Staat abrufen. Aber auch nicht die Philosophen insgesamt, deren Lehre doch mehr ein Ergötzen für die Muße ist. Wohin wäre es mit Rom gekommen, wenn alle Männer so gedacht hätten. ⟨Dann – so ergänzt Angelo Mai – hätten M. Camillus Rom nicht vor dem⟩ Anstrum ⟨der Gallier, M'. Curius, C. Fabricius, Ti. Coruncanius vor dem des Pyrrhus⟩ 1 (1) errettet, C. Duelius, A. Atilius, L. Metellus nicht vor dem schrecklichen Drohen Karthagos, nicht hätten zwei Scipionen den aufflammenden Brand des Zweiten Punischen Krieges mit ihrem Blute zu löschen gesucht noch den mit größeren Mitteln entfachten Q. Maximus gelähmt, M. Marcellus zusammengeschlagen oder P. Africanus ihn von den Toren dieser Stadt weggeschleudert und in die Mauern der Feinde zurückgetrieben.

M. Cato aber, einem unbekannten und neuen Manne, der uns allen, die wir nach denselben Dingen streben, ein Ideal ist, wodurch wir uns zu Tätigsein und männlicher Vollkommenheit leiten lassen, war es gewiß möglich, sich in

Liber primus

temque ducimur, certe licuit Tusculi se in otio delectare,
salubri et propinquo loco. Sed homo demens ut isti putant,
cum cogeret eum necessitas nulla, in his undis et tempestatibus ad summam senectutem maluit iactari, quam in illa
tranquillitate atque otio iucundissime vivere. Omitto in-
numerabilis viros, quorum singuli saluti huic civitati
fuerunt, et qui sunt ⟨haud⟩ procul ab aetatis huius memoria, commemorare eos desino, ne quis se aut suorum aliquem praetermissum queratur. Unum hoc definio, tantam
esse necessitatem virtutis generi hominum a natura tantumque amorem ad communem salutem defendendam
datum, ut ea vis omnia blandimenta voluptatis otique vi-
cerit.

2 (2) Nec vero habere virtutem satis est quasi artem aliquam nisi utare; etsi ars quidem cum ea non utare scientia
tamen ipsa teneri potest, virtus in usu sui tota posita est;
usus autem eius est maximus civitatis gubernatio et earum
ipsarum rerum quas isti in angulis personant reapse non
oratione perfectio. Nihil enim dicitur a philosophis, quod
quidem recte honesteque dicatur, quod ⟨non⟩ ab iis partum confirmatumque sit, a quibus civitatibus iura discripta
sunt. Unde enim pietas, aut a quibus religio? Unde ius aut
gentium aut hoc ipsum civile quod dicitur? Unde iustitia
fides aequitas? Unde pudor continentia fuga turpi ⟨tu⟩ dinis adpetentia laudis et honestatis? Unde in laboribus et
periculis fortitudo? Nempe ab iis qui haec disciplinis in-
formata alia moribus confirmarunt, sanxerunt autem alia
legibus.

Erstes Buch 89

Tusculum in Ruhe zu vergnügen, einem gesunden und nahe gelegenen Platze. Aber der Tor, wie diese meinen: obwohl ihn keine Not zwang, wollte er doch lieber in diesem Gewoge und diesen Stürmen bis in sein höchstes Greisenalter sich herumschlagen, als in jener Stille und Ruhe aufs angenehmste leben. Ich übergehe ungezählte Männer, die jeder einzelne diesem Staate zum Heile waren, und die nicht weit vom Gedächtnis dieser Zeit sind, höre ich auf zu erwähnen, daß keiner sich oder einen der Seinen vermisse und sich beschwere. Dies eine nur gewinne ich daraus als Markstein, daß eine so große Notwendigkeit zu männlicher Bewährung dem Geschlecht der Menschen und eine so große Liebe, das allgemeine Wohl zu schützen, von Natur verliehen ist, daß diese Kraft alle Verlockungen der Lust und der Muße besiegt hat.

2 (2) Nicht genug aber ist's, diese männliche Vollkommenheit zu besitzen wie eine Kunst, wenn du sie nicht betätigst. Während eine Kunst, magst du sie nicht betätigen, sich doch eben im Sichverstehen auf sie selbst festhalten läßt, ruht die männliche Vollkommenheit ganz in der Betätigung ihrer selbst; ihre größte Betätigung aber ist die Lenkung des Staates und ebendieser Dinge, die diese Leute in ihren Winkeln deklamieren, Verwirklichung durch die Tat, nicht durch die Rede. Nichts nämlich wird von den Philosophen gesagt, soweit es wenigstens richtig und rühmlich gesagt wird, was nicht von denen ans Licht gefördert und bestärkt worden wäre, von denen den Staaten die Rechtsansprüche geordnet wurden. Woher denn kommt frommer Sinn, von wem Gottesfurcht? Woher das Recht, das der Völker, oder ebendieses hier, das man als bürgerliche heißt? Woher Gerechtigkeit, Treu und Glauben, Billigkeit? Woher Ehrfurcht, Beherrschung, Meiden der Schändlichkeit, Streben nach Lob und Gesittung? Woher in Mühen und Gefahren Festigkeit? Doch von denen, die das, was sich in Lebensordnungen gebildet, teils durch Sitten bestärkt, teils durch Gesetze unantastbar festgelegt haben.

(3) Quin etiam Xenocraten ferunt, nobilem in primis philosophum, cum quaereretur ex eo quid adsequerentur eius discipuli, respondisse ut id sua sponte facerent quod cogerentur facere legibus. Ergo ille civis, qui id cogit omnis imperio legumque poena, quod vix paucis persuadere oratione philosophi possunt, etiam iis qui illa disputant ipsis est praeferendus doctoribus. Quae est enim istorum oratio tam exquisita, quae sit anteponenda bene constitutae civitati publico iure et moribus? Equidem quem ad modum »urbes magnas atque inperiosas«, ut appellat Ennius, viculis et castellis praeferendas puto, sic eos qui his urbibus consilio atque auctoritate praesunt, iis qui omnis negoti publici expertes sint, longe duco sapientia ipsa esse anteponendos. Et quoniam maxime rapimur ad opes augendas generis humani, studemusque nostris consiliis et laboribus tutiorem et opulentiorem vitam hominum reddere et ad hanc voluptatem ipsius naturae stimulis incitamur, teneamus eum cursum qui semper fuit optimi cuiusque, neque ea signa audiamus quae receptui canunt, ut eos etiam revocent qui iam processerint.

3 (4) His rationibus tam certis tamque inlustribus opponuntur ab iis qui contra disputant primum labores qui sint re publica defendenda sustinendi, leve sane inpedimentum vigilanti et industrio, neque solum in tantis rebus sed etiam in mediocribus vel studiis vel officiis vel vero etiam negotiis contemnendum. Adiunguntur pericula vitae, turpisque ab his formido mortis fortibus viris opponitur, quibus

Erstes Buch   91

(3) Ja, Xenokrates, ein besonders angesehener Philosoph, soll, als man ihn fragte, was seine Schüler erreichten, geantwortet haben: daß sie das aus eigenem Antriebe tun, was sie zu tun gezwungen würden durch die Gesetze. Also ist jener Bürger,[2] der alle durch Befehl und Buße der Gesetze dazu zwingt, wovon die Philosophen mit ihrem Wort nur wenige mit Mühe zu überzeugen vermögen, denen noch vorzuziehen, die diese Dinge erörtern, den Lehrern selber. Denn welche Rede dieser Leute ist so erlesen, daß sie einem durch das öffentliche Recht und die moralische Ordnung wohl gefügten Staate vorzuziehen wäre? Was mich anbelangt: wie ich der Ansicht bin, »große und beherrschende« Städte, wie sie Ennius nennt, seien Weilern und Burgen vorzuziehen, so halte ich dafür, daß die, welche diese Städte durch weisen Rat und durch das Ansehen ihrer Persönlichkeit führen, denen, die jeglichen öffentlichen Geschäftes unteilhaftig sind, auch an Weisheit selbst weit voranzustellen sind. Und da wir ja vor allem getrieben werden, die Mittel des Menschengeschlechtes zu erweitern, und bemüht sind, durch unser Planen und unsere Mühen das Leben der Menschen sicherer und reicher zu machen, und zu dieser Art Freude durch den Sporn der Natur selbst getrieben werden, wollen wir diese Richtung, die immer gerade die der Besten war, innehalten und nicht auf die Signale hören, die zum Rückzug blasen, um auch die zurückzurufen, die schon vorgerückt sind.

3 (4) Diesen so bestimmten und so ausgezeichneten Erwägungen werden von denen, die dagegenreden, zunächst die Mühen entgegengehalten, die bei der Verteidigung des Gemeinwesens auszuhalten sind, ein Hindernis wirklich ohne Gewicht für einen Wachen und Rührigen, und nicht nur in so großen Dingen, sondern auch in den gewöhnlichen Betätigungen oder Pflichten oder sogar auch Geschäften geringzuschätzen. Damit verbunden werden die Lebensgefahren, und eine schmähliche Angst vor dem Tode wird von diesen Leuten tapferen Männern entgegengehalten, denen dies mehr kläglich zu scheinen pflegt,

magis id miserum videri solet, natura se consumi et senectute, quam sibi dari tempus ut possint eam vitam, quae tamen esset reddenda naturae, pro patria potissimum reddere. Illo vero se loco copiosos et disertos putant, cum
calamitates clarissimorum virorum iniuriasque iis ab in-
gratis inpositas civibus colligunt. (5) Hinc enim illa et apud
Graecos exempla, Miltiadem victorem domitoremque
Persarum, nondum sanatis volneribus iis quae corpore ad-
verso in clarissima victoria accepisset, vitam ex hostium
telis servatam in civium vinclis profudisse, et Themisto-
clem patria quam liberavisset pulsum atque proterritum
non in Graeciae portus per se servatos sed in barbariae sinus confugisse quam adflixerat. Nec vero levitatis Atheniensium crudelitatisque in amplissimos civis exempla defi-
ciunt; quae nata et frequentata apud illos etiam in
gravissumam civitatem nostram dicunt redundasse; (6)
nam vel exilium Camilli vel offensio commemoratur Aha-
lae vel invidia Nasicae vel expulsio Laenatis vel Opimi
damnatio vel fuga Metelli vel acerbissima C. Mari clades
⟨vel post eius reditum tot⟩ principum caedes, vel eorum
multorum pestes quae paulo post secutae sunt. Nec vero
iam ⟨meo⟩ nomine abstinent, et credo quia nostro consilio
ac periculo sese in illa vita atque otio conservatos putant,
gravius etiam de nobis queruntur et amantius. Sed haud
facile dixerim, cur cum ipsi discendi aut visendi causa ma-
ria tramittant…

Erstes Buch 93

von der Natur und dem Alter aufgezehrt zu werden, als daß ihnen die Gelegenheit gegeben wird, das Leben, das doch einmal der Natur zurückgegeben werden müßte, zumal für die Heimat hingeben zu können. Hier aber halten sie sich für gedankenreich und beredt, wenn sie das Unglück hochberühmter Männer und das Unrecht, das ihnen von undankbaren Mitbürgern angetan wurde, sammeln. (5) Daher rühren nämlich die bekannten Beispiele bei den Griechen, daß Miltiades, Besieger und Bezwinger der Perser, als noch nicht die Wunden geheilt waren, sie, die er an der Brust bei dem strahlendsten Sieg empfangen hatte, das Leben, das er aus den Geschossen der Feinde gerettet hatte, im Kerker seiner Landsleute ausgehaucht hat und daß Themistokles aus der Heimat, die er befreit, vertrieben und verjagt, nicht in die Häfen Griechenlands, die von ihm gerettet worden waren, sondern an Buchten des Barbarenlandes geflohen ist, das er zu Boden geschlagen hatte. Und es fehlt in der Tat nicht an Beispielen des Wankelmutes und der Grausamkeit der Athener gegen die angesehensten Mitbürger; sie hätten, bei einem entstanden und häufig geübt, auch auf unseren so überaus gesetzten Staat, wie sie sagen, übergegriffen; (6) denn die Verbannung des Camillus oder die Verhaßtheit des Ahala wird erwähnt oder das böse Blut gegen Nasica, die Vertreibung des Laenas oder die Verurteilung des Opimius, die Flucht des Metellus oder das so bittere Scheitern des Marius, ⟨nach seiner Rückkehr⟩ die Morde an den Führern des Staates oder das Verderben vieler anderer, das wenig später folgte. Schon enthalten sie sich aber auch nicht meines Namens, und ich glaube, weil sie durch unsere Entschlüsse und unsere Gefahr sich in jenem Leben und in Ruhe bewahrt meinen, klagen sie unsertwegen noch schwerer und mit mehr teilnehmender Liebe. Aber ich möchte nicht leicht sagen, warum sie selbst des Lernens oder Sehens wegen die Meere durchqueren, ⟨ich aber nicht des Staates wegen mich hätte in Gefahr begeben sollen.⟩[3]

In der Lücke von 14 Teubnerzeilen ist von dem Undank

4 (7) … salvam esse consulatu abiens in contione populo Romano idem iurante iurassem, facile iniuriarum omnium compensarem curam et molestiam. Quamquam nostri casus plus honoris habuerunt quam laboris, neque tantum molestiae quantum gloriae, maioremque laetitiam ex desiderio bonorum percepimus, quam ex laetitia inproborum dolorem. Sed si aliter ut dixi accidisset, qui possem queri? Cum mihi nihil inproviso nec gravius quam expectavissem pro tantis meis factis evenisset. Is enim fueram, cui cum liceret aut maiores ex otio fructus capere quam ceteris propter variam suavitatem studiorum in quibus a pueritia vixeram, aut si quid accideret acerbius universis, non praecipuam sed parem cum ceteris fortunae condicionem subire, non dubitaverim me gravissimis tempestatibus ac paene fulminibus ipsis obvium ferre conservandorum civium causa, meisque propriis periculis parere commune reliquis otium. (8) Neque enim hac nos patria lege genuit aut educavit, ut nulla quasi alimenta exspectaret a nobis, ac tantummodo nostris ipsa commodis serviens tutum perfugium otio nostro suppeditaret et tranquillum ad quietem locum, sed ut plurimas et maximas nostri animi

Erstes Buch   95

gegen Cicero und seiner Verbannung die Rede gewesen.
Sie ist der freiwilligen Entbehrung der Heimat entgegen-
gestellt worden, die diejenigen, die ihn beklagen, auf Rei-
sen ohne weiteres auf sich nehmen (vgl. Tusc. 5,107). So
ist etwa zu ergänzen: ⟨*aber ich sehe nicht, warum meine*
Verbannung so sehr beklagt wird, wo sie doch selbst so oft
freiwillig von der Heimat entfernt sind. Und – dies nach
Pis. 3,6 – wenn ich als Verbannter am Ende der Welt
lebte, würde ich doch in der Erinnerung an jene Stunde,
als⟩

4 (7) ich beim Scheiden aus dem Konsulat ⟨ohne jedes
Zögern⟩ schwor, daß der Staat und diese Stadt durch
meine Tätigkeit allein gerettet sei und das Volk in der
Volksversammlung dasselbe mitschwor, leicht Kummer
und Last allen erlittenen Unrechts damit aufwiegen. Indes
hatten unsere Schicksalsschläge mehr Ehre als Beschwer
und nicht soviel Unerquicklichkeit wie Ruhm, und größere Freude empfingen wir aus der Sehnsucht der Guten
als aus der Freude der Ruchlosen Schmerz. Wenn es aber,
wie ich sagte, anders gekommen wäre, wie hätte ich mich
beklagen können? Da mir doch nichts unvorhergesehen
und nicht schwerer, als ich erwartet hatte für meine so
großen Taten, zugestoßen wäre. War ich doch der Mann,
der nicht zögerte, sich den schwersten Stürmen und fast
den Blitzen selbst entgegenzuwerfen, um seine Mitbürger
zu retten und durch seine persönlichen Gefahren die Ruhe
als gemeinsamen Besitz für alle übrigen zu erwerben. (8)
Und doch wäre es mir möglich gewesen, größere Früchte
aus der Muße zu ernten als den übrigen wegen der man-
nigfaltigen Annehmlichkeiten der Studien, in denen ich
von Kindheit an gelebt hatte, oder wenn der Allgemeinheit
etwas Schmerzlicheres zugestoßen wäre, nicht eine besondere, sondern mit den übrigen gleiche Lage des
Schicksales auf mich zu nehmen. Aber nicht nach *dem*
Gesetz hat uns die Heimat gezeugt oder aufgezogen, daß
sie kein Zielgeld gleichsam von uns erwartete und nur selber unserem Vorteil dienend eine sichere Zuflucht für un-

96   *Liber primus*

ingenii consilii partis ipsa sibi ad utilitatem suam pigneraretur, tantumque nobis in nostrum privatum usum quantum ipsi superesse posset remitteret.

5 (9) Iam illa, perfugia quae sumunt sibi ad excusationem quo facilius otio perfruantur, certe minime sunt audienda, cum ita dicunt accedere ad rem publicam plerumque homines nulla re bona dignos, cum quibus comparari sordidum, confligere autem multitudine praesertim incitata miserum et periculosum sit. Quam ob rem neque sapientis esse accipere habenas cum insanos atque indomitos impetus volgi cohibere non possit, neque liberi cum inpuris atque inmanibus adversariis decertantem vel contumeliarum verbera subire, vel expectare sapienti non ferendas iniurias; proinde quasi bonis et fortibus et magno animo praeditis ulla sit ad rem publicam adeundi causa iustior, quam ne pareant inprobis, neve ab isdem lacerari rem publicam patiantur, cum ipsi auxilium ferre si cupiant non queant.

6 (10) Illa autem exceptio cui probari tandem potest, quod negant sapientem suscepturum ullam rei publicae partem, extra quam si eum tempus et necessitas coëgerit? Quasi vero maior cuiquam necessitas accidere possit quam accidit nobis; in qua quid facere potuissem, nisi tum consul fuissem? Consul autem esse qui potui, nisi eum vitae cursum tenuissem a pueritia, per quem equestri loco natus pervenirem ad honorem amplissimum? Non igitur po-

Erstes Buch 97

sere Ruhe zur Verfügung stellte und einen ungestörten Platz zum Ausruhen, sondern daß sie die meisten und größten Teile unseres Geistes, unserer Anlage, unserer Einsicht selbst sich zu ihrem Nutzen ausbedang und uns nur soviel zu unserem eigenen Gebrauch überließ, wie ihr selber entbehrlich sein könnte.

5 (9) Auf das vollends, was sie sich als Ausflucht zur Entschuldigung nehmen, um desto leichter die Muße zu genießen, ist sicherlich am wenigsten zu hören, wenn sie so sagen, an das Gemeinwesen machten sich meistens Menschen, die keiner guten Sache wert wären, mit denen verglichen zu werden schändlich, zusammenzustoßen aber, zumal wenn die Masse aufgepeitscht wäre, kläglich und gefährlich sei. Deshalb zieme es einem Weisen nicht, die Zügel zu ergreifen, da er die unvernünftigen und ungezügelten Angriffe der Masse nicht bändigen könne, nicht einem Freien, mit schmutzigen und unmenschlichen Gegnern streitend, entweder die Streiche der Schmähungen auf sich zu nehmen oder für einen Weisen unerträgliche Rechtsverletzungen zu erwarten; gerade als ob es für Gute und Tapfere, mit einer großen Seele Begabte einen gerechteren Grund gäbe, an die öffentlichen Angelegenheiten Hand zu legen, als nicht den Ruchlosen gehorchen und nicht zulassen zu müssen, daß das Gemeinwesen von ebendiesen Leuten zerrissen wird, während sie selbst Hilfe zu bringen nicht vermöchten, auch wenn sie es wünschten.

6 (10) Jene Ausnahme aber endlich: wem könnte sie einleuchtend gemacht werden? Daß sie sagen, der Weise werde keinen Teil am Gemeinwesen nehmen, außer wenn ihn Lage und Not zwängen? Gerade als ob einem eine größere Notwendigkeit begegnen könnte, als sie uns begegnet ist! Was hätte ich aber in ihr tun können, wenn ich damals nicht Konsul gewesen wäre? Wie aber konnte ich Konsul sein, wenn ich nicht diese Richtung des Lebens von Kindheit an innegehalten hätte, durch die ich, aus dem Ritterstande geboren, bis zur höchsten Stelle gelangte? Es ist also keine Möglichkeit, aus einer Lage heraus oder

Liber primus

testas est ex tempore aut cum velis opitulandi rei publicae, quamvis ea prematur periculis, nisi eo loco sis ut tibi id facere liceat. (11) Maximeque hoc in hominum doctorum oratione mihi mirum videri solet, quod qui tranquillo mari gubernare se negent posse, quod nec didicerint nec umquam scire curaverint, iidem ad gubernacula se accessuros profiteantur excitatis maximis fluctibus. Isti enim palam dicere atque in eo multum etiam gloriari solent, se de rationibus rerum publicarum aut constituendarum aut tuendarum nihil nec didicisse umquam nec docere, earumque rerum scientiam non doctis hominibus ac sapientibus sed in illo genere exercitatis concedendam putant. Quare qui convenit polliceri operam suam rei publicae tum denique si necessitate cogantur? Cum, quod est multo proclivius, nulla necessitate premente rem publicam regere nesciant. Equidem, ut verum esset sua voluntate sapientem descendere ad rationes civitatis non solere, sin autem temporibus cogeretur, tum id munus denique non recusare, tamen arbitrarer hanc rerum civilium minime neglegendam scientiam sapienti propterea, quod omnia essent ei praeparanda, quibus nesciret an aliquando uti necesse esset.

7 (12) Haec pluribus a me verbis dicta sunt ob eam causam, quod his libris erat instituta et suscepta mihi de re publica disputatio; quae ne frustra haberetur, dubitationem ad rem publicam adeundi in primis debui tollere. Ac tamen si qui sunt qui philosophorum auctoritate moveantur, dent operam parumper atque audiant eos quorum summa

Erstes Buch 99

dann, wenn du willst, dem Gemeinwesen Hilfe zu bringen, mag es von Gefahren bedrängt werden, wenn du nicht an der Stelle stehst, daß dir dies zu tun erlaubt ist. (11) Und am meisten pflegt mir an der Rede gelehrter Männer dies merkwürdig zu scheinen, daß dieselben Leute, die sagen, bei ruhiger See könnten sie nicht steuern, weil sie es nicht gelernt und sich niemals darum gekümmert hätten, es zu verstehen, verkünden, sie wollten an das Ruder treten zu einem Zeitpunkt, wo die größten Wogen aufgewühlt sind. Diese Leute nämlich pflegen offen zu sagen und sich dabei auch noch höchlich zu rühmen, sie hätten über das Wesen der öffentlichen Angelegenheiten, sowohl was Einrichtung als was Wahrung angeht, nie etwas gelernt und lehrten darüber nicht, und meinen, die Wissenschaft dieser Dinge sei nicht gelehrten und weisen Männern, sondern den in jenem Fache geübten zu überlassen. Wie verträgt es sich deshalb damit, daß sie ihre Leistung dem Gemeinwesen dann versprechen, wofern sie von der Not gezwungen würden? Da sie doch, was viel glatter geht, in einer Lage, wo keine Not drängt, den Staat zu lenken nicht verstünden. Ich meines Teiles, gesetzt, es wäre wahr, daß der Weise aus freiem Willen sich nicht zu den Angelegenheiten des Staates herabzulassen pflege, wenn er aber von den Umständen gezwungen würde, dann diese Aufgabe schließlich nicht verweigere, würde doch glauben, daß die Kenntnis dieser Staatsdinge für den Weisen keineswegs zu vernachlässigen ist, deswegen, weil er alles vorbereiten sollte, wovon er nicht weiß, ob es nicht einmal notwendig ist, daß er es verwende.

7 (12) Dies ist von mir darum ausführlicher dargelegt worden, weil in diesen Büchern eine Erörterung über das Gemeinwesen begonnen und unternommen worden war; daß sie nicht vergebens angestellt würde, habe ich vor allem das Bedenken, sich mit den öffentlichen Angelegenheiten zu befassen, beseitigen müssen. Wenn es jedoch Leute gibt, die sich durch das Gewicht der Philosophen bewegen lassen, sollen sie sich ein paar Augenblicke be-

Liber primus

est auctoritas apud doctissimos homines et gloria; quos
ego existimo, etiamsi qui ipsi rem publicam non gesserint,
tamen quoniam de re publica multa quaesierint et scripserint, functos esse aliquo rei publicae munere. Eos vero
septem quos Graeci sapientis nominaverunt, omnis paene
video in media re publica esse versatos. Neque enim est
ulla res in qua propius ad deorum numen virtus accedat
humana, quam civitatis aut condere novas aut conservare
iam conditas.
8 (13) Quibus de rebus, quoniam nobis contigit ut idem
et in gerenda re publica aliquid essemus memoria dignum
consecuti et in explicandis rationibus rerum civilium
quandam facultatem, non modo usu sed etiam studio discendi et docendi essemus auctores, cum superiores ali fuissent in disputationibus perpoliti, quorum res gestae nul-
lae invenirentur, ali in gerendo probabiles, in disserendo
rudes; nec vero nostra quaedam est instituenda nova et a
nobis inventa ratio, sed unius aetatis clarissimorum ac sa-
pientissimorum nostrae civitatis virorum disputatio repe-
tenda memoria est, quae mihi tibique quondam adulescentulo est a P. Rutilio Rufo, Smyrnae cum simul essemus
compluris dies, exposita, in qua nihil fere quod magno
opere ad rationes omnium rerum pertineret praetermissum puto.
9 (14) Nam cum P. Africanus hic Pauli filius feriis Latinis
Tuditano cons. et Aquilio constituisset in hortis esse, fa-
miliarissimique eius ad eum frequenter per eos dies venti-
taturos se esse dixissent, Latinis ipsis mane ad eum primus
sororis filius venit Q. Tubero. Quem cum comiter Scipio

mühen und die anhören, deren Ansehen und Ruhm bei den gelehrtesten Männern am höchsten ist. Von denen halte ich dafür, daß sie, auch wenn welche selbst sich nicht mit dem Gemeinwesen abgegeben haben, doch, da sie ja über dieses Gemeinwesen vieles untersucht und geschrieben haben, ein Amt dieses Gemeinwesens ausübten. Die sieben Weisen[4] aber, wie sie die Griechen genannt haben, sind fast alle mitten im Gemeinwesen tätig gewesen, wie ich sehe. Denn es gibt nichts, wobei menschliche Vollkommenheit näher an der Götter Walten heranreichte, als neue Staaten zu gründen oder schon gegründete zu bewahren.

8 (13) Da es uns ja zuteil ward, daß wir in der Führung des Gemeinwesens etwas des Gedächtnisses Wertes wie in der Entwicklung politischer Zusammenhänge eine gewisse Fertigkeit erreicht hatten, wären wir nicht durch Erfahrung allein, sondern auch infolge der Liebe zum Lernen und Lehren berechtigt zu dieser Aufgabe, während die Früheren zum Teil in den Erörterungen sehr ausgefeilt waren, ohne daß sich jedoch von ihnen Taten fanden, zum Teil im Handeln anerkennenswert, im Erörtern dagegen unerfahren. Aber[5] nicht ein neuer, eigener, von uns entdeckter Gedankengang ist darzulegen, sondern ein Gespräch der berühmtesten und weisesten Männer unseres Staates aus demselben Zeitalter ins Gedächtnis zu rufen, das mir und dir einst in unserer Jugend von Publius Rutilius Rufus, als wir mit ihm mehrere Tage in Smyrna[6] zusammen waren, auseinandergesetzt wurde. In ihm ist, meine ich, fast nichts übergangen, was wichtigen Bezug auf das Wesen aller Dinge hätte.

9 (14) Denn da P. Africanus, der Sohn des Paulus, in den *feriae Latinae* unter dem Konsulat des Tuditanus und Aquilius beschlossen hatte, in seinen Gärten zu sein, und seine nächsten Freunde gesagt hatten, sie wollten in diesen Tagen häufig zu ihm kommen, kam gerade an diesen Ferien früh als erster der Sohn der Schwester, Q. Tubero, zu ihm. Als den Scipio freundlich begrüßt und mit Freude

adpellavisset libenterque vidisset, »quid tu« inquit »tam
mane Tubero? Dabant enim hae feriae tibi opportunam
sane facultatem ad explicandas tuas litteras.« Tum ille
(Tub.): »Mihi vero omne tempus est ad meos libros va-
cuum; numquam enim sunt illi occupati; te autem perma-
gnum est nancisci otiosum, hoc praesertim motu rei publicae.« Tum Scipio: »Atqui nactus es, sed mehercule
otiosiorem opera quam animo.« Et ille *(Tub.)*: »At vero
animum quoque relaxes oportet; sumus enim multi ut
constituimus parati, si tuo commodo fieri potest, abuti tecum hoc otio.« *(Scip.)* »Libente me vero, ut aliquid aliquando de doctrinae studiis admoneamur.«
10 (15) Tum ille *(Tub.)*: »Visne igitur, quoniam et me
quodam modo invitas et tui spem das, hoc primum Africane videamus, ante quam veniunt alii, quidnam sit de isto
altero sole quod nuntiatum est in senatu? Neque enim
pauci neque leves sunt qui se duo soles vidisse dicant, ut
non tam fides non habenda quam ratio quaerenda sit.« Hic
Scipio: »Quam vellem Panaetium nostrum nobiscum ha-
beremus! qui cum cetera tum haec caelestia vel studiosis-
sime solet quaerere. Sed ego Tubero – nam tecum aperte
quod sentio loquar – non nimis adsentior in omni isto genere nostro illi familiari, qui quae vix coniectura qualia sint
possumus suspicari, sic adfirmat ut oculis ea cernere videatur aut tractare plane manu. Quo etiam sapientiorem
Socratem soleo iudicare, qui omnem eius modi curam de-
posuerit, eaque quae de natura quaererentur, aut maiora
quam hominum ratio consequi possit, aut nihil omnino ad
vitam hominum adtinere dixerit.« (16) Dein Tubero:

Erstes Buch 103

gesehen hatte, sagte er: »Was kommst du so früh am Morgen, Tubero? Gaben dir doch diese Ferien erwünschte Gelegenheit, deine Schriften aufzurollen.« Da sagte jener *(Tub.)*: »Mir ist jede Zeit frei für meine Bücher; denn sie sind nie beschäftigt; dich aber einmal in Muße anzutreffen, ist etwas sehr Großes, zumal bei dieser Erregung des Staates!« Da sagte Scipio: »Ja, jetzt hast du mich aber so angetroffen, freilich beim Herkules, ruhender mehr in der Tätigkeit als im Geiste.« Und jener darauf *(Tub.)*: »Jedoch auch deinen Geist mußt du entspannen; wir sind nämlich viele, wie wir beschlossen, bereit, wenn es dir angenehm ist, mit dir diese Muße auszunutzen.« *(Scip.)* »Aber zu meiner Freude, damit wir einmal etwas an die Beschäftigungen mit der Gelehrsamkeit erinnert werden.«

10 (15) Da sagte jener *(Tub.)*: »Willst du also, da du mich ja auf gewisse Weise einlädst und mir Hoffnung auf dich machst, daß wir zuerst dies, Africanus, sehen wollen, bevor andere kommen, was es denn mit dieser zweiten Sonne auf sich hat, was im Senat gemeldet wurde? Denn es sind nicht wenige und nicht Leichtfertige, die behaupten, zwei Sonnen gesehen zu haben, so daß es sich nicht mehr darum handelt, daran zu zweifeln, sondern eine Erklärung zu suchen.« Hier sagte Scipio: »Wie wollte ich, wir hätten unseren Panaitios bei uns! Der pflegt sowohl das übrige, besonders aber diese Dinge am Himmel aufs eifrigste zu untersuchen. Aber ich, Tubero – denn mit dir will ich offen reden, was ich denke –, stimme auf diesem ganzen Gebiet nicht allzusehr mit jenem unserem Freunde überein, der das, was wir mit Mühe durch Vermutung in seiner Beschaffenheit ahnen können, so fest behauptet, daß er es mit Augen zu schauen scheint oder einfach mit der Hand zu betasten. Für noch weiser als ihn pflege ich Sokrates zu halten, der all die Beschäftigung dieser Art verworfen und gesagt hat, das, was über die Natur geforscht würde, sei entweder größer, als daß es die Vernunft der Menschen erreichen könnte, oder gehe das Leben der Menschen überhaupt nichts an.« (16) Darauf Tubero: »Ich verstehe nicht,

»Nescio Africane cur ita memoriae proditum sit, Socratem omnem istam disputationem reiecisse et tantum de vita et de moribus solitum esse quaerere. Quem enim auctorem de illo locupletiorem Platone laudare possumus? cuius in libris multis locis ita loquitur Socrates, ut etiam cum de moribus de virtutibus denique de re publica disputet, numeros tamen et geometriam et harmoniam studeat Pythagorae more coniungere.« Tum Scipio: »Sunt ista ut dicis; sed audisse te credo Tubero, Platonem Socrate mortuo primum in Aegyptum discendi causa, post in Italiam et in Siciliam contendisse, ut Pythagorae inventa perdisceret, eumque et cum Archyta Tarentino et cum Timaeo Locro multum fuisse et Philolai commentarios esse nanctum, cumque eo tempore in his locis Pythagorae nomen vigeret, illum se et hominibus Pythagoreis et studiis illis dedisse. Itaque cum Socratem unice dilexisset, eique omnia tribuere voluisset, leporem Socraticum subtilitatemque sermonis cum obscuritate Pythagorae et cum illa plurimarum artium gravitate contexuit.«

11 (17) Haec Scipio cum dixisset, L. Furium repente venientem aspexit, eumque ut salutavit, amicissime adprehendit et in lecto suo conlocavit. Et cum simul P. Rutilius venisset, qui est nobis huius sermonis auctor, eum quoque ut salutavit, propter Tuberonem iussit adsidere. Tum Furius: »Quid vos agitis? Num sermonem vestrum aliquem diremit noster interventus?« »Minime vero«, Africanus; »soles enim tu haec studiose investigare quae sunt in hoc genere de quo instituerat paulo ante Tubero quaerere; Rutilius quidem noster etiam sub ipsis Numantiae moenibus solebat mecum interdum eius modi aliquid conquirere.« »Quae res tandem inciderat?« inquit Philus. Tum ille

Erstes Buch 105

Africanus, warum überliefert ist, daß Sokrates diese ganze Erörterung verschmäht habe und nur über Leben und die Sitten der Menschen zu forschen gewohnt gewesen sei. Wen können wir denn als reicheren Gewährsmann über ihn als Platon zitieren? An vielen Stellen in seinen Büchern spricht Sokrates so, daß er, auch wenn er über die Sitten, die Tugenden, endlich über den Staat handelt, doch Zahlen, Geometrie und Harmonie mit der Sitte der Pythagoreer damit zu verbinden sich bemüht.« Da sagte Scipio: »Es ist so, wie du sagst; aber ich meine, Tubero, du hast gehört, daß Platon nach dem Tode des Sokrates zuerst nach Ägypten, um zu lernen, darauf nach Italien und Sizilien geeilt ist, um des Pythagoras Funde zu studieren, daß er viel zusammengewesen ist mit Archytas von Tarent und mit Timaios von Lokroi und die Schriften des Philolaos in die Hände bekommen hat und, da zu dieser Zeit in dieser Gegend der Name des Pythagoras in Ansehen stand, sich den Pythagoreern und jenen Studien gewidmet hat. Daher hat er, weil er Sokrates in einzigartiger Weise geliebt hatte und ihm alles zuschreiben wollte, die sokratische Anmut des Gesprächs und seine Schärfe mit der Dunkelheit des Pythagoras und mit jenem Gewicht der meisten Künste verbunden.«

11 (17) Als dies Scipio gesagt hatte, erblickte er plötzlich L. Furius, wie er kam; und als er ihn begrüßt hatte, faßte er ihn aufs freundschaftlichste bei der Hand und ließ ihn auf seinem Lager Platz nehmen. Und da zugleich P. Rutilius gekommen war, der uns der Vermittler dieses Gesprächs ist, hieß er ihn, nachdem er auch den begrüßt hatte, sich neben Tubero setzen. Da sagte Furius: »Was treibt ihr? Hat etwa unsere Dazwischenkunft ein Gespräch von euch zerrissen?« »Aber nein«, sagte Africanus, »pflegst du doch dies eifrig aufzuspüren, was von der Art ist, worüber eben Tubero zu fragen begonnen; unser Rutilius pflegte sogar noch unter den Mauern Numantias bisweilen mit mir etwas der Art zu untersuchen.« »Was für eine Sache war denn zur Sprache gekommen?« fragte Philus. Darauf jener

(Scip.) : »De solibus istis duobus; de quo studeo Phile ex te audire quid sentias.«

12 (18) Dixerat hoc ille, cum puer nuntiavit venire ad eum Laelium domoque iam exisse. Tum Scipio calceis et vestimentis sumptis e cubiculo est egressus, et cum paululum inambulavisset in porticu, Laelium advenientem salutavit et eos qui una venerant, Spurium Mummium quem in primis diligebat, et C. Fannium et Quintum Scaevolam, generos Laeli, doctos adulescentes, iam aetate quaestorios; quos cum omnis salutavisset, convertit se in porticu et coniecit in medium Laelium; fuit enim hoc in amicitia quasi quoddam ius inter illos, ut militiae propter eximiam belli gloriam Africanum ut deum coleret Laelius, domi vicissim Laelium, quod aetate antecedebat, observaret in parentis loco Scipio. Dein cum essent perpauca inter se uno aut altero spatio conlocuti, Scipionique eorum adventus periucundus et pergratus fuisset, placitum est ut in aprico maxime pratuli loco, quod erat hibernum tempus anni, considerent; quod cum facere vellent, intervenit vir prudens omnibusque illis et iucundus et carus, M'. Manilius, qui a Scipione ceterisque amicissime consalutatus adsedit proximus Laelio.

13 (19) Tum Philus: »Non mihi videtur« inquit »quod hi venerunt alius nobis sermo esse quaerendus, sed agendum accuratius et dicendum dignum aliquid horum auribus.« Hic Laelius: »Quid tandem agebatis, aut cui sermoni nos intervenimus?« *(Phil.)* »Quaesierat ex me Scipio quidnam sentirem de hoc quod duo soles visos esse constaret.« *(Lael.)* »Ain vero Phile? Iam explorata nobis sunt ea quae ad domos nostras quaeque ad rem publicam pertineant?

Erstes Buch   107

(Scip.): »Über diese zwei Sonnen; darüber möchte ich von
dir, Philus, hören, was du meinst.«

12 (18) Das hatte jener gesagt, als der Diener meldete,
Laelius komme zu ihm und sei schon aus dem Hause getreten. Da nahm Scipio die Schuhe und das Gewand und
schritt aus dem Schlafgemach und, als er eine kurze Weile
in der Halle auf und ab gegangen war, begrüßte er den
Laelius beim Kommen und die, die mit ihm zusammen gekommen waren, Spurius Mummius, den er vor anderen
liebte, und Gaius Fannius und Quintus Scaevola, die
Schwiegersöhne des Laelius, gebildete Jünglinge, schon
im Quästorenalter. Als er sie alle begrüßt hatte, drehte er
sich in der Vorhalle um und nahm Laelius in die Mitte; es
war nämlich in der Freundschaft dies eine Art Recht unter
ihnen, daß im Felde wegen des außerordentlichen Kriegs-
ruhmes Laelius den Africanus wie einen Gott achtete, daheim umgekehrt Scipio den Laelius, weil er an Alter vor-
anging, wie einen Vater verehrte. Darauf, als sie
nun einiges wenige bei einem oder dem anderen Gang miteinander gesprochen und Scipio ihre Ankunft sehr angenehm
und lieb gewesen war, beschloß man, sich auf einem besonders sonnigen Wiesenplätzchen, weil es die winterliche
Jahreszeit war, niederzulassen; als sie im Begriff waren,
das zu tun, kam hinzu ein kluger und ihnen allen angenehmer und teurer Mann, Manius Manilius, der sich, von Scipio und den übrigen aufs herzlichste allgemein begrüßt,
dem Laelius zunächst setzte.

13 (19) Da sagte Philus: »Wir sollten, meine ich, weil diese
nun gekommen sind, nicht ein neues Gespräch suchen,
sondern sorgfältiger noch vorgehen und etwas den Ohren
dieser Männer Würdiges sagen.« Hier fiel Laelius ein:
»Was treibt ihr denn? Und in welches Gespräch sind wir
geraten?« *(Phil.)* »Scipio hatte mich gefragt, was ich denn
darüber dächte, daß zwei Sonnen, wie feststünde, gesehen
worden seien.« *(Lael.)* »Ist's möglich, Philus? Ist von uns
schon das erforscht, was sich auf unsere Häuser und was
sich auf das Gemeinwesen bezieht? Wofern wir wenig-

Siquidem quid agatur in caelo quaerimus.« Et ille *(Phil.)*:
»An tu ad domos nostras non censes pertinere scire quid
agatur et quid fiat domi? Quae non ea est quam parietes
nostri cingunt, sed mundus hic totus, quod domicilium
quamque patriam di nobis communem secum dederunt,
cum praesertim si haec ignoremus, multa nobis et magna
ignoranda sint. Ac me quidem ut hercule etiam te ipsum
Laeli omnisque avidos sapientiae cognitio ipsa rerum con-
sideratioque delectat.« Tum Laelius: (20) »Non inpedio,
praesertim quoniam feriati sumus; sed possumus audire
aliquid an serius venimus?« *(Phil.)* »Nihil est adhuc disputatum, et quoniam est integrum, libenter tibi Laeli ut de
eo disseras equidem concessero.« *(Lael.)* »Immo vero te
audiamus, nisi forte Manilius interdictum aliquod inter
duos soles putat esse componendum, ut ita caelum possi-
deant ut uterque possederit.« Tum Manilius: »Pergisne
eam Laeli artem inludere, in qua primum excellis ipse,
deinde sine qua scire nemo potest quid sit suum quid
alienum? Sed ista mox; nunc audiamus Philum, quem video maioribus iam de rebus quam me aut quam P. Mucium
consuli.«
14 (21) Tum Philus: »Nihil novi vobis adferam, neque
quod a me sit ⟨ex⟩cogitatum aut inventum; nam memoria
teneo C. Sulpicium Gallum, doctissimum ut scitis hominem, cum idem hoc visum diceretur et esset casu apud M.
Marcellum, qui cum eo consul fuerat, sphaeram quam M.
Marcelli avus captis Syracusis ex urbe locupletissima atque
ornatissima sustulisset, cum aliud nihil ex tanta praeda domum suam deportavisset, iussisse proferri; cuius ego

stens, was im Himmel vor sich geht, untersuchen.« Und jener *(Phil.)*: »Meinst du etwa, es bezieht sich nicht auf unsere Häuser zu wissen, was getrieben wird und was geschieht daheim? Das heißt aber nicht das, was unsere Wände umschließen, sondern dieses ganze All, das als Wohnsitz und das als Heimat uns gemeinsam mit sich die Götter gaben, zumal da, soweit wir dies nicht wissen, vieles Große uns verschlossen bleibt. Und mich wenigstens, beim Herkules, wie auch dich, Laelius, und alle, die nach Weisheit begierig, erfreut die Kenntnis der Dinge und ihre Betrachtung an sich.« Darauf Laelius: (20) »Ich bin nicht hinderlich, zumal da wir ja in Ferien sind; aber können wir etwas hören, oder sind wir zu spät gekommen?« *(Phil.)* »Nichts ist bisher erörtert worden, und da noch nichts in Angriff genommen, will ich dir, Laelius, gern überlassen, darüber zu reden.« *(Lael.)* »Nein, im Gegenteil, dich wollen wir hören, es müßte denn sein, Manilius wäre der Ansicht, zwischen den beiden Sonnen müßte ein Entscheid getroffen werden derart, daß sie so den Himmel besitzen sollten, wie beide ihn in Besitz genommen.« Darauf Manilius: »Kannst du es nicht lassen, Laelius, die Kunst zu verspotten, in der du erstens selbst hervorragst, ohne die zweitens niemand wissen kann, was sein ist und was fremd? Aber darüber bald; jetzt wollen wir Philus hören, der, wie ich sehe, über größere Dinge jetzt als ich oder Publius Mucius befragt wird.«

14 (21) Da sagte Philus: »Nichts Neues werde ich euch bringen und nichts, was von mir ausgedacht oder erfunden ist; denn ich habe im Gedächtnis, daß Gaius Sulpicius Gallus, ein sehr gelehrter Mann, wie ihr wißt, als ebendasselbe gesehen worden sein sollte und er zufällig bei Marcus Marcellus war, der mit ihm zusammen Konsul gewesen, die Kugel habe bringen heißen, die der Großvater des Marcus Marcellus nach der Einnahme von Syrakus aus dieser sehr reichen und prächtigen Stadt mitgenommen hatte, während er sonst nichts aus einer so gewaltigen Beute mit nach Hause nahm; obwohl ich den Namen die-

sphaerae cum persaepe propter Archimedi gloriam nomen audissem, speciem ipsam non sum tanto opere admiratus; erat enim illa venustior et nobilior in volgus, quam ab eodem Archimede factam posuerat in templo Virtutis Marcellus idem. (22) Sed posteaquam coepit rationem huius operis scientissime Gallus exponere, plus in illo Siculo ingenii quam videretur natura humana ferre potuisse iudicabam fuisse. Dicebat enim Gallus sphaerae illius alterius solidae atque plenae vetus esse inventum, et eam a Thalete Milesio primum esse tornatam, post autem ab Eudoxo Cnidio, discipulo ut ferebat Platonis, eandem illam astris stellisque, quae caelo inhaererent esse descriptam; cuius omnem ornatum et descriptionem sumptam ab Eudoxo multis annis post non astrologiae scientia sed poëtica quadam facultate versibus Aratum extulisse. Hoc autem sphaerae genus, in quo solis et lunae motus inessent et earum quinque stellarum quae errantes et quasi vagae nominarentur, in illa sphaera solida non potuisse finiri, atque in eo admirandum esse inventum Archimedi, quod excogitasset quem ad modum in dissimillimis motibus inaequabiles et varios cursus servaret una conversio. Hanc sphaeram Gallus cum moveret, fiebat ut soli luna totidem conversionibus in aere illo quot diebus in ipso caelo succederet, ex quo et in [caelo] sphaera solis fieret eadem illa defectio, et incideret luna tum in eam metam quae esset umbra terrae, cum sol e regione...«

Erstes Buch 111

ser Kugel gar oft wegen des Ruhmes des Archimedes gehört hatte, bewunderte ich ihren Anblick selber nicht so
sehr; jene war nämlich hübscher und ansehnlicher für den
Laien, die von demselben Archimedes gefertigt worden
war und die derselbe Marcellus im Tempel der Virtus aufgestellt hatte. (22) Als aber Gallus den Sinn dieses Werkes
überaus kundig auseinanderzusetzen begann, urteilte ich,
daß mehr Geist in diesem Sizilier gewesen sei, als daß
Menschennatur ihn nach unseren Begriffen hätte hervorbringen können. Es sagte nämlich Gallus, jener anderen
festen und vollen Kugel Erfindung sei alt, und zwar sei sie
von Thales von Milet zum ersten Male gedrechselt worden, danach aber sei von Eudoxos von Knidos, einem
Schüler Platons, wie er meinte, ebenjene mit den Sternen,
die am Himmel haften, bemalt worden. All ihre Ausschmückung und Bemalung habe Arat von Eudoxos übernommen und viele Jahre später nicht mit Kenntnis der
Astronomie, aber mit einer gewissen dichterischen Fähigkeit in Versen ausgedrückt. Diese Art der Kugel aber, auf
der die Bewegung der Sonne und des Mondes wären und
die der fünf Sterne, die die irrenden und gleichsam wan-
delnden benannt würden, hätte auf jener festen Kugel
nicht abgegrenzt werden können, und hierbei sei die Erfindung des Archimedes zu bewundern, weil er ausgedacht hätte, wie bei den verschiedenen Bewegungen eine
einzige Umdrehung ungleichmäßige und mannigfaltige
Bahnen fest innehalten könnte. Als Gallus diese Kugel in
Bewegung setzte, geschah es, daß der Mond der Sonne in
ebenso vielen Umdrehungen in jenem Erz wie Tagen am
Himmel selber nachrückte, wonach auf der Kugel eben-
dieselbe Verfinsterung der Sonne eintrat und der Mond zu
dem Zeitpunkt in den Kegel, den der Schatten der Erde
bildete, geriet, als die Sonne auf der Seite ›gegenüber‹
stand...«

*In dieser Lücke sind vom 6. Quaternio die drei inneren
Blätterpaare mit Ausnahme eines Blattes ausgefallen. Da
das erhaltene Blatt von 1,24 in demselben Zusammen-*

Liber primus

15 (23) *(Scip.)* »... fuit, quod et ipse hominem diligebam
et in primis patri meo Paulo probatum et carum fuisse co-
gnoveram. Memini me admodum adulescentulo, cum pater in Macedonia consul esset et essemus in castris, pertur-
bari exercitum nostrum religione et metu, quod serena
nocte subito candens et plena luna defecisset. Tum ille cum
legatus noster esset anno fere ante quam consul est declaratus, haud dubitavit postridie palam in castris docere
nullum esse prodigium, idque et tum factum esse et certis
temporibus esse semper futurum, cum sol ita locatus fuisset ut lunam suo lumine non posset attingere.« »Ain tandem?« inquit Tubero; »docere hoc poterat ille homines
paene agrestes, et apud imperitos audebat haec dicere?«
(Scip.) »Ille vero, et magna quidem cum...«
(24) *(Scip.)* »... ⟨neque in⟩solens ostentatio neque oratio

Erstes Buch 113

*hange fortgesetzt wird, ist es wahrscheinlich, daß dort nur
zwei Blatt, also 28 Teubnerzeilen, hier der Rest, also 3
Blatt, also 42 Teubnerzeilen ausgefallen sind.*

*Philus hat zunächst berichtet, wie der erste Kenner dieser
Dinge in Rom, C. Sulpicius Gallus, seine Demonstration
an der Sphaera des Archimedes auf das Phänomen der
Doppelsonne angewendet hat. Ob er sie erklärt hat – mit
Hilfe der Sphaera dürfte er trotz 1,21 Anfang diese Halo-
erscheinung kaum erläutert haben – und wie er sie erklärt
hat, bleibt ungewiß. Scipio, der in dem erhaltenen Stück
eine Erinnerung an denselben Sulpicius Gallus vorträgt, ist
dann wieder auf das zu sprechen gekommen, was am
Schluß von 1,22 erklärt wurde; zu ergänzen wohl etwa
»contraria locatus esset«: die Mondfinsternis, an der sich
der Nutzen dieser Wissenschaft auch für den Staatsmann
und Feldherrn erkennen ließ. Zu Beginn von 1,23 muß
Scipio erzählt haben, daß er oft in Begleitung dieses Sulpicius Gallus gewesen ist. Der Wortlaut entzieht sich sicherer
Ergänzung.*

15 (23) *(Scip.)* »... weil ich selbst den Mann schätzte und
wußte, daß er insbesondere meinem Vater Paulus erprobt
und teuer war. Ich erinnere mich, in meiner frühen Jugend, als der Vater als Konsul in Mazedonien war und wir
im Lager standen, wurde unser Heer aus Götterangst und
Schreck verwirrt, weil in heiterer Nacht plötzlich der
schimmernde und volle Mond geschwunden wäre. Da zögerte jener nicht – er war unser Legat etwa ein Jahr, bevor
er zum Konsul ernannt wurde –, am anderen Morgen öffentlich im Lager zu zeigen, daß es kein Götterzeichen
wäre und daß es zu dem Zeitpunkte eingetreten sei und zu
bestimmten Zeiten immer eintreten werde, wenn die
Sonne so stünde, daß sie den Mond mit ihrem Licht nicht
berühren könnte. »Ist's glaublich«, sagte Tubero, »jener
konnte darin fast ungebildete Männer belehren, und bei
Unkundigen wagte er dies zu sagen?« *(Scip.)* »Ja, und
zwar mit großem ⟨Erfolg?⟩ ...«

(24) *(Scip.)* »⟨...und es war weder⟩ freches Prahlen noch

abhorrens a persona hominis gravissimi; rem enim magnam ⟨erat⟩ adsecutus, quod hominibus perturbatis inanem religionem timoremque deiecerat.

16 (25) Atque eius modi quiddam etiam bello illo maximo, quod Athenienses et Lacedaemonii summa inter se contentione gesserunt, Pericles ille et auctoritate et eloquentia et consilio princeps civitatis suae, cum obscurato sole tenebrae factae essent repente, Atheniensiumque animos summus timor occupavisset, docuisse civis suos dicitur, id quod ipse ab Anaxagora cuius auditor fuerat acceperat, certo illud tempore fieri et necessario, cum tota se luna sub orbem solis subiecisset; itaque etsi non omni intermenstruo, tamen id fieri non posse nisi intermenstruo tempore. Quod cum disputando rationibusque docuisset, populum liberavit metu; erat enim tum haec nova et ignota ratio, solem lunae oppositu solere deficere, quod Thaletem Milesium primum vidisse dicunt. Id autem postea ne nostrum quidem Ennium fugit; qui ut scribit, anno quinquagesimo ⟨et⟩ CCC. fere post Romam conditam ›Nonis Iunis soli luna obstitit et nox‹. Atque hac in re tanta inest ratio atque sollertia, ut ex hoc die quem apud Ennium et in maximis annalibus consignatum videmus, superiores solis defectiones reputatae sint usque ad illam quae Nonis Quintilibus fuit regnante Romulo; quibus quidem Romulum tenebris etiamsi natura ad humanum exitum abripuit, virtus tamen in caelum dicitur sustulisse.«

17 (26) Tum Tubero: »Videsne, Africane, quod paulo ante secus tibi videbatur, doc...«

Erstes Buch 115

eine Rede, die der Person des ernstesten Mannes widerstanden hätte; eine große Sache nämlich hatte er erreicht, daß er in Verwirrung gebrachten Menschen grundlose Götterangst und Furcht aus dem Sinn geschlagen hatte.

16 (25) Und etwas Derartiges soll auch in dem großen Krieg, den die Athener und die Lazedämonier mit höchster Anspannung untereinander führten, der berühmte Perikles, an Ansehen, Beredsamkeit und Herrscherweisheit der erste Mann seines Staates, als durch eine Verfinsterung der Sonne plötzlich ein Dunkel entstand und der Athener Gemüt tiefste Furcht befallen hatte, seine Mitbürger gelehrt haben; er hatte es selber von Anaxagoras, dessen Hörer er gewesen war, gelernt, daß nämlich jenes zu bestimmter Zeit und notwendig geschähe, wenn der Mond sich ganz vor das Rund der Sonne geschoben hätte; daher träfe es, wenn auch nicht zu jedem Neumond, doch nur bei Neumond ein. Als er dies in seiner Erörterung und durch Gründe aufgewiesen hatte, befreite er das Volk von Furcht; damals war nämlich diese Erklärung neu und unbekannt, daß die Sonne durch Dazwischentreten des Mondes sich zu verfinstern pflege. Thales aus Milet, sagt man, habe dies zuerst gesehen. Es entging aber später auch unserem Ennius nicht; denn er schreibt, etwa im 350. Jahr nach Roms Gründung ›Nacht trat der Sonne und Mond an den Nonen des Juni entgegen!‹, und in dieser Sache liegt eine solche Planmäßigkeit und Geschicklichkeit, daß von dem Tage an, den wir bei Ennius und in den ›großen Annalen‹ bezeichnet sehen, die früheren Sonnenfinsternisse berechnet worden sind bis zu jener, die an den Nonen[7] des Juli unter König Romulus stattfand; mochte bei dieser Finsternis auch die Natur Romulus zum menschlichen Ende hinraffen, soll ihn doch seine Vollkommenheit in den Himmel erhoben haben.«

17 (26) Da sagte Tubero: »Siehst du, Africanus, was dir eben noch anders schien, daß …«

In dieser Lücke von 14 Teubnerzeilen macht Tubero Africanus, der zuletzt von der Begeisterung über die Sicherheit

(Scip.) »...lis, quae videant ceteri. Quid porro aut prae-
clarum putet in rebus humanis, qui haec deorum regna
perspexerit, aut diuturnum, qui cognoverit quid sit
aeternum, aut gloriosum, qui viderit quam parva sit terra,
primum universa, deinde ea pars eius quam homines inco-
lant, quamque nos in exigua eius parte adfixi, plurimis
ignotissimi gentibus, speremus tamen nostrum nomen vo-
litare et vagari latissime? (27) Agros vero et aedificia et pe-
cudes et inmensum argenti pondus atque auri qui bona nec
putare nec appellare soleat, quod earum rerum videatur ei
levis fructus, exiguus usus, incertus dominatus, saepe
etiam taeterrimorum hominum inmensa possessio, quam

Erstes Buch 117

*dieser astronomischen Erkenntnisse fortgerissen wird, mit
Recht auf seine Inkonsequenz aufmerksam. Im Anfangsgespräch mit Tubero nämlich hatte Scipio 1,15 gegen die
Forschungen des Panaitios, der diese Dinge, die man kaum
vermuten kann, so fest behauptet, als seien sie mit Händen
zu greifen, Bedenken geäußert und Sokrates gelobt, der
dies als über Menschenvernunft gehend bezeichnet hatte.
Entsprechend ist der Schlußsatz zu ergänzen. Da zuletzt
von der Sicherheit die Rede war, wird die Ergänzung nicht
von dem zweiten Teil, den Einwänden des Sokrates, ausgehen, wie Philippson will, »doctrinam ad hominum vitam adtinere«, sondern vom ersten Teil. Also etwa, daß
diese Lehre so fest ist, daß die anfangs geübte Zurückhaltung nicht berechtigt ist (der Wortlaut entzieht sich noch
der Ergänzung). Scipio muß das nicht nur zugegeben
haben, sondern preist den Weisen, der Dinge sieht, die
soviel schöner sind als jenes, was die übrigen sehen (»(ill)is
quae videant ceteri«), glücklich. Mit »porro« wird das
zweite, was die Schau des Kosmos dem Menschen gibt,
eingeleitet (dieselbe Wendung vom bewundernden Staunen zur Abwertung des Irdischen im »Somnium Scipionis«
6,20. Über die Beziehung dieses Stückes zum »Somnium«
siehe Einführung!).*

(Scip.) »Was soll ferner unter den menschlichen Dingen
für vortrefflich ansehen, wer die Reiche der Götter durchschaut hat, oder für lange dauernd, wer erkannt hat, was
ewig ist, oder für ruhmvoll, wer gesehen hat, wie klein die
Erde ist, zunächst insgesamt, dann der Teil von ihr, den
die Menschen bewohnen, und in einem wie kleinen Teil
von ihr festgebannt, den meisten Völkern ganz unbekannt,
wir doch hoffen, daß unser Name fliege und sich ausbreite
soweit wie möglich? (27) Äcker gar und Gebäude, Vieh
und ein ungemessenes Gewicht Silber oder Gold, wer das
als Güter weder zu zählen noch zu bezeichnen pflegt, weil
der Genuß aus diesen Dingen ihm unbedeutend, ihr Nutzen kurz, ihre Beherrschung ungewiß scheint, häufig auch
die ekelhaftesten Menschen unermeßlichen Besitz haben,

est hic fortunatus putandus! Cui soli vere liceat omnia non Quiritium sed sapientium iure pro suis vindicare, nec civili nexo sed communi lege naturae, quae vetat ullam rem esse cuiusquam, nisi eius qui tractare et uti sciat; qui inperia consulatusque nostros in necessariis, non in expetendis rebus, muneris fungendi gratia subeundos, non praemiorum aut gloriae causa adpetendos putet; qui denique, ut Africanum avum meum scribit Cato solitum esse dicere, possit idem de se praedicare, numquam se plus agere quam nihil cum ageret, numquam minus solum esse quam cum solus esset. (28) Quis enim putare vere potest, plus egisse Dionysium tum cum omnia moliendo eripuerit civibus suis libertatem, quam eius civem Archimedem cum istam ipsam sphaeram, nihil cum agere videretur, de qua modo dicebatur effecerit? Quis autem non magis solos esse, qui in foro turbaque quicum conloqui libeat non habeant, quam qui nullo arbitro vel secum ipsi loquantur vel quasi doctissimorum hominum in concilio adsint, cum eorum inventis scriptisque se oblectent? Quis vero divitiorem quemquam putet quam eum cui nihil desit quod quidem natura desideret, aut potentiorem quam illum qui omnia quae expetat consequatur, aut beatiorem quam qui sit omni perturbatione animi liberatus, aut firmiore fortuna quam qui ea possideat quae secum ut aiunt vel e naufragio possit ecferre? Quod autem imperium, qui magistratus, quod regnum potest esse praestantius, quam despicientem omnia humana et inferiora sapientia ducentem nihil umquam nisi sempiternum et divinum animo volutare? Cui persuasum

Erstes Buch

wie glücklich ist dieser Mann zu schätzen! Er, dem allein wahrhaft erlaubt ist, alles nicht nach der Quiriten, sondern nach der Weisen Recht als eigen zu beanspruchen und nicht nach einer Bindung der Bürger, sondern nach dem allgemeinen Gesetz der Natur, das verbietet, daß einem eine Sache gehört, außer dem, der sie zu behandeln und zu gebrauchen versteht; der der Ansicht ist, daß unsere Befehlsstellen und Konsulate zu den notwendigen, nicht zu den begehrenswerten Dingen gehören, einer zu leistenden Aufgabe wegen zu übernehmen, nicht des Lohnes oder Ruhmes wegen zu erstreben; der endlich, wie Africanus, mein Großvater, nach Catos Zeugnis zu sagen pflegte, dasselbe von sich sagen kann, daß er niemals mehr täte, als wenn er nichts täte, niemals weniger allein sei, als wenn er allein sei. (28) Denn wer kann in Wahrheit glauben, daß Dionys damals, als er mit allen Mitteln seinen Mitbürgern die Freiheit entriß, mehr getan hätte als sein Mitbürger Archimedes, als er, während er nichts zu tun schien, ebendiese Kugel anfertigte, über die eben gesprochen wurde? Wer aber nicht, daß die mehr allein sind, die auf dem Forum und im Gemenge niemanden haben, mit dem sie sich unterhalten möchten, als die, welche ohne Aufpasser mit sich selbst sprechen oder gleichsam in einer Versammlung der gelehrtesten Männer zugegen sind, wenn sie an ihren Funden und Schriften sich ergötzen? Wer aber möchte einen für reicher halten als den, dem nichts fehlt – soweit wenigstens die Natur danach verlangt –, oder für mächtiger als jenen, der alles, was er erstrebt, erreicht, oder für seliger als den, der von jeglicher Verwirrung der Seele befreit ist, oder von beständigerem Glück als den, der das besitzt, was er mit sich, wie man sagt, gar aus dem Schiffbruch retten kann? Welche Herrschaft, welches Amt, welches Königtum kann hervorragender sein, als alles Menschliche zu verachten und für geringer als Weisheit zu halten und nichts je außer Ewigem und Göttlichem in seiner Seele zu treiben? Und überzeugt zu sein, daß die übrigen dem Namen nach Menschen heißen, wirklich es

sit appellari ceteros homines, esse solos eos qui essent politi propriis humanitatis artibus? (29) Ut mihi Platonis illud, seu quis dixit alius, perelegans esse videatur; quem cum ex alto ignotas ad terras tempestas et in desertum litus detulisset, timentibus ceteris propter ignorationem locorum, animadvertisse dicunt in arena geometricas formas quasdam esse descriptas; quas ut vidisset, exclamavisse ut bono essent animo; videre enim se hominum vestigia; quae videlicet ille non ex agri consitura quam cernebat, sed ex doctrinae indiciis interpretabatur. Quam ob rem Tubero semper mihi et doctrina et eruditi homines et tua ista studia placuerunt.«

18 (30) Tum Laelius: »Non audeo quidem« inquit »ad ista Scipio dicere, neque tam te aut Philum aut Manilium ... *(Lael.)* » ... in ipsius paterno genere fuit noster ille amicus, dignus huic ad imitandum,

›Egregie cordatus homo, catus Aelius Sextus‹

qui ›egregie cordatus‹ et ›catus‹ fuit et ab Ennio dictus est,

Erstes Buch

sind aber nur die, die gebildet wären durch die der Menschheit eigentümlichen Künste? (29) Daher scheint mir das Wort Platons – oder mag's ein anderer gesagt haben – sehr fein zu sein; als den der Sturm vom hohen Meer ans unbekannte Gestade und eine verlassene Küste getrieben hatte und die übrigen in Furcht waren, weil sie die Gegend nicht kannten, habe er, so sagen sie, bemerkt, daß in den Sand geometrische Figuren gezeichnet waren; als er die wahrgenommen hätte, habe er ausgerufen, sie sollten guten Mutes sein; er sähe nämlich die Spuren von Menschen; das erschloß er offenbar nicht aus der Bestellung der Flur, die er sah, sondern aus den Anzeichen von Gelehrsamkeit. Deshalb, Tubero, haben mir immer Gelehrsamkeit, gebildete Menschen und diese deine Beschäftigungen gefallen.«

18 (30) Da sagte Laelius: »Ich wage zwar hierzu nicht zu sprechen, Scipio, und nicht so sehr dich oder Philus oder Manilius …«

Die Entgegnung des Laelius in dieser Lücke von 14 Teubnerzeilen beginnt damit, daß er Scipio, Philus und Manilius, also diejenigen, die schon das Konsulat bekleidet haben und so ihrer Pflicht genügt, von seinem folgenden Tadel ausnimmt; daß aber der junge Tubero, der dieses ganze Gespräch aufgebracht hat, sich so sehr diesen Fragen widmet (vgl. über ihn de orat. 3,23,87), trägt ihm Tadel ein. Solche Studien sind für Knaben gut zur Übung, daß man leichter Größeres lernt. Er soll sich an seinen lebenserfahrenen Vorfahren, den Aelius Sextus, als Vorbild halten.

(Lael.) »… zu seinem Geschlecht väterlicherseits gehörte unser bekannter Freund, diesem hier wert der Nachahmung,

> Aelius Sextus gewitzt, ein Mann von höchstem Verstande,

der von höchstem Verstande und klug war und von Ennius so genannt wurde, nicht, weil er das erforschte, was er

non quod ea quaerebat quae numquam inveniret, sed quod
ea respondebat quae eos qui quaesissent et cura et negotio
solverent, cuique contra Galli studia disputanti in ore
semper erat ille de Iphigenia Achilles:

>Astrologorum signa, in caelo quid sit observationis,
Cum capra aut nepa aut exoritur nomen aliquod
                                    beluarum,
Quod est ante pedes nemo spectat, caeli scrutantur
                                    plagas.<

atque idem – multum enim illum audiebam et libenter –
Zethum illum Pacuvi nimis inimicum doctrinae esse dicebat; magis eum delectabat Neoptolemus Ennii, qui se ait
philosophari velle, sed paucis; nam omnino haud placere.
Quodsi studia Graecorum vos tanto opere delectant, sunt
alia liberiora et transfusa latius, quae vel ad usum vitae vel
etiam ad ipsam rem publicam conferre possumus. Istae
quidem artes, si modo aliquid, ⟨id⟩ valent, ut paulum acu-
ant et tamquam inritent ingenia puerorum, quo facilius
possint maiora discere.«
19 (31) Tum Tubero: »Non dissentio a te Laeli, sed
quaero quae tu esse maiora intellegas.« *(Lael.)* »Dicam
mehercule et contemnar a te fortasse, cum tu ista caelestia
de Scipione quaesieris, ego autem haec quae videntur ante
oculos esse magis putem quaerenda. Quid enim mihi L.
Pauli nepos, hoc avunculo, nobilissima in familia atque in
hac tam clara re publica natus, quaerit quo modo duo soles
visi sint, non quaerit cur in una re publica duo senatus et
duo paene iam populi sint? Nam ut videtis mors Tiberii
Gracchi et iam ante tota illius ratio tribunatus divisit po-

Erstes Buch 123

doch niemals finden würde, sondern weil er die Antworten gab, die die Frager von Sorgen und Geschäften befreiten, und der, wenn er gegen des Gallus Beschäftigung redete, immer den Achilles aus der Iphigenie im Munde hatte:

Astronomensternenbilder, was am Himmel ist zu
sehen,
wenn Kapella aufsteigt, Skorpion, ein anderer Un-
tiername:
was vorm Fuße liegt, schaut niemand, forschen nur
am Himmelszelt.

Und derselbe Mann – ich hörte ihn nämlich viel und gern – pflegte zu sagen, daß Zethus bei Pacuvius der Gelehrsamkeit allzu feindlich sei; mehr erfreue ihn der Neoptolemus des Ennius, der sagt, er wolle Philosophie treiben, aber wenig; denn ganz, das gefalle ihm nicht. Wenn euch aber die Beschäftigungen der Griechen so sehr ergötzen, so gibt es andere, freiere und sich weiter ergießende, die wir zum Gebrauch für das Leben oder sogar fürs Gemeinwesen selber verwenden können. Diese Künste jedenfalls vermögen, wenn überhaupt etwas, ein wenig den Geist der Knaben zu schärfen und gleichsam zu reizen, daß sie um so leichter Größeres zu lernen imstande sind.«
19 (31) Da sagte Tubero: »Ich widerstreite dir nicht, Laelius, aber ich frage, was du unter dem Größeren verstehst.« *(Lael.)* »Ich werde es dir, beim Herkules, sagen und werde vielleicht von dir verachtet werden, da du Scipio nach diesen Dingen am Himmel fragst, ich aber glaube, man sollte mehr das untersuchen, was vor den Augen zu liegen scheint. Warum untersucht mir denn der Enkel des Lucius Paulus, bei diesem Oheim, in der angesehensten Familie und in diesem so glänzenden Staate geboren, wieso man zwei Sonnen gesehen hat, fragt aber nicht, warum in einem Gemeinwesen zwei Senate und fast schon zwei Völker sind? Denn, wie ihr seht, der Tod des Tiberius Gracchus und schon vorher seine ganze Handha-

pulum unum in duas partis; obtrectatores autem et invidi Scipionis initiis factis a P. Crasso et Appio Claudio tenent nihilo minus illis mortuis senatus alteram partem, dissidentem a vobis auctore Metello et P. Mucio, neque hunc qui unus potest, concitatis sociis et nomine Latino, foederibus violatis, triumviris seditiosissimis aliquid cotidie novi moventibus, bonis viris [locupletibus] perturbatis, his tam periculosis rebus subvenire patiuntur. (32) Quam ob rem si me audietis adulescentes, solem alterum ne metueritis; aut enim nullus esse potest, aut sit sane ut visus est, modo ne sit molestus, aut scire istarum rerum nihil, aut etiamsi maxime sciemus, nec meliores ob eam scientiam nec beatiores esse possumus; senatum vero et populum ut unum habeamus et fieri potest, et permolestum est nisi fit, et secus esse scimus, et videmus si id effectum sit et melius nos esse victuros et beatius.«

20 (33) Tum Mucius: »Quid esse igitur censes Laeli discendum nobis, ut istud efficere possimus ipsum quod postulas?« *(Lael.)* »Eas artis quae efficiant ut usui civitati simus; id enim esse praeclarissimum sapientiae munus maximumque virtutis vel documentum vel officium puto. Quam ob rem ut hae feriae nobis ad utilissimos rei publicae sermones potissimum conferantur, Scipionem rogemus, ut explicet quem existimet esse optimum statum civitatis; deinde alia quaeremus. Quibus cognitis spero nos ad haec ipsa via perventuros, earumque rerum rationem quae nunc instant explicaturos.«

Erstes Buch 125

bung des Tribunats hat das eine Volk in zwei Teile geteilt. Die Verkleinerer und Neider Scipios aber beherrschen, nachdem der Anfang von Publius Crassus und Appius Claudius gemacht war, nach ihrem Tode nichtsdestoweniger den anderen Teil des Senates, der von euch auf Veranlassung des Metellus und Publius Mucius abrückt, und lassen diesen Mann hier, der es allein vermag, wo die Bundesgenossen und die Latiner erregt, die Verträge verletzt sind, wo die so aufrührerischen Triumvirn täglich irgend etwas Neues unternehmen, die gutgesinnten Männer außer Fassung gebracht sind, nicht dieser so gefährlichen Lage zu Hilfe kommen. (32) Deshalb, ihr Jünglinge, wenn ihr mich hören wollt: fürchtet nicht die zweite Sonne; denn entweder ist sie möglicherweise nicht oder mag sie sein, wie sie gesehen wurde, wenn sie sich nur nicht unangenehm bemerkbar macht: so können wir doch nichts von diesen Dingen wissen, oder wenn wir noch soviel wissen werden, weder besser ob dieser Wissenschaft noch glücklicher sein; daß wir aber *einen* Senat und *ein* Volk haben, das kann geschehen, und es ist sehr unangenehm, wenn es nicht geschieht, und wir wissen, daß es nicht so ist, und sehen, daß wir, wenn das erreicht ist, besser und glücklicher leben werden.«

20 (33) Da sagte Mucius: »Was also meinst du, Laelius, müssen wir lernen, auf daß wir das bewirken können, was du forderst?« *(Lael.)* »Die Künste, die bewirken, daß wir dem Staate von Nutzen sind, denn das ist, meine ich, die vorzüglichste Aufgabe der Weisheit und der größte Beweis und die höchste Pflicht der Vollkommenheit. Deshalb wollen wir, damit diese Ferien von uns am ehesten auf die für das Gemeinwesen nützlichsten Gespräche verwendet werden, Scipio bitten, daß er darlege, welches nach seiner Ansicht der beste Zustand des Staates ist; darauf werden wir anderes untersuchen. Wenn das erkannt ist, hoffe ich, gelangen wir methodisch eben zu diesen Fragen hier und werden die Gründe der Dinge, die jetzt dringlich sind, auseinanderlegen.«

126   *Liber primus*

21 (34) Cum id et Philus et Manilius et Mummius admodum adproba⟨vissent⟩ ...
Quare si placet deduc orationem tuam de eo loco ad haec citeriora. *(Non. p. 85,18 et 289,8)*
Nullum est exemplum cui malimus adsimulare rem publicam. *(Diom. GL I 365,20)*
(Lael.) »... non solum ob eam causam fieri volui, quod erat aequum de re publica potissimum principem rei publicae dicere, sed etiam quod memineram persaepe te cum Panaetio disserere solitum coram Polybio, duobus Graecis vel peritissimis rerum civilium, multaque colligere ac docere, optimum longe statum civitatis esse eum quem maiores nostri nobis reliquissent. Qua in disputatione quoniam tu paratior es, feceris – ut etiam pro his dicam – si de re publica quid sentias explicaris, nobis gratum omnibus.«
22 (35) Tum ille *(Scip.)*: »Non possum equidem dicere me ulla in cogitatione acrius aut diligentius solere versari, quam in ista ipsa quae mihi Laeli a te proponitur. Etenim cum in suo quemque opere artificem, qui quidem excellat, nihil aliud cogitare meditari curare videam, nisi quo sit in illo genere melior, ego cum mihi sit unum opus hoc a parentibus maioribusque meis relictum, procuratio atque

21 (34) Als das Philus, Manilius und Mummius gar sehr gebilligt hatten …

Darum führe bitte deine Rede von diesem Raum herab zu diesem Näherliegenden.

Es gibt kein Vorbild, dem wir das Gemeinwesen lieber angleichen wollten.

Nachdem die anderen dem Vorschlag des Laelius zugestimmt haben, muß in dieser Lücke (4. Blatt des 8. Quaternio = 14 Teubnerzeilen) die direkte Aufforderung erfolgt sein. Laelius wendet sich deshalb mit den Worten »quare si placet« an Scipio direkt. Scipio stimmt zu unter der Bedingung, über das Gemeinwesen an Hand des römischen sprechen zu dürfen. Darauf stimmt Laelius, für die anderen sprechend (»malimus«), diesem Vorschlag bei. Im folgenden begründet Laelius, warum Scipio erstens als Redner überhaupt, zweitens als der, der am Beispiel des römischen Staates vom Gemeinwesen spricht, der geeignete Redner ist.

(*Lael.*) »Nicht allein deshalb wollte ich, daß es geschehe, weil es billig war, daß über das Gemeinwesen am besten der erste Mann des Gemeinwesens spräche, sondern auch, weil ich mich erinnerte, daß du sehr oft mit Panaitios vor Polybios, den beiden wohl staatskundigsten Griechen, zu diskutieren pflegtest und vieles zu sammeln und aufzuweisen, daß bei weitem der beste Zustand des Staates der sei, den unsere Vorfahren uns hinterlassen hätten. Da du ja in dieser Erörterung gerüsteter bist, wirst du – um auch für diese mitzusprechen –, wenn du darlegst, was du über das Gemeinwesen denkst, uns allen einen Gefallen tun.«

22 (35) Darauf jener (*Scip.*): »Ich kann nicht sagen, daß ich in irgendwelchen Gedanken schärfer und sorgfältiger zu verweilen pflege als eben in denen, die mir, Laelius, von dir zum Thema vorgeschlagen werden. Denn da ich sehe, daß ein jeder Meister bei seinem Werk, soweit er hervorragend ist, nichts anderes denkt, sinnt und sorgt, als, wodurch er besser sei in jenem Fache, würde ich, da mir ein einziges Werk von meinen Eltern und Vorfahren hinter-

administratio rei publicae, non me inertiorem esse confitear quam opificem quemquam, si minus in maxima arte quam illi in minimis operae consumpserim? (36) Sed neque iis contentus sum quae de ista consultatione scripta nobis summi ex Graecia sapientissimique homines reliquerunt, neque ea quae mihi videntur anteferre illis audeo. Quam ob rem peto a vobis ut me sic audiatis: neque ut omnino expertem Graecarum rerum neque ut eas nostris in hoc praesertim genere anteponentem, sed ut unum e togatis patris diligentia non inliberaliter institutum studioque discendi a pueritia incensum, usu tamen et domesticis praeceptis multo magis eruditum quam litteris.«

23 (37) Hic Philus: »Non hercule« inquit »Scipio dubito, quin tibi ingenio praestiterit nemo; usu quidem in re publica rerum maximarum facile omnis viceris; quibus autem ⟨in⟩ studiis semper fueris, tenemus. Quam ob rem si ut dicis animum quoque contulisti in istam rationem et quasi artem, habeo maximam gratiam Laelio; spero enim multo uberiora fore quae a te dicentur, quam illa quae a Graecis nobis scripta sunt omnia.« Tum ille *(Scip.)*: »Permagnam tu quidem expectationem, quod onus est ei qui magnis de rebus dicturus est gravissimum, inponis orationi meae.« Et Philus: »Quamvis sit magna, tamen eam vinces ut soles; neque enim est periculum ne te de re publica disserentem deficiat oratio.«

24 (38) Hic Scipio: »Faciam quod vultis ut potero, et ingrediar in disputationem ea lege, qua credo omnibus in rebus disserendis utendum esse si errorem velis tollere, ut eius rei de qua quaeretur si nomen quod sit conveniat, ex-

Erstes Buch 129

lassen wurde, die Fürsorge und die Verwaltung des Gemeinwesens, nicht eingestehen, ich sei träger als jeder beliebige Meister, wenn ich weniger Mühe auf die größte Kunst als jene auf die geringsten verwendete? (36) Ich bin aber nicht mit dem zufrieden, was uns über diese Frage die größten und weisesten Männer aus Griechenland geschrieben hinterlassen haben, und wage andererseits nicht, das, was mir gut scheint, jenem vorzuziehen. Deshalb bitte ich euch, daß ihr mich so hört: weder wie einen, der gänzlich ohne Teil an den griechischen Dingen, noch wie einen, der sie unseren zumal in dieser Gattung vorzöge, sondern wie einen von den Männern in der Toga, der durch des Vaters Sorgfalt nicht unfrei unterrichtet und von Kindheit an von Lerneifer erfaßt, viel mehr jedoch durch Umgang mit den Dingen und heimische Lehren als durch die Schriften gebildet ist.«

23 (37)[8] Hier sagte Philus: »Beim Herkules, ich zweifle nicht, Scipio, daß dich an Begabung niemand übertrifft; an Erfahrung größten Ausmaßes in einem Gemeinwesen dürftest du leicht alle besiegen; welche Beschäftigungen du aber immer betrieben hast, wissen wir. Wenn du deshalb, wie du sagst, auch deine Aufmerksamkeit auf dieses Gebiet und gleichsam diese Kunst gerichtet hast, bin ich Laelius äußerst dankbar; hoffe ich doch, was von dir gesagt wird, werde viel reicher sein als jenes alles, was uns von den Griechen geschrieben wurde.« Darauf Scipio: »Eine sehr große Erwartung, was die schwerste Last ist für einen, der über große Dinge sprechen will, lädst du meiner Rede auf.« Und Philus: »Mag sie noch so groß sein, wirst du sie doch übertreffen, wie du zu tun pflegst; denn es ist keine Gefahr, daß dir die Rede ausgeht, wenn du über den Staat sprichst.«

24 (38) Hier Scipio: »Ich werde tun, was ihr wollt, wie ich's vermag, und werde in die Erörterung eintreten unter dem Gesetz, das, glaube ich, alle bei Darlegungen anwenden müssen, wenn du den Irrtum beseitigen willst: daß nämlich, wenn der Name der Sache, über welche die Un-

plicetur quid declaretur eo nomine; quod si convenerit,
tum demum decebit ingredi in sermonem; numquam enim
quale sit illud de quo disputabitur intellegi poterit, nisi
quid sit fuerit intellectum prius. Quare quoniam de re publica quaerimus, hoc primum videamus quid sit id ipsum
quod quaerimus.«

Cum adprobavisset Laelius, »nec vero« inquit Africanus
»ita disseram de re tam inlustri tamque nota, ut ad illa ele-
menta revolvar quibus uti docti homines his in rebus solent, ut a prima congressione maris et feminae, deinde a
progenie et cognatione ordiar, verbisque quid sit et quot
modis quidque dicatur definiam saepius; apud prudentes
enim homines et in maxima re publica summa cum gloria
belli domique versatos cum loquar, non committam ut sit
inlustrior illa ipsa res de qua disputem, quam oratio mea;
nec enim hoc suscepi ut tamquam magister persequerer
omnia, neque hoc polliceor me effecturum ut ne qua parti-
cula in hoc sermone praetermissa sit.« Tum Laelius: »Ego
vero istud ipsum genus orationis quod polliceris, ex-
pecto.«

25 (39) »Est igitur«, inquit Africanus, »res publica res populi, populus autem non omnis hominum coetus quoquo
modo congregatus, sed coetus multitudinis iuris consensu
et utilitatis communione sociatus. Eius autem prima causa
coëundi est non tam inbecillitas quam naturalis quaedam
hominum quasi congregatio; non est enim singulare nec
solivagum genus hoc, sed ita generatum ut ne in omnium
quidem rerum affluen…

idque ipsa natura non invitaret solum sed etiam cogeret
(*Non. p.* 321,16)

Erstes Buch 131

tersuchung geht, ausgemacht ist, dargelegt wird, was mit diesem Namen bezeichnet wird; wenn darüber Einigkeit herrscht, erst dann wird man in das Gespräch eintreten dürfen; niemals nämlich wird eingesehen werden können, wie beschaffen jenes ist, worüber gesprochen wird, wenn nicht vorher eingesehen worden ist, was der Name besagt. Da wir nun über den Staat forschen, wollen wir deshalb dies zuerst sehen, was eben das ist, was wir suchen.«

Als Laelius zugestimmt hatte, sagte Africanus: »Ich werde aber nicht so über eine so klare und bekannte Sache sprechen, daß ich mich zu jenen Bausteinen zurücktaste, deren sich gelehrte Männer bei diesen Dingen zu bedienen pflegen, derart, daß ich mit dem ersten Begegnen zwischen Mann und Frau, mit der Nachkommenschaft und der Verwandtschaft begänne und mit Worten öfters abgrenzte, was ein jedes ist und auf wie viele Arten es ausgedrückt wird. Denn da ich vor klugen Männern, die im größten Gemeinwesen mit höchstem Ruhm in Krieg und Frieden tätig gewesen, spreche, werde ich nicht den Fehler begehen, daß jene Sache selbst, über die ich reden will, klarer ist als meine Rede; denn ich habe es nicht übernommen, wie ein Lehrer alles zu verfolgen, und verspreche nicht, zu erreichen, daß kein Teilchen in dieser Rede übergangen ist.« Darauf Laelius: »Ich aber erwarte ebendiese Art Rede, die du versprichst.«

25 (39) »Es ist also«, sagte Africanus, »das Gemeinwesen die Sache des Volkes, ein Volk aber nicht jede irgendwie zusammengescharte Ansammlung von Menschen, sondern die Ansammlung einer Menge, die in der Anerkennung des Rechtes und der Gemeinsamkeit des Nutzens vereinigt ist. Ihr erster Beweggrund aber zusammenzukommen, ist nicht so sehr die Schwäche als eine sozusagen natürliche Geselligkeit der Menschen; ist doch diese Gattung nicht einzellebend und einzelgängerisch, sondern so geartet, daß sie nicht einmal im Überfluß an allen Dingen

...

In der Lücke von 14 Teubnerzeilen (2. Blatt des 9. Qua-

Liber primus

(40) [*Haec aliis delira visa sunt ut fuerunt, dixeruntque non ferarum laniatus causam fuisse coëundi, sed ipsam potius humanitatem, itaque inter se congregatos, quod natura hominum solitudinis fugiens et communionis ac societatis adpetens esset. (Lact. inst. 6,10,18)]*

26 (41) *(Scip.)* »... ⟨qua⟩edam quasi semina, neque reliquarum virtutum nec ipsius rei publicae reperiatur ulla institutio. Hi coetus igitur hac de qua exposui causa instituti, sedem primum certo loco domiciliorum causa constituerunt; quam cum locis manuque saepsissent, eius modi coniunctionem tectorum oppidum vel urbem appellaverunt, delubris distinctam spatiisque communibus.

Omnis ergo populus, qui est talis coetus multitudinis qualem exposui, omnis civitas, quae est constitutio populi, omnis res publica, quae ut dixi populi res est, consilio

Erstes Buch 133

ternio) ist weiter ausgeführt worden, daß der Mensch ein
Wesen ist, das selbst im Überfluß an allen Dingen die Ge-
meinschaft nicht entbehren kann, daß er »natura congre-
gabilis« (vgl. de off. 1,157 ff.) ist. Wäre er allein, würde er
auf jeden Fall den anderen suchen. »Und dazu würde die
Natur (des Menschen scil.) nicht nur einladen, sondern
sogar zwingen.« Sonst gäbe es gar keinen Ansatz für die
Gemeinschaftstugend, nicht gewisse Samen für die Ge-
rechtigkeit. Es ist nicht zu kühn, »iustitiae quaedam quasi
semina« zu ergänzen mit Rücksicht auf »reliquarum«.
Doch dürfte nur über die »causa institutionis« gesprochen,
nicht der Hergang erzählt worden sein, da Scipio erst mit
»hi coetus igitur« (vgl. »omnis ergo populus«) von einer er-
sten Handlung berichtet. Das Fragment Aug. epist. 138,10
ist also weggeblieben. Laktanz (inst. 6,10,18) gibt eine
Vorstellung vom Inhalt:

(40) *Dies schien anderen unsinnig, wie es ja auch war, und*
sie sagten, nicht das Zerreißen durch wilde Tiere sei die
Ursache der Vereinigung gewesen, sondern vielmehr das
menschliche Wesen selber, und so hätten sie sich miteinan-
der verbunden, weil das Wesen der Menschen die Einsam-
keit fliehe und Gemeinschaft und Gesellschaft erstrebe.

26 (41) *(Scip.)* »›Denn gäbe es im Menschen nicht zur Gerechtigkeit‹ bestimmte Samen sozusagen, würde man weder irgendeine Entwicklung der übrigen Tugenden noch
des Gemeinwesens selbst finden. Diese Versammlungen
also, aus dem dargelegten Grunde gebildet, setzten zum
ersten an einem bestimmten Ort ihren Wohnsitz fest, ihrer
Behausungen wegen. Hatten sie diesen durch günstige
Lage und der Hände Werk geschützt, nannten sie eine solche Vereinigung von Wohnstätten eine Burg oder eine
Stadt, die durch Heiligtümer und öffentliche Plätze ge-
gliedert war.

Jedes Volk also, das eine Ansammlung einer solchen
Menge ist, wie ich sie darlegte, jede Bürgerschaft, die eine
Ordnung des Volkes darstellt, jedes Gemeinwesen, das,
wie ich sagte, die Sache des Volkes ist, muß durch ver-

quodam regenda est, ut diuturna sit. Id autem consilium primum semper ad eam causam referendum est quae causa genuit civitatem. (42) Deinde aut uni tribuendum est aut delectis quibusdam aut suscipiendum est multitudini atque omnibus. Quare cum penes unum est omnium summa rerum, regem illum unum vocamus et regnum eius rei publicae statum. Cum autem est penes delectos, tum illa civitas optimatium arbitrio regi dicitur. Illa autem est civitas popularis – sic enim appellant –, in qua in populo sunt omnia. Atque horum trium generum quodvis, si teneat illud vinculum quod primum homines inter se rei publicae societate devinxit, non perfectum illud quidem neque mea sententia optimum est, tolerabile tamen, et ⟨ut⟩ aliud alio possit esse praestantius; nam vel rex aequus ac sapiens, vel delecti ac principes cives, vel ipse populus quamquam id est minime probandum, tamen nullis interiectis iniquitatibus aut cupiditatibus posse videtur aliquo esse non incerto statu.

27 (43) Sed et in regnis nimis expertes sunt ceteri communis iuris et consilii, et in optimatium dominatu vix particeps libertatis potest esse multitudo, cum omni consilio communi ac potestate careat, et cum omnia per populum geruntur quamvis iustum atque moderatum, tamen ipsa aequabilitas est iniqua, cum habet nullos gradus dignitatis. Itaque si Cyrus ille Perses iustissimus fuit sapientissimusque rex, tamen mihi populi res – ea enim est, ut dixi antea, publica – non maxime expetenda fuisse illa videtur, cum regeretur unius nutu ac modo; si Massilienses nostri clientes per delectos et principes cives summa iustitia reguntur,

Erstes Buch 135

nünftiges Planen gelenkt werden, damit es dauernd ist. Dieses vernünftige Planen ist zum ersten immer auf die Ursachen zu beziehen, die den Staat hervorgebracht haben. (42) Dann ist es entweder einem zu übertragen oder einigen Auserwählten, oder die Menge oder alle müssen es übernehmen. Wenn deshalb die Vollmacht aller Dinge bei einem ist, nennen wir jenen einen König und den Zustand dieses Gemeinwesens Königtum. Wenn sie aber bei Auserwählten ist, wird jener Staat, sagt man, nach Willen der Optimaten gelenkt. Das aber ist ein Volksstaat – denn so heißt man ihn –, in dem alles beim Volke ist. Und eine jegliche dieser drei Arten, wenn sie nur jenes Band festhält, das zuerst die Menschen durch die Gemeinschaft der gemeinsamen Sache untereinander fesselte, ist zwar nicht vollkommen, noch meiner Ansicht nach am besten, aber doch tragbar und so, daß eine besser sein kann als die andere. Denn ein weiser und gerechter König oder auserlesene und fürstliche Bürger oder auch das Volk selbst – obwohl diese Art am wenigsten zu billigen ist – können doch, wenn keine Ungerechtigkeiten oder Begierden sich beimischen, wie mir scheint, von einem bestimmten festen Zustand sein.

27 (43) Aber in Königreichen sind die übrigen allzusehr ohne Teil an dem gemeinsamen Recht und Planen, und unter der Herrschaft der Optimaten kann die Menge kaum Anteil an der Freiheit haben, da sie jeglichen gemeinsamen Planens und jeglicher Macht entbehrt, und wenn alles von einem noch so gerechten und maßvollen Volk geleitet wird, so ist doch eben die Gleichmäßigkeit unbillig dadurch, daß sie keine Stufen der Würde kennt. Wenn deshalb der berühmte Perser Kyros der gerechteste und weiseste König war, so scheint mir doch jene ›Sache des Volkes‹ – das ist nämlich, wie anfangs gesagt, das Gemeinwesen – nicht besonders erstrebenswert gewesen zu sein, da sie durch eines Mannes Wink und Maß gelenkt wurde. Wenn die Massilier, unsere Schützlinge, von auserwählten und fürstlichen Bürgern mit höchster Gerechtigkeit re-

136 Liber primus

inest tamen in ea condicione populi similitudo quaedam servitutis; si Athensienses quibusdam temporibus sublato Areopago nihil nisi populi scitis ac decretis agebant, quoniam distinctos dignitatis gradus non habebant, non tenebat ornatum suum civitas.

28 (44) Atque hoc loquor de tribus his generibus rerum publicarum non turbatis atque permixtis, sed suum statum tenentibus. Quae genera primum sunt in iis singula vitiis quae ante dixi, deinde habent perniciosa alia vitia; nullum est enim genus illarum rerum publicarum, quod non habeat iter ad finitimum quoddam malum praeceps ac lubricum. Nam illi regi, ut eum potissimum nominem, tolerabili aut si voltis etiam amabili, Cyro subest ad inmutandi animi licentiam crudelissimus ille Phalaris, cuius in similitudinem dominatus unius proclivi cursu et facile delabitur. Illi autem Massiliensium paucorum et principum administrationi civitatis finitimus est qui fuit quodam tempore apud Athenienses triginta ⟨virorum illorum⟩ consensus et factio. Iam Atheniensium populi potestatem omnium rerum ipsi, ne alios requiramus, ad furorem multitudinis licentiamque conversam pesti…«

»Nec tantum Carthago habuisset opum sescentos fere annos sine consiliis et disciplina.« *(Non. p. 526,8)*

Erstes Buch 137

giert werden, liegt doch in dieser Lage des Volkes eine gewisse Ähnlichkeit mit der Dienstbarkeit; wenn die Athener zu bestimmten Zeiten nach Aufhebung des Areopags alles durch Volksbeschlüsse und Volksentscheide betrieben, hielt der Staat, da sie ja keine unterschiedenen Stufen der Würde kannten, seine ihm eigene Zier nicht fest.

28 (44) Und dieses sage ich über die drei Arten von Gemeinwesen, wenn sie nicht aufgewühlt und durcheinandergebracht sind, sondern ihren Zustand bewahren. Diese Arten sind erstens einzeln mit den Fehlern behaftet, die ich eben genannt habe, dann haben sie andere Fehler, die ins Verderben führen; es gibt nämlich keine Art unter jenen Gemeinwesen, die nicht einen jäh abstürzenden und schlüpfrigen Weg hätte zu einem benachbarten Übel hin. Denn in jenem – um ihn besonders zu nennen – tragbaren und, wenn ihr wollt, sogar liebenswerten König Kyros lauert bei der Freiheit der Sinnesänderung der berüchtigte so grausame Phalaris, zu dessen Abbild die Herrschaft eines einzigen auf schüssiger Bahn leicht herabgleitet. Jener Staatsverwaltung der wenigen und der fürstlichen Männer bei den Massiliern benachbart ist das Einverständnis und der Klüngel jener dreißig Männer, wie er zu einer Zeit bei den Athenern herrschte. Daß die Macht über alle Dinge, die das Volk der Athener hatte, ihm selbst, um nicht nach anderen zu fragen, als sie sich in Tollwut und Willkür der Masse verwandelt hatte, verderben⟨bringend gewesen ist, zeigt der Verlauf der Geschichte⟩.«

Lücke von 14 Teubnerzeilen (7. Blatt des 9. Quaternio), zu ergänzen etwa »pesti (feram fuisse)«. Die Beispiele für die entarteten Verfassungen sind zu Ende. Beim Neueinsatz des Textes ist von der Entstehung der Tyrannen die Rede, wie das stehende Beiwort »taeterrimus« zeigt. Dies Thema von der Entstehung der verschiedenen Verfassungen aus der verschiedenen Form muß erst kurz vorher begonnen haben, da noch alle Möglichkeiten erwähnt werden. Wie ist die Verbindung gewesen? Hier kommt

138 *Liber primus*

29 (45) *(Scip.)* »... taeterrimus et ex hac vel optimatium vel factiosa tyrannica illa vel regia vel etiam persaepe popularis, itemque ex ea genus aliquod ecflorescere ex illis quae ante dixi solet, mirique sunt orbes et quasi circuitus in rebus publicis commutationum et vicissitudinum; quos cum cognosse sapientis est, tum vero prospicere inpendentis, in gubernanda re publica moderantem cursum atque in sua potestate retinentem, magni cuiusdam civis et divini paene est viri. Itaque quartum quoddam genus rei publicae maxime probandum esse sentio, quod est ex his quae prima dixi moderatum et permixtum tribus.«
30 (46) Hic Laelius: »Scio tibi ita placere Africane; saepe enim ex te audivi; sed tamen, nisi molestum est, ex tribus

Erstes Buch 139

nebenstehendes frg. inc. (Ziegler[2]) zu Hilfe (Non. p. 526,8)
»und Karthago hätte nicht fast 600 Jahre lang soviel Macht
gehabt ohne kluge Pläne und Zucht«. *Dieses für das 1.*
Buch bezeugte Fragment paßt in keine der sonstigen Lük-
ken, soweit sich erkennen läßt; auch für die Vorrede, der
es Ziegler jetzt zuweist, ist es zu speziell; dagegen ist von
dem »consilium« zu Beginn dieses Gedankenganges ge-
sprochen, und dem positiven »disciplina« entspricht als Ge-
gensatz das zweimalige »licentia« eben vorher. Nimmt
man die Ableitungen der Entartungsformen 1,68 hinzu –
»omnia nimia« schlägt ins Gegenteil um –, so darf man
vielleicht den Gedankengang sich so vorstellen: alles näm-
lich, was unmäßig, zügellos und egoistisch ist, schlägt ins
Gegenteil um und bringt den Staat in Gefahr. Weder Rom
noch Karthago hätten ohne Herrscherweisheit und Zucht
ihre Macht so lange behauptet. Fehlen diese Tugenden, so
entsteht »ex nimia licentia« (vgl. 1,68 und »licentia« 1,44)
im Kampf aller gegen alle der Tyrann, das scheußlichste
aller Wesen, und aus diesem Staat die anderen Formen.
29 (45) *(Scip.)* »... der so abscheuliche und aus dieser
Staatsform entweder die Optimaten oder jener tyranni-
sche Klüngel oder die königliche oder auch häufig die rein
demokratische, und ebenso pflegt aus ihr eine beliebige
Art von jenen emporzuwachsen, die ich eben nannte, und
es gibt merkwürdige Perioden und gleichsam Umläufe der
Veränderungen und Ablösungen in den Gemeinwesen; es
ist Sache des Weisen, sie zu kennen, sie aber vorauszusehen, wenn sie drohen, in der Lenkung des Gemeinwesens
die Entwicklung beherrschend und in seiner Gewalt be-
haltend, das ist das Werk eines großen Bürgers und eines
fast göttlichen Mannes. Und so meine ich, ist eine vierte
Art des Gemeinwesens sozusagen besonders gutzuheißen,
die aus diesen drei, die ich erste nannte, ausgewogen und
gemischt ist.«
30 (46) Hier sagte Laelius: »Ich weiß, daß du so denkst,
Africanus, habe ich es doch oft von dir gehört; aber ich
möchte doch, wenn es dir nicht lästig ist, wissen, welche

140 *Liber primus*

istis modis rerum publicarum velim scire quod optimum iudices. Nam vel profuerit aliquod ad cog…«
»Cognosce mehercule« inquit »consuetudinem istam et studium sermonemque.« *(Non. p. 276,6)*
31 (47) *(Scip.)* »… et talis est quaeque res publica, qualis eius aut natura aut voluntas qui illam regit. Itaque nulla alia in civitate, nisi in qua populi potestas summa est, ullum domicilium libertas habet; qua quidem certe nihil potest esse dulcius, et quae si aequa non est ne libertas quidem est. Qui autem aequa potest esse – omitto dicere in regno, ubi ne obscura quidem est aut dubia servitus, sed in istis civitatibus in quibus verbo sunt liberi omnes? Ferunt enim suffragia, mandant inperia magistratus, ambiuntur, rogantur, sed ea dant magis quae etiamsi nolint danda sint,

Erstes Buch 141

von diesen drei Formen der Gemeinwesen du für die beste erachtest. Denn erstens dürfte es nützlich sein ...«

In dieser Lücke von 14 Teubnerzeilen (1. Blatt des 10. Quaternio) hat Scipio auf die Frage, welche er für die beste der Einzelverfassungen halte, gesagt, daß dies nicht leicht zu beantworten sei; er wolle deshalb die Ansichten der einzelnen Verfechter erst einmal von ihnen selbst vortragen lassen. Es wird wohl auch nahegelegen haben, darauf hinzuweisen, daß es solche Redekämpfe seit Herodot 3,80–82 gegeben hat und dies eine griechische Gewohnheit ist. Vielleicht tat es Scipio mit den Worten frg. inc. 4 Ziegler (Non. p. 276,6) »cognosce mehercule« inquit »consuetudinem istam et studium sermonemque« – »lerne, beim Herkules, diese Gewohnheit kennen und dies Eifern und diese Rede!«. Die Frage ist, wie der Satz »nam vel profuerit aliquid ad cogn...« weitergeführt wurde. Pohlenz ergänzt »noscendam eam rei publicae formam quam ex tribus illis mixtam dicis isque ipsis praefers«. Der Ausgangsfrage des Laelius (1,33) und dem allgemeinen »quae restant« (1,55) entspricht besser »ad cognoscendum optimum statum civitatis«.
Da die Demokraten am Anfang von 1,47 noch bei der Entwicklung ihres Prinzips sind, können sie erst kurz vorher begonnen haben.

31 (47) *(Scip.)* »Und so beschaffen ist ein jedes Gemeinwesen, wie das Wesen oder der Wille dessen, der es lenkt. Deshalb hat in keinem anderen Staate als in dem, in welchem die Macht des Volkes die höchste ist, die Freiheit eine Wohnstatt; im Vergleich mit dieser kann sicher nichts angenehmer sein, und wenn sie nicht gleich ist, ist es auch nicht Freiheit. Wie aber kann sie gleich sein – ich will nicht sagen im Königtum, wo die Knechtschaft nicht einmal versteckt oder zweifelhaft ist, aber in den Staaten, in denen dem Wort nach alle frei sind? Sie geben ihre Stimme ab, sie übertragen Kommandos, Ämter, werden umworben, gefragt, aber sie geben das, was sie, auch wenn sie nicht wollten, erst recht geben müßten und was sie selbst, von

Liber primus

et quae ipsi non habent unde ali petunt; sunt enim expertes imperii, consilii publici, iudicii delectorum iudicum, quae familiarum vetustatibus aut pecuniis ponderantur. In libero autem populo, ut Rhodi, ut Athenis, nemo est civium qui ... «

32 (48) *(Scip.)* »... ⟨po⟩pulo aliquis unus pluresve divitiores opulentioresque extitissent, tum ex eorum fastidio et superbia nata esse commemorant, cedentibus ignavis et inbecillis et adrogantiae divitum succumbentibus. Si vero ius suum populi teneant, negant quicquam esse praestantius liberius beatius, quippe qui domini sint legum, iudiciorum, belli, pacis, foederum, capitis unius cuiusque, pecuniae. Hanc unam rite rem publicam, id est rem populi, appellari putant. Itaque et a regum et a patrum domina-

Erstes Buch 143

wo es andere erbitten, nicht haben. Sie sind nämlich ohne Anteil an Herrschaft, öffentlichem Planen, Gericht aus ausgewählten Richtern, Dinge, die nach dem Alter und nach dem Geld der Familien abgewogen werden. In einem freien Volk aber wie in Rhodos, wie in Athen gibt es keinen von den Bürgern, der ⟨nicht selbst alles werden könnte, was er vergibt ...⟩ « *(vgl. 3,48).*

Lücke von 14 Teubnerzeilen (3. Blatt des 10. Quaternio). Wie sich aus dem Vergleich mit der Rede der Aristokraten ergibt, beginnt Punkt 3 der Demokratenrede (s. Einleitung) mit »si vero ius suum« usw. (vgl. Anfang 52 »virtute vero gubernante«). Mit »qui autem aequa potest esse« (1,47) beginnt die Erörterung von Punkt 2, die Verteidigung gegen Entartungen des Prinzips: »in quibus verbo sunt liberi omnes« (vgl. 1,51). Die Lücke muß sich noch im Rahmen des 2. Punktes bewegt haben. In ihr wurde erklärt, wie es im Gegensatz zu Athen und Rhodos dazu gekommen ist, daß durch das Mächtigwerden von Reichen die Zustände entstanden sind, in denen diese allein die Macht haben und die anderen nur dem Namen nach frei sind. Die Lücke ist etwas groß. Offenbar ist die Ausführung über diese Scheindemokratien, unter denen man auch den römischen Staat begreifen konnte, sehr ausgedehnt gewesen. Der Schlußsatz von 1,47 ergänzt sich nach 3,48 dem Sinne nach etwa: »nemo est civium qui non idem populari atque senatorio munere fungatur.«

32 (48) *(Scip.)* »... wenn aus dem Volke einer oder mehrere Reichere und Mächtigere hervorgetreten wären, dann sagen sie, seien diese Verhältnisse aus deren Hochmut und Stolz entstanden, da die Untätigen und Schwachen nachgaben und der Anmaßung der Reichen erlagen. Wenn aber die Völker ihr Recht festhielten, sagen sie, gäbe es nichts Vortrefflicheres, Freiheitlicheres, Glücklicheres, da sie ja die Herren der Gesetze seien, Herren der Gerichte, über Krieg, Frieden, Bündnisse, das Leben eines jeden, die Geldmittel. Dies allein, meinen sie, werde zu Recht ein Gemeinwesen, das heißt eine Sache des Volkes genannt.

144   *Liber primus*

tione solere in libertatem rem populi vindicari, non ex liberis populis reges requiri aut potestatem atque opes optimatium. (49) Et vero negant oportere indomiti populi vitio
genus hoc totum liberi populi repudiari: concordi populo
et omnia referente ad incolumitatem et ad libertatem suam
nihil esse inmutabilius, nihil firmius; facillimam autem in
ea re publica esse concordiam, in qua idem conducat omnibus; ex utilitatis varietatibus, cum aliis aliud expediat,
nasci discordias; itaque cum patres rerum potirentur,
numquam constitisse civitatis statum; multo iam id in regnis minus, quorum, ut ait Ennius, ›nulla regni sancta societas nec fides est‹. Quare cum lex sit civilis societatis vinculum, ius autem legis aequale, quo iure societas civium
teneri potest, cum par non sit condicio civium? Si enim pe-
cunias aequari non placet, si ingenia omnium paria esse
non possunt, iura certe paria debent esse eorum inter se qui
sunt cives in eadem re publica. Quid est enim civitas nisi
iuris societas civium? ...«

Erstes Buch 145

Daher pflege aus der Herrschaft der Könige und der Väter die Sache des Volkes zur Freiheit geführt zu werden, nicht würden aus freien Völkern heraus Könige verlangt oder die Macht und der Reichtum der Optimaten. (49) Sie sagen aber, man dürfe wegen der Ausartung eines ungezügelten Volkes nicht die ganze Form des freien Volkes zurückweisen: es gäbe nichts Unveränderlicheres, nichts Festeres als ein Volk, das einträchtig sei und alles auf seine Unversehrtheit und seine Freiheit bezöge. Am leichtesten aber möglich sei in dem Gemeinwesen die Eintracht, in dem allen dasselbe nutze; aus den Verschiedenheiten des Nutzens, wenn dem einen dies, dem anderen jenes von Vorteil sei, entstünde Zwietracht; daher sei der Zustand des Staates nie fest, wenn die Väter sich der Macht bemächtigten. Viel weniger gar noch in Königreichen, bei denen, wie Ennius sagt, ›keine heilige Gemeinschaft im Herrschen noch Treu ist‹. Deshalb: da das Gesetz das Band bürgerlicher Gemeinschaft ist, Recht aber die Gleichheit des Gesetzes, mit welchem Rechte kann die Gemeinschaft der Bürger behauptet werden, wo die Bedingung der Bürger nicht gleich ist? Wenn man nämlich die Vermögen gleichzumachen nicht gewillt ist, wenn die Begabungen aller nicht gleich sein können, müssen sicherlich wenigstens die Rechte derer unter sich gleich sein, die Bürger in demselben Gemeinwesen sind. Was ist denn der Staat, wenn nicht die Rechtsgemeinschaft der Bürger?«

Da die Rede der Demokraten, in deren Person Scipio sich versetzt, vor der Lücke von 14 Teubnerzeilen (6. Blatt des 10. Quaternio) bei Punkt 6 angelangt ist, bei der Besinnung auf die Berechtigung ihres Prinzips (entsprechend dem Schluß der Aristokratenrede 1,53 Ende), die Vertreter der Aristokratie 1,51 mit ihrer Rede beginnen, können in der Lücke vor und nach 1,50 nur die Vertreter des Königtums ihre Meinung gesagt haben. Da 1,50 dann nur Punkt 2 der Königsrede – Verwahrung gegen Entstellungen des reinen Prinzips – sein kann, stimmt zu dieser These die Größe der Lücke: vorher 14, hinterher 28 Teubnerzeilen.

33 (50) *(Scip.)* » ... ceteras vero res publicas ne appellandas quidem putant iis nominibus quibus illae sese appellari velint. Cur enim regem appellem Iovis optimi nomine hominem dominandi cupidum aut imperii singularis, populo oppresso dominantem, non tyrannum potius? Tam enim esse clemens tyrannus quam rex inportunus potest, ut hoc populorum intersit utrum comi domino an aspero serviant: quin serviant quidem fieri non potest. Quo autem modo adsequi poterat Lacedaemo illa tum, cum praestare putabatur disciplina rei publicae, ut bonis uteretur iustisque regibus, cum esset habendus rex quicumque genere regio natus esset? Nam optimatis quidem quis ferat qui non populi concessu sed suis comitiis hoc sibi nomen adrogaverunt? Qui enim iudicatur iste optimus? Doctrina artibus studiis; audio: quando? ... «

*Nach Entwicklung des reinen Prinzips des Königtums als
der väterlichen Herrschaft des besten Mannes müssen die
Vertreter des Königtums gesagt haben, daß allein der gute
und gerechte König, wie er eben geschildert war, einen
wahren Staat und die ideale Herrschaft verträte. Die übrigen Formen, einschließlich der Abarten, d. h. Entartungsformen des reinen Prinzips, trügen nicht einmal ihren Namen zu Recht. Danach ist am Anfang etwa zu ergänzen:
»soli huic viro iure nomen divinum regis ab omnibus con-
ceditur«.
Wie die Vertreter des Königtums an die Rede der Demokraten anknüpfen konnten, zeigt Aristoteles (pol. 1287 a
10).*

33 (50) *(Scip.)* »Die übrigen Gemeinwesen aber, meinen
sie, seien nicht einmal zu nennen mit den Namen, mit denen jene sich genannt zu sehen wünschten. Warum sollte
ich denn König heißen mit dem Namen des Jupiter Optimus einen Menschen, der giert nach Gewaltausübung oder
nach Alleinherrschaft, der unter Unterdrückung des Volkes herrscht, nicht lieber Tyrann? Kommt es doch sogar
vor, daß ein Tyrann milde ist wie daß ein König brutal, so
daß für die Völker dies der Unterschied ist, ob sie einem
freundlichen oder harten Herrn dienen: dienen müssen sie
auf jeden Fall. Wie aber konnte das berühmte Sparta damals, als es, wie man glaubte, durch seine Verfassung des
Gemeinwesens hervorragte, erreichen, daß es gute und
gerechte Könige hatte, da der als König genommen werden mußte, der jeweils aus königlichem Geschlecht geboren war? Denn wer könnte die Optimaten ertragen, die
nicht durch Zugeständnis des Volkes, sondern in ihren eigenen Volksversammlungen sich diesen Namen selber an-
gemaßt haben? Wie wird denn dieser Beste herausgefun-
den? Nach Gelehrsamkeit, Künsten, Beschäftigungen; ich
höre es: wann?«

*Stimmt die These, daß 1,50 zu der Rede der Vertreter des
Königtums gehört und den zweiten Punkt der Rede bildet,
dann muß der Inhalt der 28 Teubnerzeilen (8. Blatt des 10.*

34 (51) *(Scip.)* » ... si fortuito id faciet, tam cito evertetur quam navis, si e vectoribus sorte ductus ad gubernacula accesserit. Quodsi liber populus deliget quibus se committat, deligetque si modo salvus esse vult optimum quemque, certe in optimorum consiliis posita est civitatium salus, praesertim cum hoc natura tulerit, non solum ut summi virtute et animo praeessent inbecillioribus, sed ut hi etiam parere summis velint. Verum hunc optimum statum pravis hominum opinionibus eversum esse dicunt, qui ignoratione virtutis, quae cum in paucis est tum a pau-

Erstes Buch 149

Quaternio und 1. Blatt des 11.) etwa folgender gewesen
sein: Punkt 3, das Funktionieren dieser Verfassung, wenn
durch eines Mannes ständige Macht und Gerechtigkeit
und eines Mannes Weisheit Unversehrtheit, Gleichheit
und Ruhe der Bürger gewahrt wird (vgl. 2,43). Punkt 4:
Beweis der Güte aus der Historie. Das Königtum ist die älteste und würdigste Form. Punkt 5: Das besondere Gute,
das diese Form für das Volk hat, ist die »caritas«: in der
Liebe zu ihrem König sind sich alle gleich und einig. Punkt
6: Die Besinnung auf die Berechtigung des Prinzips könnte
darauf hingewiesen haben, daß es auf die Einsicht ankommt, die nicht bei allen sei, sondern die beste immer bei
einem, weswegen auch immer wieder im Staat schließlich
einer sich heraushöbe, und daß es Unrecht sei, daß wo einer alle überrage, dieser irgend jemandem untertan sei.
Die Aristokraten stehen am Beginn ihrer Erörterung,
nämlich der Aufstellung des reinen Prinzips. Die freie
Wahl des Volkes, die schon des eigenen Heiles wegen die
Besten finden wird, wird der möglichen Zufälligkeit des
Findens eines Einzelherrschers (?) entgegengestellt – die
Aristokraten haben damit offenbar an die Rede der Vertreter des Königtums angeknüpft –, die den Staat so schnell
zugrunde richten kann, wie wenn durchs Los einer von
den Ruderern ans Steuer geführt wird.

34 (51) *(Scip.)* »... wenn es dies nach der Laune des Zufalls
tut, wird es so schnell zugrunde gerichtet werden wie ein
Schiff, wenn einer von den Ruderern durchs Los gezogen
ans Steuer kommt. Wenn aber ein freies Volk wählt, wem
es sich anvertraut, und, wenn es nur bewahrt bleiben will,
gerade die Besten wählt, ist sicher das Heil der Staaten in
der Einsicht der Besten gegründet, zumal die Natur es so
eingerichtet hat, daß nicht nur die an Tüchtigkeit und
Energie Höchsten die Schwächeren führen, sondern daß
diese auch den Höchsten gehorchen wollen. Aber dieser
beste Zustand sei, sagen sie, durch die verkehrten Vorstellungen der Menschen umgestürzt worden, die aus Un-
kenntnis vollendeter Tüchtigkeit, die nur in wenigen ist

cis iudicatur et cernitur, opulentos homines et copiosos tum genere nobili natos esse optimos putant. Hoc errore vulgi cum rem publicam opes paucorum non virtutes tenere coeperunt, nomen illi principes optimatium mordicus tenent, re autem carent eo nomine, nam divitiae nomen opes vacuae consilio et vivendi atque aliis imperandi modo dedecoris plenae sunt et insolentis superbiae, nec ulla deformior species est civitatis quam illa in qua opulentissimi optimi putantur. (52) Virtute vero gubernante rem publicam, quid potest esse praeclarius? cum is qui inperat aliis servit ipse nulli cupiditati, cum quas ad res civis instituit et vocat, eas omnis conplexus est ipse, nec leges inponit populo quibus ipse non pareat, sed suam vitam ut legem praefert suis civibus. Qui si unus satis omnia consequi posset, nihil opus esset pluribus; si universi videre optimum et in eo consentire possent, nemo delectos principes quaereret. Difficultas ineundi consilii rem a rege ad plures, error et temeritas populorum a multitudine ad paucos transtulit. Sic inter ⟨in⟩firmitatem unius temeritatemque multorum medium optimates possederunt locum, quo nihil potest esse moderatius; quibus rem publicam tuentibus beatissimos esse populos necesse est, vacuos omni cura et cogitatione, aliis permisso otio suo, quibus id tuendum est neque committendum ut sua commoda populus neglegi a principibus putet. (53) Nam aequabilitas quidem iuris, quam amplexantur liberi populi, neque servari potest – ipsi enim populi, quamvis soluti ecfrenatique sint, praecipue

und nur von wenigen beurteilt werden kann und erkannt wird, meinen, mächtige und reiche Menschen, dann vor allem aus edlem Geschlechte geborene seien die besten. Wenn durch diesen Irrtum der Masse die Machtmittel weniger, nicht ihre Tugenden das Gemeinwesen in die Hand bekommen haben, halten jene führenden Männer den Namen Optimaten zwar verbissen fest, in Wirklichkeit aber entbehren sie dieses Namens. Denn Reichtum, Name, Macht ohne Weisheit und Maß im Leben und der Beherrschung der anderen sind voll Schändlichkeit und frechen Stolzes, und keine Form des Staates ist häßlicher als jene, in der die Reichsten für die Besten gelten. (52) Wenn aber vollkommene Tüchtigkeit das Gemeinwesen lenkt, was kann es da Vortrefflicheres geben? Wenn der, der anderen befiehlt, selbst nicht Sklave einer Begierde ist, wenn er selber alle Dinge umfaßt, zu denen er seine Mitbürger bereitmacht und ruft, und dem Volke nicht Gesetze auferlegt, denen er selbst nicht gehorcht, sondern sein Leben seinen Mitbürgern wie ein Gesetz vorweist. Wenn dieser allein alles recht erreichen könnte, bedürfte es nicht mehrerer; wenn alle zusammen das Beste sehen und darin sich einigen könnten, würde niemand nach ausgewählten führenden Männern fragen. Die Schwierigkeit, Rat zu finden, hat die Macht vom König auf mehrere, Irren und Unbedachtheit der Völker von der Masse auf wenige übertragen. So haben zwischen der Schwachheit des einzelnen und der Unbedachtheit der Menge die Optimaten die Mitte eingenommen, das Maßvollste, was es gibt; wenn *sie* das Gemeinwesen schützen, müssen die Völker notwendig überaus glücklich sein, frei von aller Sorge und allem Nachdenken, da ihre Ruhe anderen übertragen ist, die sie schützen müssen und die es nicht dahin kommen lassen dürfen, daß das Volk glaubt, seine Belange würden von den führenden Männern nicht im Auge behalten. (53) Denn die Gleichmäßigkeit des Rechtes, die die freien Völker leidenschaftlich beanspruchen, kann nicht gewahrt werden – denn die Völker selber, mögen sie noch so unge-

multis multa tribuunt, et est in ipsis magnus dilectus hominum et dignitatum –, eaque quae appellatur aequabilitas iniquissima est: cum enim par habetur honos summis et infimis, qui sint in omni populo necesse est, ipsa aequitas iniquissima est; quod in iis civitatibus quae ab optimis reguntur accidere non potest. Haec fere Laeli et quaedam eiusdem generis ab iis qui eam formam rei publicae maxime laudant disputari solent.«

35 (54) Tum Laelius: »Quid tu« inquit »Scipio? E tribus istis quod maxime probas?« *(Scip.)* »Recte quaeris quod maxime e tribus, quoniam eorum nullum ipsum per se separatim probo, anteponoque singulis illud quod conflatum fuerit ex omnibus. Sed si unum ac simplex p⟨ro⟩bandum ⟨sit⟩, regium ⟨pro⟩bem ... pri... in ... f... hoc loco appellatur, occurrit nomen quasi patrium regis, ut ex se natis ita consulentis suis civibus et eos con⟨s⟩ervantis stu⟨dio⟩sius quam ... entis ... tem ... us ... tibus ... uos sustentari unius optimi et summi viri diligentia. (55) Adsunt optimates, qui se melius hoc idem facere profiteantur, plusque fore dicant in pluribus consilii quam in uno et eandem tamen aequitatem et fidem. Ecce autem maxima voce clamat populus neque se uni neque paucis velle parere; libertate ne feris quidem quicquam esse dulcius; hac omnes carere, sive regi sive optimatibus serviant. Ita caritate nos capiunt reges, consilio optimates, libertate populi, ut in conparando difficile ad eligendum sit quid maxime

Erstes Buch 153

bunden und zügellos sein, übertragen doch vielen viele Dinge vorzugsweise, und es herrscht unter ihnen selber eine große Auswahl von Menschen und Würden – und das, was man Gleichmäßigkeit nennt, ist am ungerechtesten: wenn nämlich Höchsten und Niedrigsten, die es in jedem Volke geben muß, die gleiche Ehre erwiesen wird, ist die Gleichheit selber am ungerechtesten; das kann in den Staaten, die von den Besten gelenkt werden, nicht eintreten. Das etwa, Laelius, und manches solcher Art pflegt von den Männern, die diese Form des Gemeinwesens besonders loben, vorgetragen zu werden.«

35 (54) Da sagte Laelius: »Was sagst du nun, Scipio? Welche von diesen drei billigst du am meisten?« *(Scip.)* »Recht fragst du, welche von diesen drei am meisten, da ich ja keine von ihnen an sich gutheiße und jeder einzelnen von ihnen jene voranstelle, die aus allen verschmolzen ist. Aber wenn eine einzige und einfache gutgeheißen werden müßte, würde ich die königliche gutheißen ⟨und vor anderen loben. In der Zahl der Formen nämlich, die hier⟩ erwähnt wird, kommt einem der gleichsam väterliche Name des Königs entgegen, der wie für die eigenen Kinder für seine Mitbürger sorgt und sie mit mehr Eifer schützt, ⟨als in Knechtschaft führt, so daß es offenbar nützlicher ist, daß die an Möglichkeiten und Geist Geringen⟩ durch die Umsicht des einen besten und höchsten Mannes sicher gestützt werden. (55) Schon kommen die Optimaten, die verkünden, sie machten dasselbe besser und sagen, in mehreren sei mehr Einsicht als in einem und doch dieselbe Gerechtigkeit und Verläßlichkeit. Siehe, da schreit auch schon das Volk mit lauter Stimme, es wolle weder einem noch wenigen gehorchen; selbst den Tieren sei nichts süßer als ihre Freiheit; und diese entbehrten alle, ob sie nun einem Könige oder Optimaten dienstbar seien. So gewinnen uns die Könige durch ihre Liebe, die Optimaten durch ihre Einsicht, die Völker durch die Freiheit, so daß es beim Vergleich schwierig auszuwählen ist, was du am meisten möchtest.« *(Lael.)* »Ich glaube es wohl«, sagte er, »aber

velis.« *(Lael.)* »Credo« inquit »sed expediri quae restant vix poterunt, si hoc incohatum reliqueris.«

36 (56) *(Scip.)* »Imitemur ergo Aratum, qui magnis de rebus dicere exordiens a Iove incipiendum putat.« *(Lael.)* »Quo Iove? Aut quid habet illius carminis simile haec oratio?« *(Scip.)* »Tantum« inquit »ut rite ab eo dicendi principia capiamus, quem unum omnium deorum et hominum regem esse omnes docti indoctique [expoliri] consentiunt.« »Quid?« inquit Laelius. Et ille *(Scip.)*: »Quid censes nisi quod est ante oculos? Sive haec ad utilitatem vitae constituta sunt a principibus rerum publicarum, ut rex putaretur unus esse in caelo, qui nutu, ut ait Homerus, totum Olympum converteret idemque et rex et pater haberetur omnium, magna auctoritas est multique testes, siquidem omnis multos appellari placet, ita consensisse gentes decretis videlicet principum, nihil esse rege melius, quoniam deos omnis censent unius regi numine; sive haec in errore inperitorum posita esse et fabularum similia didicimus, audiamus communis quasi doctores eruditorum hominum, qui tamquam oculis illa viderunt, quae nos vix audiendo cognoscimus.« »Quinam« inquit Laelius »isti sunt?« Et ille *(Scip.)*: »Qui natura omnium rerum pervestiganda senserunt omnem hunc mundum mente ...«

Erstes Buch 155

was aussteht, wird sich nur mit Mühe entwickeln lassen, wenn du dies angefangen liegen läßt.«

36 (56) *(Scip.)* »Ahmen wir also den Arat nach, der, im Begriff, über große Dinge zu reden, glaubt, man müsse mit Jupiter beginnen.« *(Lael.)* »Mit welchem Jupiter? Und was für Ähnlichkeit mit jenem Gedicht hat diese Rede hier?« *(Scip.)* »So viel«, sagt er, »daß wir mit Recht mit dem die Rede beginnen, bei dem alle, Gebildete und Ungebildete, in gleicher Weise einig sind, daß er, der eine, König aller Götter und Menschen ist.« »Wie?« sagte Laelius. Und jener *(Scip.)*: »Wie anders, meinst du, als es vor Augen liegt? Mag das zum Nutzen für das Leben von den führenden Männern der Gemeinwesen so festgestellt worden sein, daß man glaubte, einer sei König im Himmel, der durch seinen Wink, wie Homer sagt, den ganzen Olymp umwende und zugleich König und Vater aller sei, so liegen doch eine große Gewähr und viele Zeugen dafür vor, wenn wir alle einmal viele nennen wollen, daß die Völker darin übereinstimmen, wenn auch offensichtlich auf Veranlassung der führenden Männer, daß nichts besser sei als ein König, da sie ja der Meinung sind, daß alle Götter durch das Walten eines einzigen regiert werden. Oder haben wir gelernt, daß das im Irren der Unerfahrenen begründet ist und den Märchen ähnlich, so wollen wir auf die gemeinsamen Lehrer der gebildeten Menschen hören, die das gleich wie mit Augen gesehen haben, was wir kaum beim Hören begreifen.« »Wer sind denn diese?« fragte Laelius. Und jener *(Scip.)*: »Die, indem sie die Natur aller Dinge durchspürten, merkten, daß dieses ganze Weltall von ⟨einem⟩ Geiste ⟨durchwaltet wird⟩.«
Lücke von 28 Teubnerzeilen (8. Blatt des 11. Quaternio und 1. Blatt des 12.). Im ersten Teil ist der Gedanke der Philosophen – Scipio übt dabei die vorsichtige Zurückhaltung wie im Anfangsgespräch mit Tubero – ausgeführt worden, daß der Kosmos beseelt und von einem einheitlichen Geiste erfüllt und gelenkt ist. Von der Religion über die Philosophie ist er dann zur Geschichte weitergeschrit-

37 (58) *(Scip.)* » ... sed si vis Laeli, dabo tibi testes nec nimis antiquos nec ullo modo barbaros.« *(Lael.)* »Istos« inquit »volo.« *(Scip.)* »Videsne igitur minus quadringentorum annorum esse hanc urbem ut sine regibus sit?« *(Lael.)* »Vero minus.« *(Scip.)* »Quid ergo? Haec quadringentorum annorum aetas ut urbis et civitatis num valde longa est?« *(Lael.)* »Ista vero« inquit »adulta vix.« *(Scip.)* »Ergo his annis quadringentis Romae rex erat?« *(Lael.)* »Et superbus quidem.« *(Scip.)* »Quid supra?« *(Lael.)* »Iustissimus, et deinceps retro usque ad Romulum, qui ab hoc tempore anno sescentesimo rex erat.« *(Scip.)* »Ergo ne iste quidem pervetus?« *(Lael.)* »Minime, ac prope senescente iam Graecia.« »Cedo, num« Scipio »barbarorum Romulus rex fuit?« *(Lael.)* »Si ⟨est⟩ ut Graeci dicunt omnis aut Graios esse aut barbaros, vereor ne barbarorum rex fuerit; sin id nomen moribus dandum est, non linguis, non Graecos minus barbaros quam Romanos puto.« Et Scipio: »Atqui ad hoc de quo agitur non quaerimus gentem, ingenia quaerimus. Si enim et prudentes homines et non veteres reges habere voluerunt, utor neque perantiquis neque inhumanis ac feris testibus.«

38 (59) Tum Laelius: »Video te Scipio testimoniis satis instructum, sed apud me, ut apud bonum iudicem, argumenta plus quam testes valent.« Tum Scipio: »Utere igitur argumento Laeli tute ipse sensus tui.« »Cuius« inquit ille *(Lael.)* »sensus«? *(Scip.)* »Si quando, si forte tibi visus es irasci alicui.« *(Lael.)* »Ego vero saepius quam vellem.«

Erstes Buch 157

ten und hat »Zeugen« für seine These gebracht. Da Laelius
die Fülle seiner Zeugnisse bespöttelt, ist es ansprechend, vor
den »testes nec nimis antiquos nec ullo modo barbaros«
solche dieser Art zu vermuten. Angelo Mai denkt an die
Ägypter.

37 (58) (*Scip.*) »Aber, wenn du willst, Laelius, will ich dir
Zeugen stellen, und zwar nicht allzu alte und keineswegs
Barbaren.« (*Lael.*) »Die«, sagte er, »möchte ich.« (*Scip.*)
»Siehst du, daß diese Stadt hier leben als 400 Jahre ohne
Könige ist?« (*Lael.*) »Jawohl, weniger.« (*Scip.*) »Wie also?
Dieses Alter von 400 Jahren, ist das für eine Stadt und ei-
nen Staat etwa sehr lang?« (*Lael.*) »Nein, es ist ja kaum zur
Reife gediehen.« (*Scip.*) »Also war vor 400 Jahren in Rom
ein König?« (*Lael.*) »Ja, und zwar ein anmaßender.«
(*Scip.*) »Wie vorher?« (*Lael.*) »Der gerechteste, und dann
die Reihe rückwärts bis zu Romulus, der im 600. Jahre von
heute ab König war.« (*Scip.*) »Also lebte auch dieser nicht
im grauen Altertum?« (*Lael.*) »Keineswegs und zu einer
Zeit, als Griechenland schon fast dem Greisenalter zu-
ging.« (*Scip.*) »Sag«, sprach Scipio, »war etwa Romulus ein König
über Barbaren?« (*Lael.*) »Wenn, wie die Griechen sagen,
alle entweder Griechen sind oder Barbaren, fürchte ich,
war er ein König über Barbaren; wenn dieser Name aber
für Sitten, nicht für die Sprachen bestimmt ist, meine ich,
sind die Griechen nicht weniger Barbaren als die Römer.«
Und Scipio: »Bei dem aber, von dem gehandelt wird, fragen wir nicht nach dem Stamm, wir fragen nach der Art.
Wenn nämlich kluge Menschen und vor nicht langer Zeit
Könige haben wollten, habe ich Zeugen, die weder sehr
veraltet noch unmenschlich und wild sind.«

38 (59) Da sagte Laelius: »Ich sehe dich, Scipio, mit Zeug-
nissen wohl gerüstet; aber bei mir gelten wie bei einem guten Richter Beweise mehr als Zeugen.« Darauf Scipio:
»Nimm als Beweis, Laelius, selbst deine eigene Empfindung.« »Welche Empfindung?« sagte jener. (*Scip.*) »Wenn
du einmal, wofern du überhaupt dir auf einen zornig
schienest ...« (*Lael.*) »Aber ja, öfter, als ich wollte.«

(Scip.) »Quid? Tum, cum tu es iratus, permittis illi iracundiae dominatum animi tui?« *(Lael.)* »Non mehercule« inquit, »sed imitor Archytam illum Tarentinum, qui cum ad villam venisset et omnia aliter offendisset ac iusserat, »A te [in]felicem« inquit vilico, »quem necassem iam verberibus, nisi iratus essem.« (60) »Optime« inquit Scipio. »Ergo Archytas iracundiam videlicet dissidentem a ratione seditionem quandam animi esse iure ducebat, atque eam consilio sedari volebat; adde avaritiam, adde imperii, adde gloriae cupiditatem, adde libidines; et illud vides, si in animis hominum regale imperium sit, unius fore dominatum, consilii scilicet – ea est enim animi pars optima –, consilio autem dominante nullum esse libidinibus, nullum irae, nullum temeritati locum.« *(Lael.)* »Sic« inquit »est.« *(Scip.)* »Probas igitur animum ita adfectum?« *(Lael.)* »Nihil vero« inquit »magis.« *(Scip.)* »Ergo non probares, si consilio pulso libidines, quae sunt innumerabiles, iracundiaeve tenerent omnia?« *(Lael.)* »Ego vero nihil isto animo, nihil ita animato homine miserius ducerem.« *(Scip.)* »Sub regno igitur tibi esse placet omnis animi partes, et eas regi consilio?« *(Lael.)* »Mihi vero sic placet.« *(Scip.)* »Cur igitur dubitas quid de re publica sentias? In qua si in plures translata res sit, intellegi iam licet nullum fore quod praesit inperium, quod quidem nisi unum sit esse nullum potest.«

39 (61) Tum Laelius: »Quid quaeso interest inter unum et plures, si iustitia est in pluribus?« Et Scipio: »Quoniam testibus meis intellexi Laeli te non valde moveri, non desi-

(Scip.) »Wie nun? Dann, wenn du im Zorn bist, räumst du jenem Zorn die Herrschaft über deine Seele ein?« *(Lael.)* »Beim Herkules, nein! Sondern ich folge dem Beispiel des bekannten Archytas aus Tarent. Als der auf sein Gut kam und alles anders antraf, als befohlen, sagte er zu seinem Verwalter: ›O du Glücklicher[9], den ich mit Peitschenhieben schon getötet hätte, wenn ich nicht zornig wäre!‹« (60) »Vortrefflich«, sagte Scipio, »also meinte Archytas mit Recht, daß der Zorn, natürlich weil er der Vernunft widerstreitet, ein Aufruhr der Seele sei, und wollte, daß er durch Besinnung niedergeschlagen werde; nimm Habgier, nimm Herrschsucht, nimm Ruhmsucht hinzu, nimm die Gelüste hinzu, und du siehst jenes: wenn in den Seelen der Menschen ein königlicher Befehl ist, wird das die Herrschaft eines einzelnen sein, der Besinnung natürlich – das ist doch der beste Teil der Seele –, wenn aber die Besinnung herrscht, ist kein Raum für Gelüste, keiner für Zorn, keiner für Unbedachtheit.« *(Lael.)* »So ist es«, sagte er. *(Scip.)* »Du heißest also eine so gestimmte Seele gut?« *(Lael.)* »Aber ja, nichts mehr.« *(Scip.)* »Also würdest du es nicht billigen, wenn die Besinnung davongejagt wäre und die Begierden, deren es unzählige sind, oder die Leidenschaften alles beherrschten?« *(Lael.)* »Ich würde nichts für kläglicher halten als diese Seele, nichts als einen so gesinnten Menschen.« *(Scip.)* »Unter einem Königtum also, willst du, seien alle Teile der Seele und daß sie von der Besinnung regiert werden?« *(Lael.)* »Jawohl, das will ich!« *(Scip.)* »Warum bist du also im unklaren, was du über das Gemeinwesen denken sollst? Wenn in diesem die Sache auf mehrere verteilt ist, läßt sich nun einsehen, daß es keinen Befehl geben wird, der an der Spitze stünde. Wenn das nicht *einer* ist, vermag es ihn überhaupt nicht zu geben.«

39 (61) Da sagte Laelius: »Was, ich bitte dich, ist für ein Unterschied zwischen einem und mehreren, wenn Gerechtigkeit bei den mehreren ist?« Und Scipio: »Da ich sehe, Laelius, daß meine Zeugen auf dich keinen großen

nam te uti teste, ut hoc quod dico probem.« »Me?« inquit
ille *(Lael.)* »quonam modo?« *(Scip.)* »Quia animum ad-
verti nuper, cum essemus in Formiano, te familiae valde
interdicere, ut uni dicto audiens esset.« *(Lael.)* »Quippe
vilico.« *(Scip.)* »Quid? Domi pluresne praesunt negotiis
tuis?« *(Lael.)* »Immo vero unus« inquit. *(Scip.)* »Quid?
Totam domum num quis alter praeter te regit?« *(Lael.)*
»Minime vero.« *(Scip.)* »Quin tu igitur concedis idem in
re publica singulorum dominatus, si modo iusti sint, esse
optimos?« *(Lael.)* »Adducor«, inquit, »ut prope modum
adsentiar.«
40 (62) Et Scipio: »Tum magis adsentiare Laeli si – ut
omittam similitudines, uni gubernatori, uni medico, si di-
gni modo sint iis artibus, rectius esse alteri navem commit-
tere, aegrum alteri quam multis – ad maiora pervenero.«
(Lael.) »Quaenam ista sunt?« *(Scip.)* »Quid? Tu non vides
unius inportunitate et superbia Tarquinii nomen huic populo in odium venisse regium?« *(Lael.)* »Video vero« inquit. *(Scip.)* »Ergo etiam illud vides, de quo progrediente
oratione plura me dicturum puto, Tarquinio exacto mira
quadam exultasse populum insolentia libertatis; tum ex-
acti in exilium innocentes, tum bona direpta multorum,
tum annui consules, tum demissi populo fasces, tum pro-
vocationes omnium rerum, tum secessiones plebis, tum
prorsus ita acta pleraque ut in populo essent omnia.«
(Lael.) »Est« inquit »ut dicis.« (63) »Est vero« inquit Scipio »in pace et otio – licet enim lascivire, dum nihil metuas
– ut in navi ac saepe etiam in morbo levi. Sed ut ille qui
navigat, cum subito mare coepit horrescere, et ille aeger

Erstes Buch　　　161

Eindruck machen, werde ich dich weiterhin zum Zeugen
nehmen, um das, was ich sage, zu beweisen.« »Mich?«
fragte jener *(Lael.)*, »wie denn?« *(Scip.)* »Weil ich neulich
bemerkte, als wir auf dem Formianum waren, daß du dem
Gesinde dringend anbefahlst, einem aufs Wort zu folgen.«
(Lael.) »Freilich, dem Verwalter!«[10] *(Scip.)* »Wie dann?
Stehen daheim mehrere deinen Geschäften vor?« *(Lael.)*
»Im Gegenteil: einer!« sagte er. *(Scip.)* »Wie? Das ganze
Haus, regiert es etwa ein anderer neben dir?« *(Lael.)*
»Keineswegs!« *(Scip.)* »Warum also gibst du nicht ebenso
zu, daß im Gemeinwesen die Herrschaft einzelner, wenn
sie nur gerecht ist, am besten ist?« *(Lael.)* »Ich werde dazu
gebracht«, sagte er, »dir fast beizustimmen.«
40 (62) Und Scipio: »Dann wirst du noch mehr zustim-
men, Laelius, wenn ich – um die Vergleiche beiseite zu lassen, daß es richtiger sei, *einem* Steuermann, *einem* Arzt,
wenn sie nur dieser Künste würdig sind, dem einen das
Schiff anzuvertrauen, den Kranken dem anderen als vielen
– zu Größerem komme.« *(Lael.)* »Was ist denn das?«
(Scip.) »Wie? Siehst du nicht, daß durch die Brutalität und
die Überheblichkeit *eines* Mannes, des Tarquinius, der
Königsname diesem Volke hier verhaßt geworden ist?«
(Lael.) »Ich sehe es«, sagte er. *(Scip.)* »Also siehst du auch
jenes, worüber ich, wenn die Rede voranschreitet, noch
mehr zu sagen gedenke, daß nach Vertreibung des Tarquinius das Volk in einer merkwürdigen Übertreibung der
Freiheit überschäumte; da wurden Unschuldige in die
Verbannung geschickt, da die Güter vieler geplündert, da
gab es jährliche Konsuln, Senken der *fasces* vor dem
Volke, da Beschwerderechte in allen Dingen, da Auszüge
der Masse, da ist das meiste völlig so betrieben worden,
daß alles beim Volke war.« *(Lael.)* »Es ist«, sagte er, »wie
du sagst.« (63) »Es ist aber«, sprach Scipio, »im Frieden
und der Muße – man darf nämlich übermütig sein, wenn
man nur nichts fürchtet – wie im Schiffe und häufig auch
bei einer leichten Krankheit. Aber wie jener, der zu Schiff
fährt, wenn plötzlich rauhe See zu gehen beginnt, und je-

ingravescente morbo unius opem inplorat, sic noster populus in pace et domi imperat et ipsis magistratibus, minatur, recusat, appellat, provocat, in bello sic paret ut regi; valet enim salus plus quam libido. Gravioribus vero bellis etiam sine collega omne imperium nostri penes singulos esse voluerunt, quorum ipsum nomen vim suae potestatis indicat. Nam dictator quidem ab eo appellatur quia dicitur, sed in nostris libris vides eum Laeli magistrum populi appellari.« *(Lael.)* »Video« inquit. Et Scipio: »Sapienter igitur illi vete⟨res⟩ ...«

41 (64) *(Scip.)* »... iusto quidem rege cum est populus orbatus, pectora dia tenet desiderium, sicut ait Ennius, post optimi regis obitum;

                                        simul inter
      Sese sic memorant: ›o Romule Romule die,

Erstes Buch

ner Kranke, wenn die Krankheit sich verschlimmert, *eines Mannes Hilfe* anfleht, so befiehlt unser Volk im Frieden und daheim sogar den Beamten selbst, droht, weigert sich, ruft um Beistand an, legt Berufung ein: im Kriege gehorcht es so, wie man einem Könige gehorcht: Rettung des Lebens gilt nämlich mehr als eigene Wünsche. In schweren Kriegen gar sollte nach dem Willen der Unseren der ganze Befehl ohne Kollegen bei einzelnen Männern sein, deren Name schon die Gewalt seiner Macht anzeigt. Denn *dictator* kommt daher, daß er ernannt wird,[11] aber in unseren Büchern, Laelius, siehst du, daß er Meister des Volkes heißt.« *(Lael.)* »Ich sehe es«, sagte er. Und Scipio: »Weise haben jene Alten …«

Die letzte Lücke im 1. Buch von 14 Teubnerzeilen (8. Blatt des 12. Quaternio). Scipio hat darauf hingewiesen, daß mit Weisheit die Alten den Gedanken des »imperium« in der Diktatur beibehalten haben, ohne doch die Gefahren des Königtums mit in Kauf nehmen zu müssen. Denn freilich besteht die Gefahr, daß der König entartet, bei dieser Form ganz besonders. Mochte die Freude groß sein, als Tarquinius vertrieben wurde: wenn ein gerechter König stirbt, sehnt sich das Volk nach ihm. Der Gedankengang ist erschlossen aus dem »sapienter«, das ähnlich wie verwandte Wendungen im 2. Buch (vgl. vor allem 2,23) den Sinn einer Maßnahme doch im ganzen erklärt, und aus dem »quidem«, durch das »iusto« so betont wird, daß es wohl in Gegensatz zu Ausführungen über den Tyrannen tritt. Daß hier von der »caritas« gesprochen worden sein könnte, womit Pohlenz rechnen zu können meint, halte ich deshalb für ausgeschlossen.

41 (64) *(Scip.)* »… wenn das Volk eines gerechten Königs beraubt wird, ›Sehnsucht erfaßt da die göttlichen Herzen‹, wie Ennius sagt, nach dem Heimgang des besten Königs;

> zusammen sprechen sie so unter sich: o Romulus, göttlicher König!

Qualem te patriae custodem di genuerunt!
O pater, o genitor, o sanguen dis oriundum!‹

Non eros nec dominos appellabant eos quibus iuste paruerant, denique ne reges quidem, sed patriae custodes, sed patres, sed deos; nec sine causa; quid enim adiungunt?

›Tu produxisti nos intra luminis oras.‹

Vitam honorem decus sibi datum esse iustitia regis existimabant. Mansisset eadem voluntas in eorum posteris, si regum similitudo permansisset, sed vides unius iniustitia concidisse genus illud totum rei publicae.« *(Lael.)* »Video vero« inquit »et studeo cursus istos mutationum non magis in nostra quam in omni re publica noscere.«
42 (65) Et Scipio: »Est omnino, cum de illo genere rei publicae quod maxime probo quae sentio dixero, accuratius mihi dicendum de commutationibus rerum publicarum, etsi minime facile eas in ea re publica futuras puto. Sed huius regiae prima et certissima est illa mutatio: cum rex iniustus esse coepit, perit illud ilico genus, et est idem ille tyrannus, deterrimum genus et finitimum optimo; quem si optimates oppresserunt, quod ferme evenit, habet statum res publica de tribus secundarium; est enim quasi regium, id est patrium consilium populo bene consulentium principum. Sin per se populus interfecit aut eiecit tyrannum, est moderatior, quoad sentit et sapit, et sua re gesta laetatur

Erstes Buch 165

Romulus, welchen Wächter der Heimat zeugte der
Gott in
Dir! O Vater, Erzeuger, o Blut, den Göttern ent-
sprungen!

Nicht Gebieter noch Herren nannten sie die, denen sie in
Gerechtigkeit gehorcht hatten, endlich auch nicht Könige,
sondern Wächter der Heimat, sondern Väter, sondern
Götter! Und nicht ohne Ursache! Was fügen sie nämlich
hinzu?

›Du hast uns geführt in des Lichtes weite Gestade.‹

Das Leben, Anerkennung, Glanz sei ihnen durch die Gerechtigkeit des Königs gegeben worden, meinten sie. Es
wäre derselbe Wille in ihren Nachkommen geblieben,
wenn die Könige ähnlich geblieben wären. Aber du siehst,
daß durch die Ungerechtigkeit eines einzigen jene ganze
Form des Gemeinwesens zusammengebrochen ist.«
(Lael.) »Ich sehe es«, sagte er, »und bin begierig, die Abläufe dieser Veränderungen ebenso in jedem anderen Gemeinwesen wie in unserem kennenzulernen.«
42 (65) Und Scipio: »Ich muß überhaupt, wenn ich über
die Form des Gemeinwesens, die ich am meisten gutheiße,
meine Ansicht gesagt habe, genauer über die Veränderungen der Gemeinwesen sprechen, wenn sie meiner Meinung
nach auch am wenigsten leicht in diesem Gemeinwesen
auftreten werden. Aber dieses königlichen erste und si-
cherste Veränderung ist jene: wenn der König ungerecht
zu sein anfängt, geht jene Art auf der Stelle zugrunde, und
derselbe Mann ist Tyrann, die schlechteste und der besten
benachbarte Art. Wenn ihn die Optimaten überwältigt
haben, was meist eintritt, hat das Gemeinwesen von den
dreien den zweiten Zustand erreicht: es besteht nämlich in
dem königsähnlichen, das heißt väterlichen Rat der sich
um das Volk wohlsorgenden fürstlichen Männer. Wenn
aber das Volk von sich aus den Tyrannen getötet oder vertrieben hat, ist es ziemlich maßvoll, soweit es denkt und

tuerique vult per se constitutam rem publicam. Sin quando
aut regi iusto vim populus attulit regnove eum spoliavit,
aut etiam, id quod evenit saepius, optimatium sanguinem
gustavit ac totam rem publicam substravit libidini suae:
cave putes aut[em] mare ullum aut flammam esse tantam,
quam non facilius sit sedare quam effrenatam insolentia
multitudinem! Tum fit illud quod apud Platonem est lu-
culente dictum, si modo id exprimere Latine potuero; difficile factu est, sed conabor tamen. 43 (66) ›Cum‹ enim inquit ›inexplebiles populi fauces exaruerunt libertatis siti,
malisque usus ille ministris non modice temperatam sed
nimis meracam libertatem sitiens hausit, tum magistratus
et principes, nisi valde lenes et remissi sint et large sibi libertatem ministrent, insequitur insimulat arguit, praepo-
tentes reges tyrannos vocat.‹ Puto enim tibi haec esse
nota.« »Vero mihi« inquit ille *(Lael.)* »notissima.« (67)
(Scip.) »Ergo illa sequuntur: ›Eos qui pareant principibus
agitari ab eo populo et servos voluntarios appellari; eos
autem qui in magistratu privatorum similes esse velint,
eosque privatos qui efficiant ne quid inter privatum et ma-
gistratum differat, ferunt laudibus [et] mactant honoribus,
ut necesse sit in eius modi re publica plena libertatis esse
omnia, ut et privata domus omnis vacet dominatione, et
hoc malum usque ad bestias perveniat, denique ut pater filium metuat, filius patrem neclegat, absit omnis pudor, ut
plane liberi sint, nihil intersit civis sit an peregrinus, magister ut discipulos metuat et iis blandiatur, spernantque
discipuli magistros, adulescentes ut senum sibi pondus ad-

Erstes Buch

vernünftig ist, freut sich über seine Tat und will das von ihm hergestellte Gemeinwesen schützen. Wenn aber das Volk einmal entweder einem gerechten König Gewalt angetan oder ihn seines Königtums beraubt hat oder auch, was öfter eintritt, der Optimaten Blut geleckt und das ganze Gemeinwesen seiner Laune unterworfen hat: dann glaube ja nicht, daß ein Meer oder eine Feuersbrunst so rasend ist, daß es nicht leichter wäre, sie zu bändigen als eine in frecher Willkür entfesselte Masse! Dann tritt das ein, was bei Platon so anschaulich gesagt ist, wenn ich's nur auf lateinisch ausdrücken kann; es ist schwierig, ich will es aber doch versuchen.[12] **43** (66) ›Wenn‹, sagt er nämlich, ›die unersättliche Kehle des Volkes ausgetrocknet ist vor Durst nach Freiheit und es in der Hand schlechter Diener eine nicht maßvoll gemischte, sondern allzu reine Freiheit dürstend geschlürft hat, dann verfolgt es die Beamten und führenden Männer, wenn sie nicht sehr milde und nachgiebig sind und ihm reichlich Freiheit einräumen, verleumdet sie, beschuldigt sie, heißt sie Gewalthaber, Könige, Tyrannen.‹ Ich glaube, das ist dir bekannt.« »Sehr bekannt«, sagte jener. (67) *(Scip.)* »Also folgt jenes: ›daß die, welche den führenden Männern gehorchen, von diesem Volke verfolgt und freiwillige Sklaven genannt werden. Die aber, die im Amte Privatleuten ähnlich sein wollen, und die Privatleute, die bewirken, daß kein Unterschied zwischen einem Privatmann und einem Beamten besteht, erheben sie in Lobeshymnen und zeichnen sie mit Ehren aus, so daß notwendig in einem Gemeinwesen solcher Art alles voller Freiheit ist, derart, daß auch jedes Privathaus von Herrschaft frei ist und dies Übel sich bis zu den Tieren erstreckt, daß schließlich der Vater den Sohn fürchtet, der Sohn den Vater nicht mehr ansieht, jegliche Ehrfurcht verschwunden ist, daß sie völlig frei sind, daß kein Unterschied besteht, ob einer Bürger oder Fremder ist, daß der Lehrer die Schüler fürchtet und ihnen schmeichelt und die Schüler die Lehrer verachten, Jünglinge sich das Gewicht von Greisen anmaßen, Greise zur

sumant, senes autem ad ludum adulescentium descendant, ne sint iis odiosi et graves; ex quo fit ut etiam servi se liberius gerant, uxores eodem iure sint quo viri, inque tanta libertate canes etiam et equi, aselli denique liberi [sint] sic incurrant ut iis de via decedendum sit. Ergo ex hac infinita‹, inquit, ›licentia haec summa cogitur ut ita fastidiosae mollesque mentes evadant civium, ut si minima vis adhibeatur imperii, irascantur et perferre nequeant; ex quo leges quoque incipiunt neclegere, ut plane sine ullo domino sint.‹«

44 (68) Tum Laelius: »Prorsus« inquit »expressa sunt a te quae dicta sunt ab illo.« *(Scip.)* »Atque ut iam ad sermonis mei morem revertar, ex hac nimia licentia, quam illi solam libertatem putant, ait ille ut ex stirpe quadam existere et quasi nasci tyrannum. Nam ut ex nimia potentia principum oritur interitus principum, sic hunc nimis liberum populum libertas ipsa servitute adficit. Sic omnia nimia, cum vel in tempestate vel in agris vel in corporibus laetiora fuerunt, in contraria fere convertuntur, maximeque ⟨id⟩ in rebus publicis evenit, nimiaque illa libertas et populis et privatis in nimiam servitutem cadit. Itaque ex hac maxima libertate tyrannus gignitur et illa iniustissima et durissima servitus. Ex hoc enim populo indomito vel potius immani deligitur aliqui plerumque dux contra illos principes adflictos iam et depulsos loco audax, inpurus, consectans proterve bene saepe de re publica meritos, populo gratificans et aliena et sua; cui quia privato sunt oppositi timores, dantur imperia et ea continuantur, praesidiis etiam, ut Athenis Pisistratus, saepiuntur, postremo, a quibus pro-

Spielerei von Jünglingen sich herablassen, um ihnen nicht verhaßt oder lästig zu sein; daher kommt es, daß auch die Sklaven sich freier aufführen, die Frauen dasselbe Recht haben wie die Männer und auch Hunde und die Pferde in solcher Freiheit sind, die Esel endlich frei so daherstürmen, daß man ihnen aus dem Wege gehen muß. Aus dieser unbegrenzten Freiheit also‹, sagt er, ›ergibt sich zum Schluß, daß der Sinn der Bürger so verwöhnt und weichlich wird, daß, wendet man nur den geringsten Druck eines Befehles an, sie in Zorn geraten und es nicht aushalten können; worauf sie beginnen, auch die Gesetze zu mißachten, daß sie überhaupt ohne einen Herrn seien.‹«

44 (68) Darauf Laelius: »Völlig ausgedrückt ist von dir, was von jenem gesagt ist.« *(Scip.)* »Und um jetzt zur Gepflogenheit meiner Rede zurückzukehren: aus dieser allzu großen Willkür, die sie allein für Freiheit halten, sagt jener, schösse auf wie aus einem Wurzelstock und entspringe gleichsam der Tyrann. Denn wie aus allzu großer Macht der führenden Männer der Untergang der führenden Männer entsteht, so bringt die Freiheit selbst dieses allzu freie Volk in Knechtschaft. So schlägt alles Übermäßige, wenn es in einem Wetter, den Fluren oder den Körpern zu üppig war, meist in sein Gegenteil um; und besonders geschieht das bei den Staaten, und die allzu große Freiheit schlägt für Völker und Privatleute in allzu große Knechtschaft aus. Daher entsteht aus dieser letzten Freiheit der Tyrann und jene ungerechteste und härteste Knechtschaft. Aus diesem unbändigen oder besser tierischen Volke nämlich wird meist irgendein Führer gewählt gegen jene schon zu Boden liegenden und aus ihrer Stellung gedrängten führenden Männer, ein frecher, unsauberer, der schamlos häufig um das Gemeinwesen wohl verdiente Männer verfolgt, dem Volke Fremdes und Eigenes zum Geschenke macht. Weil diesem als Privatmann Ängste entgegendrohen, werden ihm Vollmachten gegeben und sie verlangert, auch mit Schutzwachen, wie in Athen Peisistratos, werden sie umgeben, schließlich werden sie die

ducti sunt, existunt eorum ipsorum tyranni; quos si boni
oppresserunt, ut saepe fit, recreatur civitas; sin audaces, fit
illa factio, genus aliud tyrannorum, eademque oritur etiam
ex illo saepe optimatium praeclaro statu, cum ipsos principes aliqua pravitas de via deflexit. Sic tamquam pilam rapi-
unt inter se rei publicae statum tyranni ab regibus, ab iis
autem principes aut populi, a quibus aut factiones aut tyranni, nec diutius umquam tenetur idem rei publicae modus.

45 (69) Quod ita cum sit, ⟨ex⟩ tribus primis generibus
longe praestat mea sententia regium, regio autem ipsi
praestabit id, quod erit aequatum et temperatum ex tribus
primis rerum publicarum modis. Placet enim esse quiddam in re publica praestans et regale, esse aliud auctoritati
principum inpartitum ac tributum, esse quasdam res ser-
vatas iudicio voluntatique multitudinis. Haec constitutio
primum habet aequabilitatem quandam [magnam], qua
carere diutius vix possunt liberi, deinde firmitudinem,
quod et illa prima facile in contraria vitia convertuntur, ut
existat ex rege dominus, ex optimatibus factio, ex populo
turba et confusio, quodque ipsa genera generibus saepe
conmutantur novis; hoc in hac iuncta moderateque per-
mixta conformatione rei publicae non ferme sine magnis
principum vitiis evenit. Non est enim causa conversionis,
ubi in suo quisque est gradu firmiter collocatus et non subest quo praecipitet ac decidat.

46 (70) Sed vereor, Laeli vosque homines amicissimi ac
prudentissimi, ne si diutius in hoc genere verser, quasi

Erstes Buch 171

Tyrannen ebender Leute, von denen sie großgezogen wurden: wenn Gute diese Männer überwältigt haben, wie es oft geschieht, erholt sich der Staat; wenn Verwegene, entsteht jener Klüngel, eine andere Art von Tyrannen, und ebenso entsteht er auch oft aus jenem vorzüglichen Zustand der Optimatenregierung, wenn irgendeine Verkehrtheit die führenden Männer selber aus der Bahn geworfen hat. So fangen wie einen Ball unter sich den Zustand des Gemeinwesens die Tyrannen von den Königen auf, von ihnen aber die fürstlichen Männer oder Völker, von denen wieder entweder Klüngel oder Tyrannen, und niemals läßt sich dieselbe Form des Gemeinwesens länger festhalten.

45 (69) Da das so ist, ragt von den drei ersten Arten meiner Meinung nach weit die königliche hervor, über die königliche aber selber wird die hervorragen, die ausgeglichen und maßvoll gemischt ist aus den drei ersten Formen des Gemeinwesens. Es scheint nämlich richtig, daß es im Gemeinwesen etwas an der Spitze Stehendes und Königliches gibt, daß anderes dem Einfluß der fürstlichen Männer zugeteilt und zugewiesen ist und daß bestimmte Dinge dem Urteil und dem Willen der Menge vorbehalten sind. Diese Verfassung hat erstens eine gewisse Gleichheit aufzuweisen, die freie Männer kaum länger entbehren können, dann Festigkeit, weil jene ersten leicht in die entgegengesetzten Fehler umschlagen, derart, daß aus dem König der Herr, aus den Optimaten die Clique, aus dem Volke der wirre Haufen der Masse entsteht, und weil die Arten selber häufig mit neuen Arten abwechseln; dies aber kommt in dieser verbundenen und maßvoll gemischten Verfassung des Gemeinwesens fast nicht ohne große Mängel der führenden Männer vor. Es liegt nämlich kein Grund zum Umschlag vor, wo ein jeder in seinem Stand fest aufgestellt ist und nichts lauert, wohin er stürzen und fallen könnte.

46 (70) Aber ich fürchte, Laelius und ihr Männer meiner engsten Freundschaft und von größter Klugheit, meine

praecipientis cuiusdam et docentis et non vobiscum simul considerantis esse videatur oratio mea. Quam ob rem ingrediar in ea quae nota sunt omnibus, quaesita autem a nobis iam diu. Sic enim decerno, sic sentio, sic adfirmo, nullam omnium rerum publicarum aut constitutione aut discriptione aut disciplina conferendam esse cum ea, quam patres nostri nobis acceptam iam inde a maioribus reliquerunt. Quam, si placet, quoniam ea quae tenebatis ipsi etiam ex me audire voluistis, simul et qualis sit et optimam esse ostendam, expositaque ad exemplum nostra re publica, accommodabo ad eam si potero omnem illam orationem quae est mihi habenda de optimo civitatis statu. Quod si tenere et consequi potuero, cumulate munus hoc, cui me Laelius praeposuit, ut opinio mea fert, effecero.«

47 (71) Tum Laelius: »Tuum vero« inquit »Scipio ac tuum quidem unius. Quis enim te potius aut de maiorum dixerit institutis, cum sis clarissimis ipse maioribus? Aut de optimo statu civitatis? Quem si habemus, etsi ne nunc quidem, tum vero quis te possit esse florentior? Aut de consiliis in posterum providendis, cum tu duobus huius urbis terroribus depulsis in omne tempus prospexeris?«

Erstes Buch 173

Rede, wofern ich länger in dieser Art verweile, scheint mehr die eines Unterweisenden und Lehrenden und nicht eines mit euch gemeinsam Überlegenden. Deshalb will ich zu den Dingen kommen, die allen bekannt sind, von uns aber schon lange erforscht. So ist nämlich meine Entscheidung, meine Meinung, meine Versicherung: keines von allen Staatswesen ist nach Verfassung, Ordnung, Zucht zu vergleichen mit dem, was uns unsere Väter, schon damals von den Vorfahren überkommen, hinterlassen haben. Wenn es recht ist, werde ich, da ihr ja auch das, was ihr selbst wußtet, von mir hören wolltet, zeigen, zugleich, wie beschaffen es ist und daß es das beste ist, und wenn ich unser Gemeinwesen als Beispiel dargelegt habe, werde ich, wenn ich kann, hierauf jene ganze Rede beziehen, die ich über den besten Zustand des Staates zu halten habe. Wenn ich das aber innehalten und erreichen kann, werde ich wohl überreichlich diese Aufgabe, die mir Laelius anvertraute, erfüllt haben, wie ich denke.«

47 (71) Darauf sagte Laelius: »Ja, deine, Scipio, und deine allein! Denn wer könnte eher als du über die Einrichtungen der Vorfahren sprechen, da du selbst von den berühmtesten Ahnen stammst? Oder über den besten Zustand des Staates? Wenn wir den haben – wir haben ihn freilich gewiß nicht jetzt, aber dann, wenn –, wer könnte dann mehr in Ansehen stehen als du? Oder über die Entschlüsse, die man für die Zukunft vorsehen muß, da du dadurch, daß du zwei Schrecken dieser Stadt abschlugst, für alle Zeit vorgesorgt hast?«

Liber secundus

1 (1) ... ⟨cupidi⟩tate audiendi, ingressus est sic loqui Scipio: »Catonis hoc senis est, quem ut scitis unice dilexi maximeque sum admiratus, cuique vel patris utriusque iudicio vel etiam meo studio me totum ab adulescentia dedidi; cuius me numquam satiare potuit oratio; tantus erat in homine usus rei publicae, quam et domi et militiae cum optime tum etiam diutissime gesserat, et modus in dicendo, et gravitate mixtus lepos, et summum vel discendi studium vel docendi, et orationi vita admodum congruens. (2) Is dicere solebat ob hanc causam praestare nostrae civitatis statum ceteris civitatibus, quod in illis singuli fuissent fere qui suam quisque rem publicam constituissent legibus atque institutis suis, ut Cretum Minos, Lacedaemoniorum Lycurgus, Atheniensium, quae persaepe commutata esset, tum Theseus tum Draco tum Solo tum Clisthenes tum multi alii, postremo exsanguem iam et iacentem doctus vir Phalereus sustentasset Demetrius, nostra autem res publica non unius esset ingenio sed multorum, nec una hominis vita sed aliquot constituta saeculis et aetatibus. Nam neque ullum ingenium tantum extitisse dicebat, ut quem res nulla fugeret quisquam aliquando fuisset, neque cuncta ingenia conlata in unum tantum posse uno tempore provi-

Zweites Buch

Zu Anfang des 2. Buches sind die ersten drei Zeilen (etwa 30 Buchstaben), da sie in roter Farbe geschrieben waren, ganz verblaßt. Es ist etwa zu ergänzen: » (cum omnes flagrarent cupidi) tate audiendi« usw.

1 (1) ⟨Als alle erglühten vor Begier⟩ zu hören, begann Scipio so zu sprechen: »Das ist ein Wort des greisen Cato, den ich, wie ihr wißt, einzig geliebt habe und am meisten bewundert und dem ich mich nach der Entscheidung meiner beiden Väter und auch aus eigener Leidenschaft seit meiner Jugend ganz ergeben habe; von dessen Rede konnte ich nie genug haben; eine solche Erfahrung wohnte in dem Manne in Angelegenheiten des Staates, in dem er in der Heimat und im Felde hervorragend und besonders auch sehr lange sich betätigt hatte, ein solches Maß im Reden, eine solche mit Ernsthaftigkeit gepaarte Anmut, der höchste Eifer, zu lernen und zu lehren, und ein Leben, das mit der Rede vollauf übereinstimmte. (2) Dieser pflegte zu sagen, daß deshalb der Zustand unseres Staates den übrigen Staaten überlegen sei, weil in jenen meist einzelne Männer gewesen seien, von denen ein jeder sein Gemeinwesen durch seine Gesetze und seine Einrichtungen aufgebaut habe, wie das der Kreter Minos, das der Lakedämonier Lykurgus, das der Athener, das sehr oft verändert worden sei, erst Theseus, dann Drakon, dann Solon, dann Kleisthenes, dann viele andere, schließlich, als es schon blutleer war und am Boden lag, wie es der gelehrte Demetrius von Phaleron am Leben gehalten hätte –: unser Gemeinwesen aber nicht durch *eines* Mannes Geist, sondern vieler, nicht in *einem* Menschenleben, sondern in vielen Generationen und Zeitaltern aufgebaut worden sei. Denn er sagte immer wieder, kein Genie sei so groß je entstanden, daß es je einen gegeben hätte, dem keine Sache entgangen wäre, und alle Begabungen zusammengehäuft vermöchten nicht so viel zu einem Zeitpunkt vorauszusehen,

dere, ut omnia complecterentur sine rerum usu ac vetustate. (3) Quam ob rem, ut ille solebat, ita nunc mea repetet oratio populi Romani originem; libenter enim etiam verbo utor Catonis. Facilius autem quod est propositum consequar, si nostram rem publicam vobis et nascentem et crescentem et adultam et iam firmam atque robustam ostendero, quam si mihi aliquam, ut ápud Platonem Socrates, ipse finxero.«

2 (4) Hoc cum omnes adprobavissent, »quod habemus«, inquit »institutae rei publicae tam clarum ac tam omnibus notum exordium quam huius urbis condendae principium profectum a Romulo? Qui patre Marte natus – concedamus enim famae hominum, praesertim non inveteratae solum sed etiam sapienter a maioribus proditae, bene meriti de rebus communibus ut genere etiam putarentur non solum ingenio esse divino – is igitur ut natus sit, cum Remo fratre dicitur ab Amulio rege Albano ob labefactandi regni timorem ad Tiberim exponi iussus esse; quo in loco cum esset silvestris beluae sustentatus uberibus, pastoresque eum sustulissent et in agresti cultu laboreque aluissent, perhibetur ut adoleverit et corporis viribus et animi ferocitate tantum ceteris praestitisse, ut omnes qui tum eos agros ubi hodie est haec urbs incolebant, aequo animo illi libenterque parerent. Quorum copiis cum se ducem praebuisset, ut [et] iam a fabulis ad facta veniamus, oppressisse Longam Albam, validam urbem et potentem temporibus illis, Amuliumque regem interemisse fertur.

3 (5) Qua gloria parta urbem auspicato condere et firmare dicitur primum cogitavisse rem publicam. Urbi autem lo-

Zweites Buch 177

daß sie alles umfaßten ohne Umgang mit den Dingen und Altwerden. (3) Deshalb wird meine Rede jetzt so, wie er es zu tun pflegte, den Ursprung des römischen Volkes aufsuchen. Gern nämlich gebrauche ich auch das Wort Catos. Leichter aber werde ich erreichen, was ich mir vorgesetzt, wenn ich euch unser Gemeinwesen bei der Geburt, im Wachsen, in der Reife und schon in Festigkeit und Stärke zeige, als wenn ich mir irgendeines selbst ausdenke, wie Sokrates bei Platon.«

2 (4) Als alle das mit Beifall aufgenommen hatten, sagte er: »Wo haben wir noch einen so berühmten und allen so bekannten Beginn der Errichtung eines Gemeinwesens wie den Anfang der Gründung dieser Stadt, der von Romulus ausging? Der, stammend vom Vater Mars – wollen wir doch der Sage der Menschen zugestehen, zumal einer nicht nur von hohem Alter, sondern auch klug von den Vorfahren weitergegebenen, zu glauben, um die allgemeinen Anliegen verdiente Männer seien auch von göttlichem Blut, nicht nur von göttlichem Geist –, der soll also, sobald er geboren worden war, mit seinem Bruder Remus auf Befehl des Albanerkönigs Amulius, aus Furcht, er bringe sein Königtum in Gefahr, am Tiber ausgesetzt worden sein. Als er an dieser Stelle durch die Euter der wilden Wölfin am Leben erhalten worden war und Hirten ihn aufgehoben und in grober Lebensweise und Arbeit erzogen hatten, heißt es, habe er, herangewachsen, durch Körperkräfte und Verwegenheit des Geistes die übrigen so überragt, daß alle, die damals die Fluren, wo heute diese Stadt steht, bebauten, ihm ohne Empörung und gern gehorchten. Als er sich deren Aufgebot als Führer zur Verfügung gestellt hatte, um von Geschichten jetzt zu Tatsachen zu kommen, habe er, wird überliefert, Alba Longa niedergeworfen, eine starke und mächtige Stadt zu jenen Zeiten, und den König Amulius getötet.

3 (5) Nach Erwerbung solchen Ruhmes habe er zuerst daran gedacht, heißt es, eine Stadt nach Befragung der Vogelzeichen zu gründen und das Gemeinwesen zu festigen,

cum, quod est ei qui diuturnam rem publicam serere conatur diligentissime providendum, incredibili opportunitate delegit. Neque enim ad mare admovit, quod ei fuit illa manu copiisque facillimum, ut in agrum Rutulorum Aboriginumve procederet, aut in ostio Tiberino, quem in locum multis post annis rex Ancus coloniam deduxit, urbem ipse conderet, sed hoc vir excellenti providentia sensit ac vidit, non esse opportunissimos situs maritimos urbibus eis quae ad spem diuturnitatis conderentur atque imperii, primum quod essent urbes maritimae non solum multis periculis oppositae sed etiam caecis. (6) Nam terra continens adventus hostium non modo expectatos sed etiam repentinos multis indiciis et quasi fragore quodam et sonitu ipso ante denuntiat; neque vero quisquam potest hostis advolare terra, quin eum non modo esse sed etiam quis et unde sit scire possimus. Maritimus vero ille et navalis hostis ante adesse potest quam quisquam venturum esse suspicari queat, nec vero cum venit prae se fert aut qui sit aut unde veniat aut etiam quid velit, denique ne nota quidem ulla, pacatus an hostis sit, discerni ac iudicari potest.
4 (7) Est autem maritimis urbibus etiam quaedam corruptela ac mutatio morum; admiscentur enim novis sermonibus ac disciplinis, et inportantur non merces solum adventiciae sed etiam mores, ut nihil possit in patriis institutis manere integrum. Iam qui incolunt eas urbes, non haerent in suis sedibus, sed volucri semper spe et cogitatione rapiuntur a domo longius, atque etiam cum manent corpore, animo tamen exulant et vagantur. Nec vero ulla res magis

Den Platz aber für die Stadt, was einer, der Gemeinwesen von Dauer zu stiften versucht, aufs sorgfältigste vorausbedenken muß, wählte er mit unglaublichem Glück aus. Denn er legte sie nicht ans Meer, was ihm mit jener Schar und mit jenem Aufgebot sehr leicht gewesen wäre, daß er etwa ins Gebiet der Rutuler und Aboriginer vorrückte, oder an der Mündung des Tiber, wohin dann viele Jahre später der König Ancus eine Kolonie geführt hat, die Stadt selber gründete, sondern als ein Mann von hervorragender Voraussicht spürte und sah er dies, daß die Meerlage nicht sehr günstig sei für die Städte, die in Hoffnung auf Dauer und Herrschaft gegründet würden, erstens weil Städte am Meer nicht nur vielen Gefahren ausgesetzt wären, sondern auch unsichtbaren. (6) Denn das Festland kündigt Heranrücken der Feinde, nicht nur erwartetes, sondern auch plötzliches, durch viele Anzeichen und gleichsam durch laute Unruhe und durch den Klang selber vorher an; keiner aber vermag als Feind zu Lande heranzufliegen, ohne daß wir wüßten nicht nur, daß es einer ist, sondern auch, wer es ist und woher. Jener Feind auf dem Meer aber und zu Schiff vermag da zu sein, bevor einer auch nur vermuten kann, daß er kommen wird, und vollends verrät er, wenn er kommt, nicht, wer er ist oder woher er kommt oder auch was er will, und endlich läßt sich auch an keinem Zeichen unterscheiden und beurteilen, ob er friedfertig oder feind ist.

4 (7) Städte am Meer aber weisen auch eine bestimmte Verderbnis und Veränderlichkeit des sittlichen Zustandes auf; denn sie vermischen sich mit neuen Sprachen und Lebensweisen, und es werden nicht nur Waren von auswärts, sondern auch Sitten eingeführt, so daß nichts an den von den Vätern ererbten Einrichtungen unberührt bleiben kann. Gar die, welche diese Städte bewohnen, hängen nicht an ihren Wohnsitzen, sondern lassen sich immer in beschwingten Hoffnungen und Gedanken von zu Hause weiter wegreißen, und selbst, wenn sie mit dem Körper bleiben, sind sie doch mit ihrer Seele draußen und schwei-

Liber secundus

labefactatam diu et Carthaginem et Corinthum pervertit
aliquando, quam hic error ac dissipatio civium, quod mercandi cupiditate et navigandi et agrorum et armorum cul-
tum reliquerant. (8) Multa etiam ad luxuriam invitamenta
perniciosa civitatibus subpeditantur mari, quae vel capi-
untur vel inportantur; atque habet etiam amoenitas ipsa
vel sumptuosas vel desidiosas inlecebras multas cupidita-
tum. Et quod de Corintho dixi, id haut scio an liceat de
cuncta Graecia verissime dicere; nam et ipsa Peloponnesus
fere tota in mari est, nec praeter Phliasios ulli sunt quorum
agri non contingant mare, et extra Peloponnesum Aenianes et Doris et Dolopes soli absunt a mari. Quid dicam in-
sulas Graeciae? Quae fluctibus cinctae natant paene ipsae
simul cum civitatum institutis et moribus. (9) Atque haec
quidem ut supra dixi veteris sunt Graeciae. Coloniarum
vero quae est deducta a Graiis in Asiam Thracam Italiam
Siciliam Africam praeter unam Magnesiam, quam unda
non adluat? Ita barbarorum agris quasi adtexta quaedam
videtur ora esse Graeciae; nam e barbaris quidem ipsis
nulli erant antea maritumi praeter Etruscos et Poenos, alteri mercandi causa, latrocinandi alteri. Quae causa per-
spicua est malorum commutationumque Graeciae propter
ea vitia maritimarum urbium quae ante paulo perbreviter
adtigi. Sed tamen in his vitiis inest illa magna commoditas,
et quod ubique gentium est ut ad eam urbem quam incolas
possit adnare, et rursus ut id quod agri efferant sui, quas-
cumque velint in terras portare possint ac mittere.

5 (10) Qui potuit igitur divinius et utilitates conplecti maritimas Romulus et vitia vitare, quam quod urbem peren-

fen umher. Nichts aber hat mehr Karthago und Korinth lange erschüttert und schließlich zugrunde gerichtet als diese Heimatlosigkeit und Zerstreuung der Bürger, weil sie in ihrer Gier nach Handel und Seefahrt Bebauung der Fluren und Übung der Waffen vernachlässigt hatten. (8) Auch viele Dinge, die zum Luxus einladen und den Staaten verderblich sind, werden durch das Meer geboten, sei es, daß sie geraubt oder eingeführt werden; und auch die liebliche Lage selber bringt viele kostspielige und lähmende Verführungen der Begierden mit sich. Und was ich von Korinth sagte, läßt sich vielleicht mit vollem Recht von ganz Griechenland sagen; denn die Peloponnes selber liegt fast ganz im Meere, und außer den Phliasiern gibt es keine, deren Gebiet das Meer nicht berührte, und außerhalb der Peloponnes sind die Änianen, die Dorier und die Doloper als einzige abseits vom Meere gelegen. Was soll ich von den Inseln Griechenlands sprechen? Von Fluten umgürtet, schwimmen sie beinahe selber mitsamt den Einrichtungen und Sitten der Staaten. (9) Und das gilt, wie ich oben sagte, vom alten Griechenland. Welche aber von den Kolonien erst ist von den Griechen nach Asien, Thrakien, Italien, Sizilien, Afrika geführt worden außer der einen Magnesia, die die Woge nicht bespülte? So sieht man den Fluren der Barbaren einen Saum Griechenland vorgewebt; denn von den Barbaren selber waren keine vorher Seevölker außer den Etruskern und Puniern, die einen des Handels, die anderen des Seeraubs wegen. Das ist der am Tage liegende Grund für die Übel und Veränderungen Griechenlands infolge der Mängel der Städte am Meer, die ich vorher oben ganz kurz anrührte. Mit diesen Mängeln freilich ist jener große Vorteil verbunden, daß man einesteils, was es überall auf der Welt gibt, zu der Stadt, die du bewohnst, heranfahren und anderenteils, was die eigenen Fluren tragen, in welche Länder man immer will, ausführen und schicken kann.

5 (10) Wie hätte Romulus also göttlicher den Nutzen aus der Meerlage erfassen und ihre Mängel zugleich vermeiden

nis amnis et aequabilis et in mare late influentis posuit in ripa? Quo posset urbs et accipere a mari quo egeret, et reddere quo redundaret, eodemque ut flumine res ad victum cultumque maxime necessarias non solum mari absorberet, sed etiam invectas acciperet ex terra, ut mihi iam tum divinasse ille videatur hanc urbem sedem aliquando et domum summo esse imperio praebituram; nam hanc rerum tantam potentiam non ferme facilius alia ulla in parte Italiae posita urbs tenere potuisset.

6 (11) Urbis autem ipsius nativa praesidia quis est tam neclegens qui non habeat animo notata planeque cognita? Cuius is est tractus ductusque muri cum Romuli tum etiam reliquorum regum sapientia definitus ex omni parte arduis praeruptisque montibus ut unus aditus, qui esset inter Esquilinum Quirinalemque montem, maximo aggere obiecto fossa cingeretur vastissima, atque ut ita munita arx circuitu arduo et quasi circumciso saxo niteretur, ut etiam in illa tempestate horribili Gallici adventus incolumis atque intacta permanserit. Locumque delegit et fontibus abundantem et in regione pestilenti salubrem; colles enim sunt, qui cum perflantur ipsi tum adferunt umbram vallibus.

7 (12) Atque haec quidem perceleriter confecit; nam et urbem constituit, quam e suo nomine Romam iussit nominari, et ad firmandam novam civitatem novum quoddam et subagreste consilium, sed ad muniendas opes regni ac populi sui magni hominis et iam tum longe providentis

können, als daß er die Stadt am Ufer eines ununterbrochen und gleichmäßig fließenden und breit ins Meer mündenden Stromes anlegte? Daß dadurch die Stadt vom Meer empfangen könnte, wessen sie bedürfte, und abgeben, woran sie Überfluß hätte, und daß sie auf gleichem Flusse die Dinge, die besonders nötig sind für Lebensunterhalt und -ausgestaltung, nicht nur vom Meer her an sich schlürfe, sondern auch einführe und empfange vom Lande her. So daß mir jener Gründer schon damals geahnt zu haben scheint, diese Stadt werde einmal der höchsten Herrschergewalt Wohnung und Heimstatt bieten. Denn eine so große Macht hätte wohl keine andere Stadt in irgendeinem Teile Italiens leichter festhalten können.

6 (11) Was aber die gleichsam angeborene Wehr der Stadt selbst anlangt, wer wäre da so unachtsam, daß er sie nicht in seinem Geiste angemerkt und völlig erkannt hätte? Der Zug und die Führung ihrer Mauer ist so durch Romulus' als auch der übrigen Könige Weisheit bestimmt worden, daß, während auf allen Seiten die Berge steil und jäh abfallen, der eine Zugang, der zwischen Esquilin und Quirinal wäre,[13] nachdem ein gewaltiger Damm aufgeworfen worden war, durch den geräumigen Graben eingefaßt wurde und daß die Burg auf einer steilen Umfassung und einem wie rings abgemeißelten Felsen so geschützt ruhte, daß sie auch in jenem schauerlichen Sturm des Galliereinbruches[14] unversehrt und unangetastet geblieben ist. Und er wählte einen Ort aus, der Überfluß hatte an Quellen und in einer verseuchten Gegend doch gesund war. Es sind nämlich Hügel, die selber durchweht werden und den Tälern Schatten bringen.

7 (12) Und dies hat er sehr schnell zustande gebracht; denn er legte die Stadt an, die er nach seinem Namen Rom zu benennen hieß, und um die neue Gemeinde zu festigen, folgte er einer neuartigen und halbbarbarischen Lösung, die aber doch zum Schutze der Macht seines Königtumes und Volkes der Gedanke eines großen und schon damals weit vorausschauenden Mannes war. Er ließ nämlich sabi-

secutus est, cum Sabinas honesto ortas loco virgines, quae Romam ludorum gratia venissent, quos tum primum anniversarios in circo facere instituisset Consualibus, rapi iussit, easque in familiarum amplissimarum matrimoniis collocavit. (13) Qua ex causa cum bellum Romanis Sabini intulissent, proeliique certamen varium atque anceps fuisset, cum T. Tatio rege Sabinorum foedus icit, matronis ipsis quae raptae erant orantibus; quo foedere et Sabinos in civitatem adscivit sacris conmunicatis, et regnum suum cum illorum rege sociavit.

8 (14) Post interitum autem Tatii cum ad eum dominatus omnis reccidisset, quamquam cum Tatio in regium consilium delegerat principes – qui appellati sunt propter caritatem patres – populumque et suo et Tati nomine et Lucumonis, qui Romuli socius in Sabino proelio occiderat, in tribus tris curiasque triginta discripserat – quas curias earum nominibus nuncupavit quae ex Sabinis virgines raptae postea fuerant oratrices pacis et foederis –: sed quamquam ea Tatio sic erant discripta vivo, tamen eo interfecto multo etiam magis Romulus patrum auctoritate consilioque regnavit.

9 (15) Quo facto primum vidit iudicavitque idem quod Spartae Lycurgus paulo ante viderat, singulari imperio et potestate regia tum melius gubernari et regi civitates, si esset optimi cuiusque ad illam vim dominationis adiuncta auctoritas. Itaque hoc consilio et quasi senatu fultus et munitus, et bella cum finitimis felicissime multa gessit, et cum ipse nihil ex praeda domum suam reportaret, locuple-

nische, aus guter Familie stammende Jungfrauen rauben, die der Spiele wegen nach Rom gekommen waren, die er damals als jährlich wiederkehrende im Zirkus an den Consualien zum ersten Male zu feiern begonnen hatte, und gab sie den angesehensten Familien zur Ehe. (13) Als die Sabiner aus diesem Grunde mit den Römern Krieg begannen und das Ringen in der Feldschlacht wechselvoll und unentschieden geblieben war, schloß er mit Titus Tatius, dem König der Sabiner, einen Vertrag, da die Frauen, die geraubt worden waren, selbst darum baten; durch dieses Bündnis gliederte er die Sabiner in die Gemeinde ein, indem die Heiligtümer vereinigt wurden, und teilte sein Königtum mit ihrem Könige.

8 (14) Als aber nach dem Tode des Tatius die ganze Herrschaft an ihn gefallen war und obwohl er zusammen mit Tatius die fürstlichen Männer in einen Königsrat gewählt – sie wurden ihrer Beliebtheit wegen Väter genannt – und das Volk unter seinem und des Tatius Namen und dem des Lucumon, der als Gefährte des Romulus im Kampf mit den Sabinern gefallen war, in drei Tribus und dreißig Kurien eingeteilt hatte – diese Kurien benannte er nach dem Namen der Frauen, die, als Jungfrauen den Sabinern geraubt, später die Fürbitterinnen für Frieden und Bündnis gewesen waren –: aber obwohl das zu Lebzeiten des Tatius so geordnet worden war, hat Romulus doch nach dessen Tötung nur noch mehr mit dem Einfluß und dem Rat der Väter als König geherrscht.

9 (15) Durch dieses Handeln gab er erstens zu erkennen, daß er dasselbe sah und für richtig hielt, was wenig vorher in Sparta Lykurg gesehen hatte, daß in Einzelherrschaft und mit königlicher Vollmacht dann die Staaten besser gelenkt und regiert würden, wenn das Ansehen gerade der Besten jener Gewalt der Herrschaft verbunden wäre. Und so hat er auf diesen Rat und gleichsam Senat gestützt und von ihm geschützt viele Kriege mit den Nachbarn aufs glücklichste geführt und, während er selber nichts von der Beute in sein Haus heimbrachte, unablässig die Bürger

186 *Liber secundus*

tare civis non destitit. (16) Tum, id quod retinemus hodie
magna cum salute rei publicae, auspiciis plurimum obse-
cutus est Romulus. Nam et ipse, quod principium rei publicae fuit, urbem condidit auspicato, et omnibus publicis
rebus instituendis, qui sibi essent in auspiciis, ex singulis
tribubus singulos cooptavit augures, et habuit plebem in
clientelas principum discriptam – quod quantae fuerit utilitati post videro – multaeque dictione ovium et boum –
quod tunc erat res in pecore et locorum possessionibus, ex
quo pecuniosi et locupletes vocabantur –, non vi et suppli-
ciis coërcebat.
10 (17) Ac Romulus cum septem et triginta regnavisset
annos, et haec egregia duo firmamenta rei publicae pepe-
risset, auspicia et senatum, tantum est consecutus, ut cum
subito sole obscurato non conparuisset, deorum in numero conlocatus putaretur; quam opinionem nemo umquam mortalis adsequi potuit sine eximia virtutis gloria.
(18) Atque hoc eo magis est in Romulo admirandum, quod
ceteri qui dii ex hominibus facti esse dicuntur, minus eruditis hominum saeculis fuerunt, ut fingendi proclivis esset
ratio, cum imperiti facile ad credendum inpellerentur, Romuli autem aetatem minus his sescentis annis iam invete-
ratis litteris atque doctrinis omnique illo antiquo ex inculta
hominum vita errore sublato fuisse cernimus. Nam si, id
quod Graecorum investigatur annalibus, Roma condita est
secundo anno olympiadis septumae, in id saeculum Romuli cecidit aetas, cum iam plena Graecia poetarum et mu-

Zweites Buch 187

bereichert. (16) Dann ist Romulus, was wir heute noch zum großen Heile für das Gemeinwesen festhalten, den Vogelzeichen ganz besonders gefolgt. Denn er gründete selbst, was der Beginn des Gemeinwesens war, die Stadt nach Abhaltung einer Vogelschau, und für den Beginn aller öffentlichen Angelegenheiten wählte er aus jeder Tribus einen Augur hinzu, der mit ihm bei der Vogelschau sein sollte. Und das niedere Volk hatte er in Botmäßigkeiten der fürstlichen Männer geteilt – wie nützlich das war, werde ich später sehen –, und mit der Festsetzung einer Buße in Schafen und Rindern – weil damals das Vermögen in Vieh und dem Besitz von Ländereien bestand, wonach sie viehreich und begütert genannt wurden –, nicht durch Gewaltanwendung und Leibesstrafen hielt er es im Zaume.

10 (17) Und als Romulus siebenunddreißig Jahre als König geherrscht hatte und diese zwei herrlichen Pfeiler des Gemeinwesens geschaffen hatte, die Deutung des Vogelflugs und den Senat, hat er so viel erreicht, daß man glaubte, als er bei einer plötzlichen Sonnenfinsternis nicht wieder erschienen war, er sei unter die Zahl der Götter gesetzt worden; diese Meinung hat nie ein Sterblicher je erreichen können ohne ungewöhnlichen Ruhm der Vollkommenheit. (18) Und das ist bei Romulus um so mehr zu bewundern, als die übrigen, die aus Menschen Götter geworden sein sollen, unter weniger gebildeten Geschlechtern von Menschen gelebt haben, so daß die Möglichkeit, etwas zu erdichten, leicht war, da die Unerfahrenen mühelos zum Glauben veranlaßt wurden, Romulus aber vor weniger als 600 Jahren gelebt hat, wie wir sehen, als die Schriften und Wissenschaften schon altbekannt waren und jener ganze alte Irrtum, aus dem ungebildeten Leben der Menschen entstanden, beseitigt war. Denn wenn, was in den Zeittafeln der Griechen aufgespürt wird, Rom im zweiten Jahr der siebenten Olympiade[15] gegründet wurde, ist das Zeitalter des Romulus in das Jahrhundert gefallen, wo Griechenland schon voll von Dichtern

sicorum esset, minorque fabulis nisi de veteribus rebus haberetur fides. Nam centum et octo annis postquam Lycurgus leges scribere instituit, prima posita est olympias, quam quidam nominis errore ab eodem Lycurgo constitutam putant; Homerum autem qui minimum dicunt Lycurgi aetati triginta annis anteponunt fere. (19) Ex quo intellegi potest permultis annis ante Homerum fuisse quam Romulum, ut iam doctis hominibus ac temporibus ipsis eruditis ad fingendum vix quicquam esset loci. Antiquitas enim recepit fabulas fictas etiam non numqu⟨am incondite, haec aetas autem iam exculta praesertim eludens omne quod fieri non potest respuit⟩ …

⟨Hesiodum deinde, quamquam multis saeculis post Homerum fuit, tamen et ipsum constat vixisse ante Romulum. Non multis annis post conditam urbem natus est Stesichor⟩us ne⟨pos ei⟩us, (20) ut di⟨xeru⟩nt quid⟨am, e⟩x filia. Quo ⟨vero⟩ ille mor⟨tuus, e⟩odem ⟨est an⟩no na⟨tus Si⟩moni⟨des ol⟩ympia⟨de se⟩xta et quin⟨quag⟩esima, ⟨quo f⟩ acilius ⟨intel⟩legi pos⟨sit tu⟩m de Ro-⟨mu⟩li [iam] immortalitate creditum, cum iam inveterata vita hominum ac tractata esset et cognita. Sed profecto tanta fuit in eo vis ingenii atque virtutis, ut id de Romulo Proculo Iulio homini agresti crederetur, quod multis iam ante saeclis nullo alio de mortali homines credidissent; qui inpulsu patrum, quo illi a se invidiam interitus Romuli pellerent, in contione dixisse fertur, a se visum esse in eo colle Romulum qui nunc Quirinalis vocatur; eum sibi mandasse ut populum rogaret, ut sibi eo in colle delubrum fieret; se deum esse et Quirinum vocari.

11 (21) Videtisne igitur unius viri consilio non solum

Zweites Buch

und Musikern war und den Sagen, außer von alten Dingen, schon weniger Glauben gezollt wurde. Denn 108 Jahre, nachdem Lykurg seine Gesetze zu schreiben begann, ist die erste Olympiade angesetzt worden, von der manche, durch den Namen getäuscht, glauben, sie wäre von demselben Lykurg eingerichtet worden; den Homer aber setzen die, die das wenigste sagen, etwa dreißig Jahre vor die Zeit des Lykurg. (19) Daraus läßt sich ersehen, daß Homer sehr viele Jahre vor Romulus gelebt hatte, so daß, da die Menschen aufgeklärt und durch die Zeiten selber gebildet waren, kaum irgendein Raum fürs Erdichten war. Die alte Zeit nämlich nahm Sagen an, wenn sie auch bisweilen ⟨ungereimt⟩ erfunden waren, dieses Zeitalter aber, zumal es schon gebildet war, verspottete alles, was nicht geschehen kann, und wies es zurück.

Hesiod darauf, obwohl er viele Generationen nach Homer lebte, hat doch noch, wie feststeht, vor Romulus gelebt. Wenige Jahre nach Gründung der Stadt ist Stesichorus geboren worden, sein Enkel, (20) wie manche sagen, von einer Tochter. In dem Jahre, in dem jener gestorben ist, ist Simonides geboren worden in der 56. Olympiade. Um so leichter läßt sich darum erkennen, daß man zu einer Zeit an die Unsterblichkeit des Romulus glaubte, als das Leben der Menschen schon alt geworden und durchdacht und erkannt war. Aber in ihm war in der Tat eine solche Kraft des Geistes und männlicher Vollkommenheit, daß man dem Proculus Julius, einem bäuerischen Manne, über Romulus glaubte, was schon viele Jahre vorher die Menschen von keinem Sterblichen sonst geglaubt hätten; dieser soll auf Veranlassung der Väter, damit jene dadurch Verdacht und Haß wegen des Verschwindens des Romulus von sich abwandten, in der Volksversammlung gesagt haben, Romulus sei von ihm auf dem Hügel gesehen worden, der jetzt Quirinal heißt; er habe ihm aufgetragen, er soll das Volk bitten, daß ihm auf diesem Hügel ein Heiligtum gebaut werde; er sei ein Gott und heiße Quirinus.

11 (21) Seht ihr nun, daß durch *eines* Mannes Ratschluß

ortum novum populum, neque ut in cunabulis vagientem relictum, sed adultum iam et paene puberem?« Tum Laelius: »Nos vero videmus, et te quidem ingressum ratione ad disputandum nova, quae nusquam est in Graecorum libris. Nam princeps ille, quo nemo in scribendo praestantior fuit, aream sibi sumpsit, in qua civitatem extrueret arbitratu suo, praeclaram ille quidem fortasse, sed a vita hominum abhorrentem et moribus, (22) reliqui disseruerunt sine ullo certo exemplari formaque rei publicae de generibus et de rationibus civitatum; tu mihi videris utrumque facturus: es enim ita ingressus ut quae ipse reperias tribuere aliis malis quam, ut facit apud Platonem Socrates, ipse fingere et illa de urbis situ revoces ad rationem quae a Romulo casu aut necessitate facta sunt, et disputes non vaganti oratione, sed defixa in una re publica. Quare perge ut instituisti; prospicere enim iam videor te reliquos reges persequente quasi perfectam rem publicam.«

12 (23) »Ergo« inquit Scipio »cum ille Romuli senatus, qui constabat ex optimatibus, quibus ipse rex tantum tribuisset, ut eos patres vellet nominari patriciosque eorum liberos, temptaret post Romuli excessum ut ipse regeret sine rege rem publicam, populus id non tulit, desiderioque Romuli postea regem flagitare non destitit; cum prudenter illi principes novam et inauditam ceteris gentibus interregni ineundi rationem excogitaverunt, ut quoad certus rex declaratus esset, nec sine rege civitas nec diuturno rege es-

Zweites Buch

nicht nur ein neues Volk entstanden ist und nicht wie in
der Wiege schreiend hinterlassen, sondern schon herangewachsen und fast mannbar?« Darauf Laelius: »Wir sehen
es und auch, daß du auf einem neuen Wege in die Erörterungen getreten bist, der sich nirgends in den Büchern der
Griechen findet. Denn jener Geistesfürst, den niemand im
Schreiben übertraf, nahm sich einen Platz, um auf ihm einen Staat nach seinem Gutdünken aufzurichten, der vielleicht von seinem Standpunkt aus vorzüglich ist, aber dem
Leben der Menschen und ihren Sitten entrückt, (22) die
übrigen haben ohne jede feste Idee und Gestalt eines Gemeinwesens über die Arten und die Grundbegriffe der
Staaten Erörterungen geführt; du bist dabei, scheint mir,
beides zu tun: du hast es nämlich so angelegt, daß du lieber
anderen zuschreiben willst, was du selber findest, als es
selbst ausdenken, wie es Sokrates bei Platon macht, und
jenes über die Lage der Stadt, was von Romulus durch Zufall oder Notwendigkeit getan worden ist, auf die Vernunft zurückführst und daß du nicht in einer im leeren
Raum schweifenden Rede die Gedanken vorträgst, sondern in einer, die fest an *ein* bestimmtes Gemeinwesen
verhaftet ist. Daher fahre fort, wie du begonnen; glaube ich
doch schon, wenn du die übrigen Könige noch verfolgst,
das Gemeinwesen gleichsam vollendet im voraus vor mir zu
sehen.«

12 (23) »Als somit«, sagte Scipio, »jener Senat des Romulus, der aus den Optimaten bestand, denen der König
selbst so viel eingeräumt hatte, daß er sie Väter genannt
wissen wollte und ihre Kinder Patrizier, nach dem Scheiden des Romulus versuchte, selber das Gemeinwesen ohne
König zu lenken, ertrug das Volk das nicht, und aus Sehnsucht nach Romulus ließ es fortan nicht ab, einen König
zu fordern; da erdachten jene fürstlichen Männer klug das
neue und den übrigen Völkern unerhörte Mittel, ein In-
terregnum zu beginnen, daß, bis ein bestimmter König
verkündet wäre, der Staat nicht ohne König sei und doch
auch nicht einen einzigen dauernden König besäße und es

set uno, nec committeretur ut quisquam inveterata potestate aut ad deponendum imperium tardior esset aut ad optinendum munitior.

(24) Quo quidem tempore novus ille populus vidit tamen id quod fugit Lacedaemonium Lycurgum, qui regem non deligendum duxit, si modo hoc in Lycurgi potestate potuit esse, sed habendum, qualiscumque is foret, qui modo esset Herculi stirpe generatus; nostri illi etiam tum agrestes viderunt virtutem et sapientiam regalem, non progeniem quaeri oportere.

13 (25) Quibus cum esse praestantem Numam Pompilium fama ferret, praetermissis suis civibus regem alienigenam patribus auctoribus sibi ipse populus adscivit, eumque ad regnandum Sabinum hominem Romam Curibus accivit. Qui ut huc venit, quamquam populus curiatis eum comitiis regem esse iusserat, tamen ipse de suo imperio curiatam legem tulit, hominesque Romanos instituto Romuli bellicis studiis ut vidit incensos, existimavit eos paulum ab illa consuetudine esse revocandos.

14 (26) Ac primum agros quos bello Romulus ceperat divisit viritim civibus, docuitque sine depopulatione atque praeda posse eos colendis agris abundare commodis omnibus, amoremque eis otii et pacis iniecit, quibus facillime iustitia et fides convalescit, et quorum patrocinio maxime cultus agrorum perceptioque frugum defenditur. Idemque Pompilius et auspiciis maioribus inventis ad pristinum numerum duo augures addidit, et sacris e principum numero pontifices quinque praefecit, et animos propositis legibus

Zweites Buch

nicht zugelassen würde, daß irgendeiner, wenn seine
Macht schon älter geworden sei, entweder zu säumig
wäre, seine Befehlsgewalt abzugeben, oder zu sehr ge-
stärkt, sie festzuhalten.
(24) In dieser Zeit sah jenes junge Volk doch schon, was
dem Spartaner Lykurg entging, der meinte, ein König sei
nicht zu wählen – wofern das überhaupt in des Lykurg
Gewalt hätte sein können –, sondern man müsse jeden
nehmen, wie geartet er auch immer wäre, wenn er nur aus
dem Stamm des Herkules geboren sei; jene unsere Landsleute aber, die damals noch bäurisch waren, sahen doch,
daß man die königliche Tüchtigkeit und Weisheit suchen
müsse, nicht die Abstammung.
13 (25) Als ihnen das Gerücht zutrug, daß Numa Pompilius überragend sei, überging das Volk seine Mitbürger
und holte auf Rat der Väter einen fremdgeborenen König
herbei und rief ihn, damit er König wäre, zu sich, einen
sabinischen Mann aus Cures nach Rom! Als er hierher-
kam, brachte er doch, obwohl das Volk in den Kuriatskomitien ihn König zu sein geheißen hatte, selber über
seine Herrschaft ein Kuriatgesetz ein, und als er sah, daß
die römischen Menschen durch die Ordnung des Romulus
in kriegerischem Eifer erglüht waren, meinte er, sie müßten ein wenig von dieser Gewohnheit abgebracht werden.
14 (26) Und zuerst verteilte er die Äcker, die Romulus im
Kriege genommen hatte, Mann für Mann unter die Bürger
und lehrte sie, daß sie ohne Verwüstungen und Beute
durch Bestellung der Äcker Überfluß haben könnten an
allen Vorteilen. Er pflanzte ihnen die Liebe zu Ruhe und
Frieden ein, durch die am leichtesten Gerechtigkeit und
Treu und Glauben erstarken und unter deren Schutz am
meisten die Bestellung der Äcker und die Ernte der Feldfrucht gesichert wird. Und derselbe Pompilius hat auch
die großen Auspizien erfunden und zur früheren Zahl
zwei Auguren hinzugefügt; an die Spitze der Opfer stellte
er aus der Schar der fürstlichen Männer fünf Pontifices,
und die Gemüter sänftigte er, nachdem er Gesetze aufge-

194 *Liber secundus*

his quas in monumentis habemus ardentis consuetudine et
cupiditate bellandi religionum caerimoniis mitigavit, ad-
iunxitque praeterea flamines, Salios virginesque Vestales,
omnisque partis religionis statuit sanctissime. (27) Sa-
crorum autem ipsorum diligentiam difficilem, apparatum
perfacilem esse voluit; nam quae perdiscenda quaeque ob-
servanda essent, multa constituit, sed ea sine inpensa. Sic
religionibus colendis operam addidit, sumptum removit;
idemque mercatus ludos omnesque conveniundi causas et
celebritates invenit. Quibus rebus institutis ad humanitatem atque mansuetudinem revocavit animos hominum
studiis bellandi iam immanis ac feros. Sic ille cum unde-
quadraginta annos summa in pace concordiaque regnavisset – sequamur enim potissimum Polybium nostrum, quo
nemo fuit in exquirendis temporibus diligentior –, excessit
e vita, duabus praeclarissimis ad diuturnitatem rei publicae
rebus confirmatis, religione atque clementia.«
15 (28) Quae cum Scipio dixisset, »Verene« inquit Manilius »hoc memoriae proditum est Africane, regem istum
Numam Pythagorae ipsius discipulum aut certe Pythago-
reum fuisse? Saepe enim hoc de maioribus natu audivimus,
et ita intellegimus vulgo existimari; neque vero satis id an-
nalium publicorum auctoritate declaratum videmus.«
Tum Scipio: »Falsum est enim Manili« inquit »id totum,
neque solum fictum sed etiam imperite absurdeque fictum; ea sunt enim demum non ferenda mendacia, quae
non solum ficta esse sed ne fieri quidem potuisse cernimus.
Nam quartum iam annum regnante Lucio Tarquinio Su-
perbo Sybarim et Crotonem et in eas Italiae partis Pythagoras venisse reperitur; olympias enim secunda et sexage-

Zweites Buch   195

stellt hatte, die wir noch auf den Denkmälern haben, da
sie vor Gewohnheit und Begierde, Krieg zu führen,
brannten, durch feierliche religiöse Gebräuche. Außerdem fügte er die Flamines, die Salier und die Vestalinnen
hinzu, und alle Teile der Religion setzte er aufs heiligste
fest. (27) Die Beachtung der Opfer selber aber, wollte er,
solle schwierig, ihre Zurüstung sehr leicht sein. Denn er
setzte vieles fest, was zu lernen und was zu beobachten sei,
aber dies ohne Aufwand. So machte er den Kult mühevoll,
Aufwendungen beseitigte er. Und derselbe König hat auch
die Märkte, die Spiele und alle Gründe zusammenzukommen und Festlichkeiten erfunden. Durch Einrichtung dieser Dinge hat er die Gemüter der Menschen, die durch die
kriegerischen Leidenschaften schon roh und wild geworden waren, zu Menschlichkeit und Sanftheit zurückge-
bracht. Als er so neununddreißig Jahre in höchstem Frieden und tiefster Eintracht König gewesen war – folgen wir
nämlich am besten unserem Polybios, dem sorgfältigsten
in der Erforschung der Zeiten, den es gab –, schied er aus
dem Leben, nachdem er die zwei vortrefflichsten Dinge
zur Dauer des Gemeinwesens befestigt hatte, Gottesfurcht und Milde.«

15 (28) Als das Scipio gesagt hatte, sagte Manilius: »Ist
dies wahrheitsgemäß überliefert, Africanus, daß dieser
König Numa Schüler des Pythagoras selbst oder wenigstens Pythagoreer gewesen ist? Oft nämlich haben wir dies
von Älteren gehört und wissen, daß man allgemein so
glaubt; wir sehen aber, daß es durch die Gewähr der öffentlichen Jahrestafeln nicht genügend klar ausgesprochen
ist.« Da sagte Scipio: »Falsch ist nämlich, Manilius, das
Ganze und nicht nur erdichtet, sondern dazu töricht und
unsinnig erdichtet. Denn die Art Lügen vornehmlich ist
unerträglich, von denen wir sehen, nicht nur, daß sie erdichtet sind, sondern daß sie nicht einmal hätten geschehen können. Denn als Lucius Tarquinius Superbus schon
das vierte Jahr König war, findet man, ist Pythagoras nach
Sybaris, Kroton und diesen Teilen Italiens gekommen;

sima eadem Superbi regni initium et Pythagorae declarat adventum. (29) Ex quo intellegi regiis annis dinumeratis potest anno fere centesimo et quadragesimo post mortem Numae primum Italiam Pythagoram attigisse; neque hoc inter eos qui diligentissime persecuti sunt temporum annales, ulla est umquam in dubitatione versatum.« »Di inmortales« inquit Manilius »quantus iste est hominum et quam inveteratus error! Ac tamen facile patior non esse nos transmarinis nec inportatis artibus eruditos, sed genuinis domesticisque virtutibus.«

16 (30) »Atqui multo id facilius cognosces«, inquit Africanus, »si progredientem rem publicam atque in optimum statum naturali quodam itinere et cursu venientem videris; quin hoc ipso sapientiam maiorum statues esse laudandam, quod multa intelleges etiam aliunde sumpta meliora apud nos multo esse facta, quam ibi fuissent unde huc translata essent atque ubi primum extitissent, intellegesque non fortuito populum Romanum sed consilio et disciplina confirmatum esse nec tamen adversante fortuna.

17 (31) Mortuo rege Pompilio Tullum Hostilium populus regem interrege rogante comitiis curiatis creavit, isque de imperio suo exemplo Pompili populum consuluit curiatim. Cuius excellens in re militari gloria magnaeque extiterunt res bellicae, fecitque idem et saepsit de manubis comitium et curiam, constituitque ius quo bella indicerentur, quod per se iustissime inventum sanxit fetiali religione, ut

denn die 62. Olympiade verkündet zugleich den Anfang des Königtums des Superbus und die Ankunft des Pythagoras. (29) Daraus läßt sich, zählt man die Jahre der Königsherrschaft durch, erkennen, daß Pythagoras etwa im 140. Jahre nach dem Tode des Numa zum ersten Male Italien berührt hat; und das ist unter denen, die die Jahrestafeln der Zeiten am sorgfältigsten verfolgt haben, nie in irgendeinen Zweifel gezogen worden.« »Ihr unsterblichen Götter«, sagte Manilius, »wie groß ist doch dieser Irrtum der Menschen und wie eingewurzelt! Doch will ich's leicht tragen, daß wir nicht durch überseeische und eingeführte Künste gebildet worden sind, sondern durch angeborene und einheimische Tugenden.«

16 (30) »Das wirst du jedoch noch viel leichter erkennen«, sagte Africanus, »wenn du siehst, wie das Gemeinwesen Fortschritte macht und in den besten Zustand sozusagen auf einem natürliche Wege und Laufe kommt. Ja, gerade deshalb, wirst du behaupten, ist die Weisheit der Vorfahren zu loben, weil du erkennen wirst, daß vieles, auch wenn es anderswoher genommen wurde, bei uns viel besser gemacht worden ist, als es dort gewesen ist, woher es hierher übertragen wurde und wo es zuerst entstanden war, und du wirst erkennen, daß das römische Volk nicht zufällig, sondern durch weisen Rat und durch Zucht festgefügt wurde, freilich nicht so, daß das Glück darwider gewesen wäre.

17 (31) Als der König Pompilius tot war, hat das Volk den Tullus Hostilius auf Antrag des Zwischenkönigs in den Kuriatskomitien gewählt, und dieser hat dann über seine Herrschergewalt nach dem Beispiel des Pompilius das Volk nach Kurien befragt. Von ihm gingen aus ein hervorragender Ruhm im Kriegswesen und große Kriegstaten, und er baute auch und umzäunte aus der Beute das Komitium und die Kurie und setzte das Recht fest, wonach Kriege angesagt werden sollten; das hat er, nachdem es aus sich selbst heraus in höchster Gerechtigkeit gefunden worden war, durch den Fetialkult gesichert, daß jeder

omne bellum quod denuntiatum indictumque non esset, id iniustum esse atque inpium iudicaretur. Et ut advertatis animum quam sapienter iam reges hoc nostri viderint tribuenda quaedam esse populo – multa enim nobis de eo genere dicenda sunt –, ne insignibus quidem regiis Tullus nisi iussu populi est ausus uti. Nam ut sibi duodecim lictores cum fascibus anteire liceret ... «

(32) *De Tullo quippe etiam Hostilio, qui tertius a Romulo rex fuit, qui et ipse fulmine absumtus est, dicit in eisdem libris idem Cicero, propterea et istum non creditum in deos receptum tali morte, quia fortasse, quod erat in Romulo probatum id est persuasum, Romani vulgare noluerunt id est vile facere, si hoc et alteri facile tribueretur. (Aug. civ. 3,15.)*

18 (33) *(Lael.?)* »... ⟨neque⟩ enim serpit sed volat in optimum statum instituto tuo sermone res publica.« *(Scip.)* »Post eum Numae Pompili nepos ex filia rex a populo est Ancus Marcius constitutus, itemque de imperio suo legem curiatam tulit. Qui cum Latinos bello devicisset, adscivit

Krieg, der nicht angesagt und erklärt worden wäre, für ungerecht und ruchlos sollte gehalten werden. Und damit ihr bemerkt, wie weise schon unsere Könige gesehen haben, daß man manches dem Volke einräumen müsse – viel müssen wir nämlich noch über dieses Gebiet sagen –: sogar die königlichen Abzeichen wagte Tullus nur auf Geheiß des Volkes zu führen. Denn daß ihm erlaubt sei, daß die zwölf Liktoren mit den *fasces* vorausgingen, ⟨hat er das Volk gebeten⟩«.

Lücke von 14 Teubnerzeilen (3. Blatt des 17. Quaternio).
Macrobius (sat. 1,6) berichtet, daß Tullus Hostilius nach der Besiegung der Etrusker die »sella curulis«, die Liktoren und die gestickte Toga mit Randsaum (»toga picta atque praetexta«), die Abzeichen der etruskischen Beamten, eingeführt habe (vgl. Plin. nat. hist. 8,48; 9,39; Diod. 5,40, anders Dionys 3,61 f.). Wenn von dieser Einführung der »fasces« und seinem Tod (nach Aug. civ. 3,15) gesprochen worden ist, kann nicht sehr viel Raum für die abschließende Bemerkung geblieben sein, mit der im folgenden seine Regierung auf den Fortschritt zur besten Verfassung hin geprüft wird.

(32) *Über Tullus Hostilius freilich, den zweiten König nach Romulus, der auch vom Blitz vernichtet wurde, sagt in denselben Büchern derselbe Cicero, deshalb sei nicht geglaubt worden, auch er sei durch einen solchen Tod unter die Götter aufgenommen worden, weil die Römer vielleicht, was bei Romulus gebilligt, das heißt zur allgemeinen Überzeugung gebracht worden war, nicht trivialisieren, das heißt wertlos machen wollten, wenn das auch einem anderen leicht zugestanden würde.*

18 (33) *(Lael.?)* »… denn es schleicht nicht, sondern es fliegt das Gemeinwesen in den besten Zustand in deinem unternommenen Gespräch.« *(Scip.)* »Nach ihm ist der Enkel des Numa Pompilius von seiner Tochter vom Volke als König eingesetzt worden, Ancus Marcius, und ebenso hat auch er über seine Herrschgewalt ein Kuriatgesetz eingebracht. Als dieser die Latiner im Kriege besiegt hatte,

eos in civitatem, atque idem Aventinum et Caelium montem adiunxit urbi, quosque agros ceperat divisit, et silvas maritimas omnis publicavit quas ceperat, et ad ostium Tiberis urbem condidit colonisque firmavit. Atque ita cum tres et viginti regnavisset annos, est mortuus.« Tum Laelius: »Laudandus etiam iste rex; sed obscura est historia Romana, siquidem istius regis matrem habemus, ignoramus patrem.« *(Scip.)* »Ita est« inquit; »sed temporum illorum tantum fere regum inlustrata sunt nomina.

19 (34) Sed hoc loco primum videtur insitiva quadam disciplina doctior facta esse civitas. Influxit enim non tenuis quidam e Graecia rivulus in hanc urbem sed abundantissimus amnis illarum disciplinarum et artium. Fuisse enim quendam ferunt Demaratum Corinthium, et honore et auctoritate et fortunis facile civitatis suae principem; qui cum Corinthiorum tyrannum Cypselum ferre non potuisset, fugisse cum magna pecunia dicitur ac se contulisse Tarquinios, in urbem Etruriae florentissimam. Cumque audiret dominationem Cypseli confirmari, defugit patriam vir liber ac fortis, et adscitus est civis a Tarquiniensibus atque in ea civitate domicilium et sedes collocavit. Ubi cum de matre familias Tarquiniensi duo filios procreavisset, omnibus eos artibus ad Graecorum disciplinam eru...«

hat er sie in den Staat aufgenommen; ebenso hat er den Aventin und den Caeliusberg der Stadt angefügt und die Äcker, die er genommen, hat er verteilt und alle Wälder am Meer, die er genommen hatte, zum Staatseigentum erklärt, und an der Mündung des Tiber hat er eine Stadt gegründet und durch Siedler gefestigt. Und so ist er, als er dreiundzwanzig Jahre König gewesen war, gestorben.« Da sagte Laelius: »Zu loben ist auch dieser König; aber dunkel ist die römische Geschichte, wofern wir wirklich nur die Mutter dieses Königs haben, seinen Vater aber nicht kennen.« *(Scip.)* »So ist es«, sagte er, »aber in jenen Zeiten sind fast nur die Namen der Könige ins Licht gestellt worden.

19 (34) An dieser Stelle aber scheint mir der Staat zum ersten Male durch eine sozusagen aufgepfropfte Lehre klüger geworden zu sein. Es floß nämlich herein in diese Stadt nicht ein zartes Bächlein aus Griechenland, sondern der mächtigste Strom jener Lehren und Künste. Es sei nämlich, so berichtet man, ein gewisser Demarat gewesen, ein Korinther, an Ehre, Einfluß und Glücksgütern leicht der erste Mann in seinem Staate. Da dieser den Tyrannen der Korinther, Kypselos, nicht ertragen konnte, soll er mit großem Reichtum geflohen sein und sich nach Tarquinii, der blühendsten Stadt Etruriens, begeben haben. Als er hörte, daß die Herrschaft des Kypselos sich festigte, gab der freie und tapfere Mann seine Heimat endgültig auf, wurde von den Tarquiniensern als Bürger aufgenommen und schlug in dieser Gemeinde seinen Wohnsitz und seine Heimstätte auf. Als er dort von seiner tarquiniensischen Ehefrau zwei Söhne bekommen hatte, bild⟨ete er⟩ sie in allen Künsten nach der Weise der Griechen.«

Die Lücke von 14 Teubnerzeilen (6. Blatt des 17. Quaternio) ist von der Geschichte des Demarat und seiner Söhne ausgefüllt gewesen. Dionys (3,46–48) und Livius (1,34) berichten sie. Die beiden Söhne Aruns und Lucumo heiraten Frauen aus dem Adel von Tarquinii. Da der Vater und der Ältere sterben, erbt der jüngere Lucumo das ganze Ver-

20 (35) *(Scip.)* » ... facile in civitatem receptus esset, propter humanitatem atque doctrinam Anco regi familiaris est factus usque eo ut consiliorum omnium particeps et socius paene regni putaretur. Erat in eo praeterea summa comitas, summa in omnis civis opis auxilii defensionis largiendi etiam benignitas. Itaque mortuo Marcio cunctis populi suffragiis rex est creatus L. Tarquinius; sic enim suum nomen ex Graeco nomine inflexerat, ut in omni genere huius populi consuetudinem videretur imitatus. Isque ut de suo imperio legem tulit, principio duplicavit illum pristinum patrum numerum, et antiquos patres maiorum gentium appellavit, quos priores sententiam rogabat, a se adscitos minorum. (36) Deinde equitatum ad hunc morem constituit qui usque adhuc est retentus, nec potuit Titiensium et Rhamnensium et Lucerum mutare cum cuperet nomina, quod auctor ei summa augur gloria Attus Navius non erat. Atque etiam Corinthios video publicis equis adsignandis et alendis orborum et viduarum tributis fuisse quondam diligentis. Sed tamen prioribus equitum partibus secundis additis MDCCC fecit equites numerumque duplicavit. Postea bello subegit Aequorum magnam gentem et ferocem et rebus populi Romani imminentem, idemque Sabinos cum a moenibus urbis reppu-

mögen. Als ihm in Tarquinii die seinem Reichtum gebüh-
rende Stellung nicht gewährt wird, zieht er auf Betreiben
seiner Gattin Tanaquil mit seinem großen Haus nach
Rom, wobei ein Adler als Zeichen künftiger Königswürde
ihm eine Tiara aufs Haupt setzte. In Rom erhält er das
Bürgerrecht. Fraglich ist, ob Cicero Tanaquil oder Gaia
Caecilia als Frau genannt hat.

20 (35) *(Scip.)* »... ⟨als er⟩ ohne Schwierigkeiten in die
Bürgerschaft aufgenommen, wurde er wegen seiner Bildung und Gelehrsamkeit so sehr der vertraute Freund des
Königs Ancus, daß er als Teilhaber an allen Plänen und fast
Mitinhaber des Königtums galt. Es war in ihm außerdem
die größte Leutseligkeit und gegen alle Bürger die höchste
Großzügigkeit in Unterstützung, Hilfe, Verteidigung, ja
auch Schenken. Daher ist nach dem Tode des Marcius mit
allen Stimmen des Volks Lucius Tarquinius zum König
gewählt worden; so hatte er nämlich seinen Namen aus
dem griechischen Namen umgewandelt, um in jeder Weise
dieses Volkes Gewohnheit nachzuahmen. Und als er über
seine Herrschgewalt ein Gesetz eingebracht hatte, verdoppelte er zunächst jene frühere Zahl der Väter und
nannte die alten Väter Väter der älteren Geschlechter, die
er zuerst nach ihrer Meinung fragte, die von ihm hinzuge-
tanen Väter der jüngeren. (36) Dann baute er die Ritterschaft nach der Weise auf, die bis auf den heutigen Tag
festgehalten wurde, konnte aber die Namen Titienses,
Rhamnenses und Luceres, ob er es gleich wollte, nicht än-
dern, weil Attus Navius, ein Augur von höchstem Ruhme,
nicht die Gewähr übernahm. Und auch die Korinther,
sehe ich, sind einst sorgsam bemüht gewesen, staatliche
Pferde anzuweisen und aufzuziehen durch Steuern der
Waisen und Witwen. Dadurch jedoch, daß er dem alten
Teil der Ritter den zweiten hinzugefügt, machte er 1800
Ritter und verdoppelte ihre Zahl. Später unterwarf er im
Krieg den großen Stamm der Äquer, der wild und der
Macht des römischen Volkes gefährlich war, und ebenso
hat er, nachdem er die Sabiner von den Mauern der Stadt

lisset, equitatu fudit belloque devicit. Atque eundem primum ludos maximos, qui Romani dicti sunt, fecisse accepimus, aedemque in Capitolio Iovi optimo maximo bello Sabino in ipsa pugna vovisse faciendam, mortuumque esse cum duodequadraginta regnavisset annos.«

21 (37) Tum Laelius: »Nunc fit illud Catonis certius, nec temporis unius nec hominis esse constitutionem rei publicae; perspicuum est enim, quanta in singulos reges rerum bonarum et utilium fiat accessio. Sed sequitur is, qui mihi videtur ex omnibus in re publica vidisse plurimum.« »Ita est« inquit Scipio. »Nam post eum Servius Tullius primus iniussu populi regnavisse traditur, quem ferunt ex serva Tarquiniensi natum, cum esset ex quodam regis cliente conceptus. Qui cum famulorum ⟨in⟩ numero educatus ad epulas regis adsisteret, non latuit scintilla ingenii quae iam tum elucebat in puero; sic erat in omni vel officio vel sermone sollers. Itaque Tarquinius, qui admodum parvos tum haberet liberos, sic Servium diligebat, ut is eius vulgo haberetur filius, atque eum summo studio omnibus iis artibus quas ipse didicerat ad exquisitissimam consuetudinem Graecorum erudiit. (38) Sed cum Tarquinius insidiis Anci filiorum interisset, Serviusque ut ante dixi regnare coepisset, non iussu sed voluntate atque concessu civium, quod cum Tarquinius ex vulnere aeger fuisse et vivere falso diceretur, ille regio ornatu ius dixisset obaeratosque pecu-

Zweites Buch 205

zurückgetrieben hatte, sie mit der Reiterei geschlagen und im Krieg völlig besiegt. Und ebenderselbe hat auch, wie wir erfahren, zuerst die größten Spiele, die die römischen genannt wurden, abgehalten, und dem Jupiter Optimus Maximus auf dem Kapitol einen Tempel im Krieg gegen die Sabiner noch in der Schlacht zu bauen gelobt und ist gestorben, als er achtunddreißig Jahre König gewesen war.«

21 (37) Da sagte Laelius: »Jetzt bekommt das Wort Catos Umriß, daß die Errichtung des Gemeinwesens nicht Werk einer einzigen Zeit noch eines einzigen Mannes ist. Es ist nämlich offensichtlich, was für ein großer Zuwachs an guten und nützlichen Dingen auf die einzelnen Könige kommt. Es folgt aber der, der mir von allen im Gemeinwesen das meiste gesehen zu haben scheint.« »So ist es«, sagte Scipio, »denn nachher, wird überliefert, hat Servius Tullius als erster ohne Befehl des Volkes als König geherrscht. Dieser, heißt es, ist von einer Sklavin aus Tarquinii geboren worden, von einem Gefolgsmann des Königs empfangen. Als er, unter der Zahl der Diener aufgezogen, bei Tisch des Königs aufwartete, blieb der Funke seiner Begabung nicht verborgen, der schon damals in dem Knaben aufleuchtete; so war er in jeglicher Tätigkeit und jeglichem Gespräch geschickt. Daher liebte Tarquinius, der damals noch ziemlich kleine Kinder hatte, Servius so, daß dieser allgemein für seinen Sohn gehalten wurde, und ließ ihn in liebevollstem Bemühen in all den Künsten, die er selber gelernt hatte, nach dem Erlesensten, was bei den Griechen üblich war, unterrichten. (38) Als aber Tarquinius durch die Nachstellungen der Söhne des Ancus umgekommen war, hatte Servius, wie ich eben sagte, als König zu herrschen begonnen, nicht auf Geheiß, aber nach Willen und Zugeständnis der Mitbürger. Jener hatte nämlich, indem man fälschlich sagte, Tarquinius läge an einer Wunde krank und lebe, in königlicher Pracht Recht gesprochen, die Verschuldeten mit seinem Gelde frei gemacht und sie mit großer Leutseligkeit zur Überzeugung

206 *Liber secundus*

nia sua liberavisset multaque comitate usus iussu Tarquinii
se ius dicere probavisset, non commisit se patribus, sed
Tarquinio sepulto populum de se ipse consuluit, iussusque
regnare legem de imperio suo curiatam tulit. Et primum Etruscorum iniurias bello est ultus; ex quo cum
ma...«

22 (39) *(Scip.)* »... duodeviginti censu maximo. Deinde
equitum magno numero ex omni populi summa separato,
relicuum populum distribuit in quinque classis, seniores-
que a iunioribus divisit, eosque ita disparavit ut suffragia
non in multitudinis sed in locupletium potestate essent,
curavitque, quod semper in re publica tenendum est, ne
plurimum valeant plurimi. Quae discriptio si esset ignota
vobis, explicaretur a me; nunc rationem videtis esse talem,
ut equitum centuriae cum sex suffragiis et prima classis,
addita centuria quae ad summum usum urbis fabris tigna-
riis est data, LXXXVIIII centurias habeat; quibus e centum quattuor centuriis – tot enim reliquae sunt – octo solae
si accesserunt, confecta est vis populi universa, reliquaque
multo maior multitudo sex et nonaginta centuriarum neque excluderetur suffragiis, ne superbum esset, nec valeret
nimis, ne esset periculosum. (40) In quo etiam verbis ac

Zweites Buch 207

gebracht, daß er auf Befehl des Tarquinius Recht spreche. Da nun gab er sich nicht in die Hände der Väter, sondern, nachdem Tarquinius begraben, befragte er das Volk über sich, und geheißen, als König zu herrschen, brachte er ein Kuriatgesetz über seine Herrschgewalt ein. Und zuerst hat er die Übergriffe der Etrusker im Kriege gerächt. Als er aus ihm …«

Lücke von 14 Teubnerzeilen (3. Blatt des 18. Quaternio). Angelo Mai ergänzt (nach Dionys 4,27): »als er aus ihm einen großen Teil Land, den er den Caeretanern, den Tarquiniensern und Veientern genommen hatte, gewann, ließ er ihn unter den zuletzt aufgenommenen Bürgern verteilen«. Der lateinische Wortlaut entzieht sich natürlich noch mehr der Fixierung. Der übrige Teil der Lücke hat den Beginn der Beschreibung des »census« und der Stände enthalten.

22 (39)[16] *(Scip.)* »… achtzehn mit dem größten Vermögen. Darauf, als er die große Zahl der Ritter von der Gesamtsumme des Volkes getrennt hatte, teilte er das übrige Volk in fünf Klassen ein, trennte die Älteren von den Jüngeren und verteilte sie so, daß die Abstimmungen nicht in der Macht der Masse, sondern der Besitzenden wären, und sorgte so dafür, was in jedem Gemeinwesen festzuhalten ist, daß die meisten nicht am meisten Macht hätten. Wenn diese Einteilung euch unbekannt wäre, würde sie von mir dargelegt werden. Nun seht ihr, daß die Berechnung so ist, daß die Ritterzenturien mit den sechs Stimmen und die erste Klasse, unter Hinzufügung der Zenturie, die zum größten Nutzen für die Stadt den Zimmerleuten gegeben wurde, neunundachtzig Zenturien haben; wenn von den einhundertvier Zenturien – soviel nämlich sind übrig – nur acht hinzukommen, ist die Gesamtgewalt des Volkes geschaffen, und die übrige viel größere Menge der sechsundneunzig Zenturien würde nicht von der Abstimmung ausgeschlossen,[17] damit es nicht überheblich wäre, und sie würden nicht allzuviel vermögen, damit es nicht gefährlich wäre. (40) Dabei war er auch in den Worten und selbst in den

208 *Liber secundus*

nominibus ipsis fuit diligens; qui cum locupletis assiduos appellasset ab asse dando, eos qui aut non plus mille quingentos aeris aut omnino nihil in suum censum praeter caput attulissent, proletarios nominavit, ut ex iis quasi proles, id est quasi progenies civitatis, expectari videretur. Illarum autem sex et nonaginta centuriarum in una centuria tum quidem plures censebantur quam paene in prima classe tota. Ita nec prohibebatur quisquam iure suffragii, et is valebat in suffragio plurimum, cuius plurimum intererat esse in optimo statu civitatem. Quin etiam accensis velatis cornicinibus proletariis ... «

23 (41) Statuo esse optume constitutam rem publicam, quae ex tribus generibus illis, regali et optumati et populari, confusa modice nec puniendo inritet animum inmanem ac ferum ... *(Non. p. 342,39)*

(42) *(Scip.)* »... ⟨quinque et⟩ sexaginta annis antiquior, quod erat XXXVIIII ante primam olympiadem condita. Et antiquissimus ille Lycurgus eadem vidit fere. Itaque ista aequabilitas atque hoc triplex rerum publicarum genus videtur mihi commune nobis cum illis populis fuisse. Sed quod proprium sit in nostra re publica, quo nihil possit

Zweites Buch 209

Benennungen sorgfältig. Während er die Begüterten *assidui* nannte, vom Geben des Asses,[18] hat er diejenigen, die entweder nicht mehr als 1500 Asse Kupfer oder überhaupt nichts zu ihrer Schätzung als ihre Existenz beibrachten, Proletarier genannt, daß aus ihnen gleichsam die Nachkommenschaft, das heißt die Fortpflanzung der Gemeinde, erwartet zu werden schiene. In einer aber der sechsundneunzig Zenturien wurden jedenfalls damals mehr geschätzt als fast in der gesamten ersten Klasse. So wurde keiner vom Recht der Abstimmung ausgeschlossen, und doch hatte der bei der Abstimmung das meiste Gewicht, der das meiste Interesse daran hatte, daß der Staat im besten Zustand sei. Ja, sogar die Reserve, die Leichtbewaffneten, Bläser, Proletarier ...«

Lücke von 28 Teubnerzeilen (6. und 7. Blatt des 18. Quaternio). Zu Anfang ist noch von der Ordnung der Bürgerschaft gesprochen worden, die Servius durchführte. Nach der Erwähnung der anderen Taten des Servius, wohl besonders seiner Bautätigkeit, ist diese Ordnung, in der alle drei Elemente des Staates vertreten waren, in Beziehung zur Mischverfassung gesetzt worden. Das für das 2. Buch bezeugte Noniusfragment ist von Angelo Mai wohl mit Recht in diesen Zusammenhang gerückt worden. Darauf ist die karthagische Verfassung mit der römischen in Vergleich gesetzt worden.

23 (41) Ich behaupte, daß das Gemeinwesen am besten eingerichtet ist, das aus jenen drei Arten, der königlichen, der optimatischen und der demokratischen maßvoll verschmolzen die barbarische und wilde Gesinnung weder durch Strafen reizt ...

(42) *(Scip.)* »⟨Das hat Karthago gesehen, das fünfund-⟩ sechzig Jahre älter war, weil es neununddreißig Jahre vor der ersten Olympiade gegründet worden ist. Und auch Lykurg in uralter Zeit hat fast dasselbe gesehen. Und so scheint mir, ist diese Gleichmäßigkeit und diese dreifache Art des Gemeinwesens uns mit jenen Völkern gemeinsam gewesen; was aber in unserem Gemeinwesen besonders

210 *Liber secundus*

esse praeclarius, id persequar si potero subtilius; quod erit
eius modi, nihil ut tale ulla in re publica reperiatur. Haec
enim quae adhuc exposui ita mixta fuerunt et in hac civitate
et in Lacedaemoniorum et in Karthaginiensium, ut temperata nullo fuerint modo. (43) Nam in qua re publica est
unus aliquis perpetua potestate, praesertim regia, quamvis
in ea sit et senatus, ut tum fuit Romae cum erant reges, ut
Spartae Lycurgi legibus, et ut sit aliquod etiam populi ius,
ut fuit apud nostros reges, tamen illud excellit regium nomen, neque potest eius modi res publica non regnum et
esse et vocari. Ea autem forma civitatis mutabilis maxime
est hanc ob causam, quod unius vitio praecipitata in perni-
ciosissimam partem facillime decidit. Nam ipsum regale
genus civitatis non modo non est reprehendendum, sed
haud scio an reliquis simplicibus longe anteponendum, si
ullum probarem simplex rei publicae genus, sed ita quoad
statum suum retineat. Is est autem status, ut unius perpetua potestate et iustitia uniusque sapientia regatur salus et
aequabilitas et otium civium. Desunt omnino ei populo
multa qui sub rege est, in primisque libertas, quae non in
eo est ut iusto utamur domino, sed ut nul⟨lo⟩…«
Itaque illa praeclara constitutio Romuli cum ducentos annos et XX fere firma mansisset *(Non. p. 526,10)*
24 (44) *(Scip.)* »…ferebant. Etenim illi iniusto domino

Zweites Buch   211

ist, so daß es darüber nichts Vortrefflicheres geben kann, werde ich, wenn ich's vermag, noch schärfer verfolgen; das wird solcher Art sein, daß sich etwas Derartiges in keinem Gemeinwesen finden läßt. Das nämlich, was ich bisher dargelegt habe, war in der Weise gemischt sowohl in diesem Staate als auch in dem der Spartaner und Karthager, daß es in keiner Weise ausgeglichen war. (43) Denn in einem Gemeinwesen, in dem einer mit dauernder Macht ist, zumal königlicher, mag es in ihm auch einen Senat geben, wie es zur Königszeit in Rom war, wie in Sparta durch die Gesetze Lykurgs, und gesetzt auch, das Volk besäße einiges Recht, wie es bei unseren Königen der Fall gewesen ist, ragt doch jener Königsname heraus, und es muß ein solches Gemeinwesen notwendig ein Königtum sein und heißen. Diese Form des Staates aber ist besonders veränderlich, deswegen, weil sie durch die Verderbtheit eines einzigen gestürzt am leichtesten in die verderblichste Richtung absinkt. Denn die königliche Form des Staates an sich ist nicht nur nicht zu tadeln, sondern vielleicht den übrigen einfachen weit voranzustellen, wenn ich überhaupt eine einfache Form des Gemeinwesens billigen würde, aber nur so lange, als sie ihren Zustand beibehält. Es ist aber der Zustand, daß durch eines Mannes dauernde Macht und Gerechtigkeit und durch eines Mannes Weisheit geleitet wird das Heil, die Gleichberechtigung und die Ruhe der Bürger. Es fehlt auf jeden Fall dem Volke, das unter einem König ist, vieles und vor allem die Freiheit, die nicht darin besteht, daß wir einen gerechten Herrn haben, sondern keinen ...«

Lücke von 11 Teubnerzeilen (2. Blatt des 19. Quaternio). Hier wird vom Mord an Servius die Rede gewesen sein. Als daher die vortreffliche Verfassung des Romulus 220[19] Jahre etwa fest geblieben war, *zeigte sich an Tarquinius die Gefährlichkeit der Form des Königtums und leitete seinen Sturz ein. Dennoch erträgt das Volk seine Herrschaft trotz ihrer Ungerechtigkeit und Strenge eine Weile.*

24 (44) *(Scip.)* »... ertragen. Denn jenen ungerechten und

atque acerbo aliquamdiu in rebus gerundis prospere fortuna comitata est. Nam et omne Latium bello devicit, et Suessam Pometiam urbem opulentam refertamque cepit, et maxima auri argentique praeda locupletatus votum patris Capitolii aedificatione persolvit, et colonias deduxit, et institutis eorum a quibus ortus erat dona magnifica quasi libamenta praedarum Delphos ad Apollinem misit.

25 (45) Hic ille iam vertetur orbis, cuius naturalem motum atque circuitum a primo discite adgnoscere. Id enim est caput civilis prudentiae, in qua omnis haec nostra versatur oratio, videre itinera flexusque rerum publicarum, ut cum sciatis quo quaeque res inclinet, retinere aut ante possitis occurrere. Nam rex ille de quo loquor, primum optimi regis caede maculatus integra mente non erat, et cum metueret ipse poenam sceleris sui summam, metui se volebat; deinde victoriis divitiisque subnixus exultabat insolentia, neque suos mores regere poterat neque suorum libidines. (46) Itaque cum maior eius filius Lucretiae Tricipitini filiae Conlatini uxori vim attulisset, mulierque pudens et nobilis ob illam iniuriam sese ipsa morte multavisset, tum vir ingenio et virtute praestans L. Brutus depulit a civibus suis iniustum illud durae servitutis iugum. Qui cum privatus esset, totam rem publicam sustinuit, primusque in hac civitate docuit in conservanda civium libertate esse privatum neminem. Quo auctore et principe concitata civitas, et hac recenti querella Lucretiae patris ac propin-

Zweites Buch 213

harten Herrn begleitete ziemlich lange bei seinen Unternehmungen erfolgreich das Glück. Denn er besiegte ganz Latium im Kriege, nahm Suessa Pometia, eine mächtige und wohlgefüllte Stadt, und, durch die gewaltigste Beute an Gold und Silber bereichert, löste er das Gelübde seines Vaters durch den Bau des Kapitols[20] ein; er führte Kolonien hinaus, und nach der Sitte derer, von denen er abstammte, schickte er prächtige Geschenke gleichsam als Opfer von der Beute nach Delphi zum Apollo.

25 (45) Hier wird sich nun jener Kreis drehen, dessen natürliche Bewegung und dessen Bahn ihr von Anfang an erkennen lernen sollt. Das nämlich ist die Hauptsache der Staatsklugheit, mit der sich diese unsere ganze Rede beschäftigt, die Abläufe und Wendungen der öffentlichen Angelegenheiten zu sehen, damit ihr, wenn ihr wißt, wohin eine jede Sache neigt, sie zurückhalten oder ihr vorher begegnen könnt. Denn jener König, von dem ich spreche, war zunächst, da mit dem Blute des besten Königs befleckt, nicht unberührten Sinnes, und da er selber die schlimmste Strafe für sein Verbrechen fürchtete, wollte er, daß man ihn fürchte; dann, gestützt auf seine Siege und Reichtümer, wurde er übertrieben übermütig und konnte weder seine Sitten mehr lenken noch die Lüste der Seinen. (46) Als sein ältester Sohn daher der Lucretia, der Tochter des Tricipitinus, der Gemahlin des Conlatinus, Gewalt angetan hatte und die keusche und edle Frau wegen jenes ihr angetanen Unrechtes sich selbst mit dem Tode bestraft hatte, da hat ein Mann, der in Anlage und männlicher Vollkommenheit überragend war, Lucius Brutus, von seinen Mitbürgern jenes ungerechte Joch der harten Knechtschaft herabgeworfen. Obwohl er Privatmann war, hat er doch das ganze Gemeinwesen vertreten und hat als erster in diesem Staate gelehrt, daß in der Erhaltung der Freiheit der Bürger niemand Privatmann ist. Auf seine Veranlassung und unter seiner Führung wurde die Gemeinde erregt, und in der Folge der frischen Klage des Vaters der Lucretia und ihrer Verwandten und der Erinnerung an die

214 Liber secundus

quorum, et recordatione superbiae Tarquinii multarumque iniuriarum et ipsius et filiorum, exulem et regem ipsum et liberos eius et gentem Tarquiniorum esse iussit.
26 (47) Videtisne igitur ut de rege dominus extiterit, uniusque vitio genus rei publicae ex bono in deterrimum
conversum sit? Hic est enim dominus populi quem Graeci
tyrannum vocant; nam regem illum volunt esse, qui consulit ut parens populo conservatque eos quibus est praepositus quam optima in condicione vivendi, sane bonum
ut dixi rei publicae genus, sed tamen inclinatum et quasi
pronum ad perniciosissimum statum. (48) Simul atque
enim se inflexit hic rex in dominatum iniustiorem, fit continuo tyrannus, quo neque taetrius neque foedius nec dis
hominibusque invisius animal ullum cogitari potest; qui
quamquam figura est hominis, morum tamen inmanitate
vastissimas vincit beluas. Quis enim hunc hominem rite
dixerit, qui sibi cum suis civibus, qui denique cum omni
hominum genere nullam iuris communionem, nullam humanitatis societatem velit? Sed erit hoc de genere nobis
alius aptior dicendi locus, cum res ipsa admonuerit, ut in
eos dicamus qui etiam liberata iam civitate dominationes
adpetiverunt.
27 (49) Habetis igitur primum ortum tyranni; nam hoc
nomen Graeci regis iniusti esse voluerunt; nostri quidem
omnes reges vocitaverunt, qui soli in populos perpetuam
potestatem haberent. Itaque et Spurius Cassius et M.
Manlius et Spurius Maelius regnum occupare voluisse dicti
sunt, et modo ...«

Zweites Buch 215

Überhebung des Tarquinius und die vielen Übergriffe von ihm selbst und seinen Söhnen hieß sie den König selbst, seine Kinder und das Geschlecht der Tarquinier in die Verbannung gehen.

26 (47) Seht ihr also, wie aus dem König der Gewaltherr entstanden und durch die Verderbtheit des einen die Art des Gemeinwesens aus einer guten in die schlechteste sich gewandelt hat? Das ist nämlich der Gewaltherr des Volkes, den die Griechen Tyrannen nennen; denn König, so wollen sie, sei der, der wie ein Vater für sein Volk sorgt und die, an deren Spitze er gestellt ist, in der möglichst besten Lebensbedingung bewahrt, wirklich eine gute Form, wie gesagt, des Gemeinwesens, aber doch geneigt und gleichsam bereit zum Sturze in den verderblichsten Zustand. (48) Sobald sich nämlich dieser König zu einer ungerechten Gewaltherrschaft wendet, entsteht sogleich der Tyrann, das scheußlichste, schmutzigste und Göttern und Menschen verhaßteste Lebewesen, das sich überhaupt denken läßt. Obwohl von Gestalt ein Mensch, übertrifft er doch durch die Ungeheuerlichkeit des Charakters die ungeschlachtesten Untiere. Denn wer könnte den mit Recht einen Menschen nennen, der zwischen sich und seinen Mitbürgern, der schließlich mit dem ganzen Menschengeschlecht keine Gemeinschaft des Rechtes, keine Verbundenheit in der Menschlichkeit haben will? Aber wir werden eine passendere Stelle haben, über diese Art zu sprechen, wenn die Sache selbst uns mahnen wird, gegen die zu reden, die sogar nach der erfolgten Befreiung der Bürgerschaft noch Herrschaft durch Gewalt erstrebt haben.

27 (49) So habt ihr also die erste Entstehung des Tyrannen; denn das ist der Name für den ungerechten König, wie die Griechen wollten. Die Unsern freilich haben alle Könige genannt, die allein über Völker dauernde Gewalt hatten; daher heißt es, haben Spurius Cassius, Marcus Manlius, Spurius Maelius Königsherrschaft in Besitz nehmen wollen und eben ...«

216 *Liber secundus*

28 (50) *(Scip.)* »... ⟨La⟩cedaemone appellavit, nimis is quidem paucos, XXVIII, quos penes summam consilii voluit esse, cum imperii summam rex teneret; ex quo nostri idem illud secuti atque interpretati, quos senes ille appellavit, nominaverunt senatum, ut etiam Romulum patribus lectis fecisse diximus; tamen excellit atque eminet vis potestas nomenque regium. Inperti etiam populo potestatis aliquid, ut et Lycurgus et Romulus: non satiaris eum libertate, sed incenderis cupiditate libertatis, cum tantum modo potestatem gustandi feceris; ille quidem semper inpendebit timor, ne rex, quod plerumque evenit, exsistat iniustus. Est igitur fragilis ea fortuna populi, quae posita est in unius ut dixi antea voluntate vel moribus.

29 (51) Quare prima sit haec forma et species et origo tyranni inventa nobis in ea re publica quam auspicato Romulus condiderit, non in illa quam ut perscripsit Plato sibi ipse Socrates [peripeateto] illo in sermone depinxerit, ut ⟨perspiciatis⟩ quem ad modum Tarquinius non novam potestatem nactus, sed quam habebat usus iniuste, totum genus hoc regiae civitatis everterit; sit huic oppositus alter, bonus et sapiens et peritus utilitatis dignitatisque civi-

Lücke von 14 Teubnerzeilen (7. Blatt des 19. Quaternio).
Mit »et modo« ist Scipio auf die Gegenwart und Tiberius
Gracchus zu sprechen gekommen. Zu Beginn des Erhalte-
nen wird von der Einrichtung der Geronten durch Lykurg
in Sparta gesprochen. Der Zwischengedanke muß sein, daß
man mit dieser Maßnahme, der Einrichtung eines Rates
und einer – im erhaltenen Text – freilich ungenügenden
und das Volk nur freiheitsdurstig machenden Beteiligung
des Volkes, zwar versuchte, den Gefahren des Königtums
zu steuern, daß dies aber bei der Herrschaft einzelner nicht
gelingt.

28 (50) *(Scip.)* »... in Sparta ernannt,[21] und zwar allzu
wenige, achtundzwanzig, bei denen nach seinem Willen
die letzte Entscheidung im Rat sein sollte, während der
König die höchste Macht in der Herrschaft behielt; worauf die Unsern ebenjenes nachgeahmt und verdolmetscht
haben. Die jener Greise hieß, nannten sie Senat, wie es sogar schon Romulus mit der Wahl der Väter getan hatte,
wie wir sagten; dennoch überragt und überwiegt Gewalt,
Macht und Name des Königs. Gib auch dem Volke etwas
Macht wie Lykurgus und Romulus: du sättigst es nicht mit
der Freiheit, sondern entzündest es in der Begierde nach
Freiheit, wenn du nur die Möglichkeit, sie zu kosten, gegeben hast; jene Furcht wird immer drohen, daß der König, was meist geschieht, ungerecht wird. Gebrechlich also
ist das Glück des Volkes, das ruht in *eines* Mannes Willen
und Charakter, wie ich vorher gesagt habe.

29 (51) Daher sei dies die erste Form, Gestalt und Entstehung des Tyrannen, auf die wir in unserem Gemeinwesen
stießen, das Romulus unter Anstellung einer Vogelschau
gegründet hat, nicht in jenem, das, wie Platon aufzeich-
nete, Sokrates in jenem Gespräch sich selbst ausmalte, damit ihr durchschaut, wie Tarquinius, ohne eine neue
Macht zu erlangen, sondern die, die er hatte, ungerecht
ausübend, diese ganze Form des königlichen Staates zugrunde richtete; ihm sei entgegengestellt der andere, der
Gute und Weise und sich auf den Nutzen und die Würde

218   *Liber secundus*

lis, quasi tutor et procurator rei publicae; sic enim appelle-
tur quicumque erit rector et gubernator civitatis. Quem
virum facite ut agnoscatis; iste est enim qui consilio et
opera civitatem tueri potest. Quod quoniam nomen minus
est adhuc tritum sermone nostro, saepiusque genus eius
hominis erit in reliqua nobis oratione trac⟨tandum⟩ …«
30 (52) *(Scip.)* »…sas requisivit, civitatemque optandam
magis quam sperandam, quam minimam potuit, non quae

Zweites Buch 219

der Bürger Verstehende, gleichsam ein Beschützer und Betreuer des Gemeinwesens; so soll nämlich jeder genannt werden, der ein Lenker und Steuermann der Gemeinde ist. Sorgt, daß ihr diesen Mann erkennt; der ist's nämlich, der durch Rat und tätige Bemühung die Bürgerschaft zu schützen vermag. Da ja dieser Name bisher in unserer Sprache weniger gebräuchlich ist und wir häufiger die Art dieses Mannes in dem übrigen Gespräch behandeln müssen ...«

Lücke von 84 Teubnerzeilen (die 6 inneren Blätter des 20. Quaternio). Da der Name, d. h. der Begriff des »tutor et procurator rei publicae«, den es zu erkennen gilt, hat Cicero wahrscheinlich Scipio eine Wesensumschreibung dieses Bürgers geben lassen. Die allgemeinen Erörterungen über den Tyrannen und sein Gegenbild müssen weitergegangen sein; denn erst 2,53 wird von weiteren Maßnahmen des Staates nach Vertreibung des Tarquinius gesprochen. Cicero hat also die Befreiungstat des Brutus zum Anlaß genommen, die beiden Männer, den Tyrannen und den Staatsmann, den Egoisten und den für die Gemeinschaft Tätigen, einander entgegenzustellen. Der Gedankengang ist offenbar von Cicero ganz eigentümlich und ohne Vorbild gestaltet. 2,47, 2,49 und 2,51 setzen jeweils neu ein, den Begriff des Tyrannen immer wieder umkreisend, 1. Stufe: Klärung des Begriffs; 2. erste Entstehung mit dem Hinweis, daß der Typus jederzeit auftauchen kann; 3. Vergleich mit Platon, der den Tyrannen in seinem Gedankenbilde, nicht in einem historischen Staate betrachtet hat. So ist es wahrscheinlich, daß nach der Schilderung des Staatsmannes der Vergleich mit dem Tyrannen bei Platon vielleicht mit dem Gegenbild des Philosophen gezogen wurde. Zum Schluß mündet diese Darlegung in dieselbe grundsätzliche Auseinandersetzung mit Platon ein wie am Anfang.

30 (52) *(Scip.)* ». . . verlangte, und schuf eine Bürgerschaft, die man mehr wünschen als erhoffen darf, so klein er konnte, nicht eine, die wirklich existieren könnte, sondern

posset esse, sed in qua ratio rerum civilium perspici posset,
effecit. Ego autem, si modo consequi potuero, rationibus
eisdem quas ille vidit non in umbra et imagine civitatis sed
in amplissima re publica enitar, ut cuiusque et boni publici
et mali causam tamquam virgula videar attingere. Iis enim
regiis quadraginta annis et ducentis paulo cum interregnis
fere amplius praeteritis expulsoque Tarquinio tantum
odium populum Romanum regalis nominis tenuit, quantum tenuerat post obitum vel potius excessum Romuli desiderium. Itaque ut tum carere rege, sic pulso Tarquinio
nomen regis audire non poterat. Hic facultatem cum ...«

31 (53) *Hinc est quod regalem dominationem non ferentes
annua imperia binosque imperatores sibi fecerunt, qui con-*

Zweites Buch

eine, an der sich das Wesen der Staatsangelegenheiten durchschauen ließe. Ich aber, wofern ich es erreichen kann, werde mit denselben Prinzipien, die jener sah, nicht an einem Schattenbild von Staat, sondern an dem umfangreichsten Gemeinwesen danach streben, daß ich wie mit einer Wünschelrute die Ursache eines jeglichen Gutes und Übels im Staate zu berühren scheine. Nachdem die 240 Jahre Königsherrschaft – mit dem Zwischenkönigtum noch etwas mehr – vergangen und Tarquinius vertrieben war, hatte ein solcher Haß gegen den Königsnamen das römische Volk erfaßt, wie es Sehnsucht nach dem Hingang oder besser Heimgang des Romulus befallen hatte. Wie es daher einen König damals nicht entbehren, so konnte es nach Vertreibung des Tarquinius den Namen König nicht hören. Als dieser die Möglichkeit ...«

Lücke von 112 Teubnerzeilen, d. h. den 8 Blättern des 21. Quaternio. Sie auszufüllen, wird man über Vermutungen nicht hinauskommen. Es scheinen die Ereignisse nach der Vertreibung des Tarquinius (zu ergänzen: »hic facultatem cum recuperandi regni nactus esset«?) behandelt worden zu sein. Die allerdings nicht mit Sicherheit auf Cic. rep. zurückführbare Äußerung des Augustin (civ. 5,12), wofern sie hier ihren Platz hat, deutet darauf hin, daß der Neueinrichtung der »res publica« gesprochen wurde. Darauf weist die zusammenfassende Charakterisierung 2,56. Nach Schilderung der Kämpfe nach der Vertreibung der Könige und der Einrichtung des Staates ist von dem königsfeindlichen Geist dieser Verfassung die Rede gewesen. Dieser Geist (vgl. das anaphorische »hac mente« 2,53) hat dann zu den Maßnahmen geführt, die 2,53–55 dargestellt werden. »lex illa« wohl von dem Gesetz, daß Tarquinius sein Besitz zurückgegeben werden sollte, das nach dem Versuch seiner Rückkehr aufgehoben wurde (vgl. Dionys 5,6,13, Liv. 2,5).

31 (53) Darum richteten sie, weil sie königliche Herrschaft nicht ertrugen, sich jährlich wechselnde Führung und zwei Befehlshaber ein, die Konsuln – von consu-

222   *Liber secundus*

sules appellati sunt a consulendo, non reges aut domini a
regnando atque dominando. (Aug. civ. 5,12)
(Scip.) »… lex illa tota sublata est. Hac mente tum nostri
maiores et Conlatinum innocentem suspicione cognatio-
nis expulerunt, et reliquos Tarquinios offensione nominis;
eademque mente P. Valerius et fasces primus demitti iussit, cum dicere in contione coepisset, et aedis suas detulit
sub Veliam, posteaquam, quod in excelsiore loco Veliae
coepisset aedificare eo ipso ubi rex Tullus habitaverat, su-
spicionem populi sensit moveri; idemque, in quo fuit ›Publicola‹ maxime, legem ad populum tulit eam quae centuriatis comitiis prima lata est, ne quis magistratus civem
Romanum adversus provocationem necaret neve verbera-
ret. (54) Provocationem autem etiam a regibus fuisse de-
clarant pontificii libri, significant nostri etiam augurales,
itemque ab omni iudicio poenaque provocari licere indi-
cant XII tabulae conpluribus legibus; et quod proditum
memoriae est, Xviros qui leges scripserint sine provocatione creatos, satis ostendit reliquos sine provocatione
magistratus non fuisse; Lucique Valeri Potiti et M. Horati
Barbati, hominum concordiae causa sapienter popu-
larium, consularis lex sanxit ne qui magistratus sine provocatione crearetur; neque vero leges Porciae, quae tres sunt
trium Porciorum ut scitis, quicquam praeter sanctionem
attulerunt novi. (55) Itaque Publicola lege illa de provocatione perlata statim securis de fascibus demi iussit, postri-

lere = sorgen –, nicht Könige oder Herren – von regieren
und herrschen abgeleitet –, genannt worden sind.
(Scip.) »… Jenes ganze Gesetz ist damals aufgehoben
worden. In dieser Gesinnung haben damals unsere Vorfahren den unschuldigen Conlatinus nur auf Verdacht wegen der Verwandtschaft hin und die übrigen Tarquinier
wegen des verhaßten Namens aus dem Staate getrieben; in
derselben Gesinnung hat Publius Valerius als erster die
fasces senken lassen, als er in der Volksversammlung zu
sprechen begonnen hatte, und verlegte sein Haus an den
Fuß der Velia, nachdem er gemerkt hatte, daß der Verdacht des Volkes erregt wurde, weil er an einer etwas er-
höhten Stelle der Velia zu bauen begonnen hatte, eben an
der, wo der König Tullus gewohnt hatte. Ebenso brachte
er – worin er ganz besonders seinem Namen ›Publicola‹
Ehre machte – ein Gesetz beim Volke ein, und zwar das,
das als erstes in den Zenturiatskomitien eingebracht
wurde, daß kein Beamter einen römischen Bürger gegen
seine Berufung töten oder schlagen dürfe. (54) Daß es Berufung aber sogar gegen die Könige gab, zeigen die Bücher
der Pontifices, geben auch unsere Auguralbücher an, und
ebenso zeigen die XII Tafeln in mehreren Gesetzen, daß
man gegen jedes Urteil und jede Strafe Berufung einlegen
dürfe: und wenn dem Gedächtnis überliefert ist, daß die
zehn Männer, die die Gesetze schrieben, ohne Berufung
gewählt worden seien, so zeigt das zur Genüge, daß bei
den übrigen Beamten Berufung möglich gewesen ist. Das
konsularische Gesetz des Lucius Valerius Potitus und des
Marcus Horatius Barbatus, Männern, die um der Eintracht willen weise dem Volke entgegenkamen, setzte fest,
daß kein Beamter ohne die Möglichkeit der Berufung gegen ihn gewählt werden dürfe; die Porcinischen Gesetze
aber – es sind drei von den drei Porciern, wie ihr wißt –
brachten nichts Neues hinzu außer der Strafandrohung.
(55) Daher befahl Publicola, als er jenes Gesetz über die
Berufung durchgebracht hatte, daß sogleich die Beile aus
den Bündeln genommen werden sollten, und am folgen-

224 *Liber secundus*

dieque sibi collegam Sp. Lucretium subrogavit, suosque ad
eum quod erat maior natu lictores transire iussit, instituit-
que primus ut singulis consulibus alternis mensibus lictores praeirent, ne plura insignia essent imperii in libero populo quam in regno fuissent. Haud mediocris hic ut ego
quidem intellego vir fuit, qui modica libertate populo data
facilius tenuit auctoritatem principum. Neque ego haec
nunc sine causa tam vetera vobis et tam obsoleta decanto,
sed inlustribus in personis temporibusque exempla hominum rerumque definio, ad quae reliqua oratio dirigatur
mea.

32 (56) Tenuit igitur hoc in statu senatus rem publicam
temporibus illis, ut in populo libero pauca per populum,
pleraque senatus auctoritate et instituto ac more gere-
rentur, atque uti consules potestatem haberent tempore
dumtaxat annuam, genere ipso ac iure regiam. Quodque
erat ad obtinendam potentiam nobilium vel maximum,
vehementer id retinebatur, populi comitia ne essent rata
nisi ea patrum adprobavisset auctoritas. Atque his ipsis
temporibus dictator etiam est institutus decem fere annis
post primos consules, T. Larcius, novumque id genus imperii visum est et proximum similitudini regiae. Sed tamen
omnia summa cum auctoritate a principibus cedente populo tenebantur, magnaeque res temporibus illis a fortissimis viris summo imperio praeditis, dictatoribus atque
consulibus, belli gerebantur.

33 (57) Sed id quod fieri natura rerum ipsa cogebat, ut
plusculum sibi iuris populus adsciceret liberatus a regi-

Zweites Buch 225

den Tage ließ er sich als Kollegen Spurius Lucretius hinzuwählen und ließ seine Liktoren zu ihm gehen, weil er älter war. Und er bestimmte als erster, daß einem Konsul monatlich abwechselnd die Liktoren vorangehen sollten, damit es in einem freien Volke nicht mehr Abzeichen der Herrschaft gäbe, als es unter dem Königtum gegeben hätte. Es war dieser kein durchschnittlicher Mann, soweit ich wenigstens erkennen kann; indem er dem Volke eine maßvolle Freiheit gab, hielt er um so leichter das Ansehen der führenden Männer fest. Und ich leiere euch diese so alten und verstaubten Dinge nicht ohne Grund jetzt her, sondern in berühmten Personen und Zeiten zeichne ich scharf Beispiele von Menschen und Dingen, nach denen sich meine übrige Rede richten kann.

32 (56) Es hielt also in diesem Zustand der Senat das Gemeinwesen zu jener Zeit in der Hand, derart, daß bei aller Freiheit des Volkes wenig durch das Volk, das meiste nach Ansehen, Einrichtung und Gewohnheit des Senates ausgeführt wurde, und die Konsuln eine Macht hatten, die der Zeit nach auf ein Jahr begrenzt, der Art und dem Recht nach königlich war. Und was, um die Macht der Adligen zu behaupten, wohl von der größten Bedeutung war, das wurde heftig festgehalten: daß die Versammlungen des Volkes nicht gültig wären, wenn sie nicht das Ansehen der Väter gebilligt hatte. Und zu ebendieser Zeit ist auch ein Diktator ernannt worden, etwa zehn Jahre nach den ersten Konsuln, Titus Larcius, und neu schien diese Form der Herrschaft und der Ähnlichkeit mit der königlichen am nächsten. Aber alles wurde doch unter größtem Ansehen von den fürstlichen Männern, während das Volk nachgab, in der Hand behalten, und große Dinge wurden zu jenen Zeiten von den tapfersten Männern, die höchste Befehlsgewalt hatten, als Diktatoren und Konsuln im Kriege durchgeführt.

33 (57) Aber das, dessen Geschehen die Natur der Dinge selber erzwang, daß das Volk etwas mehr Recht beanspruchte, nachdem es von den Königen frei war, hat es

226 *Liber secundus*

bus, non longo intervallo, sexto decimo fere anno, Postumo Cominio Sp. Cassio consulibus consecutus est; in quo defuit fortasse ratio, sed tamen vincit ipsa rerum publicarum natura saepe rationem. Id enim tenetote quod initio dixi, nisi aequabilis haec in civitate conpensatio sit et iuris et officii et muneris, ut et potestatis satis in magistratibus et auctoritatis in principum consilio et libertatis in populo sit, non posse hunc incommutabilem rei publicae conservari statum. (58) Nam cum esset ex aere alieno commota civitas, plebs montem sacrum prius, deinde Aventinum occupavit. Ac ne Lycurgi quidem disciplina tenuit illos in hominibus Graecis frenos; nam etiam Spartae regnante Theopompo sunt item quinque quos illi ephoros appellant, in Creta autem decem qui cosmoe vocantur, ut contra consulare imperium tribuni plebis, sic illi contra vim regiam constituti.

34 (59) Fuerat fortasse aliqua ratio maioribus nostris in illo aere alieno medendi, quae neque Solonem Atheniensem non longis temporibus ante fugerat neque post aliquanto nostrum senatum, cum sunt propter unius libidinem omnia nexa civium liberata nectierque postea desitum; semperque huic generi, cum plebes publica calamitate inpendiis debilitata deficeret, salutis omnium causa aliqua sublevatio et medicina quaesita est. Quo tum consilio praetermisso causa populo nata est, duobus tribunis plebis per seditionem creatis ut potentia senatus atque auctoritas minueretur; quae tamen gravis et magna remanebat, sapientissimis et fortissimis et armis et consilio civitatem tuentibus, quorum auctoritas maxime florebat, quod cum honore longe antecellerent ceteris, voluptatibus

nach einem nicht langen Zwischenraum, etwa im 16. Jahre unter dem Konsulat des Postumus Cominius und des Spurius Cassius erreicht; darin lag vielleicht kein Sinn, aber häufig siegt doch die Natur der öffentlichen Angelegenheiten selber über den Sinn. Das nämlich haltet fest, was ich zu Anfang sagte: wenn diese Verteilung von Recht, Pflicht und Aufgabe im Staate nicht ausgeglichen ist, so daß genügend Macht bei den Beamten, Ansehen im Rat der führenden Männer und Freiheit beim Volke ist, daß dann dieser unveränderliche Zustand des Gemeinwesens nicht bewahrt werden kann. (58) Denn als die Bürgerschaft infolge der Schulden erregt war, besetzte das Volk zuerst den heiligen Berg, darauf den Aventin. Und auch die Ordnung des Lykurg behielt jene Zügel bei griechischen Menschen nicht in der Hand; denn auch in Sparta unter König Theopomp sind ebenso fünf, die jene Ephoren heißen, in Kreta aber zehn, die Kosmoi genannt werden, wie gegen die Befehlsgewalt der Konsuln die Volkstribunen, so jene gegen die Königsgewalt eingerichtet worden.

34 (59) Es hätte vielleicht für unsere Vorfahren irgendeinen Weg zur Heilung bei diesen Schulden gegeben, der Solon, dem Athener, nicht lange zuvor nicht entgangen war und viel später unserem Senat nicht, als wegen der Willkür eines einzigen alle Leibeshaftungen der Bürger aufgehoben worden sind und man aufhörte, später welche aufzuerlegen; und immer ist für diese Art, wenn das Volk bei schlimmer Lage des Staates von den Steuern geschwächt an Kraft verlor, um des Heiles aller willen eine Erleichterung und ein Heilmittel gesucht worden. Diese vernünftige Lösung wurde damals versäumt, und so entstand für das Volk Ursache, indem zwei Volkstribunen im Zerwürfnis gewählt wurden, die Macht und das Ansehen des Senates zu vermindern; es blieb aber doch noch gewichtig und groß, da die Weisesten und Tapfersten mit Waffen und Rat die Gemeinde schützten; ihr Ansehen gedieh deshalb besonders, weil sie, ob sie gleich an Ehre die

erant inferiores nec pecuniis ferme superiores; eoque erat
cuiusque gratior in re publica virtus, quod in rebus privatis
diligentissime singulos cives opera consilio re tuebantur.
35 (60) Quo in statu rei publicae Sp. Cassium de occu-
pando regno molientem, summa apud populum gratia
florentem, quaestor accusavit, eumque ut audistis cum pater in ea culpa esse conperisse se dixisset, cedente populo
morte mactavit. Gratamque etiam illam legem quarto cir-
citer et quinquagesimo anno post primos consules de
multa et sacramento Sp. Tarpeius et A. Aternius consules
comitiis centuriatis tulerunt. Annis postea XX ex eo quod
L. Papirius P. Pinarius censores multis dicendis vim ar-
mentorum a privatis in publicum averterant, levis aes-
tumatio pecudum in multa lege C. Iuli P. Papiri consulum
constituta est.
36 (61) Sed aliquot ante annis, cum summa esset auctoritas
in senatu populo patiente atque parente, inita ratio est ut
et consules et tribuni pl. magistratu se abdicarent, atque ut
Xviri maxima potestate sine provocatione crearentur, qui
et summum imperium haberent et leges scriberent. Qui
cum X tabulas summa legum aequitate prudentiaque
conscripsissent, in annum posterum decemviros alios sub-
rogaverunt, quorum non similiter fides nec iustitia lau-
data. Quo tamen e collegio laus est illa eximia C. Iuli, qui
hominem nobilem L. Sestium, cuius in cubiculo ecfossum
esse se praesente corpus mortuum diceret, cum ipse po-

Zweites Buch 229

anderen weit überragten, an Genüssen ihnen nachstanden und an Reichtümern ihnen kaum überlegen waren; und um so willkommener war eines jeden Tüchtigkeit im Gemeinwesen, weil sie in Privatangelegenheiten aufs sorgfältigste jeden einzelnen Bürger mit Rat und Tat und ihren Mitteln schützten.

35 (60) In diesem Stand des Gemeinwesens hat den Sp. Cassius, der sich des Königtums zu bemächtigen suchte, ihn, der beim Volke in höchster Beliebtheit stand, der Quästor angeklagt und ihn, wie ihr wißt, als sein Vater ausgesagt hatte, er habe erfahren, er sei dessen schuldig, mit dem Tode bestraft, indem das Volk nachgab. Und willkommen war auch jenes Gesetz, das im 54. Jahr etwa nach den ersten Konsuln die Konsuln Spurius Tarpeius und Aulus Aternius über die Geldbuße und das Haftgeld in den Zenturiatkomitien einbrachten. Zwanzig Jahre später ist deshalb, weil Lucius Papirius und Publius Pinarius als Zensoren durch Bestimmung von Geldbußen die Masse des Großviehs von den Privatleuten in Staatsbesitz abgezogen hatten, eine niedrige Schätzung des Viehs bei der Geldbuße durch das Gesetz der Konsuln Gaius Julius und Publius Papirius festgesetzt worden.

36 (61) Aber mehrere Jahre vorher, als beim Senat höchstes Ansehen war, während das Volk es ertrug und gehorchte, wurde der Plan gefaßt, daß die Konsuln und Volkstribunen sich ihres Amtes begeben und Zehn-Männer mit größter Gewalt ohne Berufungsmöglichkeit gewählt werden sollten, die die höchste Befehlsgewalt innehätten und Gesetze schrieben. Als diese die Zehn-Tafeln mit größter Gerechtigkeit und Weisheit der Gesetze aufgezeichnet hatten, wählten sie für das zweite Jahr andere Zehn-Männer nach, deren Gerechtigkeit und Verläßlichkeit nicht in ähnlicher Weise gelobt wurden. Aus diesem Kollegium ragt der Ruhm des Gaius Julius hervor, der von einem vornehmen Mann, dem Lucius Sestius, in dessen Schlafgemach, wie er angab, in seiner Gegenwart eine Leiche ausgegraben wurde, doch Bürgen forderte, obwohl er

230 *Liber secundus*

testatem summam haberet, quod decemvirum unus sine provocatione esset, vades tamen poposcit, quod se legem illam praeclaram neglecturum negaret, quae de capite civis Romani nisi comitiis centuriatis statui vetaret.

37 (62) Tertius est annus Xviralis consecutus, cum idem essent nec alios subrogare voluissent. In hoc statu rei publicae, quem dixi iam saepe non posse esse diuturnum, quod non esset in omnis ordines civitatis aequabilis, erat penes principes tota res publica, praepositis Xviris nobilissimis, non oppositis tribunis plebis, nullis aliis adiunctis magistratibus, non provocatione ad populum contra necem et verbera relicta. (63) Ergo horum ex iniustitia subito exorta est maxima perturbatio et totius commutatio rei publicae; qui duabus tabulis iniquarum legum additis, quibus etiam quae diiunctis populis tribui solent conubia, haec illi ut ne plebei cum patribus essent, inhumanissima lege sanxerunt, quae postea plebiscito Canuleio abrogata est, libidinose[que] omni imperio et acerbe et avare populo praefuerunt. Nota scilicet illa res et celebrata monumentis plurimis litterarum, cum Decimus quidam Verginius virginem filiam propter unius ex illis Xviris intemperiem in foro sua manu interemisset, ac maerens ad exercitum qui tum erat in Algido confugisset, milites bellum illud quod erat in manibus reliquisse, et primum montem sacrum, sicut erat in simili causa antea factum, deinde Aventinum ar⟨matos⟩ …«

Zweites Buch   231

selber die höchste Gewalt hatte, da er einer der Zehn-Männer ohne Berufungsmöglichkeit war. Er sagte, er werde jenes vortreffliche Gesetz nicht mißachten, das über das Leben eines römischen Bürgers die Entscheidung nur in den Zenturiatskomitien treffen ließe.

37 (62) Es folgte das dritte Jahr der Zehn-Männer, wobei dieselben blieben und sie keine anderen an ihre Stelle hatten wählen wollen. In diesem Zustand des Gemeinwesens, von dem ich schon mehrfach gesagt habe, er könne nicht dauernd sein, weil er nicht gegen alle Stände der Bürgerschaft gleichmäßig gerecht wäre, lag das ganze Gemeinwesen bei den fürstlichen Männern, wobei an der Spitze die Zehn-Männer standen aus höchstem Adel, keine Volkstribunen entgegengestellt, keine anderen Beamten ihnen beigegeben waren und keine Berufung an das Volk gegen Tötung und Schläge übriggelassen war. (63) Also entstand aus der Ungerechtigkeit dieser Männer plötzlich der größte Umsturz und eine Veränderung des ganzen Gemeinwesens. Sie fügten zwei Tafeln ungerechter Gesetze hinzu, in denen sie sogar das Recht der Ehe, das man fremden Völkern zu gestatten pflegt, zwischen dem Volke und den Vätern in einem ganz unmenschlichen Gesetz aufhoben – später wurde es durch den Canulejischen Volksentscheid außer Kraft gesetzt –, und standen mit aller Befehlsgewalt willkürlich, scharf und habgierig dem Volke vor. Bekannt ist ja die Sache und in sehr vielen Denkmälern der Schriften gerühmt, wie ein Decimus Verginius seine jungfräuliche Tochter wegen der Unbeherrschtheit eines der Zehn-Männer auf dem Forum mit eigener Hand tötete, in seinem Schmerz zum Heere, das damals auf dem Algidus stand, floh, die Soldaten den Krieg, mit dem sie gerade beschäftigt waren, sein ließen und zuerst den heiligen Berg, wie es in ähnlicher Sache schon vorher geschehen war, darauf den Aventin ⟨bewaffnet besetzten ...⟩ «

Lücke von 56 Teubnerzeilen (4 innere Blätter des 23. Quaternio). Der Sturz der »decemviri« und ihre Bestra-

232 Liber secundus

dictatore L. Quinctio dicto. *(Serv. georg.* 3,125)

*

(Scip.) »... ⟨maio⟩res nostros et probavisse maxime et re-
tinuisse sapientissime iudico.«
38 (64) Cum ea Scipio dixisset silentioque omnium reliqua eius expectaretur oratio, tum Tubero: »Quoniam nihil
ex te Africane hi maiores natu requirunt, ex me audies quid
in oratione tua desiderem.« »Sane« inquit Scipio, »et libenter quidem.« Tum ille *(Tub.)*: »Laudavisse mihi videris
nostram rem publicam, cum ex te non de nostra sed de
omni re publica quaesisset Laelius. Nec tamen didici ex
oratione tua, istam ipsam rem publicam quam laudas qua
disciplina quibus moribus aut legibus constituere vel conservare possimus.«
39 (65) Hic Africanus: »Puto nobis mox de instituendis
et conservandis civitatibus aptiorem Tubero fore disse-
rundi locum; de optimo autem statu equidem arbitrabar
me satis respondisse ad id quod quaesierat Laelius. Pri-

Zweites Buch 233

fung ist gefolgt und im Anschluß daran wohl das, was aus der Geschichte – Livius, 3. und 4. Buch – dieses Zeitraumes für die gemischte Verfassung und den Endzustand noch von Bedeutung war. Aus einem Brief an Atticus (6,1,8) ist ersichtlich, daß von dem »scriba« Cn. Flavius gesprochen wurde, der den Kalender, die »fasti«, die als Privileg geheimgehalten wurden, veröffentlicht hat. Aus Servius (georg. 3,125) geht hervor, daß die Diktatur des L. Quinctius behandelt wurde, die gegen den tyrannischen Versuch des dann von Ahala getöteten Sp. Maelius eingesetzt wurde. Danach ist zusammenfassend über die Mischverfassung gesprochen worden, die die Vorfahren in ihrer Weisheit festgehalten haben.

... nachdem Lucius Quinctius zum Diktator ernannt war ...

*

(Scip.) »... haben ⟨sie⟩ unsere Vorfahren am meisten gutgeheißen und mit höchster Weisheit festgehalten nach meinem Urteil.«

38 (64) Als das Scipio gesagt hatte und unter aller Stille seine übrige Rede erwartet wurde, sagte Tubero: »Da ja diese Älteren nichts von dir verlangen, Africanus, wirst du von mir hören, was ich in deiner Rede vermisse.« »Freilich«, sagte Scipio, »und zwar gern.« Da sagte jener *(Tub.)*: »Du scheinst mir unser Gemeinwesen gelobt zu haben, obwohl dich Laelius nicht nach unserem, sondern nach jedem Gemeinwesen gefragt hatte. Dabei aber habe ich doch nicht aus deiner Rede gelernt, durch welche Ordnung, welche Sitten und Gesetze wir ebendieses Gemeinwesen, das du lobst, errichten oder bewahren können.«

39 (65) Hier sagte Africanus: »Ich glaube, daß wir über Einrichtung und Bewahrung des Staates zu sprechen bald einen passenderen Ort haben werden,[22] Tubero; was den besten Zustand aber anlangt, so glaubte ich, ich hätte genügend auf das geantwortet, wonach Laelius gefragt hatte.

234 *Liber secundus*

mum enim numero definieram genera civitatum tria pro-
babilia, perniciosa autem tribus illis totidem contraria,
nullumque ex eis unum esse optimum, sed id praestare
singulis quod e tribus primis esset modice temperatum.
(66) Quod autem exemplo nostrae civitatis usus sum, non
ad definiendum optimum statum valuit – nam id fieri potuit sine exemplo –, sed ut civitate maxima reapse cerneré-
tur, quale esset id quod ratio oratioque describeret. Sin autem sine ullius populi exemplo genus ipsum exquiris
optimi status, naturae imagine utendum est nobis, quoniam tu hanc imaginem urbis et populi ni...«

40 (67) *(Scip.)* »... ⟨quem⟩ iamdudum quaero et ad quem
cupio pervenire.« *(Lael.)* »Prudentem fortasse quaeris?«
Tum ille *(Scip.):* »Istum ipsum.« *(Lael.)* »Est tibi ex eis ipsis qui adsunt bella copia, velut a te ipso ordiare.« Tum
Scipio: »Atque utinam ex omni senatu pro rata parte esset!
Sed tamen est ille prudens, qui, ut saepe in Africa vidimus,
immani et vastae insidens beluae coërcet et regit beluam
quocumque volt, et levi admonitu aut tactu inflectit illam
feram.« *(Lael.)* »Novi et tibi cum essem legatus saepe
vidi.« *(Scip.)* »Ergo ille Indus aut Poenus unam coërcet
beluam, et eam docilem et humanis moribus adsuetam; at

Zweites Buch 235

Zuerst nämlich hatte ich nach der Zahl drei Arten von Staaten abgegrenzt, die zu billigen seien, verderbliche aber ebenso viele, jenen drei entgegengesetzt, und gesagt, daß keine von ihnen die beste sei, sondern daß die die einzelnen überrage, die aus den drei ursprünglichen maßvoll ausgeglichen sei. (66) Wenn ich aber das Beispiel unseres Staates gebraucht habe, so diente das nicht dazu, den besten Zustand zu bestimmen – das konnte ohne Beispiel geschehen –, sondern damit am größten Staat in Wirklichkeit gesehen werde, wie beschaffen sie sei, was Vernunft und Rede umschreibe. Wenn du aber ohne das Beispiel irgendeines Volkes die Art des besten Zustandes an sich finden willst, müssen wir ein Bild der Natur verwenden, da du ja dieses Bild der Stadt und des Volkes ...«

Lücke von 28 Teubnerzeilen, nicht 126 (oder 140). [23] *Nach der Rekapitulation des Beabsichtigten hat Scipio den besten Zustand des Staates ›in einem Bild der Natur‹ dargestellt (1 oder 2 Blätter des 24. Quaternio). Von diesem Bild, das auf die Herrschaft des Geistes in der Natur gedeutet haben muß, hat Scipio den Weg zu einem Typus Mensch, der im besten Zustand der Gemeinschaft herrschen muß, eingeschlagen, dem »prudens«.*

40 (67) *(Scip.)* »... den ich schon längst suche und zu dem ich zu gelangen wünsche.« *(Lael.)* »Du suchst vielleicht den Mann der Lebensklugheit?« Da sagte jener *(Scip.)*: »Gerade diesen!« *(Lael.)* »Du hast unter denen, die anwesend sind, eine hübsche Menge. Fang zum Beispiel mit dir selber an!« Darauf Scipio: »Und wenn er doch im ganzen Senat in bestimmtem Verhältnis wäre! Der ist jedoch der Kluge, der, wie wir häufig in Afrika gesehen haben, auf einem ungeheuerlichen und massigen Untier sitzend, es bändigt und das Untier lenkt, wohin er will, und durch leichte Mahnung oder Berührung jenes wilde Tier wendet.« *(Lael.)* »Ich kenne es und habe es, als ich Legat[24] unter dir war, häufig gesehen.« *(Scip.)* »Jener Inder also oder Punier bändigt ein einziges Tier, und zwar ein gelehriges und ein an die menschlichen Sitten gewöhntes; der Teil

236　　　　　　　　　*Liber secundus*

vero ea quae latet animis hominum quaeque pars animi
mens vocatur, non unam aut facilem ad subigendum frenat
et domat, si quando id efficit, quod perraro potest. Namque et illa tenenda est ferox...«

41 (68) quae sanguine alitur, quae in omni crudelitate sic
exultat, ut vix hominum acerbis funeribus satietur. *(Non.
p. 300,29)*

cupido autem et expetenti et lubidinoso et volutabundo in
voluptatibus. *(Non. p. 491,16)*

quartaque anxitudo prona ad luctum et maerens semperque ipsa se sollicitans. *(Non. p. 72,34)*

esse autem angores si miseria † adfictas aut abiectas timi-
ditate et ignavia. *(Non. p. 228,18)*

ut auriga indoctus e curru trahitur opteritur laniatur elidi-
tur. *(Non. p. 292,38)*

42 (69) »... dici possit.« Tum Laelius: »Video iam, illum
quem expectabam virum cui praeficias officio et muneri.«

Zweites Buch 237

aber, der verborgen ist in den Seelen der Menschen und der
der Sinn der Seele heißt, zügelt und bändigt nicht ein einziges oder eines, das leicht zu bezwingen wäre, wenn er
es überhaupt einmal bewirkt, was er sehr selten vermag.
Denn er muß in Zaum halten sowohl jene wilde ...«
Diese Lücke von 28 Teubnerzeilen (2 Blatt des 24. Qua-
ternio vgl. Hermes 51,262 ff.) ist besonders schmerzlich.
Die Aufgabe der Beherrschung wird in ihrer ganzen
Schwere gesehen: die Affekte, vier an der Zahl, »ira, cupi-
ditas, libido, anxitudo« sind zu bändigen. Gelingt das
nicht, wird sich das furchtbar rächen, wie ein ungeschick-
ter Wagenlenker wird der Schwache zertreten und zer-
stampft werden. Etwas von der Dämonie dieses natürli-
chen Machtstrebens und Habenwollens, dieser besessen
machenden Leidenschaften, muß hier zum Ausdruck ge-
kommen sein, wie es dann im dritten Buche grundsätzlich
erörtert wird. Der Staatsmann hat die Aufgabe, diese Lei-
denschaften zu bändigen, die Ordnung zu verwirklichen.
Wie tut er das? Die Bemerkung des Laelius »video iam«
usw. zeigt, daß diese Funktion in ihrer Beziehung auf den
Staat im vorigen schon so weit ausgedrückt ist, daß man
das Ziel erkennen kann. Ausdrücklich wird sie aber erst
mit dem Satz »huic scilicet uni paene« gegeben.

41 (68) ... die sich von Blut nährt, die in jeglicher Grausamkeit so aufbraust, daß sie sich kaum mit Mühe durch
bitteren Tod von Menschen sättigen läßt.
... einem gierigen aber, verlangenden, lüsternen und sich
in Genüssen wälzenden ...
als vierte die Beklemmung, die immer geneigt ist zur Be-
trübnis, die trauert und immer sich selbst aufregt.
es gäbe aber Ängste, wenn sie durch Elend niedergeschlagen oder durch Ängstlichkeit und Feigheit mutlos
seien.
wie ein ungeübter Wagenlenker vom Wagen gezerrt, zu
Boden getreten, zerfleischt und zermalmt wird.

42 (69) »... gesagt werden könnte.« Darauf Laelius: »Ich
sehe schon, welcher Pflicht und welcher Aufgabe du jenen

Liber secundus

»Huic scilicet« Africanus »uni paene – nam in hoc fere uno sunt cetera –, ut numquam a se ipso instituendo contemplandoque discedat, ut ad imitationem sui vocet alios, ut sese splendore animi et vitae suae sicut speculum praebeat civibus. Ut enim in fidibus aut tibiis atque ut in cantu ipso ac vocibus concentus est quidam tenendus ex distinctis sonis, quem inmutatum aut discrepantem aures eruditae ferre non possunt, isque concentus ex dissimillimarum vocum moderatione concors tamen efficitur et congruens, sic ex summis et infimis et mediis interiectis ordinibus ut sonis moderata ratione civitas con⟨sensu dissimillimorum concinit; et quae harmonia a musicis dicitur in cantu, ea est in civitate concordia, artissimum atque optimum omni in re publica vinculum incolumitatis, eaque sine iustitia nullo pacto esse potest.⟩ « *(Aug. civ. 2,21)*
leniter atque placide fides, non vi et impetu, concuti debere
… *(Cod. ms. n. 458 p. 82 bibl. Ossolinianae ap. Bielowski, Pompeii Trogi Frg. p. XVI)*
43 *Ac deinde cum aliquanto latius et uberius disseruisset (Scipio), quantum prodesset iustitia civitati, quantumque obesset si afuisset, suscepit deinde Philus, unus eorum qui disputationi aderant, et poposcit ut haec ipsa quaestio diligentius tractaretur, ac de iustitia plura dicerentur propter*

Zweites Buch

Mann, den ich erwartete, vorstehen läßt.« »Dieser einen natürlich fast allein«, sagte Africanus, »– denn in dieser einen liegt fast alles übrige – daß er nie abläßt, sich selbst zu unterrichten und zu betrachten, daß er die anderen aufruft zur Nachahmung seiner selbst, daß er sich durch den Glanz seiner Seele und seines Lebens seinen Mitbürgern wie einen Spiegel hinhalte. Wie nämlich beim Saitenspiel oder der Flöte und im Gesang selbst und den Stimmen eine bestimmte Harmonie aus verschiedenen Tönen zu halten ist, die gebildete Ohren nicht ertragen können, wenn sie sich ändert oder disharmonisch wird, und diese Harmonie infolge der Abstimmung der verschiedensten Töne doch einträchtig und zusammenstimmend gemacht wird, so stimmt der Staat aus den höchsten und niedersten und den dazwischenliegenden Ständen wie aus Tönen durch maßvolle Vernunft im Zusammenklang der allerverschiedensten zusammen; und was von den Musikern beim Gesang Harmonie geheißen wird, das ist im Staate die Eintracht, das engste und beste Band der Unversehrtheit in jedem Gemeinwesen, und die kann ohne Gerechtigkeit nicht sein.«

Lücke von 11 Blättern (2 Blatt des 24., der ganze 25. und 1 Blatt des 26. Quaternio). Von Augustin (civ. 2,21) wird der Text des Palimpsestes weitergeführt. Derselbe Bericht referiert dann, was in der großen Lücke von 154 Teubnerzeilen gestanden hat.

Die sanfte Wirkung der Gerechtigkeit ist wohl weiter am Beispiel des Saitenspiels versinnlicht worden: »sanft und ruhig müsse die Leier geschlagen werden, nicht mit Gewalt und Schwung.«

43 *Und als er dann viel breiter und reicher darüber gesprochen hatte, wieviel dem Staate die Gerechtigkeit nütze und wieviel sie schade, wenn sie fehle, nahm darauf Philus, einer von denen, die bei dem Gespräch zugegen waren, das Wort und forderte, daß gerade diese Frage sorgfältiger behandelt würde und über die Gerechtigkeit mehr gesagt würde deswegen, weil man gemeinhin schon*

illud, quod iam vulgo ferebatur, rem publicam regi sine
iniuria non posse. (Aug. l. l.)

44 (70) »... plenam esse iustitiae.« Tum Scipio: »Adsentior vero renuntioque vobis, nihil esse quod adhuc de re publica dictum putemus aut quo possimus longius progredi, nisi erit confirmatum, non modo falsum illud esse, sine iniuria non posse, sed hoc verissimum esse, sine summa iustitia rem publicam geri nullo modo posse. Sed, si placet, in hunc diem hactenus; reliqua – satis enim multa restant – differamus in crastinum.« Cum ita placuisset, finis disputandi in eum diem factus est.

höre, daß das Gemeinwesen ohne Unrecht nicht regiert werden könne.

44 (70) ».. . voll Gerechtigkeit sein.« Da sagte Scipio: »Ich stimme ganz bei und sage euch, daß es nichts ist, was wir bis jetzt über das Gemeinwesen gesagt glauben und wohin wir weiter vorwärtsschreiten können, wenn nicht fest bewiesen wird, daß nicht nur jenes falsch sei, daß ohne Unrecht das Gemeinwesen nicht geführt werden könne, sondern daß dies festeste Wahrheit sei, daß es ohne höchste Gerechtigkeit keinesfalls möglich sei. Aber wenn es euch recht ist, für diesen Tag so weit; das übrige – steht doch noch ziemlich viel aus – wollen wir auf den morgigen verschieben.« Als das gut schien, wurde für diesen Tag ein Ende der Erörterung gemacht.

Liber tertius

Argumentum Augustini (civ. 2,21)

Cuius quaestionis explicatio cum in diem consequentem dilata esset, in tertio libro magna conflictione res acta est. Suscepit enim Philus ipse disputationem eorum qui sentirent sine iniustitia geri non posse rem publicam, purgans praecipue ne hoc ipse sentire crederetur, egitque sedulo pro iniustitia contra iustitiam, ut hanc esse utilem rei publicae, illam vero inutilem, veri similibus rationibus et exemplis velut conaretur ostendere. Tum Laelius rogantibus omnibus iustitiam defendere adgressus est, asseruitque quantum potuit nihil tam inimicum quam iniustitiam civitati, nec omnino nisi magna iustitia geri aut stare posse rem publicam. Qua quaestione quantum satis visum est pertractata Scipio ad intermissa revertitur recolitque suam atque commendat brevem rei publicae definitionem, qua dixerat eam

Drittes Buch

Am Anfang sind 56 Teubnerzeilen verlorengegangen. Re-
flexe dieses Anfangs bei Augustin und Laktanz lassen er-
kennen, daß vor dem Hymnus auf den menschlichen Geist
eine Klage über die Gebrechlichkeit und Schwäche, mit
der die stiefmütterliche Natur den Menschen erschaffen
hat, nicht als Selbstzweck, wie es nach Augustin scheinen
könnte, sondern als Kontrast vorausgegangen ist. Zu Be-
ginn des Erhaltenen wird geschildert, wie der Geist
(»mens«, bei Laktanz im gleichen Sinne »ratio«) den Ge-
brechen abhilft, z. B. der Langsamkeit durch die Erfin-
dung des Wagens.
Bei dem schlechten Erhaltungszustand hilft uns die In-
haltsangabe Augustins:

Da die Erörterung dieser Frage auf den nächsten Tag auf-
geschoben worden war, ging im dritten Buch die Sache
unter heftigem Zusammenprall vor sich. Philus selber
nämlich übernahm die Rolle derjenigen, die meinten, ohne
Ungerechtigkeit könne ein Gemeinwesen nicht geführt
werden, sich von vornherein reinigend, daß man nicht
glaube, er meine das selber, und trat eifrig für die Unge-
rechtigkeit gegen die Gerechtigkeit ein, so daß er durch
den Schein der Wahrheit tragende Begründungen und
Beispiele gleichsam zu zeigen versuchte, daß die eine nütz-
lich sei für das Gemeinwesen, die andere aber nicht nütz-
lich. Darauf begann Laelius auf aller Bitten, die Gerech-
tigkeit zu verteidigen, und behauptete, so sehr er konnte,
daß es nichts gäbe, was dem Staate so feindlich sei wie die
Ungerechtigkeit, und daß überhaupt nur mit großer Ge-
rechtigkeit ein Gemeinwesen geführt werden und sich
halten könne. Als diese Frage, soweit es genügend schien,
behandelt worden war, kehrt Scipio zu dem Unterbroche-
nen zurück und wiederholt und empfiehlt seine kurze De-
finition des Gemeinwesens, in der er gesagt hatte, es sei die

esse rem populi; populum autem non omnem coetum multitudinis, sed coetum iuris consensu et utilitatis communione sociatum esse determinat. Docet deinde quanta sit in disputando definitionis utilitas, atque ex illis suis definitionibus colligit tunc esse rem publicam, id est rem populi, cum bene ac iuste geritur sive ab uno rege sive a paucis optimatibus sive ab universo populo. Cum vero iniustus est rex, quem tyrannum more Graeco appellavit, aut iniusti optimates, quorum consensum dixit esse factionem, aut iniustus ipse populus, cui nomen usitatum non repperit nisi ut etiam ipsum tyrannum vocaret: non iam vitiosam, sicut pridie fuerat disputatum, sed, sicut ratio ex illis definitionibus conexa docuisset, omnino nullam esse rem publicam, quoniam non esset res populi, cum tyrannus eam factiove capesseret, nec ipse populus iam populus esset, si esset iniustus, quoniam non esset multitudo iuris consensu et utilitatis communione sociata, sicut populus fuerat definitus.

1 (1) *In libro tertio de re publica idem Tullius hominem dicit non ut a matre sed ut a noverca natura editum in vitam, corpore nudo fragili et infirmo, animo autem anxio ad molestias, humili ad timores, molli ad labores, prono ad libidines, in quo tamen inesset tamquam obrutus quidam*

Drittes Buch

Sache des Volkes; ein Volk aber sei nicht jede Ansammlung einer Menge, sondern eine Ansammlung, die in der Anerkennung des Rechtes und der Gemeinsamkeit des Nutzens sich vereinigt habe, wie er bestimmt. Er weist dann auf, wie groß bei einer Erörterung der Nutzen einer Definition sei, und schließt dann aus jenen seinen Definitionen, daß dann ein Gemeinwesen vorliege, das heißt die Sache des Volkes, wenn es gut und gerecht geführt wird, sei es von einem König, sei es von wenigen Optimaten, sei es vom gesamten Volke. Wenn aber der König ungerecht ist – er hat ihn nach der Weise der Griechen Tyrann genannt – oder die Optimaten ungerecht sind – ihre Übereinstimmung, sagt er, sei ein Klüngel – oder das Volk selber ungerecht ist – für ein solches Volk hat er einen gebräuchlichen Namen nicht gefunden, er müßte es denn selber auch Tyrann nennen –, dann sei das Gemeinwesen nicht nur mehr fehlerhaft, wie man am Tage vorher gesagt hatte, sondern, wie es der Schluß aus jenen Definitionen zeige, überhaupt keines, da es ja nicht die Sache des Volkes sei, wenn es ein Tyrann oder eine Clique in die Hand nähme, und auch das Volk selber nicht mehr ein Volk sei, wenn es ungerecht wäre, da es ja nicht eine Menge wäre, die sich in der Anerkennung des Rechtes und der Gemeinschaft des Nutzens vereinigt hätte, so wie das Volk definiert worden war.

Vorrede[25]

Was der Inhalt der Anfangslücke war, zeigen zwei Stellen des Augustin und Laktanz:

1 (1) *Im dritten Buch über den Staat hat derselbe Tullius gesagt, daß der Mensch nicht wie von einer Mutter, sondern wie von einer Stiefmutter von der Natur ins Leben geworfen sei mit nacktem, zerbrechlichem und schwachem Körper, mit einer Seele, die beklommen sei bei Leiden, verzagt gegen Ängste, weichlich gegenüber Strapazen, geneigt zu Gelüsten, aber doch einer Seele, in der*

divinus ignis ingenii et mentis. (Aug. c. Iul. 4,12,60 t. X p.
612 Ben.; cf. Ambr. de excessu Satyri 2,27.)
(2) (Homo) cum fragilis inbecillusque nascatur, tamen et a
mutis omnibus tutus est, et ea omnia quae firmiora nascun-
tur, etiamsi vim caeli fortiter patiuntur, ab homine tamen
tuta esse non possunt. Ita fit ut plus homini conferat ratio
quam natura mutis, quoniam in illis neque magnitudo
virium neque firmitas corporis efficere potest quominus aut
opprimantur a nobis, aut nostrae subiecta sint potestati.
(19) Plato ut hos credo ingratos refelleret, naturae gratias
egit quod homo natus esset. (Lact. opif. 3,16.17.19)
2 *(3)* ... et vehiculis tarditati, eademque cum accepisset
homines inconditis vocibus inchoatum quiddam et con-
fusum sonantes, incidit has et distinxit in partis, et ut signa
quaedam sic verba rebus inpressit, hominesque antea dis-
sociatos iucundissimo inter se sermonis vinculo conligavit.
A simili etiam mente vocis qui videbantur infiniti soni
paucis notis inventis sunt omnes signati et expressi, quibus
et conloquia cum absentibus et indicia voluntatum et monumenta rerum praeteritarum tenerentur. Accessit eo numerus, res cum ad vitam necessaria tum una inmutabilis et
aeterna; quae prima inpulit etiam ut suspiceremus in cae-

gleichsam verschüttet ein göttliches Feuer des Geistes und des Sinnes wohne.

(2) Obwohl der Mensch gebrechlich und schwach geboren wird, ist er doch vor allen stummen Wesen sicher, und alle die, welche stärker geboren werden, auch wenn sie die Gewalt des Himmels tapfer ertragen, können doch nicht vor den Menschen sicher sein. So kommt es, daß dem Menschen die Vernunft mehr Vorteil schafft als die Natur den stummen Lebewesen, da ja in ihnen weder die Größe der Kräfte noch die Festigkeit des Körpers es bewirken können, daß sie nicht von uns bezwungen werden oder nicht unserer Macht unterworfen sind. Platon hat, um, wie ich glaube, diese Undankbaren zu widerlegen, der Natur Dank gesagt, daß er als Mensch geboren wäre.

Ein Hymnus auf den menschlichen Geist, seine Vernunft und Überlegung, wodurch alle Mängel seiner Natur ausgeglichen werden, ist vorausgegangen. Zu ergänzen ist etwa am Anfang:

2 (3) ⟨Der Geist kam menschlicher Schwäche mit bestimmten Werkzeugen zu Hilfe⟩ und mit Wagen seiner Langsamkeit, und als ebendieser Geist die Menschen mit ungeordneten Lauten etwas Unvollendetes und Verschwommenes tönend überkommen hatte, hat er diese mit Einschnitten versehen und in Teile abgetrennt und wie bestimmte Zeichen so die Worte den Dingen aufgeprägt und hat die vorher vereinzelten Menschen durch das erquikkende Band des Gespräches unter sich zusammengebunden. Von ähnlichem Geist sind auch die Töne der Stimme, die unbegrenzt schienen, alle durch wenige erfundene Marken bezeichnet und ausgeformt worden, daß mit ihnen Gespräche mit Abwesenden, Kundgebungen des Willens und Denkmäler der vergangenen Dinge festgehalten werden könnten. Es kam hinzu die Zahl, ein Ding, zum Leben nötig und vor allem allein unveränderlich und ewig. Das trieb uns auch zuerst, daß wir aufsahen zum Himmel und nicht vergebens die Bewegungen der Gestirne schau-

lum, nec frustra siderum motus intueremur, dinumerationibusque noctium ac die⟨rum⟩ …

3 (4) … quorum animi altius se extulerunt, et aliquid dignum dono ut ante dixi deorum aut efficere aut excogitare potuerunt. Quare sint nobis isti qui de ratione vivendi disserunt magni homines, ut sunt, sint eruditi, sint veritatis et virtutis magistri, dum modo sit haec quaedam – sive a viris in rerum publicarum varietate versatis inventa, sive etiam in istorum otio ac litteris tractata – res, sicut est, minime quidem contemnenda, ratio civilis et disciplina populorum, quae perficit in bonis ingeniis, id quod iam persaepe perfecit, ut incredibilis quaedam et divina virtus exsisteret. (5) Quodsi quis ad ea instrumenta animi, quae natura quaeque civilibus institutis habuit, adiungendam sibi etiam doctrinam et uberiorem rerum cognitionem putavit, ut ii ipsi qui in horum librorum disputatione versantur, nemo est quin eos anteferre omnibus debeat. Quid enim potest esse praeclarius, quam cum rerum magnarum tractatio atque usus cum illarum artium studiis et cogni-

ten und durch die Abzählung der Nächte und Tage ⟨das Jahr ordneten.⟩

Die Lücke umfaßt 56 Teubnerzeilen (letztes Blatt des 26. und die 3 ersten des 27. Quaternio). Der Siegeszug des menschlichen Geistes führt zur Findung der Zahl, der Zählung von Tagen und Nächten und damit zu einer zeitlichen Ordnung. Von diesen stolzen Erfindungen des Menschen und seiner Kulturentwicklung von den Kulturtechniken bis zu den Wissenschaften ist in der Lücke gehandelt worden. Zum Schluß ist wohl schon von den höchsten Formen des Lebens, die Seelengröße verraten, gesprochen worden, dem Staatsmann und den Philosophen (vgl. »ut ante dixi«), die etwas dieses Göttergeschenkes (des Geistes) Würdiges vollbrachten oder ausdachten.

3 (4) ... deren Seelen sich höher erhoben und vermochten, etwas des Geschenkes der Götter, wie ich vorher gesagt habe, Würdiges entweder zu tun oder auszudenken. Daher seien uns diejenigen, die über den Sinn des Lebens Erörterungen führen, große Männer, wie sie es auch wirklich sind, seien gebildet, seien Lehrer der Wahrheit und der Vollkommenheit, wenn es nur diese – sei sie nun von den Männern, die in der Mannigfaltigkeit der öffentlichen Angelegenheiten tätig waren, gefunden, sei sie in dieser Leute Muße und Schriften behandelt worden – Sache gibt, die keineswegs geringgeschätzt werden darf, wie sie auch nicht wird, die Lehre vom Sinn der Gemeinschaft und die Ordnung der Völker, die in guten Geistern bewirkt, wie sie auch schon häufig bewirkt hat, daß eine unglaubliche und göttliche Vollkommenheit entstand. (5) Wenn aber einer zu den Mitteln des Geistes, die er von Natur und durch die Einrichtungen des Staates hatte, glaubte Gelehrsamkeit und eine reichere Erkenntnis der Dinge hinzufügen zu müssen, wie ebendie, die an der Erörterung dieser Bücher hier beteiligt sind, so gibt es niemanden, der sie nicht allen voranstellen müßte. Was kann denn vortrefflicher sein, als wenn die Tätigkeit und der Umgang mit großen Dingen mit den Bemühungen um jene Künste und

Liber tertius

tione coniungitur? Aut quid P. Scipione, quid C. Laelio, quid L. Philo perfectius cogitari potest? Qui ne quid praetermitterent quod ad summam laudem clarorum virorum pertineret, ad domesticum maiorumque morem etiam hanc a Socrate adventiciam doctrinam adhibuerunt. (6) Quare qui utrumque voluit et potuit, id est ut cum maiorum institutis tum doctrina se instrueret, ad laudem hunc omnia consecutum puto. Sin altera sit utra via prudentiae deligenda, tamen, etiamsi cui videbitur illa in optimis studiis et artibus quieta vitae ratio beatior, haec civilis laudabilior est certe et inlustrior, ex qua vita sic summi viri ornantur, ut vel M'. Curius,

›Quem nemo ferro potuit superare nec auro‹,

vel …

ihre Erkenntnis verknüpft wird? Und was kann Vollkommeneres gedacht werden als Publius Scipio, was Vollkommeneres als Gaius Laelius, was Vollkommeneres als Lucius Philus? Die haben, um nicht beseite zu lassen, was zum höchsten Lobe berühmter Männer in Beziehung stünde, zu der heimischen Sitte und der der Vorfahren auch diese ausländische von Sokrates ausgehende Lehre mit hinzugenommen. (6) Wer daher beides gewollt und vermocht hat, das heißt, daß er sich sowohl durch die Einrichtungen der Vorfahren als auch durch Gelehrsamkeit bildete, der, glaube ich, hat alles in Hinsicht auf den Ruhm erreicht. Wenn aber einer von beiden Wegen zur Lebensklugheit gewählt werden muß, so ist doch sicherlich, auch wenn einem vielleicht jene ruhige Lebensführung in den besten Bemühungen und Künsten glückverheißender scheinen will, diese im Staate löblicher und ruhmvoller, ein Leben, auf Grund dessen die höchsten Männer so ausgezeichnet werden wie Manius Curius,

›den mit dem Schwert nicht noch Gold zu besiegen
jemand vermochte‹

oder ...

Die Lücke umfaßt 42 Teubnerzeilen (die 3 letzten Blätter des 17. Quaternio). In ihr hat das Proömium seinen Fortgang genommen, wie 3,7 erweist, der noch zu ihm gehört. Der Vergleich zwischen Philosoph und Staatsmann ist weitergegangen, und mit dem Blick auf die großen Beispiele der römischen Geschichte ist bewiesen worden, daß von den beiden Lebensweisen die tätige (»civilis« steht der »quieta« gegenüber) mehr Anerkennung verdient und glanzvoller ist. Beide Formen sind Ausfluß derselben Weisheit, nur mit dem Unterschied, daß die Philosophen durch Wort und Künste die Wesenszüge des Menschen gefördert haben, die anderen durch Einrichtungen und Gesetze. Das ist klar gemacht worden an einem griechischen Beispiel, wie das betonte »haec civitas« zeigt. Es liegt nahe, an die sieben Weisen Griechenlands zu denken, bei denen

Liber tertius

4 ... fuisse sapientiam, tamen hoc in ratione utriusque generis interfuit, (7) quod illi verbis et artibus aluerunt naturae principia, hi autem institutis et legibus. Pluris vero haec tulit una civitas, si minus sapientis, quoniam id nomen illi tam restricte tenent, at certe summa laude dignos, quoniam sapientium praecepta et inventa coluerunt. Atque etiam quot et sunt laudandae civitates et fuerunt – quoniam id est in rerum natura longe maximi consili, constituere eam rem publicam quae possit esse diuturna –, si singulos numeremus in singulas, quanta iam reperiatur virorum excellentium multitudo! Quodsi aut Italiae Latium aut eiusdem Sabinam aut Volscam gentem, si Samnium, si Etruriam, si magnam illam Graeciam conlustrare animo voluerimus, si deinde Assurios, si Persas, si Poenos, si haec...

Drittes Buch 253

Cicero schon 1,12 der Verbindung von Weisheit und politischer Tätigkeit gedenkt.

4 ... Weisheit gewesen ist, so war doch dies der Unterschied im Wesen beider Arten, (7) daß jene durch Wort und Künste die Grundtriebe der Natur förderten, diese aber durch Einrichtungen und Gesetze. Mehr aber brachte dieser eine Staat hervor wenn nicht weise, da ja jene diesen Namen so eng fassen, so doch wenigstens des höchsten Lobes würdige Männer, da sie ja der Weisen Lehren und Funde gepflegt haben. Und auch wenn wir von allen Staaten, wie viele es lobenswerte gibt und gegeben hat – da ja das in der Welt Sache der bei weitem höchsten Einsicht ist, ein Gemeinwesen so einzurichten, daß es dauernd sein kann –, wenn wir da einen auf je einen zählten, welch große Menge von überragenden Männern würde man da finden! Wenn wir aber in Italien Latium oder in demselben Lande den sabinischen oder volskischen Stamm, wenn wir Samnium, wenn Etrurien, wenn jenes Großgriechenland im Geiste mustern wollten, wenn wir dann die Assyrer, die Perser, die Punier, wenn diese ...

Die Lücke umfaßt 88 Teubnerzeilen (die 6 inneren Blätter des 28. Quaternio). Nach dem imperatorischen Blick auf die Fülle der Männer, die in »lobenswerten« Staaten den Ruhm als Staatsmann ernten konnten, muß der Verbindung zum Thema des 3. Buches und der Sinn der Vorrede klar geworden sein: die staatsmännische Vernunft, die Verwirklichung der Gerechtigkeit, ist das eine erhabene Ziel, zu dem die spezifisch menschliche Gabe der Vernunft hinführt, und daß sie kein Phantom ist, beweist eben die Fülle solcher Männer, die es gegeben hat. Das Gespräch setzt dort ein, wo es im 2. Buch aufgehört hat: bei der verbreiteten Meinung, daß man ohne Ungerechtigkeit keine Politik machen könne. Das Amt, diese Meinung, die Karneades vertreten hat, zunächst einmal zu entwickeln, wird Philus aufgetragen. Zum Beginn des Erhaltenen wird mit weltmännischer Ironie sein Sträuben pariert.

5 (8) ...cati.« Et Philus: »Praeclaram vero causam ad me
defertis, cum me improbitatis patrocinium suscipere voltis.« »Atqui id tibi« inquit Laelius »verendum est, si ea dixeris quae contra iustitiam dici solent, ne sic etiam sentire
videare! Cum et ipse sis quasi unicum exemplum antiquae
probitatis et fidei, nec sit ignota consuetudo tua contrarias
in partis disserendi, quod ita facillume verum inveniri putes.« Et Philus: »Heia vero« inquit, »geram morem vobis
et me oblinam sciens; quod quoniam qui aurum quaerunt
non putant sibi recusandum, nos cum iustitiam quaera-
mus, rem multo omni auro cariorem, nullam profecto molestiam fugere debemus. Atque utinam, quem ad modum
oratione sum usurus aliena, sic mihi ore uti liceret alieno!
Nunc ea dicenda sunt L. Furio Philo, quae Carneades,
Graecus homo et consuetus quod commodum esset
verbis...«
(9) ut Carneadi respondeatis, qui saepe optimas causas ingenii calumnia ludificari solet. *(Non. p. 263,8)*

Drittes Buch 255

Einleitungszwischengespräch

5 (8) Und Philus: »Da tragt ihr mir aber eine schöne Sache
auf, wenn ihr wollt, daß ich die Verteidigung der Ruchlo-
sigkeit übernehmen soll.« »Freilich«, sagte Laelius, »mußt
du doch fürchten, wenn du das sagst, was man gegen die
Gerechtigkeit zu sagen pflegt, daß du auch so zu denken
scheinst! Da du ja erstens selber ein fast einzigartiges Beispiel der alten Rechtlichkeit und Verläßlichkeit bist und
zweitens auch deine Gewohnheit nicht unbekannt ist,
nach beiden Seiten die Erörterung zu führen, weil du
meinst, daß so am leichtesten die Wahrheit gefunden werden kann.« Und Philus sagte: »Also gut, will ich euch den
Willen tun und mich wissend beschmutzen; ja auch die,
die nach Gold aus sind, glauben, das nicht verweigern zu
dürfen, dürfen wir, da wir die Gerechtigkeit suchen, eine
Sache, die viel kostbarer ist als alles Gold, in der Tat keine
Mißlichkeit scheuen. Und dürfte ich doch, wie ich eine
fremde Rede anführen will, auch einen fremden Mund gebrauchen! Jetzt muß also Lucius Furius Philus das sagen,
was Karneades, ein Grieche und gewöhnt, was gerade
passe, in Worten 〈auszudrücken, gegen die Gerechtigkeit
gesagt hat!〉«

Lücke von 28 Teubnerzeilen (die 2 ersten Blätter des 29.
Quaternio). Philus hat sich bereit erklärt, die Rede des
Karneades gegen die Gerechtigkeit zu vertreten, sich aber
ausbedungen, daß die andren Karneades entsprechend
antworten. Er hat zu Beginn die Definition Platons und
des Aristoteles gegeben, um ihr heißes Bemühen um die
Sache dann mit dem wiedereinsetzenden 3,12 als vergeb-
lich hinzustellen. Drei Fragmente des Nonius und Referate
des Laktanz scheinen darauf hinzuweisen, obwohl Nonius
alle drei Fragmente für das 2. Buch bezeugt.

(9) ... daß ihr Karneades antwortet, der häufig die gerechtesten Sachen aus der Boshaftigkeit seines Geistes zu
verspotten pflegte.«

6 *Carneades Academicae sectae philosophus, cuius in dis-*
serendo quae vis fuerit, quae eloquentia, quod acumen, qui
nescit, ipsum ex praedicatione Ciceronis intelleget aut Lu-
cilii, apud quem disserens Neptunus de re difficillima os-
tendit non posse id explicari, »non Carneadem si ipsum Or-
cus remittat« – is cum legatus ab Atheniensibus Romam
missus esset, disputavit de iustitia copiose audiente Galba
et Catone Censorio, maximis tunc oratoribus. Sed idem dis-
putationem suam postridie contraria disputatione subver-
tit, et iustitiam quam pridie laudaverat sustulit, non qui-
dem philosophi gravitate, cuius firma et stabilis debet esse
sententia, sed quasi oratorio exercitii genere in utramque
partem disserendi; quod ille facere solebat ut alios quidlibet
adserentes posset refutare. Eam disputationem qua iustitia
evertitur apud Ciceronem Lucius Furius recordatur, credo
quoniam de re publica disserebat, ut defensionem lauda-
tionemque eius induceret, sine qua putabat regi non posse
rem publicam. Carneades autem ut Aristotelem refelleret
ac Platonem iustitiae patronos, prima illa disputatione col-
legit ea omnia quae pro iustitia dicebantur, ut posset illa,
sicut fecit, evertere. (Lact. inst. 5,14, 3–5)
7 (10) *Plurimi quidem philosophorum, sed maxime Plato*
et Aristoteles, de iustitia multa dixerunt, adserentes et ex-
tollentes eam summa laude virtutem, quod suum cuique
tribuat, quod aequitatem in omnibus servet; et cum cete-
rae virtutes quasi tacitae sint et intus inclusae, solam esse

Drittes Buch 257

Zeugnisse des Laktanz über Karneades und seinen Auftritt in Rom.

6 *Wer nicht weiß, wie groß des Karneades, eines Philosophen der akademischen Schule, Kraft in der Debatte, wie groß seine Beredsamkeit, wie groß sein Scharfsinn war, wird ebendies aus dem Preis Ciceros erkennen oder dem des Lucilius, bei dem Neptun über eine sehr schwierige Sache spricht und zeigt, daß das nicht dargelegt werden könnte, ›und wenn den Karneades selber der Orkus heraufschickt‹. Als dieser von den Athenern als Gesandter nach Rom geschickt worden war, sprach er in strömender Rede über die Gerechtigkeit, mit Galba und Cato Censorius als Zuhörern, den besten damaligen Rednern. Aber derselbe Mann hat seine Darlegung dann am folgenden Tage durch eine Gegenrede umgestoßen und hat die Gerechtigkeit, die er tags zuvor gelobt hatte, vernichtet; nicht zwar mit dem Ernst des Philosophen, dessen Meinung fest und standhaft sein muß, sondern gleichsam in der rhetorischen Übungsform des nach beiden Seiten Sprechens; das pflegte jener zu tun, um andere, die irgend etwas fest behaupteten, widerlegen zu können. Diese Rede, in der die Gerechtigkeit gestürzt wird, ruft sich bei Cicero Lucius Furius ins Gedächtnis zurück, ich glaube so dem Zwecke, da er ja über das Gemeinwesen sprach, um eine Verteidigung und eine Lobrede auf sie einzuführen, ohne die nach seiner Meinung das Gemeinwesen nicht geführt werden könne. Karneades aber sammelte, um Aristoteles und Platon zu widerlegen, die Anwälte der Gerechtigkeit, am Anfang jener Rede alles das, was für die Gerechtigkeit gesagt wurde, um es, wie er's getan hat, stürzen zu können.*
7 *(10) Die meisten Philosophen, besonders aber Platon und Aristoteles, haben vieles über die Gerechtigkeit gesagt, sie erklärend und als Tugend von höchstem Lob hervorhebend, weil sie einem jeden das Seine zuteile, weil sie die Gleichheit unter allen bewahre; und während die übrigen Tugenden gleichsam stumm und drinnen ver-*

iustitiam, quae nec sibi tantum conciliata sit nec occulta, sed foras tota promineat, et ad bene faciendum prona sit, ut quam plurimis prosit. Quasi vero in iudicibus solis atque in potestate aliqua constitutis iustitia esse debeat et non in omnibus! (11) *Atquin nullus est hominum ne infimorum quidem ac mendicorum, in quem iustitia cadere non possit. Sed quia ignorabant quid esset, unde proflueret, quid operis haberet, summam illam virtutem, id est commune omnium bonum, paucis tribuerunt, eamque nullas utilitates proprias aucupari, sed alienis tantum commodis studere dixerunt. Nec inmerito extitit Carneades homo summo ingenio et acumine, qui refelleret istorum orationem, et iustitiam quae fundamentum stabile non habebat everteret, non quia vituperandam esse iustitiam sentiebat, sed ut illos defensores eius ostenderet nihil certi nihil firmi de iustitia disputare. (Lact. epit. 50 [55], 5–8)*

12 (21) *Carneades ergo, quoniam erant infirma quae a philosophis adserebantur, sumpsit audaciam refellendi, quia refelli posse intellexit. Eius disputationis summa haec fuit: iura sibi homines pro utilitate sanxisse, scilicet varia pro moribus, et apud eosdem pro temporibus saepe mutata, ius autem naturale esse nullum; omnes et homines et alias animantes ad utilitates suas natura ducente ferri; proinde aut nullam esse iustitiam aut, si sit aliqua, summam esse stultitiam, quoniam sibi noceret alienis commodis consu-*

Drittes Buch 259

schlossen seien, sei die Gerechtigkeit die einzige, die nicht
nur sich verbunden sei noch verborgen, sondern ganz nach
draußen rage und bereit sei zum guten Handeln, um möglichst vielen zu nützen. Gerade als ob in Richtern allein
und denen, die in irgendeiner Machtstellung stünden, Gerechtigkeit sein müßte und nicht in allen! (11) Und doch
ist keiner unter den Menschen, auch nicht unter den geringsten und Bettlern, den die Gerechtigkeit nicht angehen
könnte. Aber weil sie nicht wußten, was sie sei, woher sie
ausströmt, was sie zu tun hätte, haben sie jene höchste Tugend, das heißt das gemeinsame Gut aller, nur wenigen
zugewiesen und haben gesagt, sie ginge auf keinen eigenen
Nutzen aus, sondern bemühe sich nur um fremde Vorteile.
Und mit Recht trat Karneades auf, ein Mann von höchster
Geisteskraft und höchstem Scharfsinn, um die Rede dieser
Leute zu widerlegen und die Gerechtigkeit, die keine feste
Grundlage hatte, umzustürzen, nicht weil er meinte, man
müsse die Gerechtigkeit tadeln, sondern um zu zeigen, daß
jene ihre Verteidiger nichts Gewisses, nichts Festes über die
Gerechtigkeit vorbrächten.

Die Rede des Philus
Referat des Laktanz über ihren Aufbau[26]

12 (21) Karneades also, da ja schwach war, was von den
Philosophen behauptet wurde, nahm sich die Kühnheit, es
zu widerlegen, weil er sah, daß es widerlegt werden
konnte. Die Hauptsache seiner Darlegung war diese:
Recht hätten sich die Menschen nach dem Nutzen gesetzt,
natürlich verschieden entsprechend den Sitten, und bei
denselben Leuten sei es zeitentsprechend häufig geändert
worden, ein Naturrecht aber gäbe es nicht; alle Menschen
und andere Lebewesen würden unter Führung der Natur
zu ihrem Nutzen gezogen; daher gäbe es keine Gerechtigkeit, oder wenn es irgendeine gäbe, sei sie höchste Dummheit, da sie sich ja schade, wenn sie für fremden Vorteil

*lens. Et inferebat haec argumenta: omnibus populis qui
florerent imperio, et Romanis quoque ipsis qui totius orbis
potirentur, si iusti velint esse, hoc est si aliena restituant, ad
casas esse redeundum et in egestate ac miseriis iacendum.
(Lact. inst. 5,16,2–4,5)*

[I] Iustitia foras spectat et proiecta tota est atque eminet.
(Non. p. 373,30)

[I] Quae virtus praeter ceteras totam se ad alienas utilitates
porrigit atque explicat. *(Non. p. 299,30)*

8 (12) [I] *(Phil.)* »… et reperiret et tueretur, alter autem
de ipsa iustitia quattuor implevit sane grandis libros. Nam
ab Chrysippo nihil magnum nec magnificum desideravi,
qui suo quodam more loquitur, ut omnia verborum mo-
mentis, non rerum ponderibus examinet. Illorum fuit he-
roum, eam virtutem, quae est una, si modo est, maxime
munifica et liberalis, et quae omnis magis quam sepse dili-
git, aliis nata potius quam sibi, excitare iacentem et in illo
divino solio non longe a sapientia conlocare. (13) Nec vero
illis aut voluntas defuit – quae enim iis scribendi alia causa
aut quod omnino consilium fuit? – aut ingenium, quo omnibus praestiterunt; sed eorum et voluntatem et copiam
causa vicit. Ius enim de quo quaerimus civile est aliquod,
naturale nullum; nam si esset, ut calida et frigida, amara
et dulcia, sic essent iusta et iniusta eadem omnibus.

9 (14) [II] Nunc autem, si quis illo Pacuviano ›invehens
alitum anguium curru‹ multas et varias gentis et urbes de-
spicere et oculis conlustrare possit, videat primum in illa
incorrupta maxume gente Aegyptiorum, quae pluri-
morum saeculorum et eventorum memoriam litteris con-

sorge. Und er brachte folgendes Argument vor: alle Völker, die eine blühende Herrschaft besäßen, und auch die Römer selber, die sich des ganzen Erdkreises bemächtigten, müßten, wenn sie gerecht sein wollten, das heißt, wenn sie fremden Besitz zurückerstatteten, in die Hütten zurückkehren und in Armut und Elend am Boden liegen.

[I] Die Gerechtigkeit schaut nach außen, streckt sich vor und ragt heraus.

[I] Diese Tugend richtet sich vor den anderen ganz auf fremden Nutzen und entfaltet sich dabei.[27]

8 (12) [I] *(Phil.)* »... fand und schützte, der andere aber füllte über die Gerechtigkeit selber vier wirklich große Bücher. Denn von Chrysipp habe ich nichts Großes und Prächtiges erwartet, der irgendwie auf seine eigene Weise redet derart, daß er alles nach Feinheiten in den Worten, nicht nach dem Gewicht der Dinge abwägt. Sache jener Helden wäre es gewesen, diese Tugend, die, wofern sie überhaupt ist, als einzige besonders schenkfreudig und großzügig ist und die alle mehr als sich selber liebt, für andere eher geboren als für sich selber, aufzuwecken, als sie darniederlag, und auf jenen göttlichen Thron nicht weit von der Weisheit zu setzen. (13) Es fehlte jenen aber nicht der Wille – was hatten sie denn für einen anderen Grund zu schreiben, oder was war überhaupt ihre Absicht? – oder die Begabung, durch die sie alle überragten; aber ihren Willen und ihre Möglichkeit besiegte die Sache. Das Recht nämlich, worüber wir die Untersuchung führen, ist etwas von Staats wegen, nicht von Natur. Denn wäre es so, so wäre wie das Warme und das Kalte, das Bittere und das Süße gerecht und ungerecht für alle dasselbe.

9 (14) [II] Jetzt aber: wenn einer auf jenem Pacuvianischen,[28] ›geflügelten Schlangenwagen‹ fahrend auf viele und mannigfaltige Völker und Städte herabblicken und sie mit den Augen mustern könnte, würde er zuerst bei jenem besonders unvermischten Stamme der Ägypter, der das Gedächtnis sehr vieler Jahrhunderte und Ereignisse in den Schriften umfaßt, sehen, daß ein Stier für einen Gott ge-

tinet, bovem quendam putari deum, quem Apim Aegyptii
nominant, multaque alia portenta apud eosdem et cuiusque generis beluas numero consecratas deorum; deinde
Graeciae sicut apud nos delubra magnifica humanis con-
secrata simulacris, quae Persae nefaria putaverunt; eamque
unam ob causam Xerxes inflammari Atheniensium fana
iussisse dicitur, quod deos, quorum domus esset omnis hic
mundus, inclusos parietibus contineri nefas esse duceret.
(15) Post autem cum Persis et Philippus, qui cogitavit, et
Alexander, qui gessit, hanc bellandi causam inferebat,
quod vellet Graeciae fana poenire; quae ne reficienda quidem Grai putaverunt, ut esset posteris ante os documentum Persarum sceleris sempiternum. Quam multi, ut
Tauri in Axino, ut rex Aegypti Busiris, ut Galli, ut Poeni,
homines immolare et pium et diis immortalibus gratissu-
mum esse duxerunt! Vitae vero instituta sic distant, ut
Cretes et Aetoli latrocinari honestum putent, Lacedaemonii suos omnis agros esse dictitarint quos spiculo possent
attingere. Athenienses iurare etiam publice solebant omnem suam esse terram quae oleam frugesve ferret; Galli
turpe esse ducunt frumentum manu quaerere, itaque ar-
mati alienos agros demetunt; (16) nos vero iustissimi homines, qui Transalpinas gentis oleam et vitem serere non
sinimus, quo pluris sint nostra oliveta nostraeque vineae;
quod cum faciamus, prudenter facere dicimur, iuste non
dicimur, ut intellegatis discrepare ab aequitate sapientiam.
Lycurgus autem, ille legum optumarum et aequissumi
iuris inventor, agros locupletium plebi ut servitio colendos
dedit.

halten wird, den die Ägypter Apis nennen, und daß viel andere Ungeheuer und wilde Tiere jeder Art bei denselben Leuten in die Zahl der Götter geweiht worden sind; dann in Griechenland, daß wir bei uns prächtige Heiligtümer Götterbildern in Menschengestalt geweiht sind, die die Perser für Frevel gehalten haben; und allein aus dem Grunde habe Xerxes befohlen, heißt es, die Heiligtümer der Athener zu verbrennen, weil er meinte, es sei Sünde, Götter, deren Haus das ganze Weltall sei, zwischen Wänden eingeschlossen zu halten. (15) Später aber brachte Philipp, der ihn plante, und Alexander, der ihn führte, diesen Grund für den Krieg mit den Persern vor, daß er die Heiligtümer Griechenlands rächen wolle; nicht einmal wiederhergestellt werden dürften sie, haben die Griechen gemeint, damit die Nachwelt einen ewigen Beweis für das Verbrechen der Perser vor Augen hätte. Wie viele, wie zum Beispiel die Taurer am Schwarzen Meer, wie der König von Ägypten Busiris, wie die Gallier, wie die Punier, haben geglaubt, es sei fromm und den unsterblichen Göttern höchst willkommen, Menschen zu opfern! Die Einrichtungen des Lebens aber unterscheiden sich so, daß die Kreter und Ätoler Raubzüge für anständig halten, die Lakedämonier gesagt haben, ihnen gehörten alle Äcker, die sie mit ihrem Speer erreichen könnten. Die Athener pflegten sogar aus Staats wegen zu schwören, alles Land gehöre ihnen, was Oliven und Getreide trüge; die Gallier halten es für Schande, das Brotgetreide mit Handarbeit zu erwerben; daher mähen sie bewaffnet fremde Äcker ab! (16) Wir aber sind die gerechtesten Menschen, die wir die Völker jenseits der Alpen Oliven und Wein nicht anbauen lassen, damit unsere Ölhaine und Weinberge um so mehr wert sind; wenn wir dies tun, so sagt man, wir handelten klug, man sagt nicht, wir handelten gerecht, damit ihr einseht, daß zwischen Weisheit und Gerechtigkeit ein Unterschied besteht. Lykurg aber, jener Finder der besten Gesetze und des gleichmäßigsten Rechtes, gab die Äcker der Begüterten dem Volk wie Sklaven zum Bebauen.

264 *Liber tertius*

10 (17) Genera vero si velim iuris institutorum morum consuetudinumque describere, non modo in tot gentibus varia, sed in una urbe, vel in hac ipsa, milliens mutata demonstrem, ut hic iuris noster interpres alia nunc Manilius iura dicat esse de mulierum legatis et hereditatibus, alia solitus sit adulescens dicere nondum Voconia lege lata; quae quidem ipsa lex utilitatis virorum gratia rogata in mulieres plena est iniuriae. Cur enim pecuniam non habeat mulier? Cur virgini Vestali sit heres, non sit matri suae? Cur autem, si pecuniae modus statuendus fuit feminis, P. Crassi filia posset habere, si unica patri esset, aeris milliens salva lege, mea triciens non posset ...«

11 (18) [II] *(Phil.)* »... sanxisset iura nobis, et omnes isdem et idem non alias aliis uterentur. Quaero autem, si iusti hominis et si boni est viri parere legibus, quibus? An quaecumque erunt? At nec inconstantiam virtus recipit, nec varietatem natura patitur, legesque poena, non iustitia

10 (17) Wenn ich aber die Arten des Rechts, der Einrichtungen, der Sitten und Gewohnheiten beschreiben wollte, könnte ich zeigen, daß sie nicht nur bei so vielen Völkern voller Mannigfaltigkeit sind, sondern in einer einzigen Stadt, sogar in dieser selbst hier, tausendmal geändert worden sind, so daß dieser unser Rechtsausleger Manilius hier sagt, anderes Recht bestünde jetzt über die Legate und Erbschaften der Frauen, anderes sei er in seiner Jugend zu sprechen gewöhnt gewesen, als das Gesetz des Voconius noch nicht eingebracht war. Dieses Gesetz, zum Nutzen der Männer beantragt, ist voller Unrecht gegen die Frauen. Warum soll denn eine Frau nicht Geld besitzen? Warum soll eine Vestalin einen Erben haben können, nicht dagegen ihre Mutter? Warum aber, wenn man für die Frauen eine bestimmte Höhe des Vermögens festsetzen mußte, hätte des Publius Crassus Tochter, wenn sie die einzige Tochter ihres Vaters wäre, unbeschadet des Gesetzes hundert Millionen Sesterzen[29], meine aber nicht 3 000 000 haben können?«

Die Lücke umfaßt 14 Teubnerzeilen (7. Blatt des 29. Quaternio). Die Rechtskenntnis des Römers hat hier weitere Beispiele ungerechter Gesetzgebung am Einzelfall entwickelt, um zum Schluß zu kommen, daß die Gesetze vom Staate, und zwar von den Machthabern, wie beim Gesetz über die Besitzverhältnisse der Frauen den Männern zuliebe, zu ihrem Vorteil gemacht worden seien. Am Anfang des Neueinsatzes ist ein »si natura« zu ergänzen. Zu »isdem« und »aliis« ist »legibus« zu ergänzen.

11 (18) [II] *(Phil.)* » ⟨Wenn aber die Natur selber⟩ uns das Recht festgesetzt hätte, würden alle dasselbe und dieselben Leute nicht zu anderen Zeiten anderes in Gebrauch haben. Ich frage aber, wenn es Pflicht eines gerechten Mannes und wenn es Pflicht eines guten Mannes ist, den Gesetzen zu gehorchen: Welchen? Etwa allen, wie sie auch immer sind? Aber Vollkommenheit verträgt keine Widersprüchlichkeit, und die Natur duldet keine Verschiedenheit, und die Gesetze werden durch Strafe, nicht durch unsere Ge-

nostra comprobantur; nihil habet igitur naturale ius; ex quo illud efficitur, ne iustos quidem esse natura.

An vero in legibus varietatem esse dicunt, natura autem viros bonos eam iustitam sequi quae sit, non eam quae putetur? Esse enim hoc boni viri et iusti, tribuere id cuique quod sit quoque dignum. (19) Ecquid ergo primum mutis tribuemus beluis? Non enim mediocres viri sed maxumi et docti, Pythagoras et Empedocles, unam omnium animantium condicionem iuris esse denuntiant, clamantque inexpiabilis poenas impendere iis a quibus violatum sit animal. Scelus est igitur nocere bestiae, quod scelus qui velit ...«

(22) [IV] ›Commoda praeterea patriae prima putare‹ sublata hominum discordia nihil est omnino. Quae sunt enim patriae commoda nisi alterius civitatis aut gentis incommoda? Id est fines propagare aliis violenter ereptos, augere imperium, vectigalia facere maiora? ... Haec itaque ut ipsi appellant bona quisquis patriae adquisierit, hoc est qui eversis civitatibus gentibusque deletis aerarium pecunia referserit, agros ceperit, cives suos locupletiores fecerit, hic laudibus fertur in caelum, in hoc putatur summa et perfecta esse virtus; qui error non modo populi et imperitorum, sed etiam philosophorum est, qui praecepta quoque dant ad

rechtigkeit gutgeheißen; nichts hat also das Recht von Natur; woraus jenes folgt, daß es auch nicht Gerechte von Natur gibt.

Oder sagen sie etwa, daß in den Gesetzen Verschiedenheit herrsche, daß von Natur aber gute Männer der Gerechtigkeit folgten, die wirklich sei, nicht der, die man dafür hielte? Es sei nämlich dies Sache eines guten und gerechten Mannes, das einem jeden zu erteilen, was einem jeden zukäme. (19) Werden wir dann etwa zunächst etwas den stummen Tieren zuteilen? Nicht gewöhnliche Männer nämlich, sondern die bedeutendsten und gelehrtesten, Pythagoras und Empedokles, verkünden, daß alle Lebewesen in *einer* Rechtslage wären, und schreiben, unsühnbare Strafen drohten denen, von denen ein Lebewesen verletzt worden wäre. Ein Verbrechen ist es also, einem wilden Tiere zu schaden, ein Verbrechen, ⟨das⟩, wollte es jemand ⟨vermeiden, ihm selbst Verderben bringt⟩.«

Die Lücke umfaßt 1120 Teubnerzeilen, d. h. etwa 40 Teubnerseiten (von 80 Blättern des 30. bis 39. Quaternio sind nur 4 Blätter, also 64 Teubnerzeilen, deren Ort wir nach der Zugehörigkeit zu den Quaternionen nicht bestimmen können, erhalten).

(22) [IV] ›Vorteil der Heimat weiter an erste Stelle zu setzen‹ ohne Annahme von Zwietracht unter den Menschen heißt überhaupt nichts. Was sind denn die Vorteile der Heimat, wenn nicht der Schaden des anderen Staates oder Stammes? Das heißt das Gebiet erweitern, das man anderen gewaltsam entrissen, die Herrschaft vermehren, die Einkünfte vergrößern. Wer deshalb diese »Güter«, wie sie selbst sie heißen, für das Vaterland hinzuerworben hat, das heißt aber durch Zerstörung von Staaten und Vernichtung von Völkern die Staatskasse mit Geld gefüllt, Äcker gewonnen, seine Mitbürger reicher gemacht hat, der wird in Lobeshymnen in den Himmel gehoben, in dem, glaubt man, sei höchste und vollkommene Tugend; das ist nicht nur ein Irrtum des Volkes und der Ungebildeten, sondern auch der Philosophen, die noch Vorschriften für die Unge-

268 *Liber tertius*

iniustitiam, ne stultitiae ac malitiae disciplina et auctoritas desit. (Lact. inst. 6,6,19 et 23)

19 (29) [V] *Tum omissis communibus ad propria veniebat (Carneades). Bonus vir, inquit, si habeat servum fugitivum vel domum insalubrem ac pestilentem, quae vitia solus sciat, et ideo proscribat ut vendat, utrumne profitebitur fugitivum se servum vel pestilentem domum vendere, an celabit emptorem? Si profitebitur, bonus quidem quia non fallet, sed tamen stultus iudicabitur, quia vel parvo vendet vel omnino non vendet; si celabit, erit quidem sapiens quia rei consulet, sed idem malus quia fallet. Rursus si reperiat aliquem qui orichalcum se putet vendere cum sit illud aurum, aut plumbum cum sit argentum, tacebitne ut id parvo emat, an indicabit ut magno? Stultum plane videtur malle magno. Unde intellegi volebat et eum qui sit iustus ac bonus stultum esse, et eum qui sapiens malum, et tamen sine pernicie fieri posse, ut sint homines paupertate contenti.*

20 (30) [V] *Transcendebat ergo ad maiora, in quibus nemo posset sine periculo vitae iustus esse; dicebat enim: nempe iustitia est hominem non occidere, alienum prorsus non attingere. Quid ergo iustus faciet, si forte naufragium fecerit, et aliquis inbecillior viribus tabulam ceperit? Nonne illum tabula deturbabit, ut ipse conscendat, eaque nixus evadat, maxime cum sit nullus medio mari testis? Si sapiens est, faciet: ipsi enim pereundum est nisi fecerit; si autem mori maluerit quam manus inferre alteri, iam iustus ille sed stul-*

Drittes Buch 269

*rechtigkeit geben, damit der Torheit und der Bosheit nicht
Lehre und Ansehen fehle.*

19 (29) [V] *Dann ließ er das Allgemeine und kam zum
Persönlichen (Karneades). Wenn ein guter Mann, sagte er,
einen Ausreißer zum Sklaven oder ein ungesundes und
verseuchtes Haus besäße, Mängel, die nur er allein kennte,
und es deshalb ausschriebe, um es zu verkaufen, wird er
dann verkünden, daß er einen Ausreißer als Sklaven ver-
kaufe oder ein verseuchtes Haus, oder wird er es vor dem
Käufer verheimlichen? Wenn er es verkündet, wird er
zwar als ein redlicher Mann gelten, weil er nicht täuscht,
aber doch für dumm, weil er es für wenig Geld oder überhaupt nicht verkaufen wird; wenn er es verheimlicht, wird
er zwar klug sein, weil er für sein Vermögen sorgt, aber
ebenso schlecht, weil er täuscht. Wiederum, wenn er einen
fände, der Messing zu verkaufen glaubte, obwohl es Gold
ist, oder Blei, obwohl es Silber ist, wird er dann schweigen,
um es für weniger zu kaufen, oder wird er es sagen, um
teuer? Dumm offenbar scheint es doch, es lieber teuer kaufen zu wollen. Woraus man nach seinem Willen ersehen
sollte, daß der, welcher gerecht und redlich, dumm ist und
der, welcher klug, böse; doch könne es ohne Vernichtung
geschehen, daß die Menschen mit bescheidenen Verhält-
nissen zufrieden wären.*

20 (30) [V] *Er ging also zu Größerem über, bei dem niemand ohne Gefahr des Lebens gerecht sein könne, er sagte
nämlich: freilich ist es Gerechtigkeit, einen Menschen
nicht zu töten, Fremdes überhaupt nicht anzurühren. Was
also wird ein Gerechter machen, wenn er Schiffbruch er-
litten und ein an Körperkraft Schwächerer ein Brett ergriffen hat? Wird er ihn nicht von diesem Brett jagen, um selber daraufzusteigen und darauf gestützt zu entkommen,
besonders, da ja mitten auf dem Meere keiner Zeuge ist?
Wenn er klug ist, wird er es tun: selber nämlich muß er zugrunde gehen, wenn er es nicht tut; wenn er aber lieber sterben will, als den anderen mit der Hand zu berühren, ist
er schon gerecht, aber dumm, da er sein Leben nicht*

270 Liber tertius

*tus est, qui vitae suae non parcat dum parcit alienae. Item
si acie suorum fusa hostes insequi coeperint, et iustus ille
nanctus fuerit aliquem saucium equo insidentem, eine par-
cet ut ipse occidatur, an deiciet ex equo ut ipse hostem possit
effugere? Quod si fecerit, sapiens sed idem malus, si non fecerit, iustus sed idem stultus sit necesse est. (31) Ita ergo
iustitiam cum in duas partes divisisset, alteram civilem esse
dicens alteram naturalem, utramque subvertit, quod illa
civilis sapientia sit quidem, sed iustitia non sit, naturalis
autem illa iustitia sit quidem, sed non sit sapientia. Arguta
haec plane ac venenata sunt, et quae M. Tullius non po-
tuerit refellere; nam cum faciat Laelium Furio responden-
tem pro iustitiaque dicentem, inrefutata haec tamquam
foveam praetergressus est, ut videatur idem Laelius non
naturalem, quae in crimen stultitiae venerat, sed illam
civilem defendisse iustitiam, quam Furius sapientiam
quidem esse concesserat sed iniustam. (Lact. inst.
5,16,5–13)*

13 (23) [IV] *(Phil.)* »… sunt enim omnes, qui in populum
vitae necisque potestatem habent, tyranni, sed se Iovis optimi nomine malunt reges vocari. Cum autem certi propter
divitias aut genus aut aliquas opes rem publicam tenent, est
factio, sed vocantur illi optimates. Si vero populus plurimum potest, omniaque eius arbitrio geruntur, dicitur illa
libertas, est vero licentia. Sed cum alius alium timet, et
homo hominem et ordo ordinem, tum quia sibi nemo con-
fidit, quasi pactio fit inter populum et potentis; ex quo exi-
stit id, quod Scipio laudabat, coniunctum civitatis genus;

Drittes Buch 271

schont, während er ein anderes schont. Ebenso wenn die
Feinde, nachdem die Reihe der eigenen Leute in die Flucht
geschlagen ist, vorzudringen beginnen und jener Gerechte
einen Verwundeten trifft, der auf einem Pferde sitzt, wird
er ihn dann schonen, um selber getötet zu werden, oder
wird er ihn vom Pferde werfen, um selbst dem Feinde entfliehen zu können? Wenn er das tut, ist er klug, aber zugleich böse, wenn er es nicht tut, ist er gerecht, aber zugleich notwendig dumm. (31) Da er also die Gerechtigkeit
so in zwei Teile geteilt hatte, indem er behauptete, die eine
sei von Staats wegen, die andere von Natur, hatte er beide
vernichtet, weil jene von Staats wegen zwar Klugheit ist,
aber keine Gerechtigkeit, die von Natur aber Gerechtigkeit, aber nicht Klugheit. Scharfsinnig ist das freilich und
giftgetränkt und so, daß es Marcus Tullius nicht widerlegen konnte; denn obwohl er Laelius dem Furius antworten
und für die Gerechtigkeit reden läßt, ist er an diesem, ohne
es widerlegt zu haben, wie an einer Fallgrube vorüberge-
gangen, so daß ebendieser Laelius nicht die natürliche, die
in den Geruch der Dummheit gekommen war, sondern
jene bürgerliche Gerechtigkeit verteidigt zu haben
scheint, von der Furius zwar zugegeben hatte, daß sie
Klugheit sei, aber ungerecht.

13 (23) [IV] *(Phil.)* »Es sind nämlich alle, die über das
Volk Gewalt über Leben und Tod haben, Tyrannen, aber
wollen lieber mit dem Namen des Jupiter Optimus Könige genannt werden. Wenn aber bestimmte Leute ihres
Reichtumes oder Geschlechtes oder irgendwelcher Macht
wegen das Gemeinwesen in ihren Händen haben, so ist das
eine Clique, sie werden aber Optimaten genannt. Wenn
aber das Volk am meisten Macht hat und alles nach seinem
Gutdünken geschieht, so heißt das Freiheit, ist aber Willkür. Wenn aber der eine den anderen fürchtet, der Mensch
den Menschen, der Stand den Stand, dann kommt, weil
niemand Zutrauen zu sich hat, eine Abmachung zwischen
dem Volk und den Mächtigen zustande, daraus entsteht
das, was Scipio lobte, die vereinigte Form des Staates;

272 *Liber tertius*

etenim iustitiae non natura nec voluntas sed inbecillitas mater est. Nam cum de tribus unum est optandum, aut facere iniuriam nec accipere, aut et facere et accipere, aut neutrum, optumum est facere impune si possis, secundum nec facere nec pati, miserrimum digladiari semper tum faciendis tum accipiendis iniuriis. Ita qui primum illud adsequi …«

Noster autem populus sociis defendendis terrarum iam omnium potitus est. *(Non p. 498,18)*

15 (24) [III oder IV] *(Phil.)* »… omni mementote. sapientia iubet augere opes, amplificare divitias, proferre fines, – unde enim esset illa laus in summorum imperatorum incisa monumentis ›finis imperii propagavit‹, nisi aliquid de alieno accessisset? – imperare quam plurimis, frui voluptatibus, pollere regnare dominari; iustitia autem praecipit parcere omnibus, consulere generi hominum, suum cuique reddere, sacra publica aliena non tangere. Quid igitur efficitur si sapientiae pareas? Divitiae potestates opes honores imperia regna vel privatis vel populis. Sed quoniam de re publica loquimur, sunt inlustriora quae publice fiunt, quoniamque eadem est ratio iuris in utroque, de populi sapientia dicendum puto. Et ⟨ut⟩ iam omittam alios: noster hic populus quem Africanus hesterno sermone a stirpe re-

Drittes Buch 273

denn der Gerechtigkeit Mutter ist nicht die Natur und
nicht der Wille, sondern die Schwäche. Denn wenn von
dreien eines gewählt werden muß: entweder Unrecht zu
tun und nicht zu erleiden oder sowohl zu tun als auch zu
erleiden oder keines von beiden, so ist es am besten, es zu
tun, wenn du es ungestraft kannst, das zweitbeste, es
weder zu tun noch zu erleiden, am elendsten, immer
sich herumzuschlagen bald mit Unrechttun, bald mit Erleiden. So haben die, welche jenes erste ⟨nicht⟩ erreichen
⟨konnten, sich auf das zweite geeinigt, und so ist das ge-
lobte ›mixtum genus‹ zustande gekommen⟩.«

[IV] *Wahrscheinlich gehört hierher auch Non. p. 498,18,*
das gewöhnlich unter 3,35 geführt wird, aber mit seiner am
Text ablesbaren Ironie besser zu Philus- als zur Laelius-
rede paßt.

Unser Volk aber hat sich durch die Verteidigung der Bundesgenossen schon aller Länder bemächtigt.

15 (24) [III oder IV] *(Phil.)* »... denkt daran. Die Klugheit
heißt, auf jede Weise die Macht zu vergrößern, den Reichtum zu vermehren, die Grenzen vorzuschieben – woher
käme denn sonst jenes Lob, eingemeißelt in die Grabmäler
der höchsten Feldherrn ›er hat das Gebiet des Reiches aus-
gebreitet‹, wenn nicht irgend etwas von Fremdem hinzu-
gekommen wäre? –, über möglichst viele zu gebieten,
Vergnügungen zu genießen, stark zu sein, zu regieren, zu
herrschen; die Gerechtigkeit aber schreibt vor, alle zu
schonen, für das Menschengeschlecht zu sorgen, einem jeden das Seine zu geben, Heiliges, Staatliches, Fremdes
nicht anzurühren. Was wird also erreicht, wenn du der
Klugheit gehorchst? Reichtum, Macht, Mittel, Ehre,
Reiche, Königtümer für Privatleute oder Völker. Da wir
ja aber über den Staat sprechen, ist ins Auge fallender, was
von Staats wegen geschieht, und da ja das Wesen des
Rechtes bei beiden dasselbe ist, glaube ich, über die Klugheit des Staates sprechen zu sollen. Und um schon anderes
beiseite zu lassen: unser Volk hier, das Africanus im
gestrigen Gespräch vom Ursprung an vor Augen führte,

petivit, cuius imperio iam orbis terrae tenetur, iustitia an sapientia est e minimo omnium ⟨maximus factus?⟩ ...

14 [IV] Nam cum quaereretur ex eo, quo scelere inpulsus mare haberet infestum uno myoparone, (24) ›eodem‹ inquit ›quo tu orbem terrae‹.« *(Non. p. 125,12; cf. Aug. civ. 4,4,8–14)*

(25) [IV] *(Phil.)* »... praeter Arcadas et Atheniensis, qui credo timentes hoc interdictum iustitiae ne quando existeret, commenti sunt se de terra tamquam hos ex arvis musculos extitisse.

16 (26) Ad haec illa dici solent primum ab iis qui minime sunt in disserendo mali, qui in ea causa eo plus auctoritatis habent, quia cum de viro bono quaeritur, quem apertum et simplicem volumus esse, non sunt in disputando vafri, non veteratores, non malitiosi; negant enim sapientem idcirco virum bonum esse, quod eum sua sponte ac per se bonitas et iustitia delectet, sed quod vacua metu cura solli-

Drittes Buch

von dessen Befehl schon der Erdkreis beherrscht wird, ist es aus Gerechtigkeit oder Klugheit aus dem kleinsten zum ⟨allergrößten geworden?⟩

14 [IV] Denn als man ihn fragte, von welcher Verruchtheit getrieben er mit einem Kaperschiff das Meer gefährlich mache, sagte er: (24) ›Von derselben, von der du den Erdkreis‹.«

Da die Blätter nicht zu einem Quaternio gehören und für die vorigen galt, daß sie nicht Außenblätter waren, ist mindestens eine Lücke von 2 Blättern anzusetzen, da auch die folgenden Blätter nicht Außenblätter waren. Also sind mindestens 28 Teubnerzeilen ausgefallen.

In dieser Lücke ist das Wort gefallen, daß die Römer in ihre Hütten zurückkehren müßten (vgl. 3,12,21), wenn sie gerecht sein wollten, wie der Anfang des Neuen zeigt. Hier auch der Vergleich mit dem Seeräuber. Doch war hier nicht der Abschluß der Erörterung über den Imperialismus. Daß im folgenden dann wieder – es wechselt übrigens auch im Anfang die Behandlung der »communia« und der »propria« ab, so daß Laktanz sehr summarisch berichtet haben muß – vom »vir bonus« die Rede ist, dient nur als Beweis, daß auch die Völker lieber ungerecht herrschen wollen.

(25) [IV] *(Phil.)* »... außer den Arkadern und Athenern, die, glaube ich, aus Furcht, daß dieses Gebot der Gerechtigkeit einmal aufkäme, sich ausgedacht haben, daß sie aus der Erde wie diese Mäuschen hier aus dem Boden gekrochen seien.

16 (26) Hiergegen pflegt jenes zunächst von denen gesagt zu werden, die am wenigsten in der Erörterung böswillig sind und die deshalb in dieser Sache um so mehr Gewicht haben, weil sie, wenn eine Untersuchung über den rechten Mann angestellt wird, den wir uns offen und ohne Falsch vorstellen, in der Debatte nicht pfiffig, nicht verschlagen, nicht böse sind; sie sagen nämlich, der Weise sei nicht deshalb ein redlicher Mann, weil ihm Güte und Gerechtigkeit an sich und durch eigene Kraft Freude bereiteten, sondern

citudine periculo vita bonorum virorum sit, contra autem
improbis semper aliqui scrupus in animis haereat, semper
iis ante oculos iudicia et supplicia versentur; nullum autem
emolumentum esse, nullum iniustitia partum praemium
tantum, semper ut timeas, semper ut adesse, semper ut impendere aliquam poenam putes, damna…«

17 (27) [III] *(Phil.)* »Quaero: si duo sint, quorum alter
optimus vir aequissimus summa iustitia singulari fide, alter
insigni scelere et audacia, et si in eo sit errore civitas, ut
bonum illum virum sceleratum facinerosum nefarium putet, contra autem ⟨eum⟩ qui sit inprobissimus existimet
esse summa probitate ac fide, proque hac opinione omnium civium bonus ille vir vexetur rapiatur, manus ei denique auferantur, effodiantur oculi, damnetur vinciatur
uratur exterminetur egeat, postremo iure etiam optimo
omnibus miserrimus esse videatur, contra autem ille im-
probus laudetur colatur, ab omnibus diligatur, omnes ad
eum honores, omnia imperia, omnes opes, omnes undique
copiae conferantur, vir denique optimus omnium existi-
matione et dignissimus omni fortuna optima iudicetur:
quis tandem erit tam demens qui dubitet utrum se esse malit?

18 (28) Quod in singulis, idem est in populis: nulla est tam
stulta civitas, quae non iniuste imperare malit quam servire
iuste. Nec vero longius abibo. Consul ego quaesivi, cum
vos mihi essetis in consilio, de Numantino foedere. Quis
ignorabat Q. Pompeium fecisse foedus, eadem in causa
esse Mancinum? Alter vir optimus etiam suasit rogatio-
nem me ex senatus consulto ferente, alter acerrime se de-

weil das Leben des redlichen Mannes frei von Furcht, Sorgen, Aufregung, Gefahr sei, dagegen den Ruchlosen immer ein Bedenken in der Seele hafte, ihnen immer Gerichte und Strafen vor Augen stünden; kein Vorteil, kein durch Ungerechtigkeit erworbener Lohn aber sei so groß, daß du immer in Furcht sein möchtest, daß du immer denken möchtest, eine Strafe winke, immer, eine Strafe drohe, Nachteile …«

17 (27) [III] *(Phil.)* »Ich frage: wenn zwei sind, von denen der eine der beste Mann, der billigste, von letzter Gerechtigkeit und einzigartiger Verläßlichkeit ist, der andere von ausnehmender Verruchtheit und Verwegenheit, und wenn die Gemeinde in dem Irrtum lebt, daß sie jenen guten Mann für einen verbrecherischen, ruchlosen, frevelhaften hielte, dagegen aber meinte, der, der der ruchloseste ist, sei von größter Rechtlichkeit und Verläßlichkeit, und entsprechend dieser Meinung aller Bürger jener gute Mann gequält, geschleift, seine Hände ihm schließlich abgenommen, die Augen ihm ausgestochen würden, er verurteilt, in den Kerker geworfen, gebrannt, verbannt würde und in Armut lebte, endlich noch mit dem besten Recht allen am kläglichsten zu sein schiene, dagegen aber der Ruchlose gelobt, verehrt und von allen geliebt würde, alle Ehren, alle herrschenden Stellen, alle Macht, aller Reichtum aus aller Welt auf ihn gehäuft würden und er in der Meinung aller endlich als der beste und jedes vortrefflichen Geschickes würdigste Mann gälte: wer wird dann denn so wahnsinnig sein, nicht zu wissen, welcher von beiden er lieber sein möchte?[30]

18 (28) Wie bei den einzelnen, so bei den Völkern: kein Staat ist so dumm, daß er nicht lieber ungerecht herrschen als gerecht Sklave sein wollte. Ich will aber nicht weiter weggehen: als Konsul habe ich, während ihr bei der Beratung waret, über das Bündnis mit Numantia Umfrage gehalten. Wer wußte nicht, daß Quintus Pompeius das Bündnis abgeschlossen hatte, daß Mancinus in derselben Lage war? Der eine vortreffliche Mann befürwortete sogar

fendit. Si pudor quaeritur si probitas si fides, Mancinus
haec attulit, si ratio consilium prudentia, Pompeius anti-
stat. Utrum ...«

»sed iuventuti nostrae minime audiendus; quippe si ita
sensit ut loquitur, est homo inpurus; sin aliter, quod malo,
oratio est tamen inmanis.« *(Non. p. 323,18)*
21 (32) *(Phil.?)* »... Non gravarer Laeli, nisi et hos velle
putarem et ipse cuperem te quoque aliquam partem huius
nostri sermonis attingere, praesertim cum heri ipse dixeris
te nobis, etiam superfuturum. Verum id quidem fieri non
potest; ne desis omnes te rogamus.« *(Gell. 1,22,8)*

Drittes Buch 279

den Antrag, als ich ihn auf Grund des Senatsbeschlusses stellte, der andere verteidigte sich aufs heftigste. Wenn man Anstand, wenn Rechtlichkeit, wenn Verläßlichkeit sucht, so brachte das Mancinus mit, wenn Vernunft, Rat, Klugheit, so steht Pompeius auf der Gegenseite. Welcher von beiden ...«

Zwischengespräch

Von dem Übergangsgespräch, in dem Laelius um seine Rede gebeten wird und in dem das Entsetzen über die Rede zum Ausdruck gekommen ist, sind uns zwei Fragmente erhalten.

»Unsere Jugend darf ihn auf keinen Fall anhören; denn wenn er so denkt, wie er spricht, ist es ein unsauberer Mensch: wenn anders, was ich lieber annehmen möchte, ist die Rede dennoch ungeheuerlich.«

21 (32) *(Phil.?)* »Ich würde keine Umstände machen,[31] Laelius, wenn ich nicht glaubte, diese wollten es, und auch nicht selbst wünschte, daß auch du einen Teil dieses unseres Gesprächs anrührtest, zumal du gestern selbst gesagt hast, du würdest uns sogar mehr als genug zur Verfügung stehen. Aber das ist nicht möglich: daß du uns nicht im Stich läßt, bitten wir dich alle.«

Die Rede des Laelius[32]

Von der Rede des Laelius ist im Palimpsest nichts außer dem Schluß erhalten, der der Antithese des Philus, Tod oder Ungerechtigkeit, die Antithese Gerechtigkeit oder Tod antworten läßt. Dagegen sind eine Reihe von Stellen und Nachklängen aus ihr enthalten. Sie folgen in der Anordnung der Ausgabe von Ziegler. Über den Sinn der Rede vergleiche die Einleitung. An den Anfang der Rede gehören aber wohl drei noch nicht untergebrachte Fragmente,

280   *Liber tertius*

[I A] Sardanapallus ille vitiis multo quam nomine ipso deformior. *(Schol. Iuv. sat.* 10,362)

[I A] Poeni primi mercaturis et mercibus suis avaritiam et magnificentiam et inexplebiles cupiditates omnium rerum inportaverunt in Graeciam. *(Non. p.* 431,11)

[I A] Est igitur quiddam turbulentum in hominibus singulis, quod vel exultat voluptate, vel molestia frangitur. *(Non. p.* 301,5)

22 (33) [II A] *(Lael.)* »Est quidem vera lex recta ratio, naturae congruens, diffusa in omnis, constans, sempiterna, quae vocet ad officium iubendo, vetando a fraude deterreat, quae tamen neque probos frustra iubet aut vetat, nec improbos iubenda aut vetando movet. Huic legi nec obrogari fas est, neque derogari aliquid ex hac licet, neque tota abrogari potest, nec vero aut per senatum aut per populum solvi hac lege possumus, neque est quaerendus explanator aut interpres Sextus Aelius, nec erit alia lex Romae alia Athenis, alia nunc alia posthac, sed et omnes gentes et omni tempore una lex et sempiterna et inmutabilis continebit, unusque erit communis quasi magister et imperator omnium deus: ille legis huius inventor, disceptator, lator; cui qui non parebit, ipse se fugiet ac naturam hominis aspernatus hoc ipso luet maximas poenas, etiamsi cetera supplicia quae putantur effugerit.« *(Lact. inst.* 6,8,6–9)

23 (34) [IV A] nullum bellum suscipi a civitate optima nisi aut pro fide aut pro salute. *(Aug. civ.* 22,6)

[IV A] Sed his poenis quas etiam stultissimi sentiunt, ege-

Drittes Buch   281

die das, was Philus als das Normale aufstellt, anknüpfend
als Entartung brandmarken.

[I A] Jener berüchtigte Sardanapall, der durch seine Laster
noch viel ungestalter ist als durch seinen Namen selbst.

[I A] Die Punier haben zuerst durch ihren Handel und
ihre Waren Habsucht, Großartigkeit und unersättliche
Begierden nach allen Dingen nach Griechenland eingeführt.

[I A] Es gibt also etwas Ungeordnetes in den einzelnen
Menschen, das entweder überschäumt in Lust oder von
Beschwerden erdrückt wird.

22 (33) [II A] *(Lael.)* »Es ist aber das wahre Gesetz die
richtige Vernunft, die mit der Natur in Einklang steht, sich
in alle ergießt, in sich konsequent, ewig ist, die durch Befehle zur Pflicht ruft, durch Verbieten von Täuschung ab-
schreckt, die indessen den Rechtschaffenen nicht vergebens befiehlt oder verbietet, Ruchlose aber durch Geheiß
und Verbot nicht bewegt. Diesem Gesetz etwas von seiner
Gültigkeit zu nehmen, ist Frevel, ihm irgend etwas abzu-
dingen, unmöglich, und es kann ebensowenig als Ganzes
außer Kraft gesetzt werden. Wir können aber auch nicht
durch den Senat oder das Volk von diesem Gesetz gelöst
werden, es braucht als Erklärer und Deuter nicht Sextus
Aelius geholt werden, noch wird in Rom ein anderes Gesetz sein, ein anderes in Athen, ein anderes jetzt, ein anderes später, sondern alle Völker und zu aller Zeit wird ein
einziges, ewiges und unveränderliches Gesetz beherrschen, und einer wird der gemeinsame Meister gleichsam
und Herrscher aller sein: Gott! Er ist der Erfinder dieses
Gesetzes, sein Schiedsrichter, sein Antragsteller, wer ihm
nicht gehorcht, wird sich selber fliehen, und das Wesen des
Menschen verleugnend, wird er gerade dadurch die
schwersten Strafen büßen, auch wenn er den übrigen Strafen, die man dafür hält, entgeht.«

23 (34) [IV A] Daß kein Krieg vom besten Staate unternommen werde außer für gegebenes Wort oder das Heil.

[IV A] Aber diesen Strafen, die auch die Dümmsten spü-

282 Liber tertius

state exilio vinculis verberibus, elabuntur saepe privati oblata mortis celeritate, civitatibus autem mors ipsa poena est, quae videtur a poena singulos vindicare; debet enim constituta sic esse civitas ut aeterna sit. Itaque nullus interitus est rei publicae naturalis ut hominis, in quo mors non modo necessaria est, verum etiam optanda persaepe. Civitas autem cum tollitur deletur extinguitur, simile est quodam modo, ut parva magnis conferamus, ac si omnis hic mundus intereat et concidat. *(Aug. civ. 22,6)*

(35) [IV A] Illa iniusta bella sunt quae sunt sine causa suscepta. Nam extra ulciscendi aut propulsandorum hostium causam bellum geri iustum nullum potest.

Nullum bellum iustum habetur nisi denuntiatum, nisi dictum, nisi de repetitis rebus. *(Isid. etym.* 18,1,2–3)

24 (36) [IV A] *Disputatur certe acerrime atque fortissime in eisdem ipsis de re publica libris adversus iniustitiam pro iustitia. Et quoniam, cum prius ageretur pro iniustitiae partibus contra iustitiam, et diceretur nisi per iniustitiam rem publicam stare augerique non posse, hoc veluti validissimum positum erat, iniustum esse ut homines hominibus dominantibus serviant, quam tamen iniustitiam nisi sequatur imperiosa civitas, cuius est magna res publica, non eam posse provinciis imperare: responsum est a parte iustitiae ideo iustum esse, quod talibus hominibus sit utilis servitus, et pro utilitate eorum fieri cum recte fit, id est cum*

Drittes Buch 283

ren, Armut, Verbannung, Kerker, Schlägen, werden einzelne oft entgehen, da ein schneller Tod möglich ist. Staaten aber ist gerade der Tod, der die einzelnen von der Strafe zu befreien scheint, Strafe; es muß nämlich ein Staat so eingerichtet sein, daß er ewig ist. Deshalb gibt es keinen natürlichen Untergang eines Gemeinwesens wie den eines Menschen, bei dem der Tod nicht nur notwendig, sondern auch häufig wünschenswert ist. Wenn aber ein Staat beseitigt, vernichtet, ausgelöscht wird, so ist es, um Kleines mit Großem zu vergleichen, in gewisser Weise dem ähnlich, als ob diese ganze Welt zugrunde ginge und zusammenstürzte.

(35) [IV A] Jene Kriege sind ungerecht, die ohne Grund unternommen werden: denn ohne den Grund, sich zu rächen oder die Feinde zurückzuschlagen, kann kein gerechter Krieg geführt werden.

Kein Krieg gilt als gerecht außer dem angesagten, erklärten, außer nach Stellung der Forderung auf Rückgabe des Eigentums.

Paßt wahrscheinlich besser vor 3,15,24 (s. ebd.)

24 (36) [IV A] *Gestritten wird freilich aufs schärfste und tapferste in denselben Büchern über das Gemeinwesen gegen die Ungerechtigkeit für die Gerechtigkeit. Und da ja, als früher für die Partei der Ungerechtigkeit gegen die Gerechtigkeit gekämpft und gesagt wurde, nur durch Ungerechtigkeit könne ein Gemeinwesen sich erhalten und vergrößern, dies gleichsam als die festeste Grundlage genommen worden war, ungerecht sei, daß Menschen Menschen, die herrschen, dienstbar seien – eine Ungerechtigkeit freilich, bei deren Vermeiden ein herrschender Staat, dessen Gemeinwesen groß ist, nicht über Provinzen gebieten könne: wurde von seiten der Gerechtigkeit geantwortet, das sei deshalb gerecht, weil solchen Menschen die Knechtschaft nützlich sei, und es geschehe zu ihrem Nutzen, wenn es richtig geschieht, das heißt, wenn den Ruchlosen die Möglichkeit zu Übergriffen genommen wird und wenn die Unterworfenen sich besser dabei befin-*

284 *Liber tertius*

inprobis aufertur iniuriarum licentia, et domiti melius se habebunt, quia indomiti deterius se habuerunt; subditumque est, ut ista ratio firmaretur, veluti a natura sumptum nobile exemplum, atque dictum est: ⟨*an non cernimus optimo cuique dominatum ab ipsa natura cum summa utilitate infirmorum datum?*⟩ *Cur igitur deus homini, animus imperat corpori, ratio libidini* ⟨*iracundiaeque et*⟩ *ceteris vitiosis* ⟨*eiusdem*⟩ *animi partibus? (Aug. civ.* 19,21)

25 (37) [IV A] Sed et imperandi et serviendi sunt dissimilitudines cognoscendae. Nam ut animus corpori dicitur imperare, dicitur etiam libidini, sed corpori ut rex civibus suis aut parens liberis, libidini autem ut servis dominus, quod eam coërcet et frangit, sic regum, sic imperatorum, sic magistratuum, sic patrum, sic populorum imperia civibus sociisque praesunt ut corporibus animus, domini autem servos ita fatigant ut optima pars animi, id est sapientia, eiusdem animi vitiosas imbecillasque partes, ut libidines, ut iracundias, ut perturbationes ceteras. *(Aug. c. Iul.* 4,12,61 *t.* X *p.* 613 *Ben.)*

[IV A] Est enim genus iniustae servitutis, cum ii sunt alterius qui sui possunt esse; cum autem ii famulantur ... *(Non. p.* 109,1)

26 (38) [III A] *Si scieris, inquit Carneades, aspidem occulte latere uspiam, et velle aliquem inprudentem super eam assidere cuius mors tibi emolumentum futura sit, improbe feceris nisi monueris ne assidat, sed inpunite tamen; scisse enim te quis coarguere possit? Sed nimis multa. Perspicuum est enim, nisi aequitas fides iustitia proficiscantur a natura, et si omnia haec ad utilitatem referantur, virum bonum non posse reperiri; deque his rebus satis multa in nostris de re publica libris sunt dicta a Laelio. (Cic. fin.* 2,18,59)

Drittes Buch 285

den, weil sie, nicht gezügelt, sich schlechter befunden haben; und es wurde, damit dieser Beweis verstärkt würde, ein gleichsam von der Natur genommenes großes Beispiel angefügt und gesagt: oder sehen wir nicht, daß eben den Besten die Herrschaft zum größten Nutzen der Schwachen von der Natur selber gegeben worden ist? Warum befiehlt denn Gott den Menschen, die Seele dem Körper, die Vernunft den Gelüsten, der Leidenschaft und den übrigen mangelhaften Teilen derselben Seele?

25 (37) [IV A] Aber sowohl im Befehlen als auch im Dienen müssen Unterschiede erkannt werden. Denn wie man sagt, daß der Geist dem Körper befehle, aber auch den Gelüsten, dem Körper wie ein König seinen Bürgern oder ein Vater seinen Kindern, den Gelüsten aber wie ein Herr den Sklaven, weil er sie bändigt und bricht, so gebietet die Befehlsgewalt der Könige, so der Feldherrn, so der Beamten, so der Väter, so der Völker den Bürgern und Bundesgenossen wie der Geist den Körpern, Herren aber setzen ihren Sklaven zu wie der beste Teil der Seele, das heißt die Weisheit, dem schlechten und schwachen Teile dieser selben Seele, wie den Begierden, den Aufwallungen, wie den übrigen Leidenschaften.

[IV A] Es gibt nämlich eine Art ungerechter Dienstbarkeit, wenn die in der Gewalt des anderen sind, die sich selber gehören können; wenn aber die dienen ...

26 (38) [III A] *Wenn du weißt, sagte Karneades, daß irgendwo eine Schlange verborgen lauert und irgendeiner will sich unvorsichtig darauf setzen, dessen Tod dir vorteilhaft sein würde, wirst du ruchlos handeln, wenn du ihn nicht warnst, sich zu setzen, aber doch straflos; denn wer könnte dich überführen, daß du es gewußt hast? Aber es ist schon zuviel. Klar ist nämlich: wenn Billigkeit, Verläßlichkeit, Gerechtigkeit nicht aus der Natur hervorgehen und wenn alles dies auf den Nutzen bezogen wird, läßt sich der gute Mann nicht finden. Und über diese Dinge ist genug in unseren Büchern über den Staat von Laelius gesagt worden.*

286   *Liber tertius*

[V A] Sed ut ipsi seu animum periclitentur cum vident quid se putent esse facturos. *(Non. p. 364,7)*

[III A] *Et si, ut nos a te admonemur, recte in illis libris diximus nihil esse bonum nisi quod honestum, nihil malum nisi quod turpe sit … (Cic. Att. 10,4,4)*

27 (39) [IV A] *Filiola tua te delectari laetor et probari tibi* φυσικὴν *esse* τὴν πρὸς τὰ τέκνα. *Etenim si hoc non est, nulla potest homini esse ad hominem naturae adiunctio; qua sublata vitae societas tollitur.* ›Bene eveniat‹, *inquit Carneades, spurce, sed tamen prudentius quam Lucius noster et Patron; qui cum omnia ad se referant, ⟨numquam⟩ quicquam alterius causa fieri putent, et cum ea re bonum virum oportere esse dicant, ne malum habeat, non quo id natura rectum sit, non intellegant se de callido homine loqui, non de bono viro. Sed haec opinor sunt in iis libris, quos tu laudando animos mihi addidisti. (Cic. Att. 7,2,4)*

[V A] In quibus assentior sollicitam et periculosam iustitiam non esse sapientis. *(Prisc. 8,6,32 p. 399,13 Hertz)*

28 (40) [III A] Vult paene virtus honorem, nec est virtutis ulla alia merces. Quam tamen illa accipit facile, exigit non acerbe. *(Lact. inst. 5,18,4–8)*

[III A] Nisi si quis Athonem pro monumento vult funditus effingere. Quis enim est Athos aut Olympus tantus? *(Prisc. 6,13,70 p. 255,9)*

[III A] Huic tu viro quas divitias obicies? Quae imperia?

Der Sinn dieser Erzählungen des Karneades wurde von Laelius in seinem Sinne interpretiert:

[V A] Sondern damit sie entweder selber ihre Gesinnung auf die Probe stellen dadurch, daß sie sehen, was sie ihrer Meinung nach tun würden.

[III A] *Und wenn wir, woran wir von dir erinnert werden, richtig in jenen Büchern gesagt haben, daß nichts gut, außer was sittlich schön, nichts ein Übel, außer was schändlich ist ...*

27 (39) [IV A] *Ich freue mich, daß du dich über dein Töchterchen freust und dir einleuchtet, daß die Liebe zu den Kindern von Natur ist. Denn wenn es die nicht gibt, kann es keine natürliche Verbindung von Mensch zu Mensch geben; ist die beseitigt, hört jede Lebensgemeinschaft auf. ›Wohl bekomm's!‹ sagt Karneades, unflätig, aber doch klüger als unser Lucius und Patron; da die alles nur auf sich beziehen, können sie nie glauben, daß irgend etwas des Nächsten wegen geschehe, und da sie sagen, daß man deshalb ein guter Mann sein müsse, um nichts Übles zu erfahren, nicht weil das von Natur richtig sei, dürften sie nicht einsehen, daß sie über den schlauen Menschen sprechen, nicht über den guten Mann. Aber das steht, meine ich, in den Büchern, durch deren Lob du mir Mut gemacht hast.*

[V A] Hier stimme ich darin bei, daß eine unsicher gespannte und gefährliche Gerechtigkeit nicht Sache eines Weisen ist.

28 (40) [III A] Fast will die Vollkommenheit die Anerkennung, und es gibt keinen anderen Lohn für die Vollkommenheit. Den jedoch nimmt sie leicht entgegen, fordert ihn aber nicht scharf.

Die Unmöglichkeit, solche Leistung zu belohnen, wird in einem gewaltigen Bild gefaßt:

[III A] Wenn nicht jemand als Denkmal den Athos von Grund auf aufrichten will. Denn welcher Athos oder Olymp ist so groß ...?

[III A] Welche Reichtümer wirst du diesem Manne hin-

288 *Liber tertius*

Quae regna? Qui ista putat humana, sua bona divina iudicat. Sed si aut ingrati universi aut invidi multi aut inimici potentes suis virtutem praemiis spoliant, ne illa se multis solaciis oblectat, maximeque suo decore se ipsa sustentat. *(Lact. inst.* 5,18,4–8*)*

[VA] Quorum ⟨scil. Herculis et Romuli⟩ non corpora sunt in caelum elata; neque enim natura pateretur, ut id quod esset e terra nisi in terra maneret. *(Aug. civ.* 22,4*)*

[VA] numquam viri fortissimi fortitudinis inpigritatis patientiae … *(Non. p.* 125,18*)*

[VA] Pyrrhi videlicet largitas Fabricio aut Samnitium copiae Curio defuerunt. *(Non. p.* 132,17*)*

[VA] Cuius etiam focum Cato ille noster, cum venerat ad se in Sabinos, ut ex ipso audiebamus, visere solebat, apud quem sedens ille Samnitium, quondam hostium tum iam clientium suorum, dona relegaverat. *(Non. p.* 522,26*)*

29 (41) [VIA] *(Lael.)* »… Asia Ti. Gracchus, perseveravit in civibus, sociorum nominisque Latini iura neclexit ac foedera. Quae si consuetudo ac licentia manare coeperit latius imperiumque nostrum ad vim a iure traduxerit, ut, qui adhuc voluntate nobis oboediunt, terrore teneantur, etsi nobis qui id aetatis sumus evigilatum fere est, tamen de posteris nostris et de illa immortalitate rei publicae sollicitor, quae poterat esse perpetua, si patriis viveretur institutis et moribus.«

Drittes Buch 289

werfen? Welche Befehlsstellen? Welche Königtümer? Ihm, der dies für menschlich, seine Güter für göttlich hält! Aber wenn entweder die undankbare Gesamtheit oder die vielen Neider oder mächtige Feinde die Vollkommenheit ihres eigenen Lohnes berauben, dann erfreut sie sich fürwahr vielen Trostes und hält sich am meisten durch ihren eigenen Glanz aufrecht.

[V A] Nicht ihre (des Herkules und Romulus) Körper sind in den Himmel erhoben worden; denn die Natur würde es nicht dulden, daß das, was aus Erde wäre, anderswo als in der Erde bliebe.

[V A] Nie ⟨würde es⟩ die tapfersten Männer ihrer Tapferkeit, Energie, Ausdauer ⟨gereuen⟩.

[V A] Natürlich fehlte offenbar Pyrrhus' Reichsein dem Fabricius oder die Machtmittel der Samniten dem Curius.

[V A] Dessen Herd sogar pflegte unser Cato, wenn er nach Hause ins Sabinerland gekommen war, wie wir von ihm selber hörten, zu besuchen, an dem jener gesessen, als er die Geschenke der Samniten, einst der Feinde, damals schon seiner Schützlinge, zurückwies.

Beginn des 40. Quaternio:

29 (41) [VI A] *(Lael.)* » ⟨Wie sich geführt⟩ in Asien Tiberius Gracchus, darin verharrte er auch unter seinen Mitbürgern; die Rechte und Verträge der Bundesgenossen und der Latiner verletzte er. Wenn diese Gewohnheit und Willkür sich weiter zu verbreiten beginnt und unsere Herrschaft vom Recht zur Gewalt führt, so daß die, die jetzt uns noch freiwillig gehorchen, durch Terror gebändigt werden, so bin ich, wenn auch von uns, die wir jetzt leben, dagegen wachsam Vorsorge getroffen wurde, doch um unsere Nachkommen und jene Unsterblichkeit des Gemeinwesens in Unruhe, das ewig sein könnte, wenn man nach den ererbten Einrichtungen und Sitten leben würde.«

Liber tertius

30 Quae cum dixisset Laelius, etsi omnes qui aderant significabant ab eo se esse admodum delectatos, (42) tamen praeter ceteros Scipio quasi quodam gaudio elatus: »Multas tu quidem« inquit »Laeli saepe causas ita defendisti, ut ego non modo tecum Servium Galbam collegam nostrum, quem tu quoad vixit omnibus anteponebas, verum ne Atticorum quidem oratorum quemquam aut sua⟨vitate⟩ …« duas sibi res, quo minus in vulgus et in foro diceret, confidentiam et vocem, defuisse… *(Non. p. 262,25)*

inclusorum hominum gemitu mugiebat taurus. *(Schol. Iuv. sat. 6,486)*

31 (43) *(Scip.)* »…reportare. Ergo illam rem populi, id est rem publicam, quis diceret tum cum crudelitate unius oppressi essent universi, neque esset unum vinculum iuris

Drittes Buch 291

Zwischengespräch

30 Als das Laelius gesagt hatte, war vor den übrigen, wenn auch alle, die anwesend waren, kundgaben, daß sie an seiner Rede einen rechten Genuß gehabt hätten, (42) Scipio wie von Freude gleichsam beschwingt und sagte: »Viele Fälle, Laelius, hast du zwar häufig so verteidigt, daß ich mit dir nicht nur unseren Kollegen Servius Galba, den du, solange er lebte, allen vorzogst, sondern nicht einmal einen der attischen Redner an Süße ⟨oder Kraft gleichstellte; hier aber hast du dich selbst übertroffen.⟩ «

Lücke von 84 Teubnerzeilen (die 6 inneren Blätter des 40. Quaternio). Sie enthält das Zwischengespräch nach der Laeliusrede, in dem man sich gewundert hat, warum er, der so oft, wie auch jetzt, so gute Verteidigungsreden gehalten hat, nicht als politischer Redner aufgetreten ist. Darauf hat Scipio seine Rede begonnen, in der er die Erkenntnisse des Laelius auf die Verfassungsfrage anwendet. Am Anfang hat er von der Tyrannis gesprochen, als Beispiel den Phalaris von Agrigent und seinen Stier erwähnt und die Schlußfolgerung aus seiner Definition des Staates, die er in der Lücke wiederholt haben muß, in bezug auf diese Form gezogen.

Zwei Dinge hätten ihm gefehlt, daß er nicht vor dem Volke und auf dem Forum sprach: Selbstvertrauen und Stimme.[33]

Der Stier brüllte vom Stöhnen der eingeschlossenen Männer.

Scipios Schlußrede

31 (43) *(Scip.)* »⟨den ich nach Agrigent die Absicht hatte⟩ zurückzubringen.[34] Wer hätte jenes also ein Gemeinwesen, das heißt die Sache des Volkes nennen können, damals, als alle durch die Grausamkeit *eines Mannes* unterdrückt waren und es nicht das eine Band des Rechtes noch

nec consensus ac societas coetus, quod est populus? Atque hoc idem Syracusis. Urbs illa praeclara, quam ait Timaeus Graecarum maxumam, omnium autem esse pulcherrimam, arx visenda, portus usque in sinus oppidi et ad urbis crepidines infusi, viae latae, porticus templa muri nihilo magis efficiebant, Dionysio tenente ut esset illa res publica; nihil enim populi, et unius erat populus ipse. Ergo ubi tyrannus est, ibi non vitiosam ut heri dicebam, sed, ut nunc ratio cogit, dicendum est plane nullam esse rem publicam.«

32 (44) »Praeclare quidem dicis« Laelius; »etenim video iam quo pergat oratio.« *(Scip.)* »Vides igitur ne illam quidem quae tota sit in factionis potestate, posse vere dici rem publicam.« *(Lael.)* »Sic plane iudico.« *(Scip.)* »Et rectissime quidem iudicas; quae enim fuit tum Atheniensium res, cum post magnum illud Peloponnesiacum bellum triginta viri illi urbi iniustissime praefuerunt? Num aut vetus gloria civitatis aut species praeclara oppidi aut theatrum gymnasia porticus aut propylaea nobilia aut arx aut admiranda opera Phidiae aut Piraeus ille magnificus rem publicam efficiebat?« »Minime vero« Laelius »quoniam quidem populi res non erat.« *(Scip.)* »Quid? Cum decemviri Romae sine provocatione fuerunt tertio illo anno, cum vindicias amisisset ipsa libertas?« *(Lael.)* »Populi nulla res erat, immo vero id populus egit ut rem suam recuperaret.«

33 (45) *(Scip.)* »Venio nunc ad tertium genus illud, in quo esse videbuntur fortasse angustiae. Cum per populum agi dicuntur et esse in populi potestate omnia, cum de quocumque volt supplicium sumit multitudo, cum agunt rapi-

Einverständnis und Verbundenheit der Gemeinschaft gab, was erst ein Volk macht? Und dasselbe in Syrakus! Jene berühmte Stadt, von der Timaios sagte, sie sei von den griechischen die größte, von allen aber die schönste, die so sehenswürdige Burg, die Häfen, die sich bis ins Innere der Stadt und die Kais der Stadt ergießen, die breiten Straßen, die Säulenhallen, Mauern und Tempel, bewirkten um nichts mehr, daß sie, als Dionys sie beherrschte, ein Gemeinwesen war; nichts nämlich gehörte dem Volke, und das Volk selber war in *eines* Gewalt. Wo also ein Tyrann ist, dort, muß man sagen, ist nicht ein verdorbenes, wie ich gestern sagte, sondern, wie jetzt der Gedanke zwingend zeigt, überhaupt kein Gemeinwesen.«

32 (44) »Vortrefflich sagst du das«, sagte Laelius, »denn ich sehe schon, wohin die Rede strebt.« *(Scip.)* »Du siehst also, daß auch jenes, das ganz in der Macht einer Clique ist, nicht wahrhaft ein Gemeinwesen genannt werden kann.« *(Lael.)* »So urteile ich ganz und gar.« *(Scip.)* »Und zwar urteilst du ganz richtig; was war denn damals die Sache der Athener, als nach dem berühmten Peloponnesischen Kriege jene dreißig Männer der Stadt aufs ungerechteste geboten? Machten aus ihr etwa der alte Ruhm des Staates, der schöne Anblick der Stadt, das Theater, die Gymnasien, die Säulenhallen, die berühmten Propyläen, die Burg, die wunderbaren Werke des Phidias oder der prächtige Piräus ein Gemeinwesen?« »Keineswegs«, sagte Laelius, »da es ja nicht die Sache des Volkes war.« *(Scip.)* »Wie? Als die Zehn-Männer in Rom ohne Berufungsmöglichkeit herrschten, in jenem dritten Jahr, als die Freiheit selbst ihren Anspruch verloren hatte?« *(Lael.)* »Es war keine Sache des Volkes, vielmehr hat das Volk sich bemüht, seine Sache wiederzugewinnen.«

33 (45) *(Scip.)* »Ich komme nun zu jener dritten Art, bei der sich vielleicht Schwierigkeiten zeigen werden. Wenn es heißt, daß alles durch Volk betrieben wird und in der Macht des Volkes ruht, wenn die Menge, über wen sie will, den Tod verhängt, wenn sie treiben, rauben, festhalten,

unt tenent dissipant quae volunt, potesne tum Laeli negare
rem esse illam publicam? Cum populi sint omnia, quoniam quidem populi esse rem volumus rem publicam.«
Tum Laelius: »Ac nullam quidem citius negaverim esse
rem publicam, quam istam quae tota plane sit in multitudinis potestate. Nam si nobis non placebat Syracusis fuisse
rem publicam, neque Agrigenti neque Athenis cum essent
tyranni, neque hic cum decemviri, non video qui magis in
multitudinis dominatu rei publicae nomen appareat, quia
primum mihi populus non est, ut tu optime definisti Scipio, nisi qui consensu iuris continetur, sed est tam tyrannus iste conventus, quam si esset unus, hoc etiam taetrior
quia nihil ista, quae populi speciem et nomen imitatur, im-
manius belua est. Nec vero convenit, cum furiosorum
bona legibus in adgnatorum potestate sint, quod eorum
iam ...«
34 (46) *(Scip.)* »... ⟨ut de optimatibus fere eadem⟩ dici
possint, cur illa sit res publica resque populi, quae sunt

Drittes Buch 295

vergeuden, was sie wollen, kannst du dann leugnen, Laelius, daß das ein Gemeinwesen ist? Da ja alles dem Volke gehört und wir ja wollen, daß ein Gemeinwesen die Sache des Volkes sei.« Da sagte Laelius: »Doch, und zwar würde ich bei keinem rascher bestreiten, daß es ein Gemeinwesen sei als bei dem, das einfach ganz in der Macht der Masse ist. Denn wenn wir entschieden, daß in Syrakus nicht ein Gemeinwesen bestanden habe noch in Agrigent und Athen, da die dreißig Tyrannen herrschten, noch hier, als die Zehn-Männer herrschten, sehe ich nicht, warum in der Herrschaft der Masse der Begriff des Gemeinwesens mehr in Erscheinung treten sollte; denn erstens ist mir nur das ein Volk, wie du sehr gut umschrieben hast, Scipio, das durch die Anerkennung des Rechts zusammengehalten wird, aber diese Vereinigung ist genauso ein Tyrann, als ob es *einer* wäre; sogar darum noch scheußlicher, weil nichts ungeheuerlicher ist als dieses Untier, das das Aussehen und den Namen eines Volkes nachahmt. Es wäre aber vollends nicht folgerichtig, wenn, während die Güter der Wahnsinnigen nach dem Gesetz in der Gewalt der Anverwandten sind, weil ihr schon ...«

Die Lücke umfaßt 56 Teubnerzeilen (4 innere Blätter des 41. Quaternio). Nachdem nachgewiesen ist, daß die ungerechten Staaten überhaupt keine Staaten sind, ist Scipio nach der Lücke im erhaltenen Text bemüht zu zeigen, daß die drei guten Formen wirkliche Staaten sind und erträglich. Wir sind mitten in der Behandlung der Aristokratie, der die Behandlung des Königtums vorangegangen ist, auf die Bezug genommen wird. Der Anfang ist deshalb dem Sinn nach zu ergänzen: »⟨ut de optimatibus fere eadem⟩ dici possint« usw. Nach den Strukturen des 1. Buches dürfte es auch hier nicht ausgeschlossen sein, daß Scipio erneut auf die Vorzüge der »res publica temperata« angespielt hat.

34 (46) *(Scip.)* »⟨so daß über die Optimaten etwa dasselbe⟩ gesagt werden kann, warum jenes ein Gemeinwesen und die Sache des Volkes ist, wie es über das Königtum

296 *Liber tertius*

dicta de regno.« »Et multo etiam magis«, inquit Mummius; »nam in regem potius cadit domini similitudo, quod est unus; plures vero boni in qua re publica rerum potientur, nihil poterit esse illa beatius. Sed tamen vel regnum malo quam liberum populum; id enim tibi restat genus vitiosissumae rei publicae tertium.«
35 (47) Ad hunc Scipio: »Adgnosco«, inquit, »tuum morem istum Spuri aversum a ratione populi; et quamquam potest id lenius ferri quam tu soles ferre, tamen adsentior nullum esse de tribus his generibus quod sit probandum minus. Illud tamen non adsentior iusto praestare regi optimates; si enim sapientia est quae gubernet rem publicam, quid tandem interest, haec in unone sit an in pluribus? Sed errore quodam fallimur ita disputando; cum enim optumates appellantur, nihil potest videri praestabilius; quid enim optumo melius cogitari potest? Cum autem regis est facta mentio, occurrit animis rex etiam iniustus. Nos autem de iniusto rege nihil loquimur nunc, cum de ipsa regali re publica quaerimus. Quare cogitato Romulum aut Pompilium aut Tull⟨i⟩um regem: fortasse non tam illius te rei publicae paenitebit.« (48) *(Mumm.)* »Quam igitur relinquis populari rei publicae laudem?« Tum ille *(Scip.)*: »Quid? Tibi tandem Spuri Rhodiorum, apud quos nuper fuimus una, nullane videtur esse res publica?« *(Mumm.)* »Mihi vero videtur, et minime quidem vituperanda.« *(Scip.)* »Recte dicis; sed si meministi, omnes erant idem tum de plebe tum senatores, vicissitudinesque habebant quibus mensibus populari munere fungerentur, quibus senatorio; utrubique autem conventicium accipiebant, et in

Drittes Buch   297

gesagt worden ist.« »Und noch viel mehr«, sagte Mummius, »denn auf den König trifft noch eher die Ähnlichkeit mit einem Gewaltherrn zu, weil es *einer* ist. Wenn aber in einem Gemeinwesen sich mehr Gute der Herrschaft bemächtigen, wird es nichts Glücklicheres geben können als jenes. Aber ich will dennoch lieber noch ein Königtum denn ein freies Volk; denn dies bleibt dir als dritte Form eines mangelhaftesten Gemeinwesens.«

35 (47) Zu ihm sagte Scipio: »Ich erkenne deine bekannte Art, Spurius, die dem demokratischen Zuge abgeneigt ist; und obwohl man das gelassener ertragen kann, als du es zu ertragen pflegst, stimme ich dir doch bei, daß es keine von den drei Arten gibt, die weniger gutzuheißen wäre: darin aber stimme ich dir nicht bei, daß die Optimaten besser seien als ein gerechter König;[35] wenn es nämlich die Weisheit ist, die das Gemeinwesen lenkt, was ist es dann schließlich für ein Unterschied, ob diese bei einem oder mehreren ist? Aber wir lassen uns durch einen Irrtum täuschen, wenn wir so streiten; wenn nämlich Optimaten der Name ist, scheint es nichts Vorzüglicheres geben zu können; denn was kann Besseres gedacht werden als der Beste? Wenn aber des Königs Erwähnung getan wird, tritt vor die Seele auch der ungerechte König. Wir aber sprechen jetzt nicht über den ungerechten König, wenn wir über das königliche Gemeinwesen an sich forschen. Denk daher an Romulus oder Pompilius oder König Tullius:[36] vielleicht wird dich dann jenes Gemeinwesen nicht so gereuen!« (48) *(Mumm.)* »Welches Lob läßt du also dem Gemeinwesen des Volkes?« Darauf jener *(Scip.)*: »Wie? Scheint dir denn, Spurius, das der Rhodier, bei denen wir neulich gemeinsam waren, kein Gemeinwesen zu sein?« *(Mumm.)* »Doch, und keineswegs tadelnswert!« *(Scip.)* »Du sprichst recht; aber wenn du dich erinnerst, waren alle zugleich zum Volke gehörig und Senatoren, und sie wechselten ab; in bestimmten Monaten übten sie das Amt des Volkes, in bestimmten das des Senates; beiderseits aber empfing man Diäten. Und im Theater und in der Kurie

theatro et in curia res capitalis et reliquas omnis iudicabant
idem; tantum poterat tantique erat quanti multitudo ⟨se-
natus⟩ …«

Drittes Buch

richteten dieselben Leute die Kapitalprozesse und alle übrigen; soviel vermochte und soviel wert wie die Menge war ⟨der Senat⟩ ...«

Von den folgenden ungefähr 40 Quaternionen des Palimpsestes, also etwa 80 Teubnerseiten, sind 6 Seiten, also 42 Teubnerzeilen, erhalten. Vom 3. Buch wird nicht viel mehr fehlen, sondern die Behandlung der Verfassungen nach dem gefundenen Prinzip der Gemeinschaft den Schluß gebildet haben.

Liber quartus

1 (1)[I] *Temptabo tamen, quoniam corporis et animi facta mentio est, utriusque rationem, quantum pusillitas intelle-gentiae meae pervidet, explicare. Quod officium hac de causa maxime suscipiendum puto, quod Marcus Tullius vir ingenii singularis in quarto de re publica libro, cum id fa-cere temptasset, materiam late patentem angustis finibus terminavit, leviter summa quaeque decerpens. Ac ne ulla esset excusatio cur eum locum non fuerit exsecutus, ipse testatus est nec voluntatem sibi defuisse nec curam. In libro enim de legibus primo, cum hoc idem summatim stringeret, sic ait: Hunc locum satis ut mihi videtur in iis libris quos legistis expressit Scipio.* (Lact. opif. 1,11–13)

[I] Atque ipsa mens quae futura videt praeterita meminit. (Non. p. 500,9)

[I] Etenim si nemo est quin emori malit quam converti in aliquam figuram bestiae, quamvis hominis mentem sit ha-biturus, quanto est miserius in hominis figura animo esse efferato! Mihi quidem tanto videtur quanto praestabilior est animus corpore. (Lact. inst. 5,11,2)

Se non putare idem esse arietis et Publii Africani bonum. (Aug. c. Iul. 4,12,59 t. X p. 612 Ben.)

[I] Ea denique obiectu mutuo aeque umbram noctemque efficiat, cum ad numerum dierum aptam ⟨tum⟩ ad la-borum quietem. (Non. p. 234,14)

[I] Cumque autumno terra s⟨e⟩ ad concipiendas fruges

Viertes Buch

Einführung Scipios über das Wesen von Geist und Körper

1 (1) [I] *Ich werde dennoch versuchen, da ja des Leibes und der Seele Erwähnung getan worden ist, beider Wesen, soweit es die Wenigkeit meiner Einsicht durchschaut, klarzulegen. Die Aufgabe glaube ich besonders aus dem Grunde auf mich nehmen zu müssen, weil Marcus Tullius, ein Mann von einzigartigem Geist, im vierten Buch über den Staat, als er dies zu tun versuchte, den sich weit erstreckenden Stoff in enge Grenzen gepreßt hat, leicht nur die letzten Spitzen abpflückend. Und damit es keine Entschuldigung dafür gäbe, warum er diesen Gedankenkomplex nicht bis zum Ende verfolgt hat, hat er selber bezeugt, daß ihm weder Wille noch Bemühung gefehlt habe. Im ersten Buch über die Gesetze nämlich, als er dasselbe zusammenfassend streifte, sagte er: diesen Gedankenzusammenhang hat zur Genüge, wie mir scheint, Scipio in den Büchern, die ihr gelesen habt, zum Ausdruck gebracht.*
[I] *Und erinnert derselbe Sinn, der das Zukünftige sieht, sich des Vergangenen, . . .*
[I] *Denn wenn es niemanden gibt, der nicht lieber sterben wollte, als sich in die Gestalt irgendeines Tieres zu verwandeln, dürfte er auch den Geist eines Menschen behalten, um wieviel jämmerlicher ist es dann, in Menschengestalt eine vertierte Seele zu besitzen? Mir scheint um soviel, als die Seele vorzüglicher ist als der Körper.*
[I] *Er glaube nicht, daß das Gut eines Widders und des Publius Africanus dasselbe sei.*
[I] *Sie endlich bewirkt durch abwechselndes Entgegenstellen in gleicher Weise Schatten und Nacht, gemacht zur Zählung der Tage und besonders zum Ausruhen von den Strapazen.*
[I] *Und wenn im Herbst die Erde sich öffnet, um die Feldfrucht zu empfangen, im Winter sich lockert, um sie zu*

302 *Liber quartus*

patefecerit, hieme ad concipiendas relaxarit, aestiva maturitate alia mitigaverit alia torruerit. *(Non. p. 343,20)*

cum adhibent in pecuda pastores. *(Non. p. 159,16)*

2 (2) *(Scip.)* »... gratiam, quam commode ordines discripti aetates classes equitatus, in quo suffragia sunt etiam senatus, nimis multis iam stulte hanc utilitatem tolli cupientibus, qui novam largitionem quaerunt aliquo plebiscito reddendorum equorum.

3 (3) Considerate nunc, cetera quam sint provisa sapienter ad illam civium beate et honeste vivendi societatem; ea est enim prima causa coëundi, et id hominibus effici ex re publica debet partim institutis, alia legibus.

[II b] Principio disciplinam puerilem ingenuis, de qua Graeci multum frustra laborarunt, et in qua una Polybius noster hospes nostrorum institutorum neglegentiam accusat, nullam certam aut destinatam legibus aut publice expositam aut unam omnium esse voluerunt. Nam ...«

[II b] Fannio causa difficilis laudare puerum; non enim res laudanda, sed spes est. *(Serv. Aen. 6,875)*

[II c] ad militiam euntibus dari solitos esse custodes, a quibus primo anno regantur. *(Serv. Aen. 5,546)*

[II b] non modo ut Spartae, rapere ubi pueri et clepere discunt. *(Non. p. 20,12)*

empfangen, in der sommerlichen Reife eines mildert, anderes dörrt.

Vortrag Scipios[37]

Wenn sie beim Vieh Hirten anwenden.

2 (2) *(Scip.)* »... die Beliebtheit, wie treffend sind die Stände geordnet, die Jahrgänge, die Klassen, die Ritterschaft, in der auch die Stimmen des Senates sind! Schon wünschen allzu viele töricht diese nützliche Einrichtung zu beseitigen, Leute, die auf eine neue Schenkung aus sind mittels irgendeines Volksbeschlusses, daß die Rosse zurückzugeben seien.

3 (3) Erwägt nun, wie weise vorausschauend das übrige eingerichtet ist in Hinsicht auf jene Vereinigung der Bürger zum glücklichen und sinnvollen Leben! Denn dies ist der erste Grund des Zusammenkommens, und das muß für den Menschen aus dem Gemeinwesen bewirkt werden, teils durch Einrichtungen, anderes durch Gesetze.

[II b] Zunächst haben sie gewollt, daß die Kindererziehung für die Freigeborenen, um die die Griechen sich vergebens viel abgemüht haben und bei der allein Polybios, unser Freund, die Nachlässigkeit unserer Einrichtungen anklagt, nicht bestimmt oder durch Gesetze festgelegt sei oder von Staats wegen aufgestellt oder für alle dieselbe. Denn ...«

Lücke der 2 oder 4 inneren Blätter des Quaternio. Über die Jugenderziehung mag auch das folgende Fragment gehen:

[II b] Dem Fannius ist es eine schwierige Sache, einen Knaben zu loben; denn es ist keine Sache, sondern eine Hoffnung zu loben.

[II c] ... wenn sie zum Kriegsdienst ziehen, würden ihnen gewöhnlich Betreuer gegeben, von denen sie im ersten Jahre geleitet werden sollen.

[II b] ... nicht nur wie in Sparta, wo die Knaben rauben und stehlen lernen.

304 Liber quartus

[II b] obprobrio fuisse adulescentibus si amatores non haberent. *(Serv. Aen.* 10,325*)*

4 (4) [II c] *(Scip.)* »...ri nudari puberem. Ita sunt alte repetita quasi fundamenta quaedam verecundiae. Iuventutis vero exercitatio quam absurda in gymnasiis! quam levis epheborum illa militia! quam contrectationes et amores soluti et liberi! mitto aput Eleos et Thebanos, apud quos in amore ingenuorum libido etiam permissam habet et solutam licentiam: Lacedaemonii ipsi, cum omnia concedunt in amore iuvenum praeter stuprum, tenui sane muro dissaepiunt id, quod excipiunt; conplexus enim concubitusque permittunt palliis interiectis.« Hic Laelius: »Praeclare intellego, Scipio, te in iis Graeciae disciplinis, quas reprendis, cum populis nobilissimis malle quam cum tuo Platone luctari, quem ne attingis quidem, praesertim cum ...«

5 (5) *Huius (Socratis) auditor Plato, quem deum philosophorum Tullius nominat, qui solus omnium sic philosophatus est ut ad veritatem propius accederet, tamen quia deum ignoravit, in multis ita lapsus est ut nemo deterius erraverit, in primis quod in libris civilibus omnia omnibus voluit esse communia.* [II d] *De patrimoniis tolerabile est, licet sit iniustum; nec enim aut obesse cuiquam debet, si sua industria plus habet, aut prodesse, si sua culpa minus; sed ut dixi, potest aliquo modo ferri.* [II e] *Etiamne coniuges, etiamne liberi communes erunt? Non erit sanguinis ulla distinctio, nec genus certum, nec familiae nec cognationes nec adfinitates, sed sicut in gregibus pecudum confusa et indiscreta*

Viertes Buch 305

[II b] ... es sei ein Schimpf für Jünglinge gewesen, wenn sie keine Liebhaber hätten.

4 (4) (Scip.) »... es sei verboten gewesen, daß sich⟩ ein Jüngling nackt zeige. So weit leiten sich gewisse Grundlagen der Ehrfurcht her. Die Übung der Jugend aber, wie verkehrt ist sie in den Gymnasien! Wie leicht jener Kriegsdienst der Epheben! Wie ungebunden und frei die Berührungen und Liebschaften! Ich sag nicht bei Eleern und Thebanern, bei denen in der Liebe zu den Freigeborenen die Begierde sogar erlaubte und ungebundene Freiheit hat; die Spartaner selber trennen, wenn sie alles in der Liebe zu Jünglingen gestatten außer dem Geschlechtsverkehr, wirklich nur durch eine dünne Mauer ab, was sie ausnehmen; Umfangen und Zusammenschlafen erlauben sie nämlich, wenn das Überkleid dazwischenliegt.« Hier sagte Laelius: »Sehr schön, wie ich sehe, Scipio, willst du bei den Anschauungen Griechenlands, die du tadelst, mit den angesehensten Völkern lieber streiten als mit deinem Platon, an den du nicht einmal rührst, zumal da ...«

5 (5) *Dessen (des Sokrates) Hörer Platon, den Tullius einen Gott der Philosophen nennt, der allein von allen so philosophiert hat, daß er der Wahrheit näher kam, ist in vielen Dingen doch, weil er Gott nicht kannte, so gestrauchelt, daß niemand schlimmer in die Irre gegangen ist; vor allem, weil er in den Büchern von dem Staat gewollt hat, daß alles allen gemeinsam sein solle. [II d] Bei dem Vermögen ist es noch erträglich, mag es auch ungerecht sein; denn das darf keinem schaden, wenn er durch eigenen Fleiß mehr hat, oder nützen, wenn durch eigene Schuld weniger. Aber wie gesagt, das läßt sich irgendwie noch ertragen. [II e] Auch die Frauen, auch die Kinder sollen gemeinsam sein? Dann wird es keine Unterscheidung des Blutes geben, kein festes Geschlecht, keine Familien, keine Blutsverwandtschaften, keine Verschwägerungen, sondern alles wird wie bei Viehherden vermischt und ununterschieden sein. Es wird keine Beherrschung beim Mann,*

*omnia. Nulla erit in viris continentia, nulla in feminis pu-
dicitia. Quis esse in utrisque amor coniugalis potest, in quibus non est certus aut proprius affectus? Quis erit in patrem
pius, ignorans unde sit natus? Quis filium diliget, quem
putabit alienum? Quin etiam feminis curiam reservavit,
militiam et magistratus et imperia permisit. Quanta erit in-
felicitas urbis illius, in qua virorum officia mulieres occu-
pabunt! (Lact. epit. 33 [38], 1–5)*

[II d] et noster Plato magis etiam quam Lycurgus, omnia
qui prorsus iubet esse communia, ne quis civis propriam
aut suam rem ullam queat dicere. *(Non. p. 362,11)*

[IV a] Ego vero eodem quo ille Homerum redimitum co-
ronis et delibutum unguentis emittit ex ea urbe quam sibi
ipse fingit. *(Non. p. 308,38)*

6 (6) [III e] Nec vero mulieribus praefectus praeponatur,
qui apud Graecos creari solet; sed sit censor qui viros do-
ceat moderari uxoribus. *(Non. p. 499,13)*

[III e] Ita magnam habet vim disciplina verecundiae: carent temeto omnes mulieres. *(Non. p. 5,10)*

[III e] Atque etiam si qua erat famosa, ei cognati osculum
non ferebant. *(Non. p. 306,3)*

[IV a] Itaque a petendo petulantia, a procando, id est pos-
cendo, procacitas nominata est. *(Non. p. 23,17)*

[III b] Censoris iudicium nihil fere damnato obfert nisi
ruborem. Itaque ut omnis ea iudicatio versatur tantummodo in nomine, animadversio illa ignominia dicta est.
(Non. p. 24,5)

[III b] Horum [in] severitatem dicitur inhorruisse primum
civitas. *(Non. p. 423,4)*

7 (7) [III a vel b] Nolo enim eundem populum imperato-
rem et portitorem esse terrarum. Optimum autem et in
privatis familiis et in republica vectigal duco esse parsimo-
niam. *(Non. p. 24,15)*

Viertes Buch 307

keine Keuschheit bei den Frauen geben! Wie kann es in beiden eheliche Liebe geben, wenn in ihnen kein bestimmtes und besonderes Gefühl ist? Wer wird gegen den Vater Kinderliebe besitzen, wenn er nicht weiß, von wem er stammt? Wer wird seinen Sohn lieben, den er für fremd halten wird? Ja, er hat sogar den Frauen das Rathaus aufgespart, Kriegsdienst, Ämter, Befehlsstellen überlassen. Wie groß wird das Unglück jener Stadt sein, in der die Frauen die Pflichten der Männer mit Beschlag belegen![38]

[II d] Und unser Platon mehr noch als Lykurg, da er überhaupt alles gemeinsam sein läßt, damit kein Bürger sagen könne, irgendeine Sache sei sein Eigentum oder ihm gehörig.

[IV a] Jawohl und zwar ebendorthin, wohin er den Homer mit Kränzen umwunden und Öl gesalbt aus jener Stadt schickt, die er sich selber ausdenkt.[39]

6 (6) [III e] Es soll aber den Frauen kein Vorsteher an die Spitze gestellt werden, wie er bei den Griechen gewählt zu werden pflegt, sondern es soll einen Zensor geben, der die Männer lehre, ihre Frauen zu zügeln.

[III e] So große Gewalt hat die Übung der Ehrfurcht: alle Frauen trinken keinen Wein.

[III e] Und auch wenn eine übel angeschrieben war, boten ihr die Verwandten nicht den Kuß.

[IV a] So ist vom Bitten die Keckheit, vom Verlangen, das heißt Fordern, die Frechheit benannt worden.

[III b] Das Urteil des Zensors bringt dem Verurteilten fast keinen Nachteil außer der Beschämung. Wie daher dieses ganze Urteil nur den Namen betrifft, so ist jene Rüge auch Namenlosigkeit, ›ignominia‹ genannt worden.

[IIIb] Vor deren Strenge[40] soll die Bürgerschaft zunächst Grauen gehabt haben.

7 (7) [III a oder b] Ich will nämlich nicht, daß dasselbe Volk Gebieter und Zöllner der Welt ist. Für die beste Einnahme aber in privaten Familien und im Gemeinwesen halte ich die Sparsamkeit.

308 *Liber quartus*

[III b] *Theatra, porticus, nova templa verecundius repre-
hendo propter Pompeium, sed doctissimi non probant, ut et
hic ipse Panaetius, quem multum in his libris secutus sum
non interpretatus, et Phalereus Demetrius, qui Periclem,
principem Graeciae vituperat, quod tantam pecuniam in
praeclara illa propylaea coniecerit. Sed de hoc genere toto
in his libris, quos de re publica scripsi, diligenter est disputatum. (off. 2,60)*

[III a] Fides enim nomen ipsum mihi videtur habere, cum
fit quod dicitur. *(Non. p. 24,11)*

[III a] In cive excelso atque homine nobili blanditiam os-
tentationem ambitionem rear esse levitatis. *(Non. p.
194,26)*

[III a] Quicumque epulis et conviviis et sumptibus existi-
mationem hominum sibi conciliant, palam ostendunt sibi
verum decus, quod ex virtute ac dignitate nascitur, deficere. *(Anon. Paradoxa Koronne apud Bielowski, Pompeii
Trogi frg. p. XV sq.)*

[III a] *Intuere paululum ipsos de re publica libros, unde
illum affectum amantissimi civis ebibisti, quod nullus sit
patriae consulendi modus aut finis bonis intuere, obsecro
te, et cerne, quantis ibi laudibus frugalitas et continentia
praedicetur, et erga coniugale vinculum fides castique ho-
nesti ac probi mores. (Aug. epist. 91,3 = CSEL. 34,428,21;
cf. Aug. epist. 90,1)*

8 (8) [III b] Admiror, nec rerum solum sed verborum
etiam elegantiam. »Si iurgant« inquit: benevolorum con-
certatio, non lis inimicorum, iurgium dicitur. *(Non. p.
430,29)*

[III b] Iurgare igitur lex putat inter se vicinos, non litigare.
(Non. p. 430,30)

[III b] *Porro cum pax domestica membrum sit civilis pacis,
si pax domestica a domesticis violanda sit, ne civilis pereat,
erit tunc pax domestica inter patrem et filium distrahenda,
quemadmodum illos scripsisse legimus, qui de statu rei pu-*

Viertes Buch   309

[III b] *Theater, Säulenhallen, neue Tempel rüge ich mit
mehr Vorsicht Pompeius' wegen, aber die Gebildetsten
billigen sie nicht, wie Panaitios selber, dem ich in diesen
Büchern hier in weitem Umfange folge, ohne ihn wörtlich
zu übersetzen, und Demetrios von Phaleron, der Perikles,
den ersten Mann Griechenlands tadelt, weil er so viel
Geld in jene herrlichen Propyläen gesteckt hat. Aber über
dieses ganze Gebiet habe ich in den Büchern, die ich über
den Staat geschrieben habe, ausgiebig gehandelt.*
[III a] Verläßlichkeit scheint mir eben den Namen zu
Recht zu tragen, wenn geschieht, was gesagt wird.
[III a] Bei einem hervorragenden Bürger und angesehenen
Manne sind Schmeichelei, Prahlerei, Ehrsucht, möchte ich
meinen, ein Zeichen von Mangel an Würde.
[III a] Alle, die durch Gastereien, Gelage und Aufwand
sich die Schätzung der Menschen zu gewinnen suchen,
zeigen damit offen, daß ihnen wahrer Glanz, der aus Vollkommenheit und Würde entspringt, abgeht.
[III a] *Schau ein wenig eben die Bücher über den Staat an,
woraus du jene Leidenschaft des vaterlandsliebenden
Bürgers gesogen hast, weil es* kein Maß und Ziel für die
Guten in der Sorge für das Vaterland *gäbe, schau sie an,
ich bitte dich, und sieh, mit welchen Lobeserhebungen
dort Nüchternheit und Beherrschung gepriesen werden
und gegenüber dem Band der Ehe Treue, keusche, anstän-
dige und redliche Sitten.*
8 (8) [III b] Ich bewundere nicht nur die Gewähltheit der
Dinge, sondern auch der Worte. ›Wenn sie sich auseinandersetzen‹, sagt er: ein Streiten unter Wohlgesinnten, nicht
ein Zwist von Feinden wird Auseinandersetzung genannt.
[III b] Nachbarn setzen sich also, glaubt das Gesetz, auseinander, haben nicht etwa Zwistigkeiten.
[III b] *Weiter: da der Friede des Hauses ein Glied ist des
Friedens im Staate, wird, wofern der Friede des Hauses
von den Angehörigen verletzt werden muß, damit der im
Staate nicht zugrunde gehe, dann der Hausfriede zwischen Vater und Sohn gebrochen werden müssen, wie wir*

310 Liber quartus

blicae facundius disputaverunt. (Rufinus de bono pacis II 26 col. 1632)

[III b] eosdem terminos hominum curae atque vitae; sic pontificio iure sanctitudo sepulturae. *(Non. p. 174,7)*

[III b] quod insepultos reliquissent eos quos e mari propter vim tempestatis excipere non potuissent, innocentes necaverint. *(Non. p. 293,41)*

[III b] nec in hac dissensione suscepi populi causam sed bonorum. *(Non. p. 519,15)*

[III b] Non enim facile valenti populo resistitur, si aut nihil iuris impertias aut parum. *(Prisc. 15,4,20 p. 76,14 Hertz)*

[III b] Cui quidem utinam vere fideliter abunde scienter auguraverim. *(Non. p. 469,16)*

9 (9) [IV b] Ad quos cum accessit clamor et adprobatio populi quasi cuiusdam magni et sapientis magistri, quas illi obducunt tenebras, quos invehunt metus, quas inflammant cupiditates! *(Aug. civ. 2,14 ext.)*

10 (10) [IV b] *(Scip.)* »Cum artem ludicram scaenamque totam in probro ducerent, genus id hominum non modo honore civium reliquorum carere sed etiam tribu moveri notatione censoria voluerunt *(Romani)*.« *(Aug. civ. 2,13)*

(11) [IV b] Numquam comoediae, nisi consuetudo vitae pateretur, probare sua theatris flagitia potuissent.

[IV b] quem illa *(scil. comoedia)* non adtigit, vel potius quem non vexavit? Cui pepercit? Esto, populares homines inprobos in re publica seditiosos, Cleonem Cleophontem Hyperbolum laesit. Patiamur *(inquit)*, etsi eiusmodi cives a censore melius est quam a poeta notari; sed Periclen, cum iam suae civitati maxima auctoritate plurimos annos domi

bei denen gelesen haben, die über den Zustand des Gemeinwesens beredter gesprochen haben.

[III b] Den Menschen sei dieselbe Grenze gesetzt für Leben und Sorge: daher nach dem Pontifikalrecht die Unantastbarkeit des Begräbnisses.

[III b] Weil sie die unbestattet hätten liegen lassen, die sie aus dem Meer wegen der Gewalt des Sturmes nicht hätten aufnehmen können, hat man sie unschuldig getötet.[41]

[III b] Und bei dieser Meinungsverschiedenheit habe ich nicht die Sache des Volkes, sondern die der Guten ergriffen.

[III b] Nicht leicht nämlich kann man einem starken Volke Widerstand leisten, wenn man ihm nichts oder zu wenig an Recht zuteilt.

[III b] Möchte ich ihm doch wahrhaft, verlässig, reichlich und verständig geweissagt haben.

9 (9) [IV b] Wenn Geschrei und Beifall des Volkes gleichwie eines großen und weisen Meisters hinzukommen, was verbreiten sie dann für Dunkel, was für Ängste flößen sie ein, was für Begierden entflammen sie!

10 (10) [IV b] *(Scip.)* »Da sie die Schauspielkunst und die ganze Bühne zu den schimpflichen Dingen zählten, wollten sie, daß diese Art Menschen nicht nur nicht die Ehre der übrigen Bürger hätten, sondern sie wollten sie auch durch zensorische Rüge aus der Tribus stoßen *(die Römer)*.«

(11) [IV b] Nie hätten die Komödien, wenn die Gewohnheiten des Lebens sie nicht geduldet hätten, den Theatern ihre Schandtaten einleuchtend machen können.

[IV b] Wen hat sie *(die Komödie)* nicht angerührt oder vielmehr, wen hat sie nicht gequält? Wen hat sie geschont? Es sei: Demagogen, ruchlose Männer, im Gemeinwesen Aufsässige, Kleon, Kleophon, Hyperbolus hat sie verletzt. Wollen wir das hinnehmen, wenn es auch besser ist, daß derartige Bürger vom Zensor statt vom Dichter gerügt werden! Aber daß Perikles, als er sehr viele Jahre schon daheim und im Kriege mit höchstem Ansehen an der

312   *Liber quartus*

et belli praefuisset, violari versibus et eos agi in scaena non plus decuit, quam si Plautus *(inquit)* noster voluisset aut Naevius Publio et Gnaeo Scipioni aut Caecilius Marco Catoni male dicere. *(Aug. civ. 2,9)*

(12)[IV b]Nostrae contra duodecim tabulae cum perpaucas res capite sanxissent, in his hanc quoque sanciendam putaverunt, si quis occentavisset sive carmen condidisset quod infamiam faceret flagitiumve alteri; praeclare: iudiciis enim magistratuum, disceptationibus legitimis propositam vitam, non poetarum ingeniis, habere debemus, nec probrum audire nisi ea lege ut respondere liceat et iudicio defendere. *(Aug. civ. 2,9)*

[IV b] *veteribus displicuisse Romanis vel laudari quemquam in scaena vivum hominem vel vituperari. (Aug. civ. 2,9)*

11 (13)[IV b] *Comoediam esse Cicero ait imitationem vitae, speculum consuetudinis, imaginem veritatis. (Donat. exc. de comm. p. 22,19 Wessner)*

[IV b] Aeschines Atheniensis vir eloquentissimus, cum adulescens tragoedias actitavisset, rem publicam capessivit, et Aristodemum, tragicum item actorem, maximis de rebus pacis ac belli legatum ad Philippum Athenienses saepe miserunt. *(Aug. civ. 2,11)*

12 (14) [IVa] Οὔτε γὰρ ἅπασα τέρψις μεμπτὸν οὔτε τῆς μουσικῆς αὕτη τέλος, ἀλλ' ἡ μὲν ψυχαγωγία κατὰ τὸ συμβεβηκός, σκοπὸς δὲ ὁ προκείμενος ἡ πρὸς ἀρετὴν ὠφέλεια· ὅπερ πολλούς τε ἄλλους ἔλαθε καὶ τὸν ἐν τοῖς Κικέρωνος τοῦ Ῥωμαίου πολιτικοῖς τὰ κατὰ μουσικῆς ῥητορεύοντα· οὐ γὰρ ἔγωγ' ἂν φαίην ἐκείνῳ τὰ τοιαῦτα εἰρῆσθαι· πῶς γὰρ ἄν τις αὐτὸν ἰσχυρίσαιτο μουσικὴν λοιδορεῖν τε καὶ ὡς φαύλην εὐθύνειν τέχνην ἁρμονιῶν τε καὶ ῥυθμῶν ἀρετάς τε καὶ κακίας

Spitze seines Staates gestanden hatte, in Versen besudelt wurde und sie auf der Bühne vorgetragen wurden, gehörte sich ebensowenig, wie wenn unser Plautus oder Naevius hätten den Publius und Gnaeus Scipio oder Caecilius den Marcus Cato schmähen wollen.

(12) [IV b] Unsere zwölf Tafeln dagegen haben, obwohl sie auf sehr wenige Dinge die Todesstrafe gesetzt hatten, unter denen auch dies mit dem Tode bestrafen zu müssen geglaubt, wenn einer ein Spottlied gesungen oder ein Gedicht gemacht hätte, das einem anderen Schande und Schmach brächte: ausgezeichnet; denn den Gerichten der Beamten, den gesetzmäßigen Verhandlungen, nicht dem Witz der Dichter müssen wir das Leben ausgesetzt haben und Vorwurf nur unter *der* Bedingung hören, daß es erlaubt ist, zu antworten und sich im Prozeß zu verteidigen.

[IV b] *Den alten Römern habe es nicht gefallen, daß einer zu Lebzeiten auf der Bühne gelobt oder getadelt werde.*

11 (13) [IV b] *Die Komödie, sagt Cicero, sei eine Nachahmung des Lebens, ein Spiegel der Gewohnheiten, ein Abbild der Wahrheit.*

[IV b] Aeschines, der so beredte Athener, hat, nachdem er als Jüngling Tragödien aufgeführt hatte, sich am Staatsleben beteiligt, und Aristodem, ebenfalls einen Tragödienspieler, haben die Athener häufig in den bedeutendsten Angelegenheiten im Krieg und Frieden als Gesandten zu Philipp geschickt.

12 (14) [IV a] Weder ist nämlich jede Freude tadelnswert, noch ist sie das Ziel der Musik, sondern die Bewegung der Seele als Begleiterscheinung, das vorgesetzte Ziel aber der Nutzen für die Vollkommenheit. Was vielen anderen entging und vor allem dem, der im Werk des Römers Cicero über den Staat die Anklagen gegen die Musik in rhetorischer Übertreibung vorträgt. Denn ich möchte nicht sagen, daß von jenem derartige Dinge vorgetragen worden sind. Denn wer würde wohl behaupten wollen, daß er selber die Musik schmäht und als schlecht tadelt die Kunst, die Vorzüge und Mängel der Harmonien und Rhythmen

314   *Liber quartus*

διορίζουσαν; ἄνδρα, ὅς τὸ τηνικαῦτα ῥυθμοῖς μόνοις
καὶ τούτοις ἀγεννέσι καὶ φαύλοις ἐπιδεικνύμενον
Ῥώσκιον τὸν ὀρχηστὴν οὕτω σφόδρα ἐξεπλήττετο,
ὥστε φάσκειν αὐτὸν προνοίᾳ θεῶν ἐς ἀνθρώπους
παρελθεῖν. Καὶ γὰρ εἴ τις αὐτὸν φάσκοι τὰ μὲν ἐν ᾗ
συγγέγραφε πολιτείᾳ λέγειν ἑκουσίως, τὰ δὲ περὶ
Ῥώσκιον τῆς προκειμένης ἕνεκεν ὑποθέσεως, ἀντι-
στρέφειν μὲν καὶ ἡμᾶς οὐδὲν κωλύσει τὸν αὐτὸν
λόγον. Ἀλλ’ ὅμως καὶ οὕτως λάθοι τις ἂν ἀποδοκι-
μάζων μᾶλλον, ὅσον εἰς τὴν παροῦσαν σκέψιν, ἢ συνι-
στὰς τὸν ῥήτορα· ἀναξιόπιστος γὰρ πρὸς ἀληθείας
εὕρεσιν ἢ δικαίαν κρίσιν ὁ ταῖς κατ’ αὐλὴν ἢ κατὰ τὴν
αὐτοῦ προαίρεσιν, ἀλλὰ μὴ ταῖς κατ’ οὐσίαν δου-
λεύων ὑποθέσεσιν. Οἶμαι δὲ ὡς οὐδ’ ἂν αὐτὴν ἔψεγε
ῥητορικὴν διὰ τοὺς δεκαζομένους τῶν ῥητόρων.
Οὕτω δὴ καὶ εἴ τινες τῶν τεχνιτῶν διὰ τὸ τοῖς πολλοῖς
ἀρέσκειν τὰ ἀγεννῆ μελῳδοῦσιν, οὐ τῆς τέχνης τὸ
αἴτιαμα. Ἀλλὰ καὶ ἡ πατρὶς αὐτοῦ τοὺς μὲν ἐπὶ Νομᾶ
καὶ τοὺς ὀλίγῳ μετ’ αὐτὸν ἔτι τυγχάνοντας ἀγριωτέ-
ρους μουσικῇ παιδευομένους εἶχε, κατὰ καὶ αὐτός
φησιν, ἰδίᾳ τε ἐν εὐωχίαις κοινῇ τε ἐν ἁπάσαις τελε-
ταῖς σφισι συνοργιαζούσῃ. (*Aristides Quint. de musica
II p. 69–71 ed. Meibomius p. 43,38 sq. Jahn*)

abgrenzt, ein Mann, der damals von dem Schauspieler Roscius, der sich nur in Rhythmen und noch dazu unedlen und schlechten auszeichnete, so sehr begeistert wurde, daß er sagte, er wäre durch die Vorsehung der Götter zu den Menschen gekommen.[42] Und wenn einer sagen wollte, er sage das eine in dem Werk über den Staat, das er geschrieben hat, aus eigener Überzeugung, das über Roscius des vorliegenden Falles wegen, so wird auch uns nichts hindern, denselben Gedanken umzudrehen. Aber trotzdem dürfte auch so einer mehr im stillen den Redner zurückweisen, soweit es die vorliegende Frage angeht, als ihn empfehlen. Unglaubwürdig nämlich in Hinsicht auf die Wahrheitsfindung oder gerechtes Urteil ist der, der nach dem Hofe oder nach seinem eignen Vorurteil, nicht der wirklichen Sache sich zum Sklaven macht. Ich glaube aber, er würde auch die Redekunst selbst nicht tadeln wegen der Bestochenen unter den Rednern. So ist auch, wenn einige der Künstler, weil sie der Masse gefallen wollen, das Unedle vortragen, dies nicht ein Vorwurf gegen die Kunst. Aber auch sein Vaterland hat die Menschen zur Zeit Numas und die ein wenig nach ihm, die noch barbarisch waren, wie er auch selber sagt, durch Musik erzogen, die privat bei Festen, öffentlich bei allen Gottesdiensten mit ihnen feierte.

Liber quintus

1 (1) Moribus antiquis res stat Romana virisque,
quem quidem ille versum vel brevitate vel veritate tamquam ex oraculo mihi quodam esse effatus videtur. Nam neque viri, nisi ita morata civitas fuisset, neque mores, nisi hi viri praefuissent, aut fundare aut tam diu tenere potuissent tantam et tam fuse lateque imperantem rem publicam. Itaque ante nostram memoriam et mos ipse patrius praestantes viros adhibebat, et veterem morem ac maiorum instituta retinebant excellentes viri. (2) Nostra vero aetas cum rem publicam sicut picturam accepisset egregiam, sed iam evanescentem vetustate, non modo eam coloribus isdem quibus fuerat renovare neglexit, sed ne id quidem curavit ut formam saltem eius et extrema tamquam liniamenta servaret. Quid enim manet ex antiquis moribus, quibus ille dixit rem stare Romanam? Quos ita oblivione obsoletos videmus, ut non modo non colantur sed iam ignorentur. Nam de viris quid dicam? Mores enim ipsi interierunt virorum penuria. Cuius tanti mali non modo reddenda ratio nobis, sed etiam tamquam reis capitis quodam modo dicenda causa est. Nostris enim vitiis, non casu aliquo, rem publicam verbo retinemus, re ipsa vero iam pridem amisimus. *(Aug. civ. 2,21)*
In Politia sua dicit Tullius rei publicae rectorem summum virum et doctissimum esse debere, ita ut sapiens sit et iustus

Fünftes Buch

1 (1) »Sitte und Männer von alter Art bauen römische Macht auf«,[43] diesen Vers scheint mir jener sowohl der Kürze nach als wegen seiner Wahrheit wie aus einem Orakel verkündet zu haben. Denn weder die Männer, wenn nicht der Staat diese Gesittung besessen hätte, noch die Gesittung, wenn diese Männer nicht an der Spitze gestanden hätten, hätten ein so gewaltiges und so weit und breit herrschendes Gemeinwesen zu gründen oder so lange zu halten vermocht. Daher hat vor unserer Zeit die ererbte Sitte selber überragende Männer herangezogen, und die hervorragenden Männer haben die alte Sitte und die Einrichtungen der Vorfahren festgehalten. (2) Unsere Zeit aber hat, als sie das Gemeinwesen wie ein kostbares, aber infolge des Alters verblassendes Gemälde empfangen hatte, nicht nur versäumt, es in den Farben, wie es gewesen, zu erneuern, sondern hat sich nicht einmal darum gekümmert, wenigstens seine Form und die Linien der Umrisse sozusagen zu erhalten. Was bleibt denn noch von den alten Sitten, auf denen, wie jener sagte, die römische Sache stehe? Wir sehen, daß sie so durch Vergessen abgekommen sind, daß sie nicht nur nicht mehr in Ehren gehalten, sondern überhaupt nicht mehr gewußt werden. Denn was soll ich von den Männern sagen? Sind doch die Sitten selber aus Mangel an Männern zugrunde gegangen. Für dieses so schlimme Übel müssen wir nicht nur Rechenschaft ablegen, sondern uns auch wie Angeklagte auf Tod und Leben in gewisser Weise verteidigen. Durch unsere Fehler nämlich, nicht durch irgendein Unglück halten wir das Gemeinwesen zwar dem Wort nach fest, haben es in Wirklichkeit aber längst verloren.

In seinem Werk über den Staat sagt Cicero, der Lenker des Gemeinwesens müsse der überlegenste und gebildetste Mann sein, derart, daß er weise sei, gerecht, maßvoll und beredt, damit er leicht in fließender Rede die geheimen

318 *Liber quintus*

et temperans et eloquens, ut possit facile currente eloquen-
tia animi secreta ad regendam plebem exprimere. Scire
etiam debet ius, Graecas nosse litteras, quod Catonis facto
probatur, qui in summa senectute Graecis litteris operam
dans indicavit quantum utilitatis haberent. (Comm. ms. in
Cic. de inv. ap. Osann. p. 349)

2 (3) *(Scip.?)* »... ⟨nihil habebant tam⟩ regale quam ex-
planationem aequitatis, in qua iuris erat interpretatio,
quod ius privati petere solebant a regibus, ob easque causas
agri arvi et arbusti et pascui lati atque uberes definiebantur,
qui essent regii [qui] colerenturque sine regum opera et labore, ut eos nulla privati negotii cura a populorum rebus
abduceret. Nec vero quisquam privatus erat disceptator
aut arbiter litis, sed omnia conficiebantur iudiciis regiis. Et
mihi quidem videtur Numa noster maxime tenuisse hunc
morem veterem Graeciae regum. Nam ceteri, etsi hoc
quoque munere fungebantur, magnam tamen partem bella
gesserunt et eorum iura coluerunt; illa autem diuturna pax
Numae mater huic urbi iuris et religionis fuit. Qui legum
etiam scriptor fuit quas scitis extare, quod quidem huius
civis proprium de quo agimus ...«

3 (4) sed tamen ut bono patri familias colendi aedificandi
ratiocinandi quidam usus opus est. *(Non. p. 497,23)*

(5) *(Scip.)* »... ⟨ra⟩dicum seminumque cognoscere num te
offendet?« *(Manil.)* »Nihil, si modo opus extabit.« *(Scip.)*
»Num id studium censes esse vilici?« *(Manil.)* »Minime;
quippe cum agri culturam saepissime opera deficiat.«
(Scip.) »Ergo, ut vilicus naturam agri novit, dispensator

Fünftes Buch 319

*Gedanken der Seele, um das Volk zu lenken, ausdrücken
könne. Verstehen muß er sich auch auf das Recht, kennen
die Schriften der Griechen, was durch die Tat Catos bewiesen wird, der dadurch, daß er in höchstem Alter noch
Mühe auf das Griechische verwendete, gezeigt hat, wieviel Nutzen es habe.*

2 (3) *(Scip.)* »⟨Nichts war bei ihnen so⟩ königlich wie die
Auslegung der Gerechtigkeit, worin die Deutung des
Rechtes lag. Dieses Recht pflegten die Privatleute von den
Königen zu erbitten, und aus diesem Grunde wurde weites und reiches Land für Äcker, Wald und Weide abgegrenzt, die Königsland sein und ohne Mühe und Arbeit
der Könige bestellt werden sollten, auf daß sie keine Sorge
um die privaten Angelegenheiten von den Dingen des
Volkes abzöge. Es war aber kein Privatmann Richter oder
Schiedsmann eines Streites, sondern alles wurde durch
königliche Urteile erledigt. Und mir scheint unser Numa
ganz besonders an dieser alten Sitte der Könige Griechenlands festgehalten zu haben. Denn wenn die übrigen auch
dieses Amt ausübten, haben sie doch zum großen Teil
Kriege geführt und Kriegsrecht gepflegt; jene lange Frie-
denszeit des Numa aber war für diese Stadt die Mutter des
Rechts und der Gottesfurcht. Er war auch Verfasser von
Gesetzen – ihr wißt, sie sind noch vorhanden –, die besondere Aufgabe dieses Bürgers, von dem wir handeln…
*Lücke der 2 oder 4 inneren Blätter des Quaternio, also 28
oder 56 Zeilen.*

3 (4) Aber doch bedarf er wie ein guter Familienvater einer gewissen Erfahrung in Feldbestellung, Bauen, Rechnen.

(5) *(Scip.)* »…⟨daß er das Wesen⟩ der Wurzeln und Samen
kennenlernt, wirst du daran etwa Anstoß nehmen?« *(Manil.)* »Keinesfalls, wenn nur die Arbeit geleistet wird.«
(Scip.) »Meinst du etwa, das sei die Aufgabe des Verwal-
ters?« *(Manil.)* »Keineswegs, da der Pflege des Ackers
sehr häufig die Hand fehlen würde.« *(Scip.)* »Also, wie der
Verwalter die Natur des Ackers kennt, der Rechnungs-

litteras scit, uterque autem se a scientiae delectatione ad efficiendi utilitatem refert, sic noster hic rector studuerit sane iuri et legibus cognoscendis, fontis quidem earum utique perspexerit, sed se responsitando et lectitando et scriptitando ne impediat, ut quasi dispensare rem publicam et in ea quodam modo vilicare possit, summi iuris peritissimus, sine quo iustus esse nemo potest, civilis non inperitus, sed ita ut astrorum gubernator, physicorum medicus; uterque enim illis ad artem suam utitur, sed se a suo munere non impedit. Illud autem videbit hic vir ...«

4 (6) *(Scip.)* »... ⟨civi⟩tatibus, in quibus expetunt laudem optumi et decus, ignominiam fugiunt ac dedecus. Nec vero tam metu poenaque terrentur, quae est constituta legibus, quam verecundia, quam natura homini dedit quasi quendam vituperationis non iniustae timorem. Hanc ille rector rerum publicarum auxit opinionibus perfecitque institutis et disciplinis, ut pudor civis non minus a delictis arceret quam metus. Atque haec quidem ad laudem pertinent quae dici latius uberiusque potuerunt.

5 (7) Ad vitam autem usumque vivendi ea discripta ratio est iustis nuptiis, legitimis liberis, sanctis Penatium deorum Larumque familiarium sedibus, ut omnes et communibus commodis et suis uterentur, nec bene vivi sine bona re publica posset, nec esse quicquam civitate bene

Fünftes Buch 321

führer die Schrift versteht, beide aber sich von der Freude, die das Wissen gewährt, zum Nutzen des Wirkens wenden, so soll dieser unser Lenker sich freilich bemühen, das Recht und die Gesetze kennenzulernen, ihre Quellen soll er auf jeden Fall erkennen, aber durch Bescheiderteilen, häufiges Lesen und viel Schreiben soll er sich nicht hindern lassen, damit er gleichsam das Gemeinwesen bewirtschaften und in ihm auf gewisse Weise Verwalter sein kann, mit den Prinzipien des Rechtes, ohne die niemand gerecht sein kann, ganz vertraut, des bürgerlichen Rechtes nicht unkundig, aber so wie der Steuermann der Sterne, der Arzt der Naturwissenschaft; beide nämlich verwenden sie für ihre Kunst, aber lassen sich dadurch nicht an ihrer Aufgabe hindern. Darauf aber wird dieser Mann sehen ...« *Wie viele Quaternionen in dieser Lücke fehlen, ist unbekannt.*

4 (6) *(Scip.)* 〉〈Kein größeres Werk des Geistes aber gibt es als die〉 Staaten, in denen die Besten nach Lob und Ansehen streben, Schande und Unehre fliehen; sie lassen sich aber nicht so sehr durch Furcht und Strafe schrecken, die durch die Gesetze festgesetzt ist, sondern durch die Ehrfurcht, die die Natur dem Menschen gegeben hat als eine Art Furcht vor nicht ungerechtem Tadel. Sie hat jener Lenker der öffentlichen Angelegenheiten durch Vorstellungen gekräftigt, durch Einrichtungen und Gewohnheiten zur Vollendung geführt, damit die Scham die Bürger nicht weniger von Vergehen abhielte als die Furcht. Und dieses bezieht sich auf das Lob. Es hätte breiter und reicher ausgeführt werden können.

5 (7) Zum Leben aber und der Einrichtung des Lebens ist durch rechtskräftige Ehen, gesetzmäßige Kinder, unantastbare Behausungen der Penaten und der Hauslaren eine solche Ordnung getroffen worden, daß alle die gemeinsamen und eigenen Vorteile genossen, daß nicht gut ohne ein gutes Gemeinwesen gelebt werden und nichts glücklicher sein konnte als ein wohlgeordneter Staat. Deshalb pflegt es mir sehr merkwürdig zu scheinen, was für eine Wissen-

322 Liber quintus

constituta beatius. Quocirca permirum mihi videri solet, quae sit tanta doc...«
6 (8) *(Scip.)* »Ut enim gubernatori cursus secundus, medico salus, imperatori victoria, sic huic moderatori rei publicae beata civium vita proposita est, ut opibus firma, copiis locuples, gloria ampla, virtute honesta sit; huius enim operis maximi inter homines atque optimi illum esse perfectorem volo.« *(Cic. Att. 8,11,1)*
Et ubi est, quod et vestrae litterae illum laudant patriae rectorem, qui populi utilitati magis consulat quam voluntati? (Aug. epist. 104,7,1)
7 (9) *Etiam Tullius hinc dissimulare non potuit in eisdem libris quos de re publica scripsit, ubi loquitur de instituendo principe civitatis, quem dicit alendum esse gloria, et consequenter commemorat »maiores suos multa mira atque praeclara gloriae cupiditate fecisse«. (Aug. civ. 5,13)*
principem civitatis gloria esse alendum, et tam diu stare rem publicam, quam diu ab omnibus honor principi exhiberetur. (Petrus Pictaviensis ad calumn. Bibl. patr. Lugd. t. XXII p. 824)
...tum virtute labore industria quaereretur summi viri indoles, nisi nimis animose ferox natura illum nescio quo ... *(Non. p. 233,33)*
Haec virtus in rhetoricis a Cicerone eadem ponitur quae sapientia. Alibi vero, id est in libris de re publica, ab eodem Cicerone illa virtus dicitur quae prudentia (Victorin. explan. in rhet. Cic. p. 156,4 Halm)
quae virtus fortitudo vocatur; in qua est magnitudo animi, mortis dolorisque magna contemtio. *(Non. p. 201,29)*
8 (10) Marcellus ut acer et pugnax, Maximus ut consideratus et lentus. *(Non. p. 337,34)*

Fünftes Buch 323

schaft so groß sein kann, ⟨daß sie dasselbe zu erreichen verspricht⟩.«

Ende des Palimpsestes. (Das letzte Blatt gehört wahrscheinlich zum Proömium des IV. Buches).

6 (8) *(Scip.)* »Wie nämlich dem Steuermann günstige Fahrt, dem Arzt die Gesundheit, dem Feldherrn der Sieg, so ist diesem führenden Manne des Gemeinwesens das glückliche Leben der Bürger zum Ziel gesetzt, daß es durch Macht fest, durch Mittel reich, durch Ruhm weit, durch Vollkommenheit rühmlich sei; dieses größten und besten Werkes nämlich unter den Menschen Vollender, will ich, soll jener sein.«

Und wo gibt es einen, weil auch euere Schriften jenen Lenker des Vaterlandes loben, der für den Nutzen des Volkes mehr sorgt als den eigenen Willen?

7 (9) *Auch Tullius konnte hier nicht Versteck spielen in denselben Büchern, die er über den Staat schrieb, wo er von der Bildung des führenden Mannes des Staates spricht, von dem er sagt, er sei durch Ruhm zu nähren und entsprechend erwähnt: ›seine Vorfahren hätten viele wunderbare und herrliche Taten aus Begier nach Ruhm vollbracht‹. Der führende Mann des Staates sei mit Ruhm zu nähren, und so lange stände das Gemeinwesen, als von allen dem führenden Manne Ehre erwiesen werde.*

..., dann würde nach Mannhaftigkeit, Fähigkeit zu Strapazen, Energie die Anlage des höchsten Mannes ausgesucht werden, wenn nicht sein wildes Wesen jenen irgendwie allzu leidenschaftlich ⟨erhöbe⟩ ...

Diese Tugend wird von Cicero in der rhetorischen Schrift als dieselbe gesetzt wie die Weisheit. Anderswo aber, das heißt in den Büchern über den Staat, wird von demselben Cicero jene Tugend als dasselbe wie Klugheit bezeichnet. Diese Tugend wird Tapferkeit geheißen. In ihr ist beschlossen Seelengröße, große Verachtung des Schmerzes und Todes.

8 (10) Marcellus als heftig und kämpferisch, Maximus als besonnen und langsam ...

orbi terrarum comprehensos ... *(Charisius* 1 139,17 *Keil)*
quod molestiis senectutis suae vestras familias inpertire
posset. *(Non. p.* 37,23*)*
9 (11) ut Menelao Laconi quaedam fuit suaviloquens iu-
cunditas. *(Gell.* 12,2,6 *sq.)*
breviloquentiam in dicendo colat. *(Gell.* 12,2,6*)*
(Scip.) »Cumque nihil tam incorruptum esse debeat in re
publica quam suffragium, quam sententia, non intellego
cur qui ea pecunia corruperit, poena dignus sit, qui eloquentia, laudem etiam ferat. Mihi quidem hoc plus mali
facere videtur qui oratione quam qui pretio iudicem cor-
rumpit, quod pecunia corrumpere pudentem nemo potest,
dicendo potest.« *(Amm.* 30,4,10*)*
Quae cum Scipio dixisset, admodum probans Mummius
(erat enim odio quodam rhetorum inbutus) ... *(Non. p.*
521,12*)*
tum in optimam segetem praeclara essent sparsa semina.
(Comm. anon. ad. Verg. Georg. 1 *init. ap. Bandin. catal.
lat. bibl. Laur.* 11 *p.* 348*)*

Fünftes Buch

Durch den Erdkreis zusammengefaßt.

Weil er mit den Beschwerden seines Alters euere Familien bedenken könnte.

9 (11) Wie der Spartaner Menelaus ein angenehmes Wesen mit süßer Rede besaß.

Knappheit soll er beim Reden pflegen.

(Scip.) »Und da nichts so unverfälscht sein muß in einem Gemeinwesen wie die Abstimmung, wie die Meinung, sehe ich nicht ein, warum der, der sie mit Geld besticht, strafwürdig sein soll, wer mit Beredsamkeit, auch noch Lob ernten. Mir scheint der um so mehr Schlimmes anzurichten, der mit der Rede, als der mit Geld den Richter besticht, weil mit Geld niemand einen Mann von Ehrgefühl bestechen kann, mit Reden wohl.«

Als Scipio das gesagt hatte, billigte das Mummius sehr – er war nämlich von einem gewissen Haß gegen die Rhetoren erfüllt – und ...

Dann wären zur besten Saat herrliche Samen ausgestreut worden.

Liber sextus

1 (1) Totam igitur expectas prudentiam huius rectoris, quae ipsum nomen hoc nacta est ex providendo. *(Non. p. 42,3)*

Quam ob rem se conparet hic civis ita necesse est, ut sit contra haec quae statum civitatis permovent semper armatus. *(Non. p. 256,27)*

Eaque dissensio civium, quod seorsum eunt alii ad alios, seditio dicitur. *(Non. p. 25,3)*

Et vero in dissensione civili, cum boni plus quam multi valent, expendendos civis, non numerandos puto. *(Non. p. 519,17)*

Graves enim dominae cogitationum lubidines infinita quaedam cogunt atque imperant, quae quia nec expleri nec satiari ullo modo possunt, ad omne facinus inpellunt eos quos inlecebris suis incenderunt. *(Non. p. 424,31)*

qui contuderit eius vim et ecfrenatam illam ferociam. *(Non. p. 492,1)*

2 (2) Quod quidem eo fuit maius, quia, cum causa pari collegae essent, non modo invidia pari non erant, sed etiam Claudi invidiam Gracchi caritas deprecabatur. *(Gell. 7,16,11)*

Qui ⟨ex?⟩ numero optumatum et principum optulit, is vocis et gravitatis suae linquit illum tristem et plenum dignitatis sonum. *(Non. p. 409,31)*

ut, quemadmodum scribit ille, cotidiano in forum mille hominum cum palliis conchylio tinctis descenderent. *(Non. p. 501,27)*

in his, ut meministis, concursu levissimae multitudinis ex aere congesto funus desubito esset ornatum. *(Non. p. 517,35)*

Firmiter enim maiores nostri stabilita matrimonia esse voluerunt. *(Non. p. 512,27)*

Sechstes Buch[44]

1 (1) Die ganze Klugheit dieses Lenkers also erwartest du, die eben ihren Namen erlangt hat vom Voraussehen.

Deshalb muß dieser Bürger sich so rüsten, daß er gegen das, was den Zustand des Staates in Bewegung bringt, immer gewappnet ist.

Und dieser Zwist der Bürger wird, weil nach getrennten Richtungen die einen zu denen, die anderen zu jenen trachten, Zwietracht geheißen.

In dieser Zwietracht der Bürger aber, meine ich, wenn die Guten mehr Macht haben als die Masse, müssen die Bürger gewogen werden, nicht gezählt.

Schwere Tyrannen der Gedanken nämlich sind die Gelüste, und Unbegrenztes erzwingen und befehlen sie, und weil sie auf keine Weise befriedigt noch gesättigt werden können, treiben sie die zu jeder Untat, die sie mit ihren Verlockungen entzündet haben.

Der seine Gewalt und jene zügellose Wildheit gebrochen hat.

2 (2) Das war um so größer, weil sie, obwohl in gleicher Lage Kollegen, nicht nur nicht von gleicher Verhaßtheit waren, sondern des Gracchus Beliebtheit sogar den Haß auf Claudius beseitigte.

Der ⟨aus?⟩ der Zahl der Optimaten und führenden Männer ⟨sich(?)⟩ angeboten hat, der gibt jenen ernsten und würdevollen Ton seiner Stimme und seines Gewichtes auf.

Daß, wie jener schreibt, täglich tausend Menschen mit purpurgetränkten Gewändern auf das Forum herabstiegen.

Bei diesen wäre, wie ihr euch erinnert, durch das Zusammenkommen einer überaus verantwortungslosen Menge mit gesammeltem Geld plötzlich das Begräbnis geschmückt worden.

Fest wollten nämlich unsere Vorfahren die Ehen gegründet.

328 *Liber sextus*

Oratio Laeli, quam omnes habemus in manibus, quam
simpuvia pontificum dis inmortalibus grata sint Samiaeque, uti scribit, capudines. *(Non. p. 398,28)*

8 (8) *Nam Scipionem ipsum haec occasio ad narrandum
somnium provocavit, quod longo tempore se testatus est
silentio condidisse. Cum enim Laelius quereretur nullas
Nasicae statuas in publico in interfecti tyranni remunerationem locatas, respondit Scipio post alia in haec verba:*
»Sed quamquam sapientibus conscientia ipsa factorum
egregiorum amplissimum virtutis est praemium, tamen illa
divina virtus non statuas plumbo inhaerentes nec triumphos arescentibus laureis, sed stabiliora quaedam et viridiora praemiorum genera desiderat.« »Quae tandem ista
sunt?« inquit Laelius. Tum Scipio: »Patimini me« inquit,
»quoniam tertium iam diem feriati sumus, *et cetera quibus
ad narrationem somnii venit, docens illa esse stabiliora et
viridiora praemiorum genera, quae ipse vidisset in caelo
bonis rerum publicarum servata rectoribus. (Macr. in
somn. Scip. 1,4,2 sq.)*

reapse
sepse

    ... cui nemo civis neque hostis
    quibit pro factis reddere opis pretium
quoniam sumus ab ipsa calce eius interpellatione revocati.
(Sen. epist. 108,32,59; frg. inc. 7 Ziegler.)

6 (6) *Hunc ordinem Tullius non minore iudicio reservans
quam ingenio repertus est. Postquam in omni rei publicae
otio ac negotio palmam iustitiae disputando dedit, sacras*

Sechstes Buch 329

Die Rede des Laelius, die wir alle in Händen haben, wie
die Opferschalen der Priester den unsterblichen Göttern
willkommen sind und die samischen Henkelschalen, wie
er schreibt ...

8 (8) *Denn den Scipio selber hat folgende Gelegenheit zum
Erzählen seines Traumes gereizt, den er lange Zeit, wie er
bezeugt, still bei sich behalten hatte. Als nämlich Laelius
sich beklagte, daß dem Nasica in der Öffentlichkeit keine
Statuen zur Belohnung für die Tötung des Tyrannen gesetzt worden seien, antwortete Scipio nach anderem* [45] *mit
diesen Worten:* »Aber obwohl den Weisen das Bewußtsein hervorragender Taten selber reichster Lohn ihrer
Vollkommenheit ist, so sehnt sich jene göttliche Vollkommenheit doch nicht nach Statuen, die mit Blei verklammert
sind, noch nach Triumphen mit verdorrendem Lorbeer,
sondern nach festeren und frischeren Arten von Belohnungen.« »Was sind denn das für welche?« fragte Laelius.
Darauf sagte Scipio: »Gestattet, daß ich, da wir ja schon
den dritten Tag Ferien feiern«, *und das übrige,* [46] *womit
er zur Erzählung des Traumes kommt, wobei er zeigt, daß
jene die festeren und frischeren Arten von Belohnungen
sind, die, wie er selber gesehen, im Himmel für die guten
Lenker der Staaten aufbewahrt würden.*
*Seneca scheint, um zu zeigen, wofür ein Philologe sich in
Ciceros »Staat« interessieren würde, den Schluß aufge-
schlagen zu haben und außer den Formen »reapse« statt
»re ipsa« und »sepse« statt »se ipse« folgende als Einleitung
des »Somnium Scipionis« passende Stücke gefunden zu haben:*

... dem wird keiner der Feinde und Bürger
 Können für seine Tat geben entsprechenden Lohn.

*da wir durch seine Unterbrechung vom Ziel schon fast zu-
rückgerufen wurden.*

6 (6) *Diese Ordnung hat Tullius mit nicht geringerem Urteil, wie man findet, als Geist bewahrt. Nachdem er in jeglicher Zeit der Muße und des Betriebes des Staates der Gerechtigkeit in der Erörterung den Preis gegeben hat, hat er*

immortalium animarum sedes et caelestium arcana regionum in ipso consummati operis fastigio locavit, indicans
quo his perveniendum vel potius revertendum sit, qui rem
publicam cum prudentia iustitia fortitudine ac moderatione tractaverint. Sed ille Platonicus secretorum relator Er
quidam nomine fuit, natione Pamphylus, miles officio, qui
cum vulneribus in proelio acceptis vitam effudisse visus
duodecimo demum die inter ceteros una peremptos ultimo
esset honorandus igne, subito seu recepta anima seu re-
tenta, quicquid emensis inter utramque vitam diebus ege-
rat videratve, tamquam publicum professus indicium hu-
mano generi enuntiavit. Hanc fabulam Cicero licet ab in-
doctis quasi ipse veri conscius doleat irrisam, exemplum
tamen stolidae reprehensionis vitans excitari narraturum
quam reviviscere maluit.

7 (7) Ac priusquam somnii verba consulamus, enodandum
nobis est, a quo genere hominum Tullius memoret vel irrisam Platonis fabulam, vel ne sibi idem eveniat non vereri.
Nec enim his verbis vult inperitum vulgus intellegi, sed genus hominum veri ignarum sub peritiae ostentatione,
quippe quos et legisse talia et ad reprehendendum animatos
constaret. Dicemus igitur, et quos in tantum philosophum
referat quandam censurae exercuisse levitatem, quisve
eorum etiam scriptam reliquerit accusationem ... Epicu-
reorum tota factio, aequo semper errore a vero devia et illa
semper existimans deridenda quae nesciat, sacrum volu-
men et augustissima irrisit naturae secreta. Colotes vero,

Sechstes Buch 331

die heiligen Wohnstätten der unsterblichen Seelen und die
Geheimnisse der himmlischen Gefilde gerade an den Hö-
hepunkt des Gesamtwerkes gesetzt, damit anzeigend, wo-
hin die gelangen oder besser zurückkehren müssen, die das
Gemeinwesen mit Klugheit, Gerechtigkeit, Tapferkeit und
Selbstbeherrschung geführt haben. Aber jener platonische
Berichter der Geheimnisse war ein Mann namens Er, von
Herkunft Pamphylier, von Beruf Soldat, der, als er infolge
der in der Schlacht empfangenen Wunden das Leben aus-
gehaucht zu haben schien und am zwölften Tage erst unter
den mit ihm Umgekommenen mit dem letzten Feuer ge-
ehrt werden sollte, plötzlich, sei es, daß er das Leben wie-
dergewann oder behalten hatte, alles, was er in den Tagen,
die er zwischen beiden Leben durchmessen, gesehen und
erlebt hatte, dem Menschengeschlecht verkündete, als ob
er eine öffentliche Anzeige zu machen hätte. Mag Cicero
auch, selber gleichsam des Wahren sich bewußt, bedauern,
daß diese Geschichte von Ungebildeten verlacht wurde,
hat er doch, das Beispiel törichten Tadels vermeidend, den
Erzähler lieber aufwecken als aufleben lassen wollen.
7 (7) Und bevor wir die Worte des Traumes befragen,
müssen wir zu entwirren versuchen, von welcher Art
Menschen Tullius erwähnt, daß die Geschichte Platons
verlacht worden ist, beziehungsweise, daß er nicht fürch-
tet, daß ihm dasselbe geschehe. Er will nämlich mit diesen
Worten nicht die ungebildete Masse verstanden wissen,
sondern eine Menschengattung, die bei allem Prahlen mit
ihrer Kenntnis der Wahrheit nicht kundig ist, da von ihnen
feststand, daß sie solches gelesen hatten und zum Tadel ge-
stimmt waren. Wir werden also sagen, welche Leute nach
seinem Bericht gegen einen so großen Philosophen den
Leichtsinn einer Rüge verübt haben und wer von ihnen
gar eine geschriebene Anklage hinterlassen hat. Der Epi-
kureer ganze Sippe, in gleichem Irrtum immer von der
Wahrheit abweichend und immer für lächerlich haltend,
was sie selber nicht versteht, hat das heilige Buch und die
erhabensten Geheimnisse der Natur verspottet, Kolotes

inter Epicuri auditores famosior et loquacitate notabilior, etiam in librum rettulit, quae de hoc amarius cavillatus est. Sed cetera quae iniuria notavit, siquidem ad somnium de quo hic procedit sermo non attinent, hoc loco nobis omittenda sunt; illam calumniam persequemur, quae nisi supplodetur manebit Ciceroni cum Platone communis. Ait a philosopho fabulam non oportuisse confingi, quoniam nullum figmenti genus veri professoribus conveniret. Cur enim, inquit, si rerum caelestium notionem, si habitum nos animarum docere voluisti, non simplici et absoluta hoc insinuatione curatum est, sed quaesita persona casusque excogitata novitas et composita advocati scaena figmenti ipsam quaerendi veri ianuam mendacio polluerunt? Haec quoniam, dum de Platonico Ere iactantur, etiam quietem Africani nostri somniantis incusant, … resistamus urgenti, et frustra arguens refellatur, ut una calumnia dissoluta utriusque factum incolumem ut fas est retineat dignitatem. (Macr. in somn. Scip. 1,1,8–2,5)

4 (4) Nonnulli nostri, propter quoddam praeclarissimum loquendi genus et propter nonnulla quae veraciter sentit amantes Platonem dicunt eum aliquid simile nobis etiam de mortuorum resurrectione sensisse. Quod quidem sic tangit in libris de re publica Tullius, ut eum lusisse potius quam [quod] id verum esse adfirmet dicere voluisse. Inducit enim hominem revixisse et narrasse quaedam quae Platonicis disputationibus congruebant. (Aug. civ. 22,28)

Sechstes Buch 333

aber, unter Epikurs Hörern ziemlich berüchtigt und durch seine Geschwätzigkeit auffallend, hat sogar in ein Buch gebracht, was er über diesen so bissig gespöttelt hatte. Das übrige aber, was er zu Unrecht gerügt hat, insofern es den Traum, über den diese Rede geht, nicht berührt, können wir hier beiseite lassen. Den Anwurf nur wollen wir verfolgen, der, wofern er nicht zunichte gemacht wird, Cicero mit Platon zusammen treffen wird. Er sagt, von einem Philosophen hätte nicht eine Geschichte ausgedacht werden dürfen, da den Verkündern der Wahrheit keine Art von Erdichtung anstünde. Warum ist denn, sagt er, wenn du uns die Kenntnis der Dinge am Himmel, wenn du uns den Zustand der Seelen lehren wolltest, das nicht in einfacher und unbedingter Darstellung besorgt worden, sondern haben eine hergeholte Person, ein neuartiges, ausgedachtes Ereignis und die gestellte Szene einer zu Hilfe gerufenen Dichtung schon die Türe der Wahrheitssuche mit einer Lüge besudelt? Da dies, während es vom platonischen Er verbreitet wird, ja auch die Ruhe unseres träumenden Africanus anklagt, wollen wir dem Bedränger Widerstand leisten, und er soll als eitler Ankläger widerlegt werden, damit, wenn der eine Anwurf aufgelöst ist, beider Tun, wie es recht ist, unversehrt seine Würde bewahre.[47]

4 (4) *Einige von uns, die Platon lieben wegen der herrlichen Art zu reden und einiger Dinge, die er wahr gespürt hat, sagen, daß er ähnlich wie wir auch über die Auferstehung der Toten empfunden hätte. Das rührt Tullius in den Büchern über den Staat so an, daß er versichert, er habe viel mehr gespielt als sagen wollen, daß das wahr sei. Er gibt nämlich vor, ein Mann sei wieder aufgelebt und habe Dinge erzählt, die mit den platonischen Darlegungen übereinstimmen.*

Somnium Scipionis

9 (9) *(Scip.)* »Cum in Africam venissem M'. Manilio consuli ad quartam legionem tribunus ut scitis militum, nihil mihi fuit potius quam ut Masinissam convenirem, regem familiae nostrae iustis de causis amicissimum. Ad quem ut veni, conplexus me senex conlacrimavit aliquantoque post suspexit ad caelum, et: ›Grates‹ inquit ›tibi ago summe Sol, vobisque reliqui caelites, quod ante quam ex hac vita migro, conspicio in meo regno et his tectis P. Cornelium Scipionem, cuius ego nomine recreor ipso: ita [que] numquam ex animo meo discedit illius optimi atque invictissimi viri memoria.‹ Deinde ego illum de suo regno, ille me de nostra re publica percontatus est, multisque verbis ultro citroque habitis ille nobis consumptus est dies.

10 (10) Post autem apparatu regio accepti, sermonem in multam noctem produximus, cum senex nihil nisi de Africano loqueretur, omniaque eius non facta solum sed etiam dicta meminisset. Deinde ut cubitum discessimus, me et de via fessum, et qui ad multam noctem vigilassem, artior quam solebat somnus complexus est. Hic mihi credo equidem ex hoc quod eramus locuti – fit enim fere ut cogitationes sermonesque nostri pariant aliquid in somno tale quale de Homero scribit Ennius, de quo videlicet saepissime vigilans solebat cogitare et loqui – Africanus se ostendit ea forma quae mihi ex imagine eius quam ex ipso erat notior. Quem ubi agnovi, equidem cohorrui; sed ille: ›ades‹ inquit ›animo et omitte timorem Scipio, et quae dicam memoriae

Scipios Traum

9 (9) *(Scip.)* »Als ich nach Afrika gekommen war als Militärtribun, wie ihr wißt, zur vierten Legion zum Konsul Manius Manilius, hatte ich nichts Eiligeres zu tun, als Masinissa aufzusuchen, den König, der unserer Familie aus gerechten Gründen besonders befreundet war. Als ich zu ihm gekommen war, umarmte mich der Greis und weinte, und ein Geraumes danach blickte er zum Himmel empor und sagte: ›Ich sage dir Dank, erhabener Sol und euch, ihr übrigen Himmlischen, daß ich, bevor ich aus dem Leben gehe, in meinem Reich und unter diesem Dach den Publius Cornelius Scipio erblicke, bei dessen Namen schon ich auflebe: so wenig schwindet je das Andenken an jenen so überaus vortrefflichen und unbesieglichen Mann aus meinem Herzen.‹ Dann fragte ich nach seinem Königtum, er mich nach unserem Gemeinwesen aus, und, nachdem es viele Worte hin und her gegeben hatte, wurde so der Tag von uns verbracht.

10 (10) Danach aber, mit königlichem Aufwand aufgenommen, zogen wir das Gespräch bis tief in die Nacht hin, wobei der Greis nur über Africanus sprach und sich nicht nur auf alle seine Taten, sondern auch Worte besann. Darauf, als wir zum Schlafengehen aufgebrochen waren, umfing mich ein tieferer Schlaf als gewöhnlich, da ich von der Reise ermüdet und bis tief in die Nacht munter gewesen war. Da zeigte sich mir – ich glaube, infolge des Gespräches, das wir geführt; es geschieht nämlich wohl, daß unsere Gedanken und Gespräche etwas Ähnliches im Schlaf hervorbringen, wie es Ennius über Homer schreibt,[48] über den er natürlich im Wachen sehr häufig nachzudenken und zu sprechen pflegte – Africanus in der Gestalt, die mir von seinem Bild her[49] mehr als von ihm selbst bekannt war. Als ich ihn erkannte, schrak ich zusammen. Aber jener sagte: ›Sei getrost, Scipio, und laß die Furcht, und was ich dir sagen werde, präge dir ins Gedächtnis. **11** (11)

Somnium Scipionis

trade. **11** (11) Videsne illam urbem, quae parere populo
Romano coacta per me renovat pristina bella nec potest
quiescere?‹ Ostendebat autem Karthaginem de excelso et
pleno stellarum, illustri et claro quodam loco. ›Ad quam
tu oppugnandam nunc venis paene miles, hanc hoc biennio
consul evertes, eritque cognomen id tibi per te partum
quod habes adhuc hereditarium a nobis. Cum autem Karthaginem deleveris, triumphum egeris censorque fueris, et
obieris legatus Aegyptum Syriam Asiam Graeciam, deli-
gere iterum consul absens bellumque maximum conficies,
Numantiam excindes. Sed cum eris curru in Capitolium
invectus, offendes rem publicam consiliis perturbatam ne-
potis mei. **12** (12) Hic tu Africane ostendas oportebit patriae
lumen animi ingeniique tui consiliique. Sed eius temporis
ancipitem video quasi fatorum viam. Nam cum aetas tua
septenos octiens solis anfractus reditusque converterit,
duoque hi numeri, quorum uterque plenus alter altera de
causa habetur, circuitu naturali summam tibi fatalem confe-
cerint, in te unum atque in tuum nomen se tota convertet
civitas, te senatus te omnes boni te socii te Latini intuebun-
tur, tu eris unus in quo nitatur civitatis salus, ac ne multa:
dictator rem publicam constituas oportet, si impias propin-
quorum manus effugeris.‹ «

Hic cum exclamasset Laelius ingemuissentque vehemen-
tius ceteri, leniter arridens Scipio: »st! quaeso« inquit »ne
me e somno excitetis, et parumper audite cetera.«

13 (13) ›Sed quo sis Africane alacrior ad tutandam rem

Siehst du jene Stadt, die von mir gezwungen, dem römischen Volke zu gehorchen, die früheren Kriege erneuert und nicht ruhen kann?‹ Er zeigte aber auf Karthago von seinem hohen und sternebesäten, strahlenden und hellen Orte. ›Sie, zu deren Bestürmung du jetzt, fast noch einfacher Soldat, kommst, wirst du in zwei Jahren als Konsul zerstören, und es wird dir dein Beiname durch dich selber erworben sein, den du jetzt noch nur als Erbe von uns trägst. Wenn du aber Karthago zerstörst, den Triumph gefeiert hast, Zensor gewesen bist und als Gesandter Ägypten, Syrien, Asien und Griechenland bereist hast, wirst du ein zweites Mal in deiner Abwesenheit zum Konsul gewählt werden und wirst den größten Krieg beenden, Numantia zerstören. Wenn du aber auf dem Wagen aufs Kapitol gefahren bist, wirst du das Gemeinwesen in Verwirrung durch die Pläne meines Enkels antreffen. 12 (12) Hier wirst du, Africanus, dem Vaterland das Licht deines Geistes, deiner Begabung, deines Rates zeigen müssen. Aber für diese Zeit sehe ich eine doppelte Straße des Schicksals gleichsam. Denn wenn dein Alter achtmal sieben Kreise und Kehren der Sonne erfüllt hat und dir diese zwei Zahlen, deren jede aus anderem Grunde als voll gilt, in natürlichem Umlauf die schicksalhafte Summe bewirkt haben, wird sich die ganze Bürgerschaft zu dir allein und deinem Namen hinwenden, auf dich werden der Senat, auf dich alle Guten, auf dich die Bundesgenossen, auf dich die Latiner schauen, du wirst der eine sein, auf dem das Leben des Staates ruht und, um nicht viele Worte zu machen: als Diktator mußt du das Gemeinwesen ordnen, wenn du den ruchlosen Händen der Verwandten entflohen bist.‹«

Als hier Laelius einen Ausruf getan und die anderen heftiger geseufzt hatten, sagte Scipio lächelnd: »St! bitte, weckt mich nicht aus dem Schlafe und hört das übrige noch ein Weilchen an!«

13 (13) ›Aber damit du um so feuriger bist, Africanus, das Gemeinwesen zu schützen, sollst du so glauben: allen, die

publicam, sic habeto: omnibus qui patriam conservaverint
adiuverint auxerint, certum esse in caelo definitum locum,
ubi beati aevo sempiterno fruantur; nihil est enim illi principi deo qui omnem mundum regit quod quidem in terris
fiat acceptius, quam concilia coetusque hominum iure sociati, quae civitates appellantur; harum rectores et conser-
vatores hinc profecti huc revertuntur.‹

14 (14) Hic ego etsi eram perterritus non tam mortis metu
quam insidiarum a meis, quaesivi tamen viveretne ipse et
Paulus pater et alii quos nos extinctos esse arbitraremur.
›Immo vero‹ inquit ›hi vivunt qui e corporum vinculis
tamquam e carcere evolaverunt, vestra vero quae dicitur
vita mors est. Quin tu aspicis ad te venientem Paulum patrem?‹ Quem ut vidi, equidem vim lacrimarum profudi, ille
autem me complexus atque osculans flere prohibebat.

15 (15) Atque ego ut primum fletu represso loqui posse
coepi, ›quaeso‹ inquam ›pater sanctissime atque optime,
quoniam haec est vita ut Africanum audio dicere, quid
moror in terris? Quin huc ad vos venire propero?‹ ›Non
est ita‹ inquit ille. ›Nisi enim deus is, cuius hoc templum
est omne quod conspicis, istis te corporis custodiis libera-
verit, huc tibi aditus patere non potest. Homines enim sunt
hac lege generati, qui tuerentur illum globum, quem in hoc
templo medium vides, quae terra dicitur, iisque animus
datus est ex illis sempiternis ignibus quae sidera et stellas
vocatis, quae globosae et rotundae, divinis animatae men-
tibus, circos suos orbesque conficiunt celeritate mirabili.
Quare et tibi Publi et piis omnibus retinendus animus est
in custodia corporis, nec iniussu eius a quo ille est vobis

Scipios Traum

die Heimat bewahrt, ihr geholfen, sie gefördert haben, ist ein fester Platz im Himmel bestimmt, dort selig ein ewiges Leben zu genießen. Nichts nämlich ist jenem Götterfürsten, der die ganze Welt lenkt, wenigstens soweit es auf Erden geschieht, willkommener als die Versammlungen und Gemeinschaften von Menschen, die durchs Recht geeint sind, die man Staaten nennt; ihre Lenker und Bewahrer kehren, nachdem sie von hier aufgebrochen sind, hierher zurück.‹

14 (14) Hier fragte ich, wenn ich auch erst erschreckt war, nicht so sehr durch die Furcht vor dem Tode als vor den Nachstellungen von seiten der Meinen, danach, ob er selbst lebe und mein Vater Paulus und andere, die wir erloschen wähnten. ›Freilich‹, sagte er, › die leben, die aus den Fesseln der Körper gleich wie aus einem Kerker entflohen sind, euer sogenanntes Leben aber ist der Tod. Warum schaust du nicht auf deinen Vater Paulus, der zu dir kommt?‹ Als ich den sah, vergoß ich einen Strom Tränen, jener aber umfing mich, und mich küssend hinderte er mich zu weinen.

15 (15) Und ich sagte, als ich das Weinen unterdrückt und wieder sprechen zu können begonnen hatte: ›Ich bitte dich, heiligster und bester Vater, da ja dies das Leben ist, wie ich Africanus sagen höre, was verweile ich mich auf Erden? Warum eile ich nicht, hierher zu euch zu kommen?‹ ›So ist es nicht‹, sagte jener. ›Nur wenn dich der Gott, dem dieser ganze Tempel gehört, den du schaust, aus diesem Kerker des Körpers befreit, kann dir der Zugang hierher offenstehen. Die Menschen nämlich sind unter dem Gesetz gezeugt, daß sie jenen Ball, den du in diesem Tempel in der Mitte siehst, Erde genannt, schützen sollen, und es ist ihnen Geist gegeben aus jenen ewigen Feuern, die ihr Gestirne und Sterne heißt, die kugelförmig und rund mit göttlichem Geist beseelt, ihre Kreise und Bahnen mit wunderbarer Schnelligkeit erfüllen. Daher müßt ihr, Publius und alle Frommen, den Geist in dem Kerker des Körpers zurückhalten und dürft nicht ohne Geheiß des-

datus, ex hominum vita migrandum est, ne munus humanum adsignatum a deo defugisse videamini. **16** (16) Sed sic Scipio ut avus hic tuus, ut ego qui te genui, iustitiam cole et pietatem, quae cum magna in parentibus et propinquis, tum in patria maxima est; ea vita via est in caelum et in hunc coetum eorum qui iam vixerunt et corpore laxati illum incolunt locum quem vides – erat autem is splendidissimo candore inter flammas circus elucens –, quem vos, ut a Grais accepistis, orbem lacteum nuncupatis.‹ Ex quo omnia mihi contemplanti praeclara cetera et mirabilia videbantur. Erant autem eae stellae quas numquam ex hoc loco vidimus, et eae magnitudines omnium quas esse numquam suspicati sumus, ex quibus erat ea minima quae ultima a caelo citima terris luce lucebat aliena; stellarum autem globi terrae magnitudinem facile vincebant. Iam vero ipsa terra ita mihi parva visa est, ut me imperii nostri quo quasi punctum eius attingimus paeniteret.

17 (17) Quam cum magis intuerer, ›quaeso‹, inquit Africanus, ›quousque humi defixa tua mens erit? Nonne aspicis quae in templa veneris? Novem tibi orbibus vel potius globis conexa sunt omnia, quorum unus est caelestis, extimus, qui reliquos omnes complectitur, summus ipse deux arcens et continens ceteros; in quo sunt infixi illi qui volvuntur stellarum cursus sempiterni. Huic subiecti sunt septem qui versantur retro contrario motu atque caelum. Ex quibus unum globum possidet illa quam in terris Saturniam nominant. Deinde est hominum generi prosperus et salutaris ille fulgor qui dicitur Iovis. Tum rutilus horribilisque terris quem Martium dicitis. Deinde subter mediam

Scipios Traum

sen, von dem er euch gegeben wurde, aus dem Leben der Menschen gehen, damit ihr nicht die menschliche Aufgabe, die euch von Gott bestimmt wurde, zu fliehen scheint. 16 (16) Aber so, Scipio, wie dieser dein Großvater, wie ich, der ich dich gezeugt, übe Gerechtigkeit und fromme Liebe, die etwas Großes bei Eltern und Verwandten, beim Vaterland das allergrößte ist. Dieses Leben ist der Weg zum Himmel, in diesen Kreis hier derer, die schon gelebt haben und vom Körper gelöst jenen Ort bewohnen, den du siehst – es war dies aber ein Kreis zwischen den Flammen in strahlendstem Schimmer erglänzend –, den ihr, wie ihr es von den Griechen vernommen, Milchstraße nennt.‹ Worauf ich mir alles betrachtete und das übrige herrlich und wunderbar schien. Es waren aber die Sterne, die wir nie von diesem Ort aus gesehen haben, und alle von der Größe, wie wir es nie vermutet. Von ihnen aus war der der Kleinste, der als letzter vom Himmel aus gesehen, als nächster von der Erde aus, in fremdem Lichte leuchtete. Die Kugeln der Sterne aber übertrafen leicht die Größe der Erde. Die Erde gar selber erschien mir so klein, daß es mich unseres Reiches, mit dem wir gleichsam nur einen Punkt von ihr anrühren, reute.

17 (17) Als ich sie weiter anschaute, sagte Africanus: ›Ich bitte dich, wie lange wird dein Geist am Boden haften bleiben? Schaust du nicht, in welche Tempel du gekommen bist? In neun Kreisen oder besser Kugeln ist alles verbunden. Der eine von ihnen ist der himmlische, der äußerste, der alle übrigen umfaßt, der höchste Gott selber, die übrigen einschließend und umfassend. An ihm sind angeheftet jene ewig kreisenden Bahnen der Sterne. Unter ihm liegen sieben, die sich rückwärts drehen in entgegengesetzter Bewegung zum Himmel. Eine Kugel von ihnen hat jener Stern besetzt, den sie auf Erden den saturnischen heißen. Darauf folgt jener Glanz, dem Menschengeschlecht günstig und heilsam, der Jupiter gehört, wie man sagt. Dann der rötliche und der Erde schreckliche, den ihr den Mars heißt. Darauf hat darunter etwa die Mitte die

Somnium Scipionis

fere regionem Sol obtinet, dux et princeps et moderator luminum reliquorum, mens mundi et temperatio, tanta magnitudine ut cuncta sua luce lustret et compleat. Hunc ut comites consequuntur Veneris alter, alter Mercurii cursus, in infimoque orbe Luna radiis solis accensa convertitur. Infra autem iam nihil est nisi mortale et caducum praeter animos munere deorum hominum generi datos, supra Lunam sunt aeterna omnia. Nam ea quae est media et nona, Tellus, neque movetur et infima est, et in eam feruntur omnia nutu suo pondera.‹

18 (18) Quae cum intuerer stupens, ut me recepi, ›quid hic?‹ inquam, ›quis est qui conplet aures meas tantus et tam dulcis sonus?‹ ›Hic est‹ inquit ›ille qui intervallis coniunctus inparibus, sed tamen pro rata parte ratione distinctis, inpulsu et motu ipsorum orbium efficitur, et acuta cum gravibus temperans varios aequabiliter concentus efficit; nec enim silentio tanti motus incitari possunt, et natura fert ut extrema ex altera parte graviter ex altera autem acute sonent. Quam ob causam summus ille caeli stellifer cursus, cuius conversio est concitatior, acuto et excitato movetur sono, gravissimo autem hic Lunaris atque infimus; nam terra nona inmobilis manens una sede semper haeret, complexa medium mundi locum. Illi autem octo cursus, in quibus eadem vis est duorum, septem efficiunt distinctos intervallis sonos, qui numerus rerum omnium fere nodus est; quod docti homines nervis imitati atque cantibus, aperuerunt sibi reditum in hunc locum, sicut alii qui praestantibus ingeniis in vita humana divina studia coluerunt. (19) Hoc sonitu oppletae aures hominum obsur-

Scipios Traum 343

Sonne inne, die Führerin, die Fürstin und Lenkerin der übrigen Sterne, die Seele und Regierung der Welt, von solcher Größe, daß sie alles mit ihrem Lichte bescheint und erfüllt. Ihr folgen wie Begleiter die Bahnen, die eine der Venus, die andere des Merkur, und in dem untersten Kreis dreht sich der Mond, von den Strahlen der Sonne angesteckt. Darunter aber gibt es schon nur noch Sterbliches und Hinfälliges, außer den Seelen, die durch das Geschenk der Götter dem Menschengeschlecht gegeben sind, oberhalb des Mondes ist alles ewig. Denn sie, die Mitte und neunte ist, die Erde, bewegt sich nicht und ist die unterste und zu ihr streben alle Gewichte durch eigene Schwere.‹

18 (18) Als ich dies voll Staunen betrachtete, sagte ich, während ich mich faßte: ›Was ist hier? Was ist dieser so gewaltige und süße Ton, der meine Ohren erfüllt?‹ ›Das ist jener Ton, der, verbunden in ungleichen, aber doch in bestimmtem Verhältnis sinnvoll abgeteilten Zwischenräumen, durch Schwung und Bewegung der Kreise selber bewirkt wird und, das Hohe mit dem Tiefen mischend, verschiedene Harmonien ausgeglichen bewirkt; denn so gewaltige Bewegungen können nicht in Stille angetrieben werden, und die Natur bringt es mit sich, daß das Äußerste auf der einen Seite tief, auf der anderen Seite hoch tönt. Daher bewegt sich jene höchste sternentragende Bahn des Himmels, deren Umdrehung schneller ist, mit einem hohen und aufgeregten Ton, die des Mondes aber und unterste mit dem tiefsten. Denn die Erde als neunte und unbeweglich bleibend hängt immer an *einem* Sitz, die Mitte des Weltalls einnehmend. Jene acht Bahnen aber, von denen zwei dieselbe Kraft besitzen, bewirken sieben durch Zwischenräume unterschiedene Töne, eine Zahl, die der Knoten fast aller Dinge ist; das haben gelehrte Männer mit Saiten und Stimmen nachgeahmt und haben sich damit die Rückkehr zu diesem Ort erschlossen, wie andere, die mit überragender Geisteskraft im menschlichen Leben göttliche Studien gepflegt haben. (19) Von diesem Ton sind die Ohren der Menschen erfüllt und dafür taub geworden;

duerunt; nec est ullus hebetior sensus in vobis, sicut ubi
Nilus ad illa quae Catadupa nominantur praecipitat ex
altissimis montibus, ea gens quae illum locum adcolit
propter magnitudinem sonitus sensu audiendi caret. Hic
vero tantus est totius mundi incitatissima conversione sonitus, ut eum aures hominum capere non possint, sicut in-
tueri solem adversum nequitis eiusque radiis acies vestra
sensusque vincitur.‹

19 (20) Haec ego admirans, referebam tamen oculos ad
terram identidem. Tum Africanus: ›Sentio‹ inquit ›te sedem etiam nunc hominum ac domum contemplari; quae
si tibi parva ut est ita videtur, haec caelestia semper spec-
tato, illa humana contemnito. Tu enim quam celebritatem
sermonis hominum aut quam expetendam consequi gloriam potes? Vides habitari in terra raris et angustis in locis,
et in ipsis quasi maculis, ubi habitatur, vastas solitudines
interiectas, eosque qui incolunt terram non modo inter-
ruptos ita esse ut nihil inter ipsos ab aliis ad alios manare
possit, sed partim obliquos partim transversos partim
etiam adversos stare vobis. A quibus expectare gloriam
certe nullam potestis.

20 (21) Cernis autem eandem terram quasi quibusdam re-
dimitam et circumdatam cingulis, e quibus duos maxime
inter se diversos et caeli verticibus ipsis ex utraque parte
subnixos obriguisse pruina vides, medium autem illum et
maximum solis ardore torreri. Duo sunt habitabiles,
quorum australis ille, in quo qui insistunt adversa vobis
urgent vestigia, nihil ad vestrum genus; hic autem alter
subiectus aquiloni quem incolitis cerne quam tenui vos
parte contingat. Omnis enim terra quae colitur a vobis,
angustata verticibus, lateribus latior, parva quaedam insula

und kein Sinn in euch ist abgestumpfter; wie dort, wo der Nil zu den sogenannten Catadupa von den höchsten Bergen herabstürzt, das Volk, das jene Gegend bewohnt, wegen der Größe des Geräusches des Gehörsinns entbehrt. Dieser Ton aber ist durch die überaus rasche Umdrehung des ganzen Weltalls so gewaltig, daß ihn die Ohren der Menschen nicht fassen können, so wie ihr die Sonne nicht direkt anschauen könnt und eure Sehschärfe und euer Gesicht durch ihre Strahlen besiegt wird.‹

19 (20) Das bewunderte ich, richtete aber dennoch die Augen beständig auf die Erde. Da sagte Africanus: ›Ich merke, daß du auch jetzt noch den Sitz und das Heim der Menschen betrachtest. Wenn es dir klein scheint, wie es auch ist, schaue immer auf diese himmlischen Dinge, jene menschlichen schätze gering. Denn welche Berühmtheit im Gespräch der Menschen und welch erstrebenswerten Ruhm kannst du erreichen? Du siehst, man wohnt auf der Erde an spärlichen und engen Plätzen, und an den, ich möchte sagen, Flecken, wo man wohnt, liegen weite Einöden dazwischen, und die, welche die Erde bewohnen, sind nicht nur so unterbrochen, daß nichts unter ihnen selber von den einen zu den anderen dringen kann, sondern sie liegen auch teils beiseite, teils quer zu euch, teils auch auf der Gegenseite. Von denen könnt ihr sicherlich keinen Ruhm erwarten.[50]

20 (21) Du siehst aber, wie die Erde auch wie von gewissen Gürteln umschlungen und umgeben ist, von denen zwei, wie du siehst, die am meisten voneinander entfernt sind und zu beiden Seiten unter dem Scheitel des Himmels selbst ruhen, in Eis erstarrt sind, jener mittlere aber und größte von der Glut der Sonne ausgedorrt wird. Zwei sind bewohnbar, von denen jener südliche, deren Bewohner euch die Füße entgegenkehren, euer Geschlecht nichts angeht, dieser andere aber gegen Norden gelegene, den ihr bewohnt, sieh, zu welch schmalem Teil er euch berührt. Das ganze Land nämlich, das von euch bebaut wird, an den Spitzen verengt, an den Seiten breiter, ist eine kleine

346 *Somnium Scipionis*

est circumfusa illo mari quod Atlanticum quod magnum
quem Oceanum appellatis in terris, qui tamen tanto nomine quam sit parvus vides. (22) Ex his ipsis cultis notisque
terris num aut tuum aut cuiusquam nostrum nomen vel
Caucasum hunc quem cernis transcendere potuit vel illum
Gangen tranatare? Quis in reliquis orientis aut obeuntis
solis ultimis aut aquilonis austrive partibus tuum nomen
audiet? Quibus amputatis cernis profecto quantis in angustiis vestra se gloria dilatari velit. Ipsi autem, qui de nobis
loquuntur, quam loquentur diu? **21** (23) Quin etiam si
cupiat proles illa futurorum hominum deinceps laudes unius cuiusque nostrum a patribus acceptas posteris prodere,
tamen propter eluviones exustionesque terrarum, quas accidere tempore certo necesse est, non modo non aeternam
sed ne diuturnam quidem gloriam adsequi possumus.
Quid autem interest ab iis qui postea nascentur sermonem
fore de te, cum ab iis nullus fuerit qui ante nati sunt, qui
nec pauciores et certe meliores fuerunt viri, **22** (24) praesertim cum apud eos ipsos a quibus audiri nomen nostrum potest, nemo unius anni memoriam consequi possit? Homines enim populariter annum tantum modo solis,
id est unius astri, reditu metiuntur; cum autem ad idem
unde semel profecta sunt cuncta astra redierint, eandem-
que totius caeli descriptionem longis intervallis rettulerint,
tum ille vere vertens annus appellari potest; in quo vix dicere audeo quam multa hominum saecla teneantur. Namque ut olim deficere sol hominibus exstinguique visus est,
cum Romuli animus haec ipsa in templa penetravit, quan-
doque ab eadem parte sol eodemque tempore iterum defe-

Scipios Traum 347

Insel, die von jenem Meer umspült ist, das ihr das atlantische, das große, den Ozean nennt auf Erden und bei dem du doch siehst, wie klein er bei so großem Namen ist. (22) Hat etwa aus diesen bebauten und bekannten Ländern dein Name oder der eines von uns den Kaukasus, den du hier siehst, übersteigen können, oder den Ganges dort durchschwimmen? Wer wird in den übrigen äußersten Teilen der auf- oder untergehenden Sonne oder des Nordens und Südens deinen Namen hören? Schneidest du das weg, so erkennst du in der Tat, in welcher Enge euer Ruhm sich verbreiten will. Sie selber aber, die über uns sprechen, wie lange werden sie sprechen? **21** (23) Ja, sogar wenn jene Generation der zukünftigen Menschen das Lob eines jeden von uns, von den Vätern überkommen, den Nachkommen der Reihe nach weitergeben wollte, können wir dennoch wegen der Überschwemmungen und Verbrennungen der Erde, die zu bestimmter Zeit eintreten müssen, nicht nur keinen ewigen, sondern nicht einmal einen lange dauernden Ruhm erreichen. Was aber liegt daran, daß von denen, die später geboren werden, von dir geredet wird, wo doch nicht von denen über dich geredet wird, die vorher geboren worden sind, die nicht geringer an Zahl und gewiß bessere Männer waren, **22** (24) zumal da eben bei denen, von denen unser Name gehört werden kann, niemand auch nur das Gedächtnis eines Jahres erreichen kann? Gewöhnlich nämlich messen die Menschen ein Jahr nach der Rückkehr der Sonne, das heißt eines Gestirnes. In Wirklichkeit aber kann erst, wenn alle Sterne zu demselben Punkte, von wo sie einmal aufbrachen, zurückgekommen sind und dieselbe Stellung des ganzen Himmels nach langen Zwischenräumen wieder mit sich gebracht haben, das ein sich wahrhaft wendendes Jahr genannt werden. Ich wage kaum zu sagen, wie viele Generationen von Menschen in ihm enthalten sind. Denn wenn, wie einst die Sonne den Menschen zu vergehen und zu erlöschen schien, als des Romulus Seele eben in diese Bereiche hier drang, einmal die Sonne an derselben Stelle und zu

348 Somnium Scipionis

cerit, tum signis omnibus ad idem principium stellisque
revocatis expletum annum habeto; cuis quidem anni
nondum vicesimam partem scito esse conversam.

23 (25) Quocirca si reditum in hunc locum desperaveris,
in quo omnia sunt magnis et praestantibus viris, quanti
tandem est ista hominum gloria, quae pertinere vix ad unius anni partem exiguam potest? Igitur alte spectare si vo-
les atque hanc sedem et aeternam domum contueri, neque
te sermonibus vulgi dedideris, nec in praemiis humanis
spem posueris rerum tuarum; suis te oportet inlecebris
ipsa virtus trahat ad verum decus, quid de te alii loquantur,
ipsi videant, sed loquentur tamen. Sermo autem omnis ille
et angustiis cingitur his regionum quas vides, nec umquam
de ullo perennis fuit, et obruitur hominum interitu, et oblivione posteritatis extinguitur.‹

24 (26) Quae cum dixisset, ›ego vero‹ inquam ›Africane,
siquidem bene meritis de patria quasi limes ad caeli aditum
patet, quamquam a pueritia vestigiis ingressus patris et tuis
decori vestro non defui, nunc tamen tanto praemio expo-
sito enitar multo vigilantius.‹ Et ille: ›Tu vero enitere et sic
habeto, non esse te mortalem sed corpus hoc; nec enim tu
is es quem forma ista declarat, sed mens cuiusque is est
quisque, non ea figura quae digito demonstrari potest.
Deum te igitur scito esse, siquidem est deus qui viget qui
sentit qui meminit qui providet, qui tam regit et moderatur
et movet id corpus cui praepositus est, quam hunc
mundum ille princeps deus; et ut mundum ex quadam
parte mortalem ipse deus aeternus, sic fragile corpus ani-

Scipios Traum 349

derselben Zeit ein zweites Mal sich verfinstert, dann erst, wenn alle Sternbilder und Sterne zum selben Ausgangspunkt zurückgeführt sind, ist ein Jahr erfüllt, glaube mir; und wisse, daß von diesem Jahr noch nicht der zwanzigste Teil abgelaufen ist.

23 (25) Wenn du daher an der Rückkehr an diesen Ort verzweifelst, in der für große und überragende Männer alles beschlossen liegt, wieviel ist denn dann dieser Ruhm der Menschen wert, der sich kaum auf den geringen Teil eines einzigen Jahres zu erstrecken vermag? Wenn du also in die Höhe schauen willst und diese Wohnstatt und ewige Heimat betrachten, darfst du dich nicht dem Gerede der Masse ergeben noch in menschlichen Lohn die Hoffnung deiner Dinge setzen; mit ihren eigenen Lockungen muß dich die Vollkommenheit selber zu wahrem Glanze ziehen. Was andere über dich reden, sollen sie selber sehen, reden freilich werden sie schon. All dies Gerede aber wird in die Enge der Gebiete, die du siehst, eingeschlossen, ist niemals über irgendeinen ewig gewesen, wird durch den Tod der Menschen erstickt und vom Vergessen der Nachwelt ausgelöscht.‹

24 (26) Als er das gesagt hatte, sagte ich: ›Ich aber will, Africanus, wofern ums Vaterland wohlverdienten Männern eine Straße zum Tor des Himmels offensteht, obwohl ich von Kindheit an in die Spuren des Vaters und die deinen trat und eurem Glanz nicht fehlte, jetzt, wo ein so hoher Lohn ausgesetzt ist, noch viel wachsamer mich bemühen.‹ Und jener sagte: ›Du bemühe dich und halte das fest: nicht du bist sterblich, sondern dein Körper hier, denn du bist nicht der, den diese Form anzeigt, sondern der Geist eines jeden, das ist er, nicht die Gestalt, die mit den Fingern gezeigt werden kann. Wisse also, daß du Gott bist, wofern Gott ist, was lebt, was empfindet, was sich erinnert, was vorausschaut, was den Körper so lenkt, leitet und bewegt, an dessen Spitze er gesetzt ist, wie jener fürstliche Gott dies All hier; und wie das All, das zu gewissem Teile sterblich ist, der ewige Gott selber, so bewegt diesen

mus sempiternus movet. **25** (27) Nam quod semper movetur, aeternum est; quod autem motum adfert alicui quodque ipsum agitatur aliunde, quando finem habet motus, vivendi finem habeat necesse est. Solum igitur quod sese movet, quia numquam deseritur a se, numquam ne moveri quidem desinit; quin etiam ceteris quae moventur hic fons hoc principium est movendi. Principio autem nulla est origo; nam ex principio oriuntur omnia, ipsum autem nulla ex re alia nasci potest; nec enim esset id principium quod gigneretur aliunde; quodsi numquam oritur, nec occidit quidem umquam. Nam principium exstinctum nec ipsum ab alio renascetur, nec ex se aliud creabit, siquidem necesse est a principio oriri omnia. Ita fit ut motus principium ex eo sit quod ipsum a se movetur; id autem nec nasci potest nec mori; vel concidat omne caelum omnisque natura consistat necesse est nec vim ullam nanciscatur qua a primo inpulsa moveatur. **26** (28) Cum pateat igitur aeternum id esse quod a se ipso moveatur, quis est qui hanc naturam animis esse tributam neget? Inanimum est enim omne quod pulsu agitatur externo; quod autem est animal, id motu cietur interiore et suo; nam haec est propria natura animi atque vis; quae si est una ex omnibus quae sese moveat, neque nata certe est et aeterna est.(29) Hanc tu exerce in optimis rebus! sunt autem optimae curae de salute patriae, quibus agitatus et exercitatus animus velocius in hanc sedem et domum suam pervolabit; idque ocius faciet, si iam tum cum erit inclusus in corpore, eminebit foras, et ea quae extra erunt contemplans quam ma-

gebrechlichen Körper der ewige Geist. **25** (27) Denn was sich immer bewegt,[51] ist ewig; was aber einem Bewegung bringt und was selber von irgendwoher getrieben wird, muß notwendig, da es ein Ende der Bewegung hat, auch ein Ende des Lebens haben. Allein das also, was sich selbst bewegt, hört, weil es nie von sich im Stich gelassen wird, nie auf, sich zu bewegen; ja auch dem übrigen, das bewegt wird, ist dies der Quell, dies der Ursprung der Bewegung. Für einen Ursprung aber gibt es kein Entstehen; denn aus dem Ursprung entsteht alles, selber aber kann er aus keiner anderen Sache entstehen; wäre es doch kein Ursprung, was anderswoher entstünde; wenn es aber niemals entsteht, geht es auch niemals zugrunde. Denn ein erloschener Ursprung wird weder selber von einem anderen wiedergeboren werden, noch wird er einen anderen aus sich selbst heraus schaffen, wofern es nötig ist, daß alles aus dem Ursprung entsteht. So kommt es, daß der Ursprung der Bewegung aus dem stammt, was sich selbst von sich aus bewegt: das aber kann weder geboren werden noch sterben; oder es würde der ganze Himmel mit Notwendigkeit zusammenstürzen, und die ganze Natur würde zum Stillstand kommen und würde keine Kraft finden, von der sie am Anfang angestoßen würde. **26** (28) Da also am Tage liegt, daß ewig das ist, was sich selbst bewegt: wer gibt es da, der bestritte, daß dies Wesen den Seelen zugewiesen ist? Unbeseelt nämlich ist alles, was durch Stoß von außen getrieben wird; was aber ein Lebewesen ist, das wird durch innere und eigene Bewegung erregt. Denn dies ist die eigentümliche Natur und Kraft der Seele. Wenn sie die einzige von allen Naturen ist, die sich selber bewegt, ist sie sicher nicht geboren und ewig. (29) Sie übe in den besten Dingen! Es sind aber die Mühen um das Heil des Vaterlandes die besten. Von ihnen getrieben und geübt, wird die Seele schneller zu diesem Sitz und in ihre Heimat hinfliegen; und das wird sie schneller tun, wenn sie schon, während sie noch im Körper eingeschlossen ist, nach außen ragt und das, was außerhalb ist, betrachtend sich so

352 Somnium Scipionis

xime se a corpore abstrahet. Namque eorum animi qui se
corporis voluptatibus dediderunt, earumque se quasi mi-
nistros praebuerunt, inpulsuque libidinum voluptatibus
oboedientium deorum et hominum iura violayerunt, corporibus elapsi circum terram ipsam volutantur, nec hunc
in locum nisi multis exagitati saeculis revertuntur.‹
Ille discessit; ego somno solutus sum.«

Librorum De re publica incertorum fragmenta

1. excellunt *(Diom. GL I 374,17)*
2. nitito *(Diom. GL I 339,31)*
3. »Si fas endo plagas caelestum ascendere cuiquam est,
   Mi soli caeli maxima porta patet.« *(Ennius apud Sene-*
   cam, epist. 108,30)
4. »Est vero Africane; nam et Herculi eadem ista porta
   patuit.« *(Lact. inst. 1,18,11 sq.)*

Scipios Traum 353

sehr wie möglich vom Körper löst. Denn deren Seelen, die sich den Genüssen des Körpers ergeben, sich gleichsam als ihre Diener zur Verfügung gestellt und durch den Trieb der Gelüste, die den Genüssen gehorchen, die Rechte der Götter und Menschen verletzt haben, wälzen sich, wenn sie aus dem Körper geglitten sind, um die Erde selber und kehren zu diesem Ort hier erst zurück, nachdem sie in vielen Jahrhunderten umhergetrieben worden sind.‹

Jener ging davon; ich löste mich aus meinem Schlaf.«

Folgende Fragmente entzogen sich auch einer hypothetischen Einordnung

1. Sie ragen hervor
2. Du sollst streben
3. Wenn's einem göttliches Recht, in Gefilde des Himmels zu steigen,
   so steht mir allein offen des Himmels Portal.
4. So ist es aber, Africanus; denn auch dem Herkules hat diese selbe Pforte offengestanden.

Zu dieser Ausgabe

Vorliegende Lizenzausgabe beruht auf der 3. Auflage meiner im Artemis Verlag Zürich erschienenen Übersetzung. Dort waren größere Änderungen im Text nicht möglich, die Forschung war in einem Anhang zusammengefaßt. Inzwischen ist die Arbeit an der Kommentierung weitergegangen und hat zu weiteren Resultaten geführt. Dennoch sollte der Kommentar nicht vorausgenommen und, soweit möglich, die Zieglersche Anordnung des Textes beibehalten werden. Es wurde aber dort geändert, wo der jetzige Stand es erforderte. Darüber habe ich in den Anmerkungen Rechenschaft gegeben. Vorwort und Anhang wurden fortgelassen, die Seitenangaben im Verzeichnis der Eigennamen in Stellenangaben umgewandelt. Außer den Anmerkungen, welche die Einleitung, die Zwischentexte und das Verzeichnis der Eigennamen ergänzen, habe ich ein Literaturverzeichnis hinzugefügt.

Anmerkungen

1 Der Palimpsest, jene abgekratzten Blätter, auf denen Angelo Mai Ciceros Werk entdeckte und das mit einem Psalmenkommentar Augustins wieder beschrieben ist, war in Lagen zu vier Doppelblättern, Quaternionen, gebunden. Warum Ferrero von Quinionen spricht, ist unerfindlich.

2 *ille civis, qui*: Andere Herausgeber interpungieren nach *ille*, verstehen also »jener, der seine Mitbürger ...«. Die vorliegende Interpunktion ist vorgezogen, weil im folgenden gern mit *ille civis* auf jenen Mann, den Politiker, verwiesen wird, der für die Gesittung des Gemeinwesens Sorge trägt.

3 Die Ergänzung »mich hätte in Gefahr begeben sollen« ist natürlich hypothetisch. Cicero könnte auch schon direkt an seine »freiwillige« Verbannung denken, also etwa »ich aber nicht des Staates wegen mich in die Fremde hätte begeben sollen«.

4 Die sieben Weisen: Den Ansichten der Stoiker und Epikureer werden die sieben Weisen entgegengestellt, die Ciceros Beifall darum finden, weil sie ihre *sapientia* in politischer Tätigkeit bewährt haben. Zu den sieben Weisen, von denen nur Thales nach Cicero (de or. 3,197) nicht politisch tätig war, gehören fest Thales, Bias, Pittacus, Solon, ferner drei weitere von den folgenden: Aristodem, Pamphylos, Chilon von Lakedaimon, Kleobulos, Anarchasis, Periander.

5 Im Text von 1,13 scheint die Annahme einer Lücke unnötig, da der Irrealis *essemus auctores* verständlich wird, wenn erkannt wird, daß der irreale Bedingungssatz – ich könnte darüber sprechen, wenn ich nicht eine fremde Rede vorbringen wollte – selbständig wird: *nec vero nostra ...*, »ich habe aber nicht eine eigene Rede vorzubringen«.

6 Cicero spielt auf die Studienreise an, die er mit dem Bruder Quintus 79/78 in den Osten unternahm, um seine Redetechnik zu verbessern, wohl auch, um sich eine Weile den politischen Zuständen zu entziehen.

Anmerkungen

7 Die Nonen fallen im März, Mai, Juli, Oktober auf den 7., in den anderen Monaten jeweils auf den 5.

8 1,23 ist nicht leicht zu durchschauen. Mit *ut dicis* muß Philus das Neue, was man eben gehört hat, zu den bekannten Qualitäten Scipios hinzufügen, d. h., daß er mit Leidenschaft über diese Dinge nachgedacht hat. Das drückt genau aus *si ... animum quoque contulisti*. Die Konjektur von O. Skutsch – *Philologus* 103 (1959) 141 ff.; 104 (1960) 300 – *animum (omnem mentem) que*, unter Weglassung des sinnentscheidenden *quoque*, ist überflüssig und störend. *In* ist sinngemäß hinzuzufügen, weil Cicero den bloßen Ablativus qualitatis in den Singular setzt.

9 Überliefert ist *infelicem*: »O du Unglücklicher, den ich getötet hätte, wenn ich zornig wäre.« Dann liegt der Ton auf »getötet hätte«. Offenbar aber will er doch sagen – und darum die scharfe Sprache, die man sich bei einem Philosophen im Ernst nicht vorstellen kann –, daß der Sklave Glück hat, weil er (der Herr) zornig ist, im Zorn aber nicht straft. Darum habe ich das *in* gestrichen, Ziegler hat die Lösung in den Text gesetzt, und ich möchte trotz – unbegründeter – mangelnder sonstiger Nachfolge daran festhalten.

10 Dem Haushalt steht ein vertrauenswürdiger Sklave vor, der *dispensator*.

11 *dictator*: Cicero wagt eine seiner beliebten Etymologien. Hier stimmt sie nicht; *dictator* ist, wer das alleinige Sagen hat.

12 Cicero übersetzt sinngemäß Platon, *Politeia* 8,562c Ende bis 563c.

13 Nämlich: wenn er nicht versperrt worden wäre. Ein ähnlicher Konjunktiv steht 1,13.

14 Der Galliereinfall unter Brennus und die Eroberung Roms (390 v. Chr. angesetzt, in Wirklichkeit etwas später) ist eine der historischen Erinnerungen Roms, die sich tief eingegraben hat.

15 Die erste Olympiade wird in das Jahr 776 v. Chr. gesetzt, der spartanische Gesetzgeber Lykurg soll 108 Jahre vorher, also 884 v. Chr., seine Gesetze gegeben haben.

16 §§ 2,39 und 2,40 gehören zu den wichtigsten römischen Ver-

Anmerkungen 357

fassungstexten und sind bei den Historikern heftig umstritten. Vor allem geht es darum, ob Cicero die alte Servianische Ordnung gibt – wie sollte er sie noch genau haben fassen können? – oder den Zustand nach einer Reform des Jahres 221 v. Chr., wie W. Hoffmann annimmt. Auch sprachlich und textlich ist manches problematisch. Die Römer haben einen Abstimmungsmodus, der von der Gliederung des Volkes in *centuriae*, ursprünglich einer alten Wehrordnung, ausgeht. Jede *centuria* hat eine Stimme. Jede Volksklasse hat verschieden viele *centuriae* mit entsprechend wechselnder Kopfzahl. Diese Stimmenzahl wird genannt und dann ein hypothetisches Ergebnis der kleinstmöglichen Mehrheit konstruiert; wenn zu den 89 Zenturien der ersten Klassen, zu denen die Ritter und die *sex suffragia* (die Stimmen der erweiterten Ritterschaft) kommen, von den übrigen 104 Zenturien – die Gesamtsumme von 193 Zenturien ist mehrfach auch sonst überliefert – nur 8 hinzukommen (also aus der zweiten Klasse, da in der Reihenfolge der Klassen gestimmt wurde), ist die Mehrheit *(vis populi universa)* erreicht (nämlich 97 zu 96 Stimmen. Scipio/Cicero kommt es auf den Sinn an, die Begüterten haben nicht ohne weiteres die Mehrheit – das wäre überheblich –, aber sie können auch nicht leicht überstimmt werden – das wäre gefährlich. Denn man muß annehmen, daß die Besitzenden das größte Interesse am Wohlergehen des Staates haben.

17 Der Konjunktiv Irrealis *excluderetur* und *valeret* steht deshalb, weil ein hypothetisches Ergebnis angenommen wird. Die Konjektur von O. Skutsch – *Philologus* 103 (1959) 144 ff. –, nach *centurarium* müsse *efficit ut* ergänzt werden, ist überflüssig und unmöglich: Man kann mit einer Wahlordnung nicht ein Ergebnis »bewirken«.

18 Die Ableitung Ciceros für *assidui (ab asse dando)* ist falsch; in Wahrheit kommt es von *assidere* (die Ansässigen). Die Deutung von *proletarii* (Mommsen: »Kinderbürger«; Rosenberg: »Bürger über 17 Jahre«) als »Fortpflanzung der Gemeinde« ist umstritten.

19 Bei dem Fragment Non. p. 526,10 hatte A. Mai die Zahl in 240

Anmerkungen

geändert und das Fragment hinter 2,53 gestellt. Es bezieht sich aber offenkundig auf den Anfang der Regierung des Tarquinius Superbus, wie A. Grilli – *La Parola del Passato* 13 (1958) 131–134 – gesehen hat, der es hinter 2,34 stellte.

20 Die Reste des Jupitertempels auf dem Kapitol sind heute noch – hinter Glas – zu sehen.

21 Subjekt zu *appellavit* ist sicherlich Lykurg. Es handelt sich um die 28 Geronten.

22 Im 4. Buch, wo über die Sitten und Einrichtungen gesprochen wird.

23 Das Problem der Größe der Lücken hat W. Richter, *Rivista di filologia* 67 (1969) 273–297, wieder aufgerollt. Er nimmt schon nach 2,66 die große Lücke an, um als Gleichnis der Natur den Bienenstaat, was ausführliche Erörterungen voraussetzt, unterzubringen. Hier muß die Interpretation der Zusammenhänge entscheiden, die eindeutig für Zieglers Annahme spricht, womit der Gedanke an den Bienenstaat schon an und für sich unwahrscheinlich wird. Ausführliche Rechenschaft darüber wird mein Kommentar geben.

24 Laelius war Scipios Legat im Dritten Punischen Krieg, wie Appian (Pun. 126) berichtet; schon 1,18 spielt darauf an.

25 Die Vorrede umfaßte etwa 15 Blätter = 210 Teubnerzeilen, also ziemlich viel. Cicero spricht wie im 1. Proömium in eigener Person. W. Richter, *Rivista di filologia* 97 (1969) 55–81, unterscheidet drei Stufen: 1. Schilderung der menschlichen Situation ohne *ratio* inmitten den Unbilden der Welt; 2. Veränderung dieser Situation durch die *artes,* die der Mensch dem Geist als einem Geschenk der Götter verdankt; 3. davon getrennt und herausgehoben die *ratio civilis,* die dem Menschen die Möglichkeit des geordneten Zusammenlebens, damit einer sittlichen Kultur verleiht. Er behauptet ferner, daß diese Stelle eine gewisse Nähe zum Mythos in Platons *Protagoras* gehabt habe, obwohl der Gedanke des Mangels für die letzten beiden Stufen ohne Bedeutung ist, und schließt auf Theophrast als Quelle. Damit scheint Richter die Intention zu verkennen, den Vergleich zwischen dem Politiker und Philosophen als den höchsten Ausformungen menschlichen Geistes, und die

Anmerkungen 359

römischen Vorstufen (vor allem Cicero, *De inventione*) zuwenig in Betracht zu ziehen. Sehr gut, obwohl er das 3. Proömium sehr kurz abtut, M. Ruch, *Les préambules dans les œuvres philosophiques de Cicéron*, Paris 1958, 244: »Le préambule du livre 3 forme donc avec celui du livre 1 un cycle, l'opposition de la politique et de la philosophie étant repris sous un éclairage différant.«

26 Das Referat des Laktanz ist auf Anregung von Heck und Krarup vor die Philusrede gesetzt worden. Das ist die erste Stelle, wo von der traditionellen Kapitel- und Paragrapheneinteilung Zieglers, die auf A. Mai zurückgeht, abgewichen wird. Seit Ziegler hat aber die Rekonstruktion des 3. Buches, besonders der Laeliusrede, weitere Fortschritte gemacht (Heck 264 ff.; Büchner, *Studien 6*, Wiesbaden 1967, 65 ff.). Damit wird die Kapitel- und Paragrapheneinteilung noch problematischer. Sie war es an sich schon, weil Text und Testimonia unterschiedslos so in Paragraphen eingeteilt waren, daß der Leser darin fälschlich eine dem Text entsprechende Ordnung erkennen mußte. Wenn die wissenschaftliche Diskussion zur Einmütigkeit über den Aufbau der Philus- und Laeliusrede geführt hat, muß eine solche Neuordnung der Fragmente, eventuell mit neuen Einteilungskennzeichen (neue Paragraphen – oder besser einfache Zählung der Fragmente und Zeugnisse?), sicher das Ziel der wissenschaftlichen Ausgabe sein. Hier ist ein solcher Schritt noch nicht opportun, vielmehr ist die traditionelle Kennzeichnung aus praktischen Gründen der leichteren Auffindung und Koordination mit der Zieglerschen Ausgabe beibehalten worden. Als eine Hilfe für das Verstehen der Philus- und Laeliusrede ist aber jedem Fragment in römischen Ziffern sein Ort im Aufbau angewiesen worden.

Die Philusrede hat sich in freier Umsetzung (z. B. spätere römische Beispiele) an die zweite Karneadesrede gehalten. Nach den Hinweisen der Testimonia und Fragmente gliederte sie sich wie folgt:

[I] Einleitung: Gerechtigkeit und ihre Verfechter.

[II] Gerechtigkeit ist nicht von Natur.

[III] Alle Lebewesen streben nach dem Nutzen. Man erkennt es im persönlichen wie staatlichen Leben, wenn man dem gemarterten Gerechten den hochgeehrten Schuft entgegenstellt und fragt, welches Leben vorzuziehen sei. (Dieses Palimpseststück muß also vorgezogen werden, was leicht möglich ist, da es sich um lose Einzelblätter handelt, die keinem bestimmten Quaternio zugewiesen werden können.)

[IV] Recht entsteht aus dem Nutzen. Erscheinungen, die sich auf Gerechtigkeit berufen, lassen sich entlarven.

[V] Es besteht eine Antinomie zwischen *iustitia* und *sapientia*.

[VI] Der gegenwärtige Zustand der Welt zeigt, daß Gerechtigkeit nicht zu finden ist (aus dem Schluß der Laeliusrede erschlossen).

(Diese römischen Ziffern erscheinen neben der üblichen Kapitel- und Paragraphenzählung.)

27 Die beiden Noniusfragmente sind ebenso wie das in 3,5,9 von Nonius für das 2. Buch bezeugt. Es ist nicht leicht, sich über dieses Zeugnis hinwegzusetzen. Plasberg und Wilsing ebenso wie Heck und Krarup weisen es darum der Rede Scipios über den Nutzen der Gerechtigkeit am Schluß des 2. Buches zu, die uns verloren ist. Sowohl die Nennung des Karneades wie die Definitionen der Gerechtigkeit scheinen aber dafür zu speziell. Die Frage ist offenzuhalten.

28 Der Vers des Tragödiendichters Pacuvius (220–130 v. Chr.) kann keiner bestimmten Tragödie zugewiesen werden.

29 Etwa 20 Millionen Goldmark; das zeigt den Reichtum des Publius Crassus schon zu dieser Zeit.

30 Dies Stück nach Platon (Pol. 2,360e–362b). Dort ist der Gedanke stringenter: die perfekte Ungerechtigkeit besteht gerade darin, daß man gerecht scheint. Hier bei Cicero entsteht die Ungerechtigkeit durch einen *error civitatis*.

31 Nach der Kritik an der Rede des Karneades, bei der ein Gesprächsteilnehmer beide Möglichkeiten in Betracht zieht, nämlich daß er wirklich so gedacht oder nur philosophisch gespielt hat und beides moralisch verurteilt, ist ein Teilnehmer (Philus selbst oder Scipio?) aufgefordert worden, nun die Gerechtigkeit zu verteidigen. Er macht aber Umstände, um Lae-

Anmerkungen 361

lius zur Einlösung seines Versprechens, sich zu beteiligen, zu bringen (das Versprechen muß vor 2,70 gegeben worden sein).

32 Es ist zu erkennen, daß Laelius in seiner Rede nicht die erste von ihm selbst widerlegte Rede des Karneades (außer vielleicht einzelnen Gedanken) benutzen konnte, sondern vielmehr auf alle Teile der Philusrede seine Antwort gegeben hat. Bei ihrer Rekonstruktion von *De legibus*, Buch 1, auszugehen (wie Reitzenstein und Wilsing), ist unbegründbar. Nach der Struktur der späteren Werke Ciceros (etwa *De natura deorum*) und an sich ist die Hypothese wahrscheinlich, daß er seine Antworten in der Reihenfolge der Abschnitte der Philusrede vorgebracht hat.

[I A] Hypothetische Einordnung dreier für das 3. Buch mehr oder weniger sicherer Fragmente, in denen Laelius das, was Philus als normal hinstellte, als Entartungen gebrandmarkt haben mag.

[II A] Dem Gedanken, daß das Recht nicht von Natur ist, hat Laelius das wahre Gesetz der rechten Vernunft entgegengestellt.

[III A] Hatte Philus behauptet, alles strebe nach dem Nutzen, entgegnet Laelius, erstrebenswert sei allein das sittlich Gute. Materielles ist für den Staatsmann kein Lohn, ihm winken andere Belohnungen.

[IV A] Man kann nicht wie Philus (Karneades) mit den Epikureern das Recht vom Nutzen ableiten und alles, was Gerechtigkeit beansprucht, entlarven. Strafe ist nicht die einzige Sanktion des Gesetzes; es gibt notwendige und gerechte Herrschaftsverhältnisse.

[V A] Hält man *sapientia* und *iustitia* für unvereinbar, so löst sich der Begriff des *vir bonus* in nichts auf. Es hat aber die von Philus in seiner Rede beschriebenen »gerechten Dummköpfe« in der römischen Geschichte gegeben.

[VI A] Mag die Wirklichkeit jetzt schlecht genug erscheinen: ewig könnte Rom sein, aber nur, wenn es gerecht nach der Sitte der Vorfahren lebte.

(Diese römischen Ziffern erscheinen neben der üblichen Kapitel- und Paragraphenzählung.)

362   Anmerkungen

Laelius hat also das moralische Selbstbewußtsein, den Glauben an die römische Geschichte und ihre Männer und die *maiestas imperii* ins Feld geführt und damit nach Ansicht der Gesprächsteilnehmer den Sieg erfochten. In der Tat ist der Glaube an die Idee der Gerechtigkeit mit einer Analyse der zwischen »Natur« und »Geist« polar zerklüfteten Wirklichkeit nicht zu erschüttern.

33 Das ist fast eine Übersetzung von Isokrates, *Panathenaikos* 10, wo es dieser von sich sagt. Möglicherweise ist hier Laelius mit Isokrates verglichen worden.

34 Scipio hat in seiner Rede, wie wir aus dem »Argumentum Augustini« wissen (vgl. Anfang von Buch 3) auf den Nutzen der Definition hingewiesen, seine Staatsdefinition wiederholt (vgl. 1,39) und (vgl. Aug. civ. 19,21,1–33) gezeigt, daß eine *res publica* vorliegt, wo Gerechtigkeit geübt wird, daß aber Staaten ohne Gerechtigkeit überhaupt keine seien. Hier hat er also *iuris consensu* erläutert und auf die Gerechtigkeit bezogen. Da Philus ausdrücklich die gemischte Verfassung als Kompromiß des Nutzens bezeichnet hatte, Laelius aber darauf nicht eingegangen zu sein scheint – er hat die Verfassungsfrage Scipio überlassen –, liegt die Annahme nahe, daß Scipio hier die Mischverfassung oder besser die »temperierte« Verfassung als Ausdruck dieser Gerechtigkeit gefeiert, dann aber die entarteten Formen überhaupt als »Unstaaten« erklärt hat. Wo der Palimpsest einsetzt, weist Scipio am Beispiel Agrigents auf, daß die Stadt unter Phalaris überhaupt kein Staat war. Scipio Aemilianus hat nach seinem Sieg über Karthago das berühmte Marterinstrument, den Stier des Phalaris, den die Karthager erbeutet hatten, den Einwohnern zurückgegeben (Verr. 2,4,73). Darauf bezieht sich *reportare*. In diesen Zusammenhang gehört das Fragment Schol. Iuv. 5,6,486.

35 Die Konjektur *iusto* aus dem unsinnigen *auttu* oder *autbi* des Palimpsestes ist notwendig, weil, wie die weitere Erörterung zeigt, gleich zu Anfang festgestellt werden muß, daß es sich nur um den gerechten König handelt. Krarup konjiziert *ut tu*, aber grammatikalisch ist wohl nur *assentior tibi* möglich.

36 Überliefert ist einwandfrei Tullus. Gewiß ist Tullus Hostilius

Anmerkungen

363

ein zwar kriegerischer, aber gerechter König (Fetialrecht). Er folgt dazu in der Reihe auf Numa. Man sieht dennoch nicht ein, warum er hier hervorgehoben wird. Das Gewicht liegt in der Darstellung so eindeutig auf Romulus und Numa einerseits, Servius Tullius andererseits, daß ich, wenn auch zögernd, zu der Konjektur Mais, der auch Ziegler gefolgt ist, zurückkehre.

37 Seinen Ausführungen über die Gesittung der Römer (vgl. 2,64) *qua disciplina, quibus moribus aut legibus*) hat Scipio eine Einleitung über Geist und Körper vorausgeschickt. Er hat nicht nur den Vorrang des Geistes betont, sondern auch die Leistungen des Geistes gerühmt, sicherlich bis zur *ratio civilis* als der höchsten. Er kommt damit in die Nähe der Vorrede Ciceros zum 3. Buch. Es wird auch ein Vergleich zwischen der Leistung des Politikers und des Philosophen nicht gefehlt haben, und es ist ernstlich zu überlegen, ob nicht das Einzelblatt p. 199/200, das man dem 5. Buche zuweist (vgl. S. 323), den Abschluß gebildet hat. Eine Entwicklung dieses Gedankens wird dem Kommentar vorbehalten.

Die überlieferten Kapitel- und Paragrapheneinteilungen – 1 Blattpaar des Palimpsestes und Zitate (davon 21 bei Nonius) und Zeugnisse – besagen für Aufbau und Rekonstruktion des 4. Buches noch weniger. Sie werden zum Zweck der einfacheren Benutzung beibehalten.

Im 4. Buch lassen sich formalinhaltlich vier Leitmotive herausheben, die nicht für sich behandelt worden sind, sondern bei den Sachbereichen immer wieder eine Rolle spielen: 1. der ständige Vergleich mit den griechischen Sitten; 2. der dauernde Blick auf Platons *Politeia*; 3. die ständige Erwähnung des Zensors; 4. die Beschreibung und oft etymologische Deutung der römischen Tugenden. Nach der Einleitung [I] sind folgende Sachbereiche faßbar:

[II] *Instituta,* Einrichtungen, Gesetze, *disciplina*;

a) Ordnung des *populus* in der Abstimmung;

b) häusliche Erziehung;

c) Militärdienst;

d) Eigentum;

364 Anmerkungen

e) die Frauen;
[III] *mores*;
a) privat;
b) im Staate;
[IV] *ars ludicra*;
a) Dichtung;
b) Theater;
c) Musik.

Diese sachliche Einteilung, die auf eine Rekonstruktion der Fragmente verzichtet, aber doch nicht nur den Inhalt der Fragmente umschreibt, erscheint auch im Text neben der üblichen Kapitel- und Paragraphenzählung.

38 Heck und Krarup lassen dieses Zeugnis des Laktanz weg. In *Studia Platonica. Festschrift für Hermann Gundert* (Amsterdam 1974, 165 ff.) versuche ich zu zeigen, daß Laktanz doch aus dem 4. Buche von *De re publica* schöpft.

39 Wahrscheinlich hätte Cicero gern die Lyriker ebendorthin geschickt, wohin Platon die Dichter schickte, nämlich in die Verbannung.

40 Nämlich der Zensoren. Doch ist die Beziehung nicht ganz sicher, ebensowenig wie die Tilgung des [in].

41 Das Fragment bezieht sich auf den Arginusenprozeß. Nach dem Seesieg bei den Arginusen (406 v. Chr.) hatten die athenischen Feldherrn wegen eines Sturmes die Leichen nicht bergen und begraben können. Die Feldherrn wurden angeklagt und zum Tode verurteilt. Sokrates war der einzige, der widersprach.

42 In der Rede *Pro Roscio comoedo*. Der Passus ist nicht erhalten.

43 Der monumentale Vers, der die Verschränkung von Bürger und Gesellschaft ahnen läßt, die Cicero entwickelt, stammt von Ennius (Enn. ann. 500 V²). In diesem letzten persönlichen Proömium hat Cicero den Zustand seiner Zeit ohne jede Beschönigung beschrieben.

Die Bruchstücke sowohl des 4. wie des 5. Buches könnte man zu einer Aphorismensammlung zusammenfassen, so prägnant und treffend sind sie. Im einzelnen können sie hier nicht er-

Anmerkungen 365

klärt werden, da dies bisweilen sogar den Rahmen eines Kommentars sprengt. Noch weniger als im 4. Buche besagt die Kapitel- und Paragrapheneinteilung, und eine Rekonstruktion ist noch schwieriger.

Der verantwortliche führende Politiker, neben *rector* auch an einigen Stellen *princeps* (als der für die politische Initiative Verantwortliche) genannt, hat im Mittelpunkt gestanden. Erhalten ist ein Stück vom persönlichen Proömium, zwei zu einem Quaternio gehörende Doppelblätter mit einem losen Blatt, referierende Testimonia und wörtliche Zitate, die sich ihrerseits wieder gliedern lassen in

a) zusammenfassende Referate und Zitate;

b) solche, die von der Auswahl des Politikers sprechen;

c) solche über seine Erziehung, solche über die Gestalt und die individuelle Verschiedenheit der führenden Männer. Gemeint ist der gebildete Politiker, der mit seiner knappen und unverstellten Rede wirkt.

Ausgegangen ist Scipio bei seiner Darlegung von der höchsten Funktion der Könige, der Rechtserteilung.

Die Reihung der Fragmente wird beibehalten.

44 Vom 6. Buch sind noch weniger Fragmente erhalten, dafür das unversehrte »Somnium Scipionis«, das gesondert überliefert ist. Alle Fragmente deuten darauf hin, daß von der ganzen Klugheit des *rector* gesprochen worden ist: im Bürgerzwist muß sich die einigende Kraft des Politikers bewähren. Jener aber läßt sich auf den Verlust der alten Einfachheit zurückführen.

45 Dazu hat wohl der Enniusvers (S. 328/329; Sen. epist. 108, 32,59) gehört. Scipio mag entgegnet haben, er werde den Preis der Dichter, die Ehre der Gemeinschaft finden, und dabei den Vers (Enn. var. 19 V²) zitiert haben.

46 Nach Macrobius muß die Äußerung dazugehört haben, daß er den Traum 20 Jahre bei sich behalten hat, nämlich von 149 bis 129 v. Chr. Er hat sicher darauf hingewiesen, daß seine Prophezeiungen allesamt eingetroffen sind.

47 Nach dem Referat des Macrobius (dessen zweiter Teil eigene Betrachtungen enthält, aber doch – im Gegensatz zu Heck

und Krarup – nicht weggelassen wurde, weil er bezeugt, daß Cicero dabei das Wort *indocti* wirklich von den Epikureern übernommen hat) muß Cicero (die Person ist nicht überliefert) über den Traum im Vergleich mit dem platonischen Er-Mythos gesprochen und dabei erklärt haben, daß seine Traumerzählung weniger anfechtbar sei als der speziell von Kolotes angegriffene Mythos. Harder (S. 146) fügt diese Bemerkungen *vor* dem Traum ein und gibt sie Scipio: Scipio habe den Traum verschwiegen, »eine verständliche Zurückhaltung, die er jetzt, in diesem vertrauten Kreis, einmal fallenlassen kann. Denn hier braucht er nicht zu fürchten, daß es ihm gehe wie Platon, dessen Erzählung bedauerlicherweise von Ungebildeten verspottet worden sei usw.« Kaum vorstellbar, daß Scipio selber diesen philosophiegeschichtlichen Vergleich angestellt hat; erst recht nicht, daß er geglaubt hätte, man könne ihn wegen eines Traumes angreifen; schließlich ganz unmöglich, daß Scipio den mit Spannung erwarteten Traum nicht sogleich bringt, sondern mit epikritischen Bemerkungen ihn voraussetzt und die Spannung zerstört. Wahrscheinlich ist der Macrobiusbericht mit diesen literarisch-philosophischen Erörterungen hinter den Traum zu setzen. Laelius dürfte eine seiner glossierenden Bemerkungen gemacht haben, dabei die Platonnähe, aber auch das Geschick Scipios gerühmt haben. Das Augustinzitat gehört auch in diesen Zusammenhang. – Zum »Somnium Scipionis« insgesamt vgl. K. Büchner, *Somnium Scipionis*, Wiesbaden 1976.

48 Ennius hatte im berühmten Proömium zum 1. Buch seines Epos *Annales* einen Traum erzählt, in dem ihm Homer erschien und verkündete, daß seine Seele in ihm (Ennius) wohne.

49 Hier ist unter *imago* die Wachsmaske zu verstehen, die mit dem *titulus*, der die Taten enthaltenden Aufschrift, im Atrium aufgestellt war.

50 Hier werden im Symbol des Traumes die Gedanken über den Ruhm von 1,26 wieder aufgenommen. Cicero hat sicher nicht im Wortsinne an diese »Eschatologie« geglaubt (Latte); er hat auch nicht einen Trost für den gescheiterten Politiker geben

Anmerkungen 367

wollen (Harder) – seine große Leistung des Konsulates betrachtete Cicero nicht als Scheitern; der Traum kommt auch nicht mit dem 3. und 5. Buch in Konflikt, wo als einziger Lohn für den Politiker *honos* bezeichnet und gesagt wird, er sei mit Ruhm heranzuziehen. Vielmehr will Cicero sagen, daß jeder Politiker, ohne von etwas abhängig zu werden, sich auf etwas Transzendentes stützen müsse; seine Vollkommenheit solle sich an ihrem eigenen göttlichen Glanze erfreuen. Im Traum als Kosmosschau bildlich gefaßt, hat diese Aussage letztlich einen immanenten Sinn.

51 Hier übersetzt Cicero den berühmten Unsterblichkeitsbeweis aus Platons *Phaidros* (245c ff.), wiederholt in *Tusculanae disputationes* 1,53 ff. Wie beim Gedanken der Ruhmentwertung der *Protreptikos* des Aristoteles benutzt wird, so hier bei dem der Unsterblichkeit der Gedanke Platons. Beide Stücke, durch feine Fugen sich aus der Konzeption heraushebend, berufen sich sozusagen auf das Zeugnis der beiden größten griechischen Philosophen. Cicero schreibt für ein Publikum, das diese Anspielungen auch ohne Nennung der Namen erkannte.

Erklärendes Namenverzeichnis

ABORIGINES, 2,5, sagenhaftes Volk in Latium, das Aeneas mit seinen Trojanern vorfand. Der Name wurde von *ab origine* abgeleitet, und die Aboriginer wurden so zum Begriff eines autochthonen Urvolkes.

ACHILLES, 1,30. Achill spielt eine Rolle in der Tragödie des Ennius, *Iphigenie*. ScRF (Klotz) 1,71 ff.

AEGYPTII, 3,14. Die Ägypter geben in ihrer Würde eines uralten Volkes häufig Orientierungen über den Verlauf der Kulturgeschichte der Menschheit. Vgl. K. Reinhardt, »Hekataios von Abdera und Demokrit«, *Hermes* 12, S. 492 ff. Vgl. Platons Reise nach Ägypten: 100.

AEGYPTUS, 1,16; 3,15; 6,11, römische Provinz erst seit 30 v. Chr., steht natürlich in diplomatischem Verkehr mit Rom.

QUINTUS AELIUS TUBERO, 1,14.16 f., spricht: 1,14 ff.23.26.31; 2,64. Dieser Neffe Scipios, der wegen seiner zur Unzeit zur Schau getragenen Armut bei der Bewerbung um die Prätur durchfiel, ist seiner ganzen Haltung nach Stoiker gewesen und hat sich dann dieser Philosophie angeschlossen. Er war mit Panaitios befreundet. Panaitios richtete mehrere Schriften an ihn. Cicero – *Brutus* 117 – schätzt seinen Charakter, der ihn sich auch von dem verwandten und befreundeten C. Gracchus absetzen läßt, nicht seine Beredsamkeit: die stoische Verachtung alles Äußeren hatte seinem Stil nicht gut getan, den Cicero als hart, ungepflegt und struppig beschreibt.

SEX. AELIUS PAETUS CATUS, 1,30; 3,33 (Konsul 198). Sein Ruhm als Rechtsgelehrter ist in Ciceros Zeit ganz lebendig. Er gehört zu jenen Rechtsgelehrten, die im freien Antworten und im Auslegen der Fälle in der frühen Zeit in der Form der freien Zunft das Recht gestaltet haben. Sein Buch *Tripertita* – Zwölftafelgesetz, Interpretatio, Legis actio – wird von Pomponius (Dig. 1,2,2,38) die Wiege des Rechts genannt. *Ius Aelianum* nach *ius Flavianum*.

L. AEMILIUS PAULUS, 1,14.23.31; 6,11 (Konsul 182, 168) Der Vater des Hauptunterredners vernichtete als Sechzigjähriger 168

bei Pydna das Heer des Perseus von Makedonien. Die Beute war so groß, daß seitdem die Kopfsteuer aufhörte. Seiner festen Haltung war es zu verdanken, daß nicht große Teile der Beute an die Soldaten verteilt wurden. Römisches Wesen verband sich in ihm mit griechischer Bildung. Symbolisch dafür, daß bei den Leichenspielen, die seine beiden Söhne Q. Fabius Maximus und L. Cornelius Scipio 160 bei seinem Begräbnis veranstalteten, zwei Komödien des Terenz *(Adelphen, Hekyra)* aufgeführt wurden.

AENIANES, 2,8, griechischer Volksstamm im oberen Spercheiostal. Die Hauptstadt war Hypata.

AEQUI, 2,36, Bergvolk in Mittelitalien, 304 von P. Sempronius Sophus (Konsul) endgültig unterworfen.

AESCHINES, 4,13, der Gegner des Demosthenes, der später eine makedonenfreundliche Politik verfocht und von Demosthenes heftig angegriffen wurde. – Vgl. Plutarch, Vit. X rhet. cap. VI.

AETOLI, 3,15, griechischer Volksstamm an der Nordküste des Korinthischen Meerbusens.

AFRICA, 2,9.67; 6,9.

AFRICANUS, 6,10, vgl. Cornelius.

AGRIGENTUM, 3,45, Akragas, eine griechische Gründung an der Südküste von Sizilien, 405 v. Chr. von den Karthagern zerstört, seit 210 im Besitz der Römer. Aus Akragas stammt Empedokles, wo er der demokratischen Partei angehörte und die angebotene Königswürde verschmähte.

AHALA s. Servilius.

ALBA LONGA, 2,4, s. Longa Alba.

ALBANUS REX (Amulius), 2,4, s. Amulius.

ALEXANDER MAGNUS, 3,15.[24], regierte die Makedonen von 336 bis 323 v. Chr.

ALGIDUS MONS, 2,63, Bergkette in Latium, Kriegsschauplatz der Kämpfe gegen die Äquer.

AMULIUS REX ALBANUS, 2,4, setzte nach der Legende die Zwillinge Romulus und Remus auf dem Tiber aus, nachdem er seinen Bruder Numitor, den König von Alba Longa, vom Thron gestoßen und seine Tochter zur Vestalin gemacht hatte.

ANAXAGORAS, 1,25. Anaxagoras von Klazomenai in Kleinasien

Erklärendes Namenverzeichnis   371

(500–428) brachte die Philosophie nach Athen. War ein Freund
des Perikles. Seine Lehre war eine Art Atomismus: er nahm an,
daß alles aus kleinen Teilchen derselben Qualität bestehe, den
Homoiomerien. Die Herrschaft über alles führte der Nus, ein
unpersönlich gedachter, weltordnender Geist. Wegen Asebie
mußte Anaxagoras in die Verbannung gehen.

ANAXIMENES (1,57) von Milet, der jüngste der drei ionischen Na-
turphilosophen in der 2. Hälfte des 6. Jahrhunderts. Er nahm
die Luft als den einen unendlichen Urstoff an.

ANCUS MARCIUS REX, 2,5.33.35.38, der vierte König Roms. Sein
Vorname ist etruskisch und kommt in Rom nicht wieder vor.
Unterwerfung der Latiner und Ansiedlung auf dem Aventin.
Damit Siebenhügelstadt! Gründung von Ostia. Konstituierung
der Plebs.

ANNALES MAXIMI PUBLICI, 1,25; 2,29; die Jahrbücher der Pontifices waren im Archiv zugänglich. Um das Jahr 123 sind sie dann
in 80 Büchern gesammelt herausgegeben worden. – Siehe P.
Mucius Scaevola.

APIS, 3,14, der Stiergott der Ägypter.

APOLLO, 2,44, hier der wahrsagende Gott von Delphi.

M. AQUILIUS, 1,14 (Konsul 129). Der Konsul des Jahres 129 ist
bekannt durch den Triumph, den er über Aristonicus hielt, einen Jüngling aus königlichem Geblüt, der den Römern die
Erbschaft des Attalus, Königs von Pergamum, streitig zu machen suchte. Florus (2,20) verhehlt nicht die moralischen Bedenken gegen die Art seiner Kriegführung.

ARATUS, 1,22.56. Das Lehrgedicht des Arat von Soloi (315–239
v. Chr.) über die Sternbilder, die Phainomena, das Cicero in
seiner Jugend übersetzt hatte, begann mit einem Anruf an Zeus.

ARCADES, 3,25. Wie der Athener war es der Stolz der Arkader,
Autochthonen zu sein, Ureinwohner. So singt Ovid von ihnen
(fast. 2,289): »Vor der Geburt des Zeus haben die Arkader ihr
Land innegehabt, heißt es, und früher als der Mond ist jener
Stamm gewesen.«

ARCHIMEDES, 1,22.28, der berühmte Mathematiker, Physiker
und Mechaniker des Altertums, ist um 287 v. Chr. in Syrakus
geboren, 212 bei der Eroberung von einem Soldaten gegen den

372 Erklärendes Namenverzeichnis

Befehl des Marcellus getötet worden. Seine Leistungen, die er in zahlreichen Schriften behandelte: fand Gesetz des Schwerpunktes, Hebelgesetz, behandelte Flaschenzug, Schraube, schiefe Ebene, vernichtete mit Brennspiegeln die römischen Kriegsschiffe. Cicero fand als Quästor in Syrakus sein Grabmal wieder auf.

ARCHYTAS, 1,16.59. Pythagoreer, der in der 1. Hälfte des 4. Jahrhunderts in Tarent ein großes Ansehen genoß und lange Zeit an leitender Stelle im Gemeinwesen tätig war. Fragmente aus seinem *Harmonikos* erhalten. Akustische und musikalische, soziologische und mathematische Lehren im Vordergrund (Frg. d. Vorsokr., 35 B).

AREOPAGUS, 1,43, Hügel westlich der Akropolis in Athen. Dort tagte der älteste Rat von Athen, gebildet aus den gewesenen höchsten Beamten, dem Senat in Rom vergleichbar. Kleisthenes nahm dem Areopag seine überragende Bedeutung. Er blieb ein ehrwürdiger Gerichtshof für Mord und·Brandstiftung.

(ARGINUSAE, 4,8), Inseln an der kleinasiatischen Küste südlich von Lesbos. Dort erfochten die Athener September 406 ihren letzten Seesieg, urteilten aber die siegreichen Feldherrn ab, weil sie die Schiffbrüchigen nach der Schlacht wegen eines Seesturmes nicht retteten und ihre Leichen nicht bestatteten. Trotz des Widerspruches des Sokrates, der am 2. Tag der Verhandlung Vorsteher der Prytanen war, wurden sie zum Tode verurteilt.

(ARISTIPPUS, 1,29); der »andere« ist nach Vitruv (6,1,1) Aristipp, ein Hörer des Sokrates, Gründer der Kyrenaischen Schule, der einen Sensualismus und Hedonismus vertrat.

ARISTODEMOS, 4,13. Von diesem tragischen Schauspieler, der als Gesandter an Philipp geschickt wurde, schreibt Plutarch, Vit. X rhet. cap. VI.

(ARISTOTELES, 3,10). Cicero hat die exoterischen Schriften des großen Schülers Platons gekannt (384–322). Über die Benutzung der aristotelischen Schrift *Über die Gerechtigkeit* vgl. Einleitung.

ASIA, 2,9; 3,41; 6,11. Gemeint ist immer Kleinasien, das 133 römische Provinz wurde.

ASSIDUI, 2,40. Die Ansässigen (von *assidere*) sind die Steuer-

Erklärendes Namenverzeichnis

pflichtigen. Die von Cicero gegebene Etymologie ist nicht zutreffend.

Assyrii, 3,7. 606 endet die lange Geschichte der assyrischen Weltmacht mit der Zerstörung der vier Residenzstädte durch den Meder Kyaxares. Das aufkommende Babylon wird 539 von dem Perser Kyrus erobert. Cicero greift also nur Höhepunkte der Geschichte heraus.

A. Aternius Varus Fontinalis, 2,60 (Konsul 454). Dionys von Halikarnaß (10,50) berichtet von dem Gesetz der Konsuln Tarpeius und Aternius, das allen Beamten das Recht gab, mit der Multa zu bestrafen.

Athenae, 1,47.68; 3,33.45.

Athenienses, 1,5.25.44; 2,59; 3,9.14.25.44; 4,8.13.

Athos, 3,40, Vorgebirge an der östlichen Halbinsel der Chalkidike von 2000 m Höhe. 480 ließ Xerxes den Athos durchstechen, um die gefährliche Fahrt um das Vorgebirge zu vermeiden.

A. Atilius Calatinus, 1,1 (Konsul 258, 254, Diktator 249), hervorragender Feldherr im Ersten Punischen Krieg. Cicero erwähnt im *Cato maior* das Elogium auf seinem Grabdenkmal: *Hunc unum plurimae consentiunt gentes popli primarium fuisse virum.*

Atlanticum mare, 6,21, s. Oceanus.

Attici oratores, 3,42. Die Meister der attischen Beredsamkeit hatten die griechischen Grammatiker in hellenistischer Zeit (vielleicht um 125 in Pergamon) zu einem Kanon von 10 Rednern zusammengestellt (Antiphon, Andokides, Lysias, Isokrates, Aischines, Isaios, Demosthenes, Hypereides, Lykurgos, Deinarchos). An »Süße« wollte Scipio Laelius wahrscheinlich nicht unter Lysias stellen.

Auguralwesen, augurales libri 2,54, augures 2,16.26, auspicia 2,16, maiora 2,26.

Das Kollegium der Augurn hatte durch Anstellung von *auspicia* (Vogelschau) zu ermitteln, ob eine Handlung des Staates den Göttern angenehm sei. Dazu hatte sich eine eigene Technik herausgebildet, die in den Schriften des Archives, *libri augurales*, niedergelegt war. Im ersten vorchristlichen Jahrhundert

374 *Erklärendes Namenverzeichnis*

bemächtigt sich der Schriftsteller dieses Gebietes. Im Jahre 51 erhält Cicero eine Schrift des Appius Claudius Pulcher, der Augur war, über das Auguralwesen. Während Appius die Ansicht vertrat, durch die Vogelschau könne man wirklich das Wesen der Götter erkennen, hielt C. Claudius Marcellus die Auspizien nur für eine politisch notwendige Einrichtung. Appius hing auch sonst dem Aberglauben an: er war Geisterbeschwörer. Das Auguralwesen ist wohl durch die Etrusker in Italien eingedrungen. – Die *auspicia maiora* bezogen die Naturerscheinungen wie etwa Donner und Blitz in die Vorschau ein.

AURELIUS AUGUSTINUS (354–430) sieht in *De re publica* das zentrale römische Prosawerk, mit dem er sich neben Sallust und Vergil vor allem im »Gottesstaat«, der *Civitas dei*, auseinandersetzt. Aber auch in den übrigen Schriften und besonders den Briefen ist er ihm gegenwärtig und zitiert er ihn häufig. Vorliegende Ausgabe bringt die Stellen, die unseren Palimpsest ergänzen. Das gesamte Material überblickt man am besten bei E. Heck, *Die Bezeugung von Ciceros Schrift De re publica*, Hildesheim 1966.

AVENTINUS MONS, 2,33.58.63, Hügel außerhalb des ursprünglichen Stadtgebietes von Rom, auf den sich bei den Auswanderungen in den Jahren 494 und 449 das römische Volk zurückzog *(secessiones plebis)*, nachdem es beim ersten Male erst auf dem Heiligen Berge gelagert hatte.

AXINUS, 3,15, das »ungastliche« Meer, ist das Schwarze Meer, euphemistisch *pontus euxinus*, das gastliche Meer, benannt.

BARBATUS s. Horatius.

L. JUNIUS BRUTUS, 2,46 (Konsul 509), der Befreier Roms von den Königen, ein Name von verpflichtender Dynamik: Brutus war einer der Cäsarmörder!

BUSIRIS, 3,15, sagenhafter ägyptischer König, der die Fremden, die in sein Land kamen, den Göttern opferte.

L. CAECILIUS METELLUS, 1,1 (Konsul 251, 247; Diktator 224). Die berühmteste Familie der *pleb. gens Caecilia* sind die Meteller. Seine Leichenrede, die ihm sein Sohn hielt (221), war bekannt. – Vgl. RE.

Erklärendes Namenverzeichnis 375

Q. Caecilius Metellus Macedonicus, 1,31 (Konsul 143); alle seine vier Söhne wurden Konsuln. Die Meteller gehörten, wie man daraus sieht, zu den mächtigsten Nobilitätsfamilien.

Q. Caecilius Metellus Numidicus, 1,6 (Konsul 109), ist bekannt vor allem durch sein Oberkommando im Krieg gegen Jugurtha, den uns Sallust dargestellt hat. (109 schlägt er Jugurtha am Muthul, 108 Eroberung von Thala, vorher Bestrafung der Stadt Vaga. Das vom Senat für 107 verlängerte Oberkommando wird durch Plebiszit dem für 107 gewählten Konsul Marius übertragen.) 106 Triumph. Seitdem trägt er den Beinamen »Numidicus«. Im Jahre 100 gerät er, weil er sich auf das Ackergesetz des Volkstribunen Saturninus nicht vereidigen lassen will, in Konflikt mit der popularen Bewegung und muß in die Verbannung gehen. Als Saturninus gescheitert war, wurde er durch besonderen Volksbeschluß 98 zurückgerufen. Danach war er nicht weiter politisch tätig.

Caecilius Statius, 4,11, römischer Komödiendichter zwischen Plautus und Terenz. Seine Komödien, meist nach Menander, hatten erst spät Erfolg. Das lag daran, daß er dem Publikum nicht entgegenkam und nicht mehr wie die Alten (Plautus, Naevius, Ennius) kontaminierte. Die Treue gegenüber dem griechischen Original hing offenbar mit einem sich entwikkelnden tieferen Formverständnis zusammen.

Caelius, 2,33, einer der sieben Hügel Roms im SO der Stadt. Über den Caelius lief die *aqua Appia*.

Camillus s. Furius.

Canuleium plebiscitum, 2,63 (445). F. Wieacker, *Vom römischen Recht*, Leipzig 1944, S. 61: »Daß die *lex Canuleia* wenige Jahre später das Eheverbot der Tafeln zwischen Patriziat und Plebs auf Drängen der Plebs aufgehoben hätte, ist wenigstens eine bezeichnende Überlieferung. Wahrscheinlich ist eine nicht verbindliche Beliebung der Plebs über diesen Gegenstand.«

Capitolium, 2,36.44; 6,11. Der *Capitolinus mons* ist der Burgberg Roms. Der Hügel hat zwei Erhöhungen: auf der einen, der *arx*, stand der Tempel der Juno Moneta, auf der südlichen, dem Capitolium, der des Jupiter Capitolinus.

Capra, 1,30, der Stern Kapella im Fuhrmann.

376 Erklärendes Namenverzeichnis

CARNEADES, 3,8.11.[29.]38f. Karneades (214/212–129/128), Schulhaupt der neueren skeptischen Akademie. Er kam 155 v. Chr. mit dem Peripatetiker Critolaus und dem Stoiker Diogenes als Gesandter nach Rom. Seine Vorträge haben in Rom unvergeßlichen Eindruck gemacht.

SP. CASSIUS VECELLINUS, 2,49.57.60 (Konsul 502, 493, 486). Der Konsul, unter dem die Auswanderung auf den Heiligen Berg stattfand. Zuletzt wurde er vom Quästor angeklagt, daß er nach dem *regnum* strebe, und getötet.

CATADUPA, 6,19. Die Nilkatarakte an der äthiopischen Grenze, jetzt Wasserfall von Wadi Halfa, sog. 2. Katarakte.

CAUCASUS, 6,22. Der Kaukasus war anders als der Ganges sowohl für das Alexanderreich als für das Römische Reich geeignet, als Grenze des Ruhms zu dienen.

CHRYSIPPUS, 1,57; 3,12. Chrysipp, der Nachfolger des Kleanthes in der Leitung der Stoa (281/278–208/205 v. Chr.), der »zweite Gründer« der Stoa, ist ein Schriftsteller von ungeheurer Produktivität gewesen. Er hat die stoische Lehre erst systematisch durchgebildet.

M. CLAUDIUS MARCELLUS, 1,1.21; 5,10 (Konsul 222, 215, 214, 210, 208), hat nach der Schlacht von Cannae vor anderen den Mut der Römer wieder aufgerichtet; neben Q. Fabius Maximus Cunctator führt er in Sizilien geschickt den Erschöpfungskrieg gegen Hannibal und eroberte schließlich 212 nach hartnäckiger Belagerung – auf der Gegenseite stand das technische Genie des Archimedes – Syrakus.

M. CLAUDIUS MARCELLUS, 1,21 (Konsul 166, 155, 152), der Enkel des Eroberers von Syrakus (212).

APPIUS CLAUDIUS PULCHER, 1,31 (Konsul 143). Appius Claudius Pulcher aus der vornehmen alten Familie der Claudier, der *princeps senatus* dieser Zeit, stand mit P. Crassus Mucianus und P. Mucius, dem Bruder des Crassus, mit seiner Autorität hinter Ti. Gracchus. Zwischen Claudius und Scipio bestand *inimicitia*. Sowohl Claudius als auch Crassus sind zur Zeit unseres Gesprächs tot (der eine ist vor dem Konsulat des Tuditanus gestorben, der andere zwei Jahre früher gefallen im Kampf gegen Aristonicus).

Erklärendes Namenverzeichnis 377

C. CLAUDIUS PULCHER, 6,2 (Konsul 177, Zensor 169), mit Gracchus, dem Vater der beiden Gracchen, Zensor. Als jener wegen seiner Strenge in der Volksversammlung belangt wurde, erklärte Gracchus, der große Beliebtheit besaß, er würde mit ihm in die Verbannung gehen. Dadurch wurde das Volk beschwichtigt und gegen Claudius nichts unternommen.

CLEANTHES, 1,57. Der Stoiker Kleanthes war der Nachfolger des Zenon im Amt, des Begründers der Stoa (geb. 331/330, gest. 233/232 oder 232/231). Bekannt sein Hymnus auf Zeus (Stoic. vet. frg. I, Nr. 537).

CLEO, 4,11, athenischer Demagog zur Zeit des Peloponnesischen Krieges. Wurde von Aristophanes, dem Meister der Alten Komödie, verspottet, und sein Bild wurde von Thukydides als das eines typischen Volksverführers gestaltet.

CLEOPHON, 4,11, athenischer Politiker, von Aristophanes z. B. in den *Fröschen* (vgl. 1504, 1532) verspottet.

CLISTHENES, 2,2. Kleisthenes ordnete nach der Vertreibung der Peisistratiden, der athenischen »Tyrannen«, das Staatswesen 508 v. Chr. neu, indem er in Fortführung des solonischen Werkes den Einfluß des Adels auf die Volksversammlung ganz brach. Durch seine neue Phylenordnung, durch die er die vier Geschlechterphylen durch lokal abgegrenzte Verbände, in denen Stadt, Küste und Binnenland (Großgrundbesitzer) gleichmäßig vertreten waren, ersetzte, und durch die Ablösung des Areopages durch den Rat der Fünfhundert wurde er der Schöpfer der athenischen Demokratie.

CNIDIUS, 1,22. Knidos, eine Seestadt auf einer Halbinsel der kleinasiatischen Westküste, zu Karien gehörig. Sie war durch ihren Handel und den Kult der Venus berühmt, für den Praxiteles seine Venus von Knidos geschaffen hat.

(COLOTES), 6,7. Kolotes aus Lampsakos war ein Schüler des Epikur, der ihn leidenschaftlich verehrte. Vgl. W. Grönert (*Kolotes und Menedemos*, Leipzig 1906), der sich um die Herausgabe der Papyrusrollen aus Herculaneum verdient gemacht hat. Plutarch hat einen erhaltenen Gegenbrief gegen ihn geschrieben.

POSTUMUS COMINIUS AURUNCUS, 2,57 (Konsul 501, 493).

378 *Erklärendes Namenverzeichnis*

COMITIA, COMITIUM, 2,31.53.56.61. Die beschließende Volksversammlung. Es gab die *comitia centuriata*, die Versammlung
der Heergemeinde, die nach Hundertschaften *(centuriae)* ab-
stimmte, und die *comitia tributa*, nach Tribus eingeteilt. Diese
letzteren hatten als Versammlung des Gesamtpopulus geringe
Bedeutung. Wohl aber gewannen die von den Volkstribunen
nach den Ständekämpfen einberufenen *comitia tributa* der
Plebs vor allem zu der Zeit Bedeutung, als 287 v. Chr. durch
die *lex Hortensia* ihre *plebiscita* den *leges* der *comitia centuriata* gleichgestellt wurden. – Die *comitia centuriata* fanden
meist auf dem Marsfelde statt, aber auch auf dem Comitium,
einem kleinen Platz neben der Kurie. – Die *comitia curiata* waren Versammlungen der Patrizier. Die ersten Stufen der De-
mokratisierung sind also sehr unbedeutend, wenn die Gesamtheit des Adels schon als *populus* gilt.

CONSUALIA, 2,12. Spiele zu Ehren der altrömischen Gottheit
Consus, jährlich am 21. August und 15. Dezember mit Wett-
rennen gefeiert. Der Sage nach von Romulus eingerichtet (als
er den Altar eines unbekannten Gottes unter der Erde gefunden
hatte), um bei dieser Gelegenheit die Töchter der eingeladenen
Sabiner zu rauben.

CORINTHIUS, 2,34.36. Die Stadt Korinth, wie der Name zeigt,
schon aus vorgriechischer Zeit stammend, ist durch ihre vor-
zügliche Lage immer eine reiche und üppige Stadt gewesen und
hat auch nach der Zerstörung durch Mummius (146) rasch nach
dem Neuaufbau durch Cäsar wieder ihre Bedeutung gewonnen.

CORINTHUS, 2,8.

CN. CORNELIUS SCIPIO, 1,1; 4,11 (Konsul 222), der Onkel des
Scipio Africanus Maior, der zusammen mit P. Cornelius Scipio
(s. d.) in den Kämpfen in Spanien gefallen ist. Die Familie der
Scipionen hat vor allem im 3. und 2. Jahrhundert Roms Welt-
geltung mitbegründet durch ihre kriegerischen Leistungen,
aber vor allem durch ihre Aufgeschlossenheit gegenüber der
griechischen Kultur. Im erhaltenen Erbbegräbnis der Scipionen
steht schon der Sarkophag eines sonst wenig bekannten Lucius
Cornelius Scipio Barbatus (Konsul 298 v. Chr.) unter griechi-

Erklärendes Namenverzeichnis 379

schem Einfluß. Über den Tod der beiden Scipionen sagt Cicero in einer von ähnlichem Pathos getragenen Aufzählung der römischen Helden (Tusc. 1,37): *non uno bello pro patria cadentes duos Scipiones Hispania vidisset.*

P. CORNELIUS SCIPIO, 1,1; 4,11 (Konsul 218). Vater des Africanus Maior, der von Hannibal am Ticinus 218 geschlagen wurde. Dabei soll ihm der Sohn das Leben gerettet haben.

P. CORNELIUS SCIPIO AFRICANUS, 1,1.27; 6,9f.13ff. frg. inc. (Konsul 205, 194), spricht: 6,10ff., hat nach Landung in Afrika im Zweiten Punischen Krieg Hannibal im Jahre 202 bei Zama geschlagen. Gehört zu den Familien der Nobilität, die etwas von griechischer Bildung und griechischer Persönlichkeit verwirklichen. Deshalb vom alten Cato angegriffen. 190 Legat im Krieg gegen Antiochus III. von Syrien.

P. CORNELIUS SCIPIO AEMILIANUS AFRICANUS MINOR NUMANTINUS. Sohn des L. Aemilius Paulus, des Konsuls von 182 und 168, der in der Schlacht von Pydna 168 den König Perseus von Makedonien besiegt hatte. Er wird vom Sohn des vorigen adoptiert. 149 als Kriegstribun in Afrika; ordnet 148 auf Wunsch des sterbenden Masinissa die Nachfolge von dessen drei Söhnen. Konsul 147. 146 erobert und zerstört er Karthago. 134 zum zweiten Male Konsul. 133 beendet er den numantinischen Krieg mit der Zerstörung von Numantia. Gestorben 129. In Scipio, den Cicero zur Hauptgestalt seines Dialoges macht, findet zum ersten Male eine wirkliche Verschmelzung griechischen und römischen Geistes statt, und Cicero konnte keinen besseren Vertreter seiner Gedanken wählen.

P. CORNELIUS SCIPIO NASICA SERAPIO, 1,6; 6,8 (Konsul 138). Pontifex maximus, der Führer der Senatoren im Kampf gegen seinen Vetter Ti. Sempronius Gracchus, der als Volkstribun 133 mit dem Senat wegen seiner Ackergesetze in schweren Konflikt kommt und bei dem Versuche, sich für 132 wieder zum Volkstribunen wählen zu lassen, erschlagen wird.

TI. CORUNCANIUS, 1,1, erster plebejischer Pontifex maximus.

CRANTOR, vor 1,1; Philosoph der älteren Akademie (der erste Interpret des *Timaios*).

P. CRASSUS s. Licinius.

380 Erklärendes Namenverzeichnis

CRETES, 2,2; 3,15. Kreta hat nach der Anschauung der griechischen Antike die beste Verfassung neben Sparta. Ihr sagenhafter Stifter war Minos.

CROTO, 2,28, griechische Gründung an der Küste von Bruttien, jetzt Crotone. In Kroton hat Pythagoras seinen Bund gestiftet, der seinen Einfluß dann auch auf andere Städte Süditaliens ausdehnte.

CURES, 2,25. Stadt der Sabiner an der Grenze von Latium. Berühmt als Heimat des Titus Tatius und des Numa Pompilius. Von dieser Stadt leitete die Antike den Namen Quirites ab, mit dem die Römer in der Volksversammlung angeredet werden.

M.' CURIUS DENTATUS, 3,6.40 (Konsul 290, 284, 275, 274). Die Gestalt dieses Siegers über die Samniten, Sabiner und Pyrrhus ist vor allem vom alten Cato berühmt gemacht worden, der sie nach seinem Ideal stilisierte. Seine Unbestechlichkeit und Bedürfnislosigkeit wird mit der Anekdote der Samnitergesandtschaft dokumentiert, die ihn mit großen Goldmengen bestechen wollte und der er sagte, gerade bei der Bereitung seines einfachen Rübenessens, er brauche kein Gold, da für seine Mahlzeit Tongeschirr genüge, und wolle lieber über Leute herrschen, die Gold besäßen, als es selbst besitzen.

CYPSELUS, 2,34; der erste, glänzende Tyrann von Korinth, der Vorgänger des Periander. Er führte eine Blüte des Handels und der Kunst in Korinth herauf. Die Zeit: Ende des 7. Jahrhunderts. Die Kypselos-Lade, in der ihn der Sage nach die Mutter versteckte, als Korinther, denen er als künftiger Tyrann geweissagt war, ihn deshalb umbringen wollten, wird von Pausanias (5,7,3–19,10) beschrieben. Sie war geschmückt mit Relieffiguren, die aus dem Holz herausgearbeitet oder aus Gold und Elfenbein aufgesetzt waren.

CYRUS, 1,43 f. Kyros war der erste König der Perser, der selbständig herrschte (558?–529 v. Chr.). Er besiegte Astyages von Medien und Kroisos von Lydien (546) und eroberte Babylon. Xenophon hat ihn in seiner Kyrupädie als das Muster eines Herrschers dargestellt. Scipio Aemilianus liebte dieses Buch über alle Maßen. (Vgl. Cic. Tusc. 2,26,62: *semper Africanus Socraticum Xenophontem in manibus habebat.* Ad Q. fr. 1,1,23:

Erklärendes Namenverzeichnis   381

quos libros [die Kyrupädie] *non sine causa noster ille Africanus
de manibus ponere non solebat.*)

DELPHI, 2,44. Das berühmteste Orakel des Altertums, dem
Apollo heilig. In Delphi waren eine Unmenge von Weihegaben, Schatzhäusern und Statuen, an deren Vermehrung sich der
Sage nach Tarquinius Superbus beteiligt hat. Die Beziehungen
werden später wieder intensiver gepflegt. Bekannt ist die Reise
des Fabius Pictor nach Delphi in den Nöten des Zweiten Punischen Krieges. An der Sage ist wohl so viel richtig, daß die Beziehungen zwischen Rom und dem griechischen Kulturkreis
im 6. Jahrhundert reger waren als im 5. und 4. Jahrhundert.

DEMARATUS, 2,34. Der Vater des Tarquinius Priscus, des 5. Königs von Rom, der aus Korinth nach Tarquinii auswanderte,
vor dem dortigen Tyrannen Kypselos flüchtend.

DEMETRIUS VON PHALERON, 2,2. Athenischer Staatsmann (geb.
um 350 v. Chr.), ein guter Redner und Philosoph zugleich – Cicero erkennt in seiner Leistung etwas seinem Ziel Verwandtes –, Schüler des Theophrast. Wurde von Kassander 317 an die
Spitze des athenischen Staates gestellt und regierte Athen mit
Geschick und Glück zehn Jahre lang. Er wurde schließlich von
Demetrios Poliorketes, dem Sohn des Antigonos, der für seinen Vater eine Anzahl griechischer Städte eroberte, vertrieben
und lebte in Ägypten seinen Studien (gest. 283).

DIONYSIUS, 1,28; 3,43. Dionysius der Jüngere, der Sohn des älteren Dionys (405–367), regierte, von den Anhängern seines Vaters auf den Thron gesetzt, 367 bis 344 als Tyrann von Syrakus.
Herrschte vor allem nach der Ermordung Dions (354) grausam,
bis er von den Syrakusanern, die den Korinther Timoleon zu
Hilfe riefen, 344 vertrieben wurde. In *De officiis* wird der
Glanz seiner prächtigen Stadt und das Finstere und Mißtrauische seines Wesens in ähnlicher Weise entgegengestellt.

DOLOPES, 2,8, griechischer Volksstamm um das Pindusgebirge,
das Thessalien von Epirus scheidet.

DORES, 2,8. Die Bewohner der Landschaft Doris am Öta.

DRACO, 2,2, zeichnete um 620 v. Chr. das Gewohnheitsrecht
Athens auf. Trotz ihrer drakonischen Härte bedeuteten diese
Gesetze einen Fortschritt der Rechtssicherheit.

382   *Erklärendes Namenverzeichnis*

C. Duelius, 1,1 (Konsul 260, Diktator 231). Duelius erfocht 261 mit Hilfe einer eigens konstruierten Enterbrücke einen Sieg über die karthagische Flotte.

Elei, 4,4. Die dorische Stadt Elis liegt in der Landschaft gleichen Namens an der Westküste der Peloponnes. In dieser Landschaft liegt Olympia.

Empedocles, 3,19. Das Hauptwerk des Dichterphilosophen (5. Jh.) aus Agrigent *Über die Natur* war eben durch das Gedicht des Lukrez und die *Empedoclea* des Sallust in dem Bewußtsein der Zeitgenossen lebendig geworden.

Q. Ennius, 1,3.25.30.49.64; 3,6; 5,1; 6,10 frg. inc. s., war einer der größten Dichter in römischer Sprache (239–169 v. Chr.). Schöpfer der *Annales,* des römischen Epos, das seinen dauernden Dichterruhm begründete und am stärksten auf die Nachwelt (Lukrez, Vergil) gewirkt hat. Cicero ist in dem Epos wie in den Dramen zu Hause und stellt Ennius' Dichtung hoch über die neumodische Poesie. – Ennius hat den Römern eine Fülle von Begriffen ihres Selbstverständnisses erschlossen (vgl. Proömium zum 5. Buch).

Epicurei, 6,7.

Epicurus, 6,7. Cicero scheint in diesem Werke die Epikureer nicht ausdrücklich genannt zu haben. Als schärfste Gegenposition stehen sie unausgesprochen hinter allem. Die Nichtnennung scheint auf stilistische Gründe zurückzuführen, die es verbieten, sich ernstlich mit ihnen als Gegner zu beschäftigen. – Die Epikureer hatten in Italien, nachdem sie im 2. Jahrhundert noch auf Senatsbeschluß aus Rom vertrieben waren, gewaltig an Boden gewonnen.

Er, 6,6ff. Der Schlußmythos des platonischen Staates vom Leben der Seele nach dem Tode berichtet von den Erlebnissen des pamphylischen Soldaten Er, dessen Seele nach dem Tod in der Schlacht die Unterwelt kennenlernt und den Menschen – er erwacht auf dem Scheiterhaufen von seinem Scheintod – von dort erzählt.

Esquilinus, 2,11, einer der sieben Hügel Roms im Osten der Stadt. Erst waren – außerhalb der Mauer – Armenfriedhöfe auf ihm, dann wurden die Gräber der Reichen dort angelegt. Be-

Erklärendes Namenverzeichnis 383

rühmt auf ihm die *horti Maecenatis*. Horaz schildert in Satire 1,8 launig das Erlebnis einer Priapstatue aus der Zeit vor der Verwandlung in den Gartenhügel.

ETRURIA, 2,34; 3,7.

ETRUSCI, 2,9.38. Das wahrscheinlich aus Kleinasien über See in die Toskana eingewanderte Volk der Etrusker hat einen mächtigen kulturellen Einfluß auf die Römer ausgeübt. Die letzten römischen Könige sind Etrusker. Besonders stark wirkten sie auf die römische Religion (wir erfahren das etwa aus Lukrez). Zur Zeit Cäsars sind sie auch sprachlich romanisiert, nachdem Sulla viele von ihnen vernichtet hatte. Die vornehmen Familien wanderten nach Rom. So ist z. B. Mäzenas aus etruskischem Königsgeschlecht.

EUDOXUS, 1,22, gehört zur älteren Akademie. Er war gleich hervorragend in der Astronomie wie in der Mathematik.

Q. FABIUS MAXIMUS VERRUCOSUS CUNCTATOR, 1,1; 5,10. Konsul 233, 228, 215, 214, 209, Diktator 221 (?), 217. 217 nach der Schlacht am Trasimenischen See zum Diktator ernannt, rettet er die Lage durch seine hinhaltende Taktik. 209 erobert er Tarent zurück. Seit 209 *princeps senatus* (Gelzer).

C. FABRICIUS LUSCINUS, 3,40, Konsul 282, 278, Zensor 275; berühmt durch seine Siege über Etrusker und Gallier, dann 278 über die Lucaner, Bruttier, Tarentiner und Samniten, vor allem aber durch seine Rechtlichkeit im Krieg gegen Pyrrhus. Man nannte ihn wie Aristides den Gerechten. In der Rede *Pro Sestio* 143, die in manchem dem Werke *De re publica* präludiert, gehört er mit in die Reihe vorbildlicher Helden, die man sich zum Beispiel nehmen soll.

C. FANNIUS, 1,18; 4,3. Fannius gehört zu den vielen hervorragenden römischen Historikern, die selbst eine große Rolle im Staate gespielt haben. 146 erstieg er zusammen mit Ti. Gracchus als erster die Mauern Karthagos. 142/141 kämpfte er in Spanien. 122 erlangte er das Konsulat durch den Einfluß des C. Gracchus. Als Gracchus den Antrag einbrachte, die Latiner sollten das volle Bürgerrecht, die Italiker das latinische erhalten, trennte er sich von der Partei des Gracchus. Sein Geschichtswerk war, sicher durch die Schulung an Polybios,

384 Erklärendes Namenverzeichnis

schon so gültig, daß Brutus einen Auszug aus ihm machte. Wenn der Titel *Annales* auch darauf hindeutet, daß er von den Anfängen an erzählte, so hat er doch die Zeitgeschichte besonders betont und vor allem Scipio in ihr verteidigt.

FETIALES, 2,31. Das Kollegium der 20 *fetiales* wachte über das Völkerrecht, etwa die Zeremonien bei Eröffnung eines *bellum iustum*.

FLAMINES, 2,26. Oberpriester einer bestimmten Gottheit, während die *pontifices* die Aufsicht über den Kult im allgemeinen hatten. Die vornehmsten *flamines* aus dem Adel genommen, waren der *flamen Dialis*, der *flamen Martialis* und der *flamen Quirinalis*.

CN. FLAVIUS, [2,63]. Der Schreiber des Appius Claudius Caecus stellte im Jahre 304 ein Verzeichnis der Gerichtstage auf und veröffentlichte Prozeßformulare *(legis actiones)*, das sog. *ius Flavianum*. Damit hörte das Geheimnis des Rechtes auf, das die *pontifices* monopolartig gehütet hatten.

FORMIANUM, 1,61, ein Landgut des Laelius in Formiae an der Küste Latiums im *sinus Caietanus*.

M. FURIUS CAMILLUS, 1,6. Konsulartribun 401, 398, 394, 386, 384, 381. Nach römischer Tradition einer der größten Heerführer der frühen Zeit, Eroberer von Veji und Besieger der Gallier. Eine moderne Geschichte wie die von Rostovtzeff nennt nicht einmal seinen Namen, um den sich so die Legende gerahmt hat.

L. FURIUS PHILUS, 1,17.30.34; 3,5, spricht: 1,17.19ff. 37; 2,70; 3,9ff., Konsul 136, Freund des Scipio und des Laelius, ein Freund der griechischen Bildung und nach Ciceros Urteil im *Brutus* (108) ein Mann, der ein sehr reines Lateinisch und gebildeter als die anderen sprach.

GALLI, 3,15. Von den Menschenopfern der Gallier spricht Cäsar, während er die Verachtung des Ackerbaues den Germanen zuschreibt. Da auch Ennius von den Menschenopfern weiß und die Gallier seit dem Galliersturm für die Römer der Feind waren, mit dem man ums Leben kämpfte, ist es durchaus denkbar, daß schon Karneades ihre Sitten als bekannt und interessierend

Erklärendes Namenverzeichnis 385

voraussetzt und in seiner Rede die Relativität menschlicher Satzungen an ihnen demonstriert hat.

GANGES, 6,22. Mit dem großen indischen Strom hatten die Römer nichts zu tun, wohl aber Alexander und die Griechen. Es sind Argumente und Vorstellungen, die Aristoteles in seinem *Protreptikos* gebraucht hatte, die Cicero hier verwendet.

GERONTEN, [2,50], die dritte Regierungsgewalt in Sparta neben König und 5 Ephoren. Die γερουσία bestand aus 28 über 60 Jahre alten auf Lebenszeit gewählten Männern. Sie hatten richterliche Befugnisse, Volksbeschlüsse vorzuberaten, und konnten gefaßte Beschlüsse verwerfen. Den Vorsitz hatten die Könige. Im ganzen erkennt Cicero mit Recht in ihnen eine Beschränkung der Königsgewalt.

GRAECIA, GRAECUS, GRAII, 1,58; 2,9; 3,15; 6,16. Die zahlreichen Belege für Graecia und Graecus sind ein eindrucksvolles Zeugnis für die Intensität, mit der die geistige Auseinandersetzung zwischen Rom und Griechenland erfolgt und bei Cicero sich im Werk gestaltet. Graius ist stilistisch höher als Graecus.

HERCULES, 2,24; 3,40 frg. inc. Herkules, der Sohn des Zeus und der Alkmene, wurde nach Vollbringung seiner 12 Arbeiten im Dienst seines Vetters, des Königs von Mykene, Eurystheus, nach seiner Selbstverbrennung auf dem Öta unter die Unsterblichen aufgenommen und Gemahl der Hebe. Idealisiert wurde er der Musterheros der Kyniker und Stoiker, der für seine Verdienste um die Menschheit sich den Himmel verdient (vgl. das 5. Proömium des Lukrez). So kann Romulus zu ihm in Parallele gesetzt werden. – Das spartanische Königshaus der Agiaden und Eurypontiden leitet sich von Herakles ab.

HESIODUS, 2,19. Hesiod aus Askra in Böotien, um 700 v. Chr., der Dichter der *Werke und Tage* und der *Theogonie*. Der Gedanke vom Recht, das Zeus schützt, beherrscht sein Dichten. In der *Theogonie* gibt er in Form der Genealogie ein Weltbild, weswegen man mit Hesiod die griechische Philosophie beginnen lassen sollte. In seinem Werk tritt die Persönlichkeit des Dichters viel mehr hervor als im Werk Homers.

HOMERUS, 1,56; 2,19; 4,5; 6,10. Mit Homer wurden die Römer schon in der Schule durch die *Odyssee* des Livius Andronicus

386   *Erklärendes Namenverzeichnis*

bekannt. Vor allem Ennius hatte sich als römischer Homer ge-
fühlt. Das Proömium, in dem er erzählt, wie ihm Homer im
Traum erschienen sei, ist eines der berühmtesten Stücke der römischen Dichtung gewesen (vgl. S. 334). Im übrigen scheint
Cicero in seinem *Staat* weniger hart mit Homer verfahren zu
sein als Platon in dem seinen (vgl. S. 306).

M. HORATIUS BARBATUS, 2,54, Konsul 449. Aus dem berühmten
Geschlecht der Horatier. Sie gelten mit den Valeriern von Haus
aus als Demokraten. Denn Livius sagt 3,39: »Unter der Führung der Valerier und Horatier waren die Könige vertrieben
worden.«

C. HOSTILIUS MANCINUS, 3,28, Konsul 137. Schloß als Konsul
mit seinem Heer vor Numantia, um sicherem Tode zu entgehen, einen Vertrag mit den Numantinern. Die Numantiner ge-
währten freien Abzug vor allem um des Quästors Ti. Gracchus
willen, der ein großes Ansehen genoß. Der Senat in Rom erkannte den Vertrag nicht an. Mancinus wurde den Numantinern ausgeliefert. Das Vorgehen erbitterte Ti. Gracchus und
trug nicht wenig zu seinem Zorn auf die Nobilität bei. *Brutus*
103: *(ad turbulentissimum tribunatum) ...ex invidia foederis
Numantini bonis iratus accesserat.*

HYPERBOLUS, 4,11. Der Demagoge Hyperbolus wird von Aristophanes, dem Meister der Alten Komödie, mehrfach aufs Korn
genommen. Mit Kleon zusammen z. B. *Wolken* 549 ff.

IPHIGENIA, 1,30, die Tochter Agamemnons, war die Hauptgestalt
und Titelfigur der nach Euripides' *Iphigenie in Aulis* gestalteten
Tragödie des Ennius. Die Opferung der Tochter des Königs –
um der ausfahrenden Flotte günstigen Fahrwind zu gewinnen
– ist ihr Gegenstand.

ITALIA, 1,16; 2,9.10.28; 3,7. Italien, ursprünglich als Name auf
den Süden der Halbinsel beschränkt, ist juristisch das Gebiet
der Italiker bis zum Rubikon (Sizilien bleibt draußen) bis zu
Cäsars Zeit. Seit dem Zweiten Punischen Krieg tritt die geogra-
phische Einheit der Halbinsel bis zu den Alpen in den Blick.
Eine Idee Italien neben der Idee Rom bildet sich im ersten vorchristlichen Jahrhundert bei Varro und Vergil. Vgl. F. Klingner, *Römische Geisteswelt*, München [4]1961, S. 11 f.

Erklärendes Namenverzeichnis 387

JULIUS PROCULUS, 2,20. Die Geschichte des Julius Proculus, die erzählte, daß der vergöttlichte Romulus ihm erschienen sei, wird von Augustin (civ. 3,15) verspottet.

C. JULIUS CONSUL (vielmehr L. Julius, Konsul 430: vgl. Livius 4,30), 2,60.

C. JULIUS JULUS, 2,61. Einer der Decemviri des 2. Jahres. Die Geschichte dieses Juliers wird von Livius 3,33 erzählt.

JUNIUS CONGUS, vor 1,1. Ein sonst nicht weiter bekannter, antiquarische Studien treibender, nicht zu kritischer Römer, den sich Lucilius als Leser seiner nicht für ein gelehrtes Publikum geschriebenen Werke wünscht.

JUPITER (Optimus Maximus), 1,50.56; 2,36; 3,23. (Planet), 6,17. Der höchste römische Gott, aus indogermanischer Zeit stammend, auch im Wort dem griechischen Zeus verwandt.

KARTHAGO, 1,1.44; 2,7; 6,11. Karthago, Rivale und Hauptfeind Roms, der in drei Kriegen (264–241, 218–201, 149–146) niedergerungen und schließlich zerstört wurde, spielt eine wichtige Rolle im Selbstverständnis der Römer. So mißt auch Cicero in *De re publica* Alter, Kraft, Verfassung Roms an dem großen Gegner, mit dem man um das Imperium kämpft.

LACEDAEMO, 1,50; 2,50. Die Verfassung Spartas, in der eine Macht die andere beschränkte, wird als Muster einer Verfassung angeführt, als die sog. Mischverfassung aus den drei Einzelverfassungen, wie es Dikaiarch wohl in seinem *Tripolitikos* dargestellt hatte.

LACEDAEMONIUS, 1,25; 2,2.24.42; 3,15; 4,4.

LACO, 5,11. Sonst heißt »lakedämonisch« bei Cicero in *De re publica* Lacedaemonius. Hier wohl Laco als Nachklang aus Ennius (vgl. Gellius 12,2,6).

LACTANTIUS, Lucius Caecilius Firmianus Lactantius (um 300), lateinischer Kirchenschriftsteller, der »christliche Cicero« genannt, hat in seinen Werken (vor allem in den *Divinae institutiones* und in der *Epitome*, aber auch in *De ira dei* und *De opificio mundi*) auch zustimmend Ciceros Hauptwerk zitiert.

C. LAELIUS SAPIENS (passim), der Freund des jüngeren Scipio, Prätor 145, Konsul 140. Cicero hat ihm in seinem Dialog über die Freundschaft ein Denkmal gesetzt. Schon Lucilius nennt

388   *Erklärendes Namenverzeichnis*

ihn den Weisen, wohl besonders wegen seiner philosophischen Art, die ihn zu den Stoikern hinzog. Er überlebte Scipio, starb aber vor Lucilius. Bekannt waren von ihm Reden, darunter die Grabrede für Scipio. Cicero rühmt ihn (Brut. 84) im Vergleich zu Scipio: »Wie niemand auf Grund kriegerischen Ruhms an Africanus heranlangen kann, worin freilich auch gerade Laelius im Krieg gegen Viriathus, wie wir gefunden, ungewöhnlich gewesen ist, so gibt man in Hinsicht auf Genie, Bildung, Beredsamkeit und Weisheit schließlich, wenn auch beiden eine erste, so doch die führende Rolle gern dem Laelius.«

T. LARCIUS DICTATOR, 2,56. Diktator 501 (?), Konsul 501, 498. Der erste römische Diktator. Vgl. Liv. 2,185.

LARES FAMILIARES, 5,7. Schutzgottheiten des römischen Hauses, neben dem Herd oder in einer besonderen kleinen Kapelle, dem *lararium*, aufgestellt. Von der Innigkeit der Verehrung dieser Hausgötter gibt der Prolog des *Lar familiaris* in Plautus' *Aulularia* eine Vorstellung.

LATINAE FERIAE, 1,14. »Latinerfest«, das Fest des Bundes der lateinischen Städte zu Ehren des Jupiter Latiaris, ursprünglich von Alba Longa, nach seiner Zerstörung Roms, geleitet, wurde jährlich von den Konsuln angesagt, die es kurz nach ihrem Amtsantritt vor dem Auszug ins Feld feiern (weiteres bei Samter, RE, 12. Hbb., 1909, Sp. 1213–16). Über alle diese Fragen A. Alföldi, *Das frühe Rom und die Latiner*, Darmstadt 1977.

LATINE, 1,65.

LATINI, 2,33; 6,12.

LATINUM NOMEN, 1,31; 3,41.

LATIUM, 2,44; 3,7.

LEGES PORCIAE, 2,54. VAL. (509), 2,53. VAL. HORATIA (449), 2,54.

Mit der *provocatio ad populum*, der Berufung an das Volk, war den höchsten Beamten die letzte Entscheidung über die Todesstrafe genommen und der Volksversammlung übertragen.

L. LICINIUS CRASSUS, geb. 140 v. Chr., war ein großer Redner und als solcher der Mentor Ciceros neben Antonius. Mit der Familie des Triumvirn hängt er nicht direkt zusammen.

P. LICINIUS CRASSUS MUCIANUS, 1,31; 3,17, Konsul 131. Sohn des

Erklärendes Namenverzeichnis 389

P. Mucius Scaevola, des Konsuls 173, Bruder des P. Scaevola,
Konsuls von 133, von P. Crassus adoptiert. Pontifex maximus.
Wurde im Kriege gegen Aristonicus in der Nähe von Smyrna
getötet. Cicero (Brut. 98) rühmt ihn als einen sehr angesehenen
und rechtskundigen Redner der gracchischen Zeit.

LICTORES, 2,31.55. Diener – meist Freigelassene – der Magistrate
(Diktator 24, Konsul 12, Prätor 6, die Kaiser seit Domitian 24),
mit dem Rutenbündel, den *fasces,* den Magistraten zum Zeichen ihrer Gewalt vorausgehend, Platz machend und ihre Befehle ausführend.

LOCRUS, 1,16. Das epizephyrische Lokris, eine Gründung der
Griechen, liegt an der Ostküste der Südspitze Italiens in Bruttien.

LONGA ALBA, 2,4. In der ältesten Zeit Hauptstadt des Latiner-
bundes. Der Sage nach von Tullus Hostilius zerstört. Lage unbestimmt, Ruinen nicht erhalten.

LUCERES, 2,36, eine der drei Stammestribus, neben Titienses,
Rhamnenses immer an letzter Stelle genannt. Die Ableitung
von Lucumo, so konstruiert sie ist, weist richtig wenigstens auf
etruskische Ursprünge der Namen und Einrichtungen der Tribus hin.

C. LUCILIUS POETA, vor 1,1 [3,9.22]. Lucilius, der große Satiren-
dichter Roms, den ein Horaz an Kraft des Genies über sich
stellte, wenn er auch freilich seine Sorglosigkeit in Kunstdingen
zu tadeln hat, gehört zum engsten Freundeskreis des Scipio.
Schön ist es deshalb, daß Cicero sein eigenes Beginnen wie Lucilius das seine rechtfertigt. Die Satiren des Lucilius sind Gefäß
jener menschlichen Haltung, die als Frucht der Geistespaarung
von römischem Wesen und griechischer Bildung das, was wir
römischen Humanismus zu nennen gewohnt sind, begründet.

LUCIUS, 3,39. Vgl. L. Manlius Torquatus.

LUCRETIA, 2,46. Die Geschichte von der Schändung der Lucretia
ist in Rom immer so überliefert worden, wie sie Livius
1,57,6–59,6 erzählt. Nach Münzers Urteil ist die historische
Kritik dieser Erzählung ohne großen Erfolg zu Leibe gegangen.
Daß beide Male die große Umwälzung vom Königtum zum
Freistaat und von der mißbrauchten Aristokratie zur Volks-

390 *Erklärendes Namenverzeichnis*

herrschaft mit der Schändung von Frauen zusammengebracht
wurde, ist schon den Alten bewußt gewesen (Liv. 3,44,1). Vielleicht ist es bezeichnend für römisches Wesen, daß gerade solche Fälle, wo die Persönlichkeit am entscheidendsten gekränkt
wurde, die Rechtsleidenschaft der Römer besonders aufwühl-
ten und dann ungeheure Konsequenzen hatten. Aus dem Griechischen scheint Ähnliches nicht bekannt zu sein.

Sp. Lucretius, 2,55, Konsul 509. Nach Livius (2,8,4f.) ist vom
Konsul P. Valerius Poplicola 509 eine Ersatzwahl zum Konsulat veranstaltet worden, als Collatinus abgedankt hatte und L.
Junius Brutus verschieden war, bei der der Vater der Lucretia
zum Konsul gewählt wurde.

(Lucretius) Tricipitinus, 2,46, vgl. Liv. 2,8. Der Vater der Lucretia, der in der Geschichte von der Schändung und dem
Selbstmord der Lucretia eine wenn auch kleine Rolle spielt, ist
eine historisch sonst nicht weiter greifbare Gestalt.

Lucumo Romuli socius, 2,14. Lucumo, die latinisierte Form
eines etruskischen Wortes, das nach Servius »König« bedeutet,
wird in der römischen Sagengeschichte mehrfach als Eigen-
name vornehmer Etrusker verwendet. Nach einem Lucumo,
der dem Romulus auf seine Bitten im Kampf gegen die Sabiner
zu Hilfe gekommen ist, soll nach dem republikanischen Glauben eine der drei Stammestribus benannt worden sein (vgl.
Serv. Aen. 5,560).

Ludi Romani, 2,36. Seit der Königszeit zu Ehren der drei kapito-
linischen Götter Jupiter, Juno, Minerva gefeiert. Die kuruli-
schen Ädilen hatten sie zu besorgen. Sie fanden in der ersten
Hälfte des September statt und dauerten 9 Tage (4.–12. September).

Luna (Planet), 6,17.

Lycurgus' Gesetzgebung, 2,2.15.18.24.43.50.58; 3,16; 4,5.
Lykurgos, von Hause aus ein Gott, gilt seit Herodot 1,65 als
der sagenhafte Gesetzgeber Spartas, der die ganze Verfassung
mit Ausnahme des Ephorates gestiftet habe. (Dieses Amt später
von Theopomp errichtet: Plat. leg. 3, 692 A.) Cicero stellt das
alte römische Königtum dieser Verfassung gegenüber und rela-
tiviert die Geltung dieser Musterverfassung.

Erklärendes Namenverzeichnis 391

LYCURGUS, Begründer der ersten Olympiade, 2,18. Lykurgos und
Iphitos hatten den ersten olympischen Wettkampf eingerichtet.
Aristoteles hatte sich (vgl. Plut. Lyk. 1) durch eine archaische
Diskusinschrift in Olympia, die beider Namen trug, verleiten
lassen, den Gesetzgeber zum Gründer der Olympiade zu ma-
chen.

MACEDONIA, 1,23. Makedonien war nach der Schlacht bei Pydna
168 zerschlagen worden, 146 wurde es römische Provinz.

SP. MAELIUS, 2,49. Sp. Maelius hatte durch unentgeltliche Verteilung von Getreide während einer Hungersnot sich großen Anhang verschafft und kam in den Verdacht, nach Alleinherrschaft *(regnum)* zu streben (440). Von Cincinnatus zur
Rechtfertigung geladen, erschien er nicht und wurde von
Ahala, dem *magister equitum* des Cincinnatus, getötet.

MAGISTER POPULI, 1,63, alter Name für den Diktator. Ihm zur
Seite stand der *magister equitum*, sein Gehilfe.

MAGNESIA, 2,9, Stadt am Mäander in Karien, von der Küste ziemlich weit abgelegen.

MANCINUS s. Hostilius. Vgl. auch Pompeius.

M'. MANILIUS, [vor 1,1]; 1,18.20.30.34; 3,17; 6,9, spricht: 1,20;
2,28; 5,5. Der Konsul von 149 war ein vorzüglicher Rechtskenner, von dem es auch juristische Werke gab (Monumenta,
Sammlung der angeblichen Gesetze des Numa. Actiones, Ver-
kaufsformulare. Vgl. de orat. 1,58,246).

MANIUS (Manilius?) s. Persius. Bei Cicero *De oratore* 2,25 und
Brutus 99 C. Persius. Bei Plinius erhält er den Vornamen Ma-
nius, wenn dies nicht ein besonderer Name ist. – Vgl. W.
Schulze, *Zur Geschichte lateinischer Eigennamen*, Berlin 1904.

M. MANLIUS CAPITOLINUS, 2,49, Konsul 392. Rettete das Kapitol
im Galliersturm vor einem Überfall der Gallier, durch die
Gänse der Juno aufmerksam gemacht (Liv. 5,47,11 ff.), wurde
dann aber, weil man ihn in Verdacht hatte, er strebe nach der
Königswürde, vom tarpejischen Felsen herabgestürzt.

L. MANLIUS TORQUATUS, 3,39, Prätor 49. L. Manlius Torquatus,
ein jüngerer Freund Ciceros, dem er im *Brutus*, seiner Geschichte der Redekunst, ein schönes Denkmal setzte (265),

trägt im 1. Buch des Werkes *De finibus* die epikureische Lehre vor.

MARATHON, Schlacht bei, 1,5. In der Ebene von Marathon – gegenüber von Euböa – schlugen die Athener unter Miltiades die Perser Datis und Artaphernes am 12. September 490. Herodot schildert uns diese Schlacht. Marathon, Salamis (480), Platää (479) retteten Europa vor dem asiatischen Despotismus.

MARCELLUS, 1,1. S. Claudius.

C. MARIUS, 1,6, Konsul 107, 104–100, 86. Geb. um 157 als Sohn eines Gutsbesitzers im Gebiet von Arpinum; tut 134/133 Kriegsdienst als Ritter unter Scipio vor Numantia. Vom Volk zum Kriegstribunen gewählt, tritt er als erster seiner Familie (homo novus) in die römische Beamtenlaufbahn: Quästor, Volkstribun 119, Prätor 115, Proprätor in *Hispania ulterior* 114; heiratete etwa 113 die Patrizierin Julia, die Schwester von Cäsars Vater, 109/108 Legat des Metellus, von dessen Familie er bisher gefördert wurde, für 107 gegen die Nobilität als Vertrauensmann der Ritterschaft und der kleinen Leute zum Konsul gewählt, erhält durch Plebiszit die Führung des Jugurthinischen Krieges, den er 105 beendet. Triumph am 1. Januar 104, als Konsul zum 2. Male für den Kimbernkrieg, dann bis 100 jährlich wiedergewählt, so daß er 100 zum 6. Male Konsul ist; besiegt 102 die Teutonen bei Aquae Sextiae, 101 die Kimbern bei Vercellae, unterdrückt am 10. Dezember 100 die populare Revolution des Volkstribunen L. Appuleius Saturninus, dessen Verbündeter er gewesen war. Scheidet infolgedessen aus dem politischen Leben aus, bis er 90 im Bundesgenossenkrieg wieder als Legat gebraucht wird, legt 89 das Kommando nieder, erhält 88 durch Plebiszit den Mithridatischen Krieg, wird von Sulla zum Staatsfeind erklärt, flüchtet nach Afrika, erobert 87 mit Cinna Rom zurück. 86 zum 7. Male Konsul; stirbt schon am 17. Januar. Seine bleibende Leistung ist die Heeresreform. Durch die zuerst 107 geübte Einstellung vermögensloser Bürger verwandelt sich das bisherige Milizheer in den nächsten 20 Jahren in ein Heer von Berufssoldaten mit 20jähriger Dienstzeit (nach M. Gelzer in der Sallust-Ausgabe der Heidelberger Texte, Bd. 8, Heidelberg 1959, S. 174).

MARS, 2,4.

MARTIUS FULGOR, 6,17. Mars, der Kriegsgott, ist Vater der Gründer Roms. Über diese Sage sollte man die schönen Worte des Livius in der Einleitung seiner großen Darstellung der Geschichte Roms lesen. – Seinem Wesen entsprechend bedeutet auch der nach ihm benannte Planet Mars für die Menschen Krieg und Schrecken.

MASINISSA, 6,9, Numiderfürst (239–148). 201 für seine Hilfe im Zweiten Punischen Krieg als König von ganz Numidien anerkannt, macht die numidischen Beduinen zu Bauern, fördert punisch-städtische Kultur nach Art hellenistischer Herrscher.

MASSILIENSIS, 1,43. Massilia, eine griechische Gründung (um 600 v. Chr.) des kleinasiatischen Phokäa, ist das heutige Marseille; seit alters aristokratisch regiert.

MAXIMUS, 1,1. S. Fabius.

MENELAUS, 5,11. Menelaus tritt in der *Ilias* 3,313 als knapper, aber trefflicher Redner mit klarer Stimme auf. Cicero sagt von ihm im *Brutus* 13,50: *Menelaum ipsum dulcem illum quidem tradit Homerus, sed pauca loquentem.*

MERCURIUS (Planet), 6,17.

MILESIUS, 1,22.25. Thales aus Milet an der kleinasiatischen Küste.

MILTIADES, 1,5, der Sieger von Marathon (490) und Retter Athens vor der Überrumpelung durch die persische Flotte, wurde nach einem erfolglosen Angriff auf Paros zur Erstattung der Kriegskosten verurteilt und starb bald darauf an einer Wunde. Sein Sohn Kimon zahlte die Strafe. Daß Vater und Sohn bis zur Zahlung in Schuldhaft gesessen hätten, ist Sage.

MINOS, 2,2. Der sagenhafte König und Gesetzgeber von Kreta, Sohn des Zeus und der Europa, Bruder des Rhadamanthus. Beide nach ihrem Tode Richter in der Unterwelt.

MONS SACER, 2,58.63. Der Heilige Berg, auf den, wie die Überlieferung will, die Plebs auszog, um ihre Forderungen durchzusetzen, liegt etwa 4,5 km von Rom entfernt auf dem rechten Ufer des Anio. Jetzt befindet sich dort die neue Gartenstadt Monte Sacro.

P. MUCIUS SCAEVOLA, 1,20.31, Konsul 133. War Pontifex maximus und wie alle Mucier durch seine Rechtskenntnis bekannt.

Er stand auf des Ti. Gracchus Seite und lehnte als Konsul ein bewaffnetes Einschreiten gegen Ti. Gracchus, das der Senat verlangte, ab. Valerius Maximus (3,2,17) berichtet ein Wort des Scipio Nasica aus dieser Sitzung: »Da der Konsul, indem er der Rechtsordnung folgt, anstrebt, daß das Römische Reich mitsamt allen Gesetzen zusammenstürze, biete ich mich eurem Willen als Privatmann zum Führer an.« Sein Sohn war der Q. Mucius Scaevola Pontifex. Er selbst steht in Verbindung mit der literarischen Bearbeitung der Priesterjahrbücher, die wahrscheinlich er in 80 Bücher zusammengefaßt (bis zum Jahre 123 reichend) und herausgegeben hat.

Q. MUCIUS SCAEVOLA, 1,18, spricht: 1,33. Im Haus des Q. Mucius Scaevola mit dem Beinamen Augur im Unterschied zu seinem Neffen, dem Pontifex, lernte Cicero, der sich in seinem Gefolge um Rechtskenntnis bemühte, die Laelia, die Tochter des Laelius, die Frau des Augur, kennen und hatte so eine direkte Brücke zum Scipionenkreis. Scaevola war 117 Konsul und verteidigte 88 Marius im Senat. Nach seinem Tode schloß sich Cicero dem Pontifex an, der nicht nur wie der Augur ein beliebter Respondent, sondern auch ein bedeutender Rechtsschriftsteller war. 82 fiel dieser den sullanischen Wirren zum Opfer.

SP. MUMMIUS, 1,18.34, spricht: 3,46; 5,11. Stoiker, der Bruder des L. Mummius Achaicus, des Zerstörers von Korinth (146).

CN. NAEVIUS POETA, 4,11, einer der ersten Bahnbrecher der römischen Dichtung. Nach der Teilnahme am Ersten Punischen Krieg können wir seine Dichtung – Epos *Bellum Poenicum*, Komödien und Tragödien – von 235 v. Chr. bis zu seinem Tode in Utica 201 verfolgen. Als Beispiel des Unterschiedes zur attischen, mit Namen spottenden Komödie ist er weniger geeignet als der neben ihm genannte Plautus, weil er in stolzem Selbstgefühl, wenn wohl auch nicht in den Komödien, so doch in Spottversen die vornehmen Meteller angegriffen hatte.

NASICA, 6,8. S. Cornelius.

NEOPTOLEMUS, 1,30. Das Wort, das Ennius den Neoptolemos, den Sohn des Achilles, sagen läßt – unbekannt in welchem Stück –, ist, wie die Zitate zeigen, berühmt gewesen.

NEPA (Sternbild), 1,30. Nach Nonius ist hier das Sternbild des

Krebses gemeint, während Nepa im eigentlichen Sinne das Sternbild des Skorpion ist.

NEPTUNUS, 3,9. Es muß eine witzige Satire des großen Begründers der römischen Satire – Lucilius hat die Satire durch sein Temperament zu dem gemacht, was wir darunter verstehen – gewesen sein, in der der Meergott Neptun im Stil der Diatriben oder der menippeischen Satire – vgl. die in der Art ähnlichen *Göttergespräche* Lukians – die Hilfe des schärfsten Dialektikers, den sein Mitgott, der Herrscher der Unterwelt, heraufsenden müßte, braucht, um eine Frage zu lösen. Eine wohl ähnliche Einkleidung zeigt die 5. Satire des 2. Buches des Horaz.

NILUS, 6,19. Der Nil spielt wegen seines geheimnisvollen Wesens – der Nilschwelle und der verborgenen Quellen wegen – nicht nur in der alexandrinischen Dichtung und Plastik eine große Rolle, sondern auch in der römischen.

NUMA POMPILIUS, 2,25 f.29.31.33; 3,47; 4,14; 5,3. Der zweite sagenumwobene römische König, auf den die Einrichtungen der römischen Religion zurückgehen sollen.

NUMANTIA, 1,17; 6,11.

NUMANTINUM FOEDUS, 3,28. Die spanische Völkerschaft der Keltiberer hatte sich in Numantia von 143 bis 133 gehalten, bis der Sieger über Karthago aufgeboten werden mußte und die Stadt zerstörte. Florus (2,18) erzählt im Abriß seiner römischen Geschichte in seiner rhetorischen Manier von der Schmach der Verträge, die die römischen Feldherrn schlossen, um ihr Leben zu erhalten, und dem stolzen Ende der Stadt.

OCEANUS, 6,21. Vom Ozean, dem atlantischen Mèer, im Gegensatz zum Mittelmeer, glaubte man, sei die Erde ganz umflossen. Bei Homer ist der Okeanus der Strom, der die als Scheibe gedachte Erde umströmt.

OLYMPUS, 1,56; 3,40, einmal in der Bedeutung des Bergnamens verwandt – als Berg von fast 3000 m Beispiel des Massigen und Gewaltigen –, einmal in der übertragenen Bedeutung des Götterhimmels nach Homer.

L. OPIMIUS, 1,6, Konsul 121. Erobert und zerstört als Prätor 125 die aufständische Latinerstadt Fregellae, unterdrückt als Kon-

396 Erklärendes Namenverzeichnis

sul 121 auf Grund des SCU (senatus consultum ultimum) die
Bewegung des C. Gracchus. 116 Führer der Zehnergesandt-
schaft, die Numidien zwischen Jugurtha und Adherbal teilt,
109 vom Sondergericht verurteilt.

ORBIS LACTEUS, 6,17. Die Milchstraße gilt schon Homer als Sitz
der Träume, den Pythagoreern als der der Seelen. – Vgl. W.
Gundel, *Sterne und Sternbilder im Glauben des Altertums und
der Neuzeit*, Bonn/Leipzig 1922. – F. Boll, *Sternglaube und
Sterndeutung*, Leipzig/Berlin 1931.

ORCUS, 3,9. Der lateinische Name für die Unterwelt bezeichnet
zunächst einen abgeschlossenen Raum, dann auch den Gott
der Unterwelt wie wohl hier in Analogie zum griechischen
Hades.

OSTIA, 2,5.33. Ostia, die Hafenstadt Roms, wohl im 7. Jahrhundert gegründet. Funde aus so früher Zeit sind allerdings nicht
gemacht worden. Im Mittelalter ist Ostia verfallen. Die jetzigen
Ausgrabungen lassen in Ostia eine antike Großstadt erkennen.

M. PACUVIUS, 1,30. 3,14. Römischer Tragödiendichter (220 bis
etwa 130), Neffe des Ennius. – In der euripideischen Tragödie
Antiopa richtet der rauhe Zethus an seinen ganz im Spiel der
Kithara aufgehenden Bruder Amphion ernste Mahnungen, abzulassen von der Kunst und sich praktischen Dingen zuzuwen-
den. Pacuvius hatte das Stück bearbeitet. Es war zu Ciceros
Zeit, wie die Zitate zeigen, berühmt. – Der Schlangenwagen des
Pacuvius (3,14) wird von Cicero schon in *De inventione* 1,19,27
zitiert.

P. PAPIRIUS CENSOR, 2,60 (443, 433).

P. PAPIRIUS CONSUL (vielmehr L. Papirius Crassus consul 430),
2,60, vgl. Liv. 4,30 (oder C., vgl. Diod. 12,72).

PANAITIOS, 1,15.34. Panaitios (geb. um 185 v. Chr., gest. 110 oder
109) folgte 129 dem Antipater von Tharsos in der Leitung der
Stoa in Athen. Lehrte lange Zeit in Rhodos. In Rom lebte er
einige Zeit mit Polybios und Scipio und Laelius zusammen, begleitete Scipio z. B. auf seiner großen Reise nach Alexandria
(141). Er ist neben seinem Schüler Poseidonios der stärkste
Vertreter der »mittleren« Stoa. Unter dem Einfluß des Römertums hat er – dies im allgemeinsten seine Hauptleistung – die

Erklärendes Namenverzeichnis 397

stoische Lehre dem Leben genähert. Seine Lehre über die Pflicht (περὶ τοῦ καθήκοντος), eine praktische Ethik, hat Cicero in dem Werke *De officiis* zum Vorbild genommen. Da Cicero dort ziemlich frei verfährt und außer der Telosformel und einem kurzen Stück aus seiner Pflichtenlehre bei Gellius nichts wörtlich von ihm erhalten ist, ist die Rekonstruktion seiner Lehre mit großen Schwierigkeiten verbunden und noch nicht eindeutig gelungen.

PATRES, PATRICII, 2,14.23.50.56. Der Geburtsadel der alten vollberechtigten Bürger im Gegensatz zu der sich allmählich bildenden Plebs.

PATRON, 3,39, Epikureer zur Zeit Ciceros, Nachfolger des Phaidros in der Schulleitung (von 70 v. Chr. bis nach 51). Cicero verkehrte mit ihm in Rom und im Jahre 51 in Athen.

PELOPONNESISCHER KRIEG, 1,25; 3,44. Der Peloponnesische Krieg zwischen Athen und Sparta, dem das Werk des Thukydides galt (431–404 v. Chr.), brach die Vorherrschaft der Athener.

PELOPONNES, 2,8, die südliche, fingerartig ausgreifende gebirgige Halbinsel, die mit Griechenland durch den Isthmus von Korinth verbunden ist.

PENATEN, 5,7. Die Schutzgötter des Hauses, die das Leben der römischen Familie schirmen.

PERICLES, 1,25; 4,11. Der größte Staatsmann der athenischen Demokratie (geb. kurz nach 500 v. Chr., gest. 429 an der Pest). Trotz der höchst rühmenden Erwähnung glaubt man bei Cicero eine gewisse Zurückhaltung zu spüren, wenn man vergleicht, mit welchem Lobe er Epaminondas bedenkt.

PERSAE, 1,5; 3,7.14.

PERSIUS, vor 1,1. Vgl. Cic. de orat. 2,6,25: »Gaius Lucilius pflegte zu sagen, das, was er schreibe, möchte er, solle nicht von den Ungebildetsten, aber auch nicht von den Gebildetsten gelesen werden. Darum schrieb er auch darüber: ich sorge nicht, daß es Persius lese. Der war nämlich, wie wir wußten, von fast allen unseren Landsleuten der Gebildetste.«

PHALARIS, 1,44; 2,42, Tyrann von Agrigent, als Urbild der Grausamkeit auch off. 2,26 gebraucht. Den Stier, in dem er Men-

398 *Erklärendes Namenverzeichnis*

schen röstete, erwähnt schon Pindar. 554 v. Chr. wird er von
der sich insgesamt erhebenden Bürgerschaft gestürzt.

PHIDIAS, 3,44. Cicero denkt besonders an den Parthenon, dessen
plastische Ausschmückung dieser größte griechische Plastiker
von 447 bis 438 v. Chr. leitete, und die großen Statuen der
Athena, mit denen er die Akropolis schmückte.

PHILIPPUS, 3,15; 4,13. Philipp, der Vater Alexanders des Großen,
war von 359 bis 336 v. Chr. König von Makedonien. Besiegte
338 v. Chr. bei Chaironea die vereinigten Athener und Theba-
ner. Sein großer Gegner in den Demosthenes.

PHILOLAUS PYTH., 1,16. Pythagoreer, der sich gegen Ende des 5.
Jahrhunderts in Theben aufhielt. Dort hatte er Simmias und
Kebes zu Schülern, die aus Platons *Phaidon* bekannt sind. Später
kehrte er nach Unteritalien zurück und wirkte in Tarent.

PHLIASII, 2,8. Phlius ist eine Stadt im NW der Peloponnes. Überliefert ist die Form Phliuntii; in einem der *Briefe an Atticus* (ad
Att. 6,2,3) betont Cicero, daß er durch eine falsche Analogie
zu ihr geführt worden sei, die richtige Form Phliasii aber sofort
verbessert habe. Der Herausgeber (K. Ziegler) hat sicher recht
daran getan, trotz der Überlieferung nach dem Willen Ciceros
Phliasii = »die Leute aus Phlius« in den Text zu setzen.

P. PINARIUS CENSOR, 2,60, Zensor 433. Bildet mit L. Papirius das
dritte Zensorenkollegium, von dem wir wissen. Ein Stück aus
einer Rede über die Festsetzung der Strafe – *multa* – des Zensors Scipio Aemilianus führt Gellius N. A. 8,11 an.

PIRAEUS, 3,44. Die Hafenstadt Athens, von Themistokles angelegt, dem berühmten Städtebauer Hippodamos von Milet 440
umgebaut, wurde von Sulla 86 v. Chr. zerstört. Der Auf-
schwung der Stadt beginnt erst wieder im 19. Jahrhundert.

PISISTRATUS, 1,68. Plutarch, *Solon* 30, berichtet von der Leibgarde
des Pisistratus, der als Tyrann von 560, in welchem Jahre er in
den Städtekämpfen als Führer der Demokraten mit der Beset-
zung der Burg sich zum Herrn von Athen aufwarf, bis zu seinem Tode 528 in Athen herrschte. Seine milde Herrschaft war
übrigens eine Zeit wirtschaftlicher, künstlerischer und kultu-
reller Blüte.

PLATO, 1,16.22.29.65; 2,3.22; 3,2.9f.; 4,5; 6,7. Platon (427–347),

der große Schüler des Sokrates (hinger. 399) ist Ciceros philosophisches Vorbild in erster Linie. Es lassen sich seine Beziehungen zu ihm nicht in wenigen Worten andeuten. Über die besondere Form des ciceronischen Platonismus vgl. die Einleitung.

T. MACCIUS PLAUTUS, 4,11. Der große römische Komödiendichter, dessen Schaffen wir von 204 bis 184 etwa verfolgen können, der erste, der von den römischen Dichtern, seiner Begabung folgend, sich nur einem Gebiete widmete und die griechischen Komödien in burleske Opern verwandelte, ist uns in 21 seiner Stücke, die Varro zur Zeit Ciceros als erster aussonderte und so der Nachwelt rettete, faßbar. Mit ihnen übte er großen Einfluß auf spätere Zeiten. Cicero hat seine Fülle und seinen Witz geschätzt.

PLEBS 2,16; PLEBISCITUM, 2,63; 4,2.
Die Plebs, die Masse der römischen Bürger im Gegensatz zum Geburtsadel, den Patriziern, errang in den historisch dunklen Jahrhunderten bis etwa 300 v. Chr. die völlige Gleichberechtigung in gesellschaftlicher und politischer Hinsicht. Die Beschlüsse ihrer Versammlungen, der von den Volkstribunen einberufenen Tributkomitien, waren zunächst nur für die Plebs bindend; schon vom 5. Jahrhundert an aber hatten diese Plebiszite Gültigkeit für das ganze Volk.

POENUS, 2,9.67; 3,7.15.32. Die Stellen über den Hauptfeind der Römer, die Karthager, zeigen, wie die geistige Auseinandersetzung mit ihnen andauert.

POLYBIOS, 1,34; 2,27; 4,3. Der große griechische Geschichtsschreiber, aus vornehmem Geschlecht, um 200 in Megalopolis geboren, war selbst in höheren politischen Ämtern tätig gewesen, als er nach der Schlacht bei Pydna (168) unter 1000 achäischen Geiseln nach Rom gehen mußte. Dort blieb er im Hause des Siegers von Pydna, des Aemilius Paulus. Dieser 16jährige Aufenthalt wurde für ihn und für den jüngeren Scipio Africanus, den jüngeren Sohn des Aemilius Paulus, der sich jüngerhaft an ihn anschloß, bedeutsam. In der Freundschaft Scipio–Polybios trafen sich bestes Griechentum und bestes Römertum. Ihre Frucht ist die griechisch-römische Geistes-

400　　　*Erklärendes Namenverzeichnis*

paarung des Scipionenkreises. In seiner Weltgeschichte in 40 Büchern hatte er die weltgeschichtliche Situation erkannt, daß man nämlich, wollte man Weltgeschichte schreiben, hinfort römische Geschichte schreiben müsse. Cicero hat ihn natürlich gekannt und auch an anderen Stellen als denen, wo er ausdrücklich angeführt wird, auf ihn Bezug genommen, vor allem in dem 2. Buche, für das Polybios in seinem 6. Buche ein Muster gegeben hatte (s. Einleitung).

Q. POMPEIUS, 3,28, Konsul 141. War 140 von den Numantinern zu schimpflichem Frieden gezwungen worden, ohne daß er den Senat befragte. Als Philus in seinem Konsulat (136) den Vertrag mit Numantia nicht anerkennen wollte und einen entsprechenden Antrag einbrachte, sprach für diesen Antrag Mancinus (s. d.), obwohl er in gleicher Lage war – er hatte 137 einen solchen Vertrag geschlossen –, und wurde den Numantinern ausgeliefert. Pompeius stritt es unverschämterweise einfach ab und kam davon.

PONTIFEX, 2,26; PONTIFICII LIBRI, 2,54; PONTIFICIUM IUS, 4,8. Das Kollegium der Pontifices, das den Kultus zu überwachen hatte, stand unter dem Pontifex maximus, der seinen Amtssitz in der *regia* hatte. Über ihre Amtshandlungen haben die *pontifices* Buch geführt *(libri pontificum, pontificales* oder *pontificii)*. Aus ihrem Kalender, den sie zu verwalten hatten, entstanden, wie im Mittelalter aus den Ostertafeln, geschichtliche Aufzeichnungen, die *annales*.

P. POPILIUS LAENAS, 1,6, Konsul 132. Einer der schärfsten Verfolger der Partei des Gracchus. Augustin (civ. 3,24) gibt an, daß 3000 den scharfen Urteilen zum Opfer gefallen seien. Wegen dieser Strenge ist er dann verurteilt worden.

M. PORCIUS CATO CENSORIUS, 1,1.27; 2,3.37; 3,9.40; 4,11; 5,2, Konsul 195. Der alte Cato (234–149), Feldherr und Staatsmann (184 berühmte und strenge Zensur), fruchtbarer Schriftsteller, Schöpfer des ersten Geschichtswerkes in lateinischer Sprache, kämpfte einen tragischen Kampf gegen das eindringende griechische Wesen, dem er selber doch in seinen Mitteln des literarischen Kampfes nicht ausweichen konnte. Er war ein *homo*

novus und stammte aus Tusculum, einem *municipium* in der Nähe Roms, in dem Cicero sich gern in der Muße seines Tusculanum erholte. Cicero hat zu ihm ein besonderes Nahverhältnis gehabt, das auf Ähnlichkeit und Fremdheit beruhend von Anfang bis Ende seines Lebens gedauert und schließlich in dem schönen Werk über das Greisenalter, dem *Cato maior de senectute*, in einem menschlich abgeklärten Catobild seine Krönung gefunden hat.

PRAEFECTUS MULIERUM, 4,6. Aristoteles (pol. 6,1299a 22) erwähnt z. B. dieses griechische Amt des γυναικονόμος, der über die Ehrbarkeit der Frauen zu wachen hat.

PROLETARII, 2,40. Die unterste Klasse der servianischen Ordnung ohne Vermögen. Diese »dienten dem Staate durch Erzeugung von Kindern«, ein Satz, der zeigt, wie alles in Rom von der *res publica* her betrachtet wird.

PUNICUM BELLUM SECUNDUM, 1,1. Der Zweite Punische Krieg, vielleicht die höchste Zeit Roms (218–201), von Polybios schon als solche erkannt, war eine Schatzkammer von *exempla*.

PYRRHUS, 3,40. Der geniale König der Molosser in Epirus, der trotz seiner »Pyrrhussiege« an der Zähigkeit der Römer scheiterte (281–272 v. Chr.).

PYTHAGORAS, 1,16.57; 2,28; 3,19.

PYTHAGOREUS, 1,16; 2,28. Das Wesen dieses mystischen griechischen Philosophen (580–500 etwa) war Cicero fremd, aber bekannt schon durch Platons Schriften. In Ciceros Zeit spielte die pythagoreische Lehre – ein Prätor Nigidius Figulus wird als *Pythagoricus et magus* bezeichnet – keine unbedeutende Rolle. Pythagoras hatte in Unteritalien die Anhänger seiner Philosophie, die durch Nachdenken über Musik, Mathematik und Seelenwanderung ihre besonderen Züge trägt, zu einer politischen aristokratischen Gemeinschaft zusammengefaßt, die auf den Meister schwor. Vgl. über Pythagoreismus in Rom vor allem E. Bignone, *Storia della letteratura Romana*, Florenz 1942ff.

L. QUINCTIUS CINCINNATUS DICTATOR (458), 2,63. Nach der Sage 458 vom Pfluge weg zum Diktator gemacht, um ein von den Äquern eingeschlossenes Heer zu befreien, nachdem er 460

402 Erklärendes Namenverzeichnis

Konsul gewesen war. Als Beispiel alter Einfachheit und Zucht auch sonst von Cicero erwähnt.

QUIRINALIS MONS, 2,11,20. Nördlichster Hügel der Siebenhügelstadt.

QUIRINUS, 2,20. Der Name des Romulus nach seiner Vergottung, daher populus Quirini bei Horaz (carm. 1,2,46) das Volk der Römer.

QUIRITES, QUIRITIUM IUS, 1,27. Ungeklärter Name für die Römer.

REMUS, 2,4. Der Bruder des Romulus. In dieser Darstellung, in der Cicero den Sinn der Geschichte sucht, vermag er mit leichtem Tadel – *subagreste consilium* – den Raub der Sabinerinnen noch zu verstehen, von der Ermordung des Remus durch Romulus schweigt er. Für Horaz ist der Brudermord der Grund für den Erbfluch des brudermörderischen Bürgerkrieges, der seitdem auf Rom liegt (Epode 7).

RHAMNENSES, 2,36. Eine der drei Tribus.

RHODII, 3,48.

RHODUS, 1,47. In der Antike berühmte Handelsstadt – *clara Rhodus* von Horaz genannt –, mit Rom verbündet, wegen nicht ganz klarer Haltung im Perseuskrieg (171–168) 166 durch Wegnahme seiner Außenbesitzungen gestraft, gilt Cicero als Muster einer guten Demokratie.

ROMA, 1,25.58; 2,12.25.43; 3,9.33.44.

ROMANUS CIVIS, 2,53; HISTORIA, 2,33; POPULUS, 1,7; 2,3; ORIGO POPULI ROMANI, 2,30.36.52; 3,24; 6,11; ROMANI, 1,58; 2,13.25.32; 3,21; 4,12.

ROMULUS, 1,25.58.64; 2,4.14.16 ff.26.32.51 ff.; 3,40.47; 6,24. Nach der Sage, die Cicero nur kurz berührt, der Sohn der Rea Silvia und des Mars. Rea Silvia war die Tochter des Numitor, des Königs von Alba Longa. Sein Bruder Amulius stieß ihn vom Thron und weihte Rea Silvia zur Vestalin. Als sie dem Mars Zwillinge gebar, wurden sie von Amulius in einem Kasten auf dem reißenden Tiber ausgesetzt. Der Kasten blieb an einem Feigenbaum hängen, die Kinder wurden von einer Wölfin gesäugt und von einem Hirten aufgezogen. Von dieser Sage, deren Ausschmückung sicher vieles den Griechen verdankt, gilt

Erklärendes Namenverzeichnis   403

des Livius Wort im Proömium seines Werkes, wenn man darüber auch nichts Genaues wissen könne, so berichte er es doch, weil das römische Volk wie nur irgendeines das Recht hätte, seine Anfänge zu heiligen.

Roscius comoedus, 4,14. Berühmter Schauspieler zur Zeit Ciceros. Cicero bewunderte seine Kunst, die ja auch für den Vortrag des Redners von Bedeutung war, und verteidigte ihn in seiner erhaltenen Rede in einer Privatsache vor Gericht.

P. Rutilius Rufus, 1,13.17. P. Rutilius Rufus, um 156 geboren, Hörer des Panaitios, vorzüglicher Rechtskenner aus der Schule des P. Mucius Scaevola, gehört zu den vornehmen großen Römern, die das von Panaitios gelehrte Ideal mit römischem Wesen verschmolzen und in die Tat umsetzten. Konsul 105. Als Q. Mucius Scaevola als Prokonsul die Provinz Asien zu regieren hatte (94), ging er als Legat mit ihm und wetteiferte mit ihm, die Schäden der Provinzverwaltung abzustellen. Damit erregte er den Haß des Ritterstandes, der seine Steuereinnahmen gefährdet sah, und wurde, zu stolz, sich mit allen von der damaligen Zeit geforderten Mitteln zu verteidigen, wegen Erpressung der Provinzialen verurteilt von Gerichten, die von dem Ritterstande beherrscht wurden (93 oder 92). Er ging in die Provinz, die er ausgeplündert haben sollte, in die Verbannung und wurde dort herzlich erst in Mytilene, dann in Smyrna aufgenommen. Cicero besuchte ihn dort 78. Er ist für Cicero eine Brücke zum Scipionenkreis, der das Ideal verkörpert, dem er nachstrebte. In seinem Exil lebte Rutilius den Studien und schrieb eine Autobiographie, *De vita sua*, und eine Geschichtsdarstellung in griechischer Sprache. Cicero rühmt seine Reden, an denen er freilich ihre unpopuläre trockene Form tadeln muß.

Rutuli, 2,5, Stamm im alten Latium (Hauptstadt Ardea). Mit ihrem Führer Turnus führte Äneas den Kampf um Lavinia, die Tochter des Latinus, und damit die vom Schicksal verheißene Heimat (*Aeneis* 7–12).

Sabinus, 2,12ff.25.36; 3,7.40. Die Sabiner sind ein umbrischer Stamm, in der römischen Legende berühmt.

Salii, 2,26, Kultgenossenschaft der »Springer«, je 12 in einem Heiligtum auf dem Palatin und dem Quirinal, die im März und

404 — Erklärendes Namenverzeichnis

Oktober, dem Anfang und dem Ende der Kriegszeit, einen heiligen Umzug mit Waffentanz unter Anrufungen der Staatsgötter zelebrierten. Ihr Lied war den Römern selber nicht mehr verständlich, und Horaz (epist. 2,1,86) spricht von dem *saliare Numae carmen* als von etwas, was seine Verehrer genausowenig verstünden wie er. Quintilian behauptet, selbst die Priester verstünden es nicht mehr.

SAMNITES, 3,40.

SAMNIUM, 3,7. Die Samniten, zum oskisch-umbrischen Sprachstamm gehörig, im Gebirge nördlich Kampaniens seßhaft, stießen in mehreren Kriegen mit Rom zusammen (343–341, 328–304, 298–290) und wurden 290 endgültig unterworfen. Sie gehören zum *robur Italiae* und werden von Cicero mit Stolz auf ihre kernige Kraft genannt.

SARDANAPALLUS, 3,32. Der letzte König von Assyrien – *mollitiis fluentem* nennt ihn Velleius Paterculus 1,6 in seiner *Römischen Geschichte* –, der bei einer Palastrevolution sich und sein Haus verbrannte.

SATURNIA (stella), 6,17.

SCAENA, 4,10.12. Lehnwort aus griech. σκηνή, dem Wort für das Bühnengebäude des griechischen Theaters. Hier übertragen vom ganzen Theaterwesen, was in Rom um so leichter war, als die Orchestra Zuschauerraum geworden war.

SECESSIO PLEBIS, 1,62; 2,58. Der »Auszug« des Volkes ist das Kampfmittel der Ständekämpfe der jungen römischen Republik; s. a. *mons sacer.*

TI. SEMPRONIUS GRACCHUS, 6,2, Konsul 177, 163, Zensor 169. Der Vater der beiden Gracchen führte mit Claudius eine strenge Zensur. Als Claudius im folgenden Jahr deswegen angeklagt wurde, sagte er, er werde, da er in gleicher Lage sei, mit in die Verbannung gehen, und bewirkte dadurch, daß die Stimmung zugunsten des Claudius umschlug, seine *caritas* dessen *invidia* besiegte.

TI. SEMPRONIUS GRACCHUS, 1,31; 3,41; (6,11); *(tribunus plebis)* 133. Der große Agrarreformer, der der Verödung Italiens durch Aufteilung des Staatslandes steuern wollte. Wurde 133, als er sich ungesetzlich zum zweiten Male zum Volkstribunen

Erklärendes Namenverzeichnis

wählen lassen wollte, mit 300 seiner Anhänger erschlagen. Cicero, der ihn in seiner Jugendschrift *De inventione* noch als Vorbild einer Aufgabe nennt, die ihm selber vorschwebt, die Einheit von staatsmännischer Weisheit und Beredsamkeit wieder zu finden, sieht in unserem Werk in ihm den Stifter der Zwietracht und in seinem Tod die gerechte Strafe für den Tyrannen.

C. SEMPRONIUS TUDITANUS, 1,14, Konsul 129. Der Konsul des Jahres, in dem das Gespräch spielt, war als Redner berühmt (Cic. Brut. 25,95).

SENATUS, 2,17.23.50.56. Cicero, in der Senatstradition aufgewachsen und seit seinem Konsulat sein bester Repräsentant, ist auch in dem grundsätzlichen Werke von der Notwendigkeit seiner Existenz überzeugt und denkt nicht daran, seine Macht zugunsten einer dauernden Zusammenfassung der Macht in einer Hand zu schwächen.

SENIORES, 2,39. Die servianische Ordnung war eine Heeresordnung. Die 5 nach dem Vermögen abgestuften Klassen waren eingeteilt in Zenturien der Älteren über 46 Jahre (nicht mehr felddienstpflichtig) und der Jüngeren unter 46 Jahren. Die 1. Klasse umfaßte demnach 35 centuriae seniores und 35 iuniores und ergab zusammen mit den 18 Zenturien der Ritter und einen der Zimmerleute 89 Zenturien. In die übrigen 104 Zenturien teilten sich die übrigen 4 Klassen und Spezialgruppen. Vgl. dazu G. de Sanctis, *Storia dei Romani*, Bd. 3,1, Turin 1916, S. 353 ff. Vgl. auch RE s. v. Ser. Tullius (W. Hoffmann).

C. SERVILIUS AHALA, 1,6, mag. equ. 439. Unter dem Diktator L. Quinctius Cincinnatus tötete Ahala, sein Reiteroberst, auf seinen Befehl den Spurius Maelius, der zur Zeit einer Hungersnot viel Getreide aufgekauft hatte, es verteilte und, auf den gewonnenen Anhang bauend, wie es heißt, nach dem *regnum*, d. h. der Tyrannis, strebte. Für Cicero ist er nicht nur in den Reden gegen Catilina und für Sestius, sondern auch in *Cato maior de senectute* Vorbild: er denkt dabei an die »Tyrannen« Catilina, Clodius, Cäsar.

SERVIUS TULLIUS, 1,58; 2,37.[43]. Der vorletzte König Roms,

L. SESTIUS, von C. Julius, dem Dezemvirn, vor Gericht gerufen:

406   *Erklärendes Namenverzeichnis*

226. Als ein Beispiel für die Selbstbeschränkung der bevollmächtigten Männer wird die Geschichte auch in des Livius Darstellung – 3,33 – erzählt.

SICILIA, 1,16; 2,9.

SICULUS, 1,22, gemeint Archimedes. Die sizilianischen Erinnerungen gehören zu dem Erhebenden in Ciceros Leben.

SIMONIDES, 2,20. Simonides von Keos (556–468 v. Chr.), berühmter griechischer Lyriker.

SMYRNA, 1,13. Smyrna, das sich Rutilius Rufus als Sitz seiner Verbannung gewählt hatte, galt in der Antike, wie Horaz (epist. 1,11,3) zeigt, als eine der schönsten Städte Vorderasiens.

SOCRATES, 1,15 f; 2,3.22.51; 3,5; 4,5.

SOCRATIUS LEPOR, 1,16.

SOL SUMMUS, 6,9; (Planet) 6,17; (Doppelsonne) 1,15.17.19.31.

SOLO, 2,2.59. Solon, der große Mittler in den Ständekämpfen Athens und Schöpfer der ersten wirklichen Verfassung (594 v. Chr.), die in der Abstufung der Rechte nach dem Besitz aristokratische Züge trug und durch die σεισάχθεια, die Aufhebung der Verschuldung der Kleinbauern, demokratische. Er wurde zu den Sieben Weisen gezählt. Um sein Gesetzeswerk zu sichern, ging er auf Reisen unter der Bedingung, daß an seinen Gesetzen nicht gerührt würde. Seine uns zum Teil erhaltenen Elegien gehören zum Großartigsten antiker Weisheit.

SPARTA, 2,15.43.58; 4,3. Sparta ist für Cicero nicht das Ideal, als das es wegen seiner »Mischverfassung« in Griechenland vielfach galt: eine gleichmäßige Mischung aller Elemente scheint ihm unmöglich, wenn einer dauernde Gewalt besitzt, und die spartanische Erziehung läßt es für ihn an *verecundia* fehlen, ja züchtet geradezu die Triebe der Selbstdurchsetzung.

SPHAERA, 1,22.28; (Beschreibung) 6,17 ff.

STESICHORUS, 2,20, dessen Erwähnung schon Niebuhr bei Angelo Mai in der Lücke vermutete, war ein sizilianischer Chordichter um 650 bis 555. Berühmt seine Palinodie auf Helena.

STOICI, 1,57. Den Anteil der Stoa, jener hellenistischen Heilsphilosophie, die ihren Gegner in der von Cicero immer bekämpften epikureischen hat, aus Ciceros Werken herauszuschälen ist

Erklärendes Namenverzeichnis 407

im Prinzip in der Einleitung versucht worden. Dies in jeder Einzelheit zu belegen setzte eine genauere Kenntnis des Panaitios, als wir sie jetzt haben, voraus, mit dem die Stoa in Rom echte Wurzeln faßte. Der stoische Gedanke der Selbstgenügsamkeit und Selbstbewährung mußte bei den Römern, deren Denken um Wahrung und Steigerung der persönlichen Würde kreist, die Verwandtschaft spüren lassen.

SUESSA POMETIA, 2,44, Stadt der Volsker in Latium. Zu unterscheiden von dem berühmten Geburtsort des großen Satirendichters Lucilius Suessa Aurunca in Kampanien.

SUFFRAGIORUM DISCRIPTIO, 2,39; 4,2.

SERV. SULPICIUS GALBA, 3,9; 4,2, Prätor 151, Konsul 144. Ein berühmter Redner, der durch die Leidenschaftlichkeit seines Vortrages wirkte. Cicero erzählt in seiner Geschichte der Redekunst in Rom, dem *Brutus*, daß Laelius ihn aus diesem Grunde seinen eigenen Klienten empfehle. 149 wegen eines Treuebruchs gegen die Lusitaner angeklagt, erlangte er, obwohl der alte Cato heftig gegen ihn redete und seine Schuld feststand, trotzdem durch Erregung des Mitleids Freispruch.

C. SULPICIUS GALLUS, 1,21.30, Konsul 166. Den Römern lag die Astronomie fern. Um so merkwürdiger, daß der Prätor von 169, C. Sulpicius Gallus, sich mit ihr beschäftigt und es vermag, als Legionskommandant eine Mondfinsternis vorherzusagen und so das Heer, das am anderen Tage die Schlacht von Pydna gewann, vor Panik zu bewahren. Er schrieb sogar ein Buch über Astronomie. Cicero gedenkt dieses griechisch gebildeten Mannes und trefflichen Redners noch mehrfach. Cicero vertritt eine andere Tradition, die ihn die Erklärung erst nach erfolgter Mondfinsternis geben läßt.

SYBARIS, 2,28, Stadt in Unteritalien, 709 v. Chr. von Griechen gegründet, 510 von der Nachbarstadt Kroton zerstört. Bekannt waren die Sybariten wegen ihres kultivierten Lebens und ihrer feinen Küche. Daher in späterer, aber nicht antiker Zeit, »Sybarit« gleich »Schlemmer«.

SYRACUSAE, 1,21; 3,43.45. Man meint es den Erwähnungen noch anzuhören, daß Cicero für diese reiche und große Stadt, eine Griechengründung des 8. Jahrhunderts, eine besondere Vor-

408 *Erklärendes Namenverzeichnis*

liebe hatte. Dort hatte er zur Zeit seiner Quästur das Grab des Archimedes entdeckt.

SYRIA, 6,11, wurde 64/63 von Pompeius zur römischen Provinz gemacht.

TABULAE XII (vel X), 2,54.61; 4,12. Die erste und letzte große Rechtsordnung in der römischen Republik, eine große politische und sprachliche Schöpfung zugleich. Die Rechtsentwicklung vollzog sich in der Folge – also nach 450/449 – nicht durch Gesetze, sondern durch Interpretation der rechtskundigen Priester, später freier Rechtskenner. Cicero hatte die 12 Tafeln als Knabe schon in der Schule zu lernen. Vgl. dazu jetzt F. Wieacker, *Vom römischen Recht,* Leipzig 1944, S. 40ff.

TARENTINUS, 1,16.59.

SP. TARPEIUS MONTANUS CAPITOLINUS (Konsul 454), 2,60.

TARQUINII (Stadt), 2,34; *(gens),* 2,46.53; TARQUINIENSIS, 2,34.37.

L. TARQUINIUS CONLATINUS, 2,46.53 (Konsul 509).

L. TARQUINIUS PRISCUS, 2,35.37f.45.

L. TARQUINIUS SUPERBUS, 1,58.62; 2,28.44f.51f. Der 7. und letzte König Roms, der der Sage nach 510 vertrieben wurde.

SEX. TARQUINIUS, 2,46. Der Sohn des letzten Königs Roms, der Ursache der Vertreibung seines Vaters wurde.

T. TATIUS, 2,14. Sabinerkönig.

TAURI IN AXINO, 3,15. Die Taurer am Schwarzen Meer, dem *pontus axinus,* dem »ungastlichen«, opferten z. B. der Diana Menschen.

TELLUS, 6,17. Die Erde wird im Mittelpunkt des Kosmos unbewegt gedacht.

THALES, 1,22.25.57. Thales aus Milet, einer der Sieben Weisen, gehört als frühester griechischer Philosoph zu den sog. Hylozoisten. Er nahm das Wasser als Urstoff an. Er sagte die Sonnenfinsternis voraus, die während der Schlacht am Halys zwischen Medern und Lydern (Herodot 1,74) eintrat. Mit großer Wahrscheinlichkeit ist es die Finsternis vom 28. Mai 585 v. Chr.

THEATRUM, 4,11. Der Zuschauerraum im Sinne des gefüllten Theaterrunds. Eben war 55 v. Chr. von Pompeius das erste steinerne Theater gebaut worden.

THEBANI, 4,4. Die Knabenliebe war besonders in den dorischen

Erklärendes Namenverzeichnis 409

Staaten gestattet. In Theben war die »heilige Schar« berühmt, in der Liebender und Geliebter nebeneinanderstanden, sich bis aufs letzte verteidigten und sich aus edler Scheu keine Blöße in der Tapferkeit gaben.

THEMISTOCLES, 1,5. Themistokles, durch seine Flottenpolitik und eine Kriegslist, durch die er den Perserkönig zur Seeschlacht an für ihn ungünstiger Stelle nötigte, zweifellos der Sieger von Salamis, wurde gegen 474 aus Athen verbannt und starb als Fürst mehrerer persischer Städte in Kleinasien 459. Cicero kümmert sich hier nicht um gewisse Zweideutigkeiten, die im Wesen des Themistokles befremdet haben, sondern hält sich an das Mißverständnis zwischen Leistung und Dank.

THEOPOMPUS, 2,58, König von Sparta.

THESEUS, 2,2, sagenumwobener König Athens, Sohn des Aigeus, Vater des Hippolyt, Gemahl der Phädra. Am bekanntesten seine Besiegung des Minotaurus auf Kreta mit Hilfe der Ariadne. Ihn hier neben den großen Gesetzgebern zu finden überrascht. – Schon Angelo Mai hat zur Stelle bemerkt, daß das Wachsen der römischen Verfassung mit der britischen vergleichbar ist.

THRACA, 2,9. Der griechische Einfluß in Thrakien, östlich von Makedonien bis zum Schwarzen Meer, ist hauptsächlich an der Küste stark gewesen und hat das thrakische Volkstum nicht zerstört. (H.-I.-Gallipoli geht auf καλλίπολις zurück.)

TIBERINUM OSTIUM, 2,5. An der Tibermündung wurde der Sage nach von Ancus Marcius die Stadt Ostia als Kolonie gegründet. Im Altertum mit dem Aufstieg Roms eine bedeutende Stadt, im Mittelalter verfallen. Die Versandung des Tiber hat den Strand jetzt 4 km vorgeschoben. Die Ausgrabungen sind sehr ergebnisreich gewesen – vor allem vermitteln sie im Unterschied zu Pompeji das Bild einer römischen Großstadt –, wenn sich Funde aus dem 7. Jahrhundert auch noch nicht gefunden haben, die die Sage bestätigen könnten (vgl. den Führer von Calza).

TIBERIS, 2,4.33. Der Strom Roms hat als Gott und Fluß einen bedeutenden Platz in der römischen Sage und Dichtung inne.

TIGNARII, 2,39.

410   *Erklärendes Namenverzeichnis*

TIMAEUS HISTORICUS, 3,43, etwa 346–250 v. Chr., aus Taormina auf Sizilien, schrieb eine Geschichte Siziliens in 38 Büchern, die uns bis auf wenige Fragmente verloren ist. An sein Werk knüpft Polybios an, der die Zeit von 266 bis 144 darstellt, überwältigt von der Größe der Römer und in der Erkenntnis, daß römische Geschichte zu schreiben jetzt Weltgeschichte schreiben heiße. Polybios ist in seiner Sachlichkeit der Gegner der rhetorischen, von Wundern, Prophezeiungen, Geistererscheinungen und göttlichen Strafgerichten vollen Geschichtsschreibung des Timaios, die aber in ihrer Gelehrsamkeit und den ganzen Westen umfassenden Weite von großer und nachhaltiger Bedeutung gewesen sein muß.

TIMAEUS LOCRUS, 1,16. Nach diesem älteren Pythagoreer aus Lokroi in Unteritalien, seinem Zeitgenossen, hat Platon seinen Dialog *Timaios* benannt.

TITIENSES, 2,36, Name einer der drei Tribus.

TRIBUNI PLEBIS, 2,58.59. Die Plebs wählte seit 494 Vertreter, die *tribuni plebis*. Sie waren – das Amt wurde später ausgebaut – Beamte zum Schutze der Plebs gegen Übergriffe der Nobilität. Sie hatten das Vetorecht gegen die Maßnahmen aller Beamten und des Senates. Außerdem konnten sie Versammlungen der Plebs einberufen und gültige Beschlüsse fassen lassen. Sie waren unverletzlich (*sacrosancti*). Der Mißbrauch dieser großzügigen Einrichtung, die an den Führer der Opposition in England erinnert, in seiner Zeit, wo der Kauf von Tribunen an der Tagesordnung war, läßt hier Cicero zweifeln, ob die Einrichtung sinnvoll war. In *De legibus* 3,7,15 ff. bringt er der Einrichtung mehr Verständnis entgegen als sein aristokratisch eingestellter Bruder Quintus.

TRIBUS, 2,14. Die Stadtteile Roms, ursprünglich 3, später 35. In eigenen Versammlungen (*comitia tributa*) wurden ihre Belange beraten und auch niedere Beamte gewählt. Vgl. Th. Mommsen, *Römisches Staatsrecht*, Bd. 3, Tübingen ⁴1952, S. 95 ff., 161 ff.

TRICIPITINUS, 2,46. Vgl. Lucretius.

TUBERO, s. Q. Aelius Tubero.

M. TULLIUS CICERO, 1,6.10.13, Konsul 63. (106–43). Ciceros Leistung: Daß er als »hooo novus« zum höchsten Amt gelangt

Erklärendes Namenverzeichnis 411

und, in dem gesunden Landstädtchen Arpinum geboren, in geistiger Zugehörigkeit zum Scipionenkreis ein letztes Mal den Staat im Kampf gegen Catilina eint und rettet, vor allem aber, daß er als gebildetster Römer seiner Zeit dem Abendlande in seinen Werken die griechische Philosophie nicht als Heilslehre, sondern undogmatisch vermittelt. Als größten Redner seiner Zeit lernen wir ihn in seinen Reden, in seinen Briefen wie keinen zweiten in der Antike als ersten »modernen« Menschen kennen. Mit ihm setzt bei Petrarca die Renaissance ein. Von dem »Ciceronianismus« als geistiger Bewegung zu reden kann hier nicht einmal andeutungsweise versucht werden.

Tullus Hostilius, 2,31.[32].53; 3,47. Der dritte König Roms.

Tusculum, 1,1. Die uralte Stadt auf der Höhe beim heutigen Frascati, die Heimatstadt des alten Cato, ist als Stätte geistiger Sammlung berühmt durch Ciceros Landsitz, das Tusculanum, nach dem seine *Gespräche in Tuskulum (Tusculanae disputationes)* benannt worden sind.

Tyrannus, 1,50.65.68; 2,48; 3, (Arg. Aug.) 23.43; triginta, 1,44; 3,44. Die 30 Tyrannen sind der oligarchische Ausschuß, der nach der Revolution von 404 in Athen die Macht ergriff. Gestürzt wurden sie von Thrasybul. Die Bezeichnung Tyrann, das griechische Wort für Usurpator zunächst ohne schlimmen Beiklang, dann in der Zeit der Demokratie zu der Bedeutung gelangend, die wir mit dem Wort tyrannisch verbinden (vgl. die Schilderung, die Platon von ihm im 9. Buche des *Staates* gibt), wird von Cicero im Lateinischen in breitem Gebrauch für den machtgierigen Menschen angewendet, der die Gemeinschaft zerstört. Ein solcher Tyrann war für ihn Clodius, der skrupellose Volkstribun. Seine Ermordung eine Tat, die das Volk belohnen muß.

L. Valerius Potitus, 2,54, Konsul 449. Der Tat seines Vorfahren gedenkend, sagt Livius von ihm rühmend (3,39): »Unter Führung der Valerier und Horatier waren die Könige vertrieben worden.«

P. Valerius Publicola, 2,53.55, Konsul 509, 508, 507, 504. Welch hoher Klang mit dem Namen dieses Mitbegründers der Republik verbunden war, zeigt Horaz in der 6. Satire des 1. Bu-

412 *Erklärendes Namenverzeichnis*

ches, wo er feierlich und hoch einen späten verkommenen Adligen aus der Familie der Laevini, die sich von ihm abzuleiten vermaßen, mit dem fragwürdigen Titel *Valeri genus* auszeichnet.

VELIA, 2,53, Bezirk auf der Höhe des Palatin.

VENUS (Planet), 6,17.

D. VERGINIUS, 2,63. Die Parallelität der Tat des Verginius und des Selbstmordes der Lucretia war schon den Alten bewußt. Cicero stellt die beiden Ereignisse auch in *De finibus* 2,20 nebeneinander.

VESTALES VIRGINES, 2,26; 3,17. Die jungfräulichen Priesterinnen der Vesta, der Göttin des Staatsherdes, die in ihrem Tempel das ewige Feuer hüteten. Sie waren im *atrium Vestae* zu strengem gemeinsamem Leben zusammengeschlossen.

VIRTUS, VIRTUTIS TEMPLUM, 1,21. Marcellus hat Virtus und Honos einen Doppeltempel errichtet. Dieser Tempel ist von Vespasian wiederhergestellt worden.

VOCONIA LEX (169), 3,17. Die *lex Voconia*, vom alten Cato heftig unterstützt, richtete sich vor allem gegen den Luxus der Frauen und bestimmte, daß Leute der ersten Klasse (d. h. mit Vermögen über 100000 Sesterzien) Frauen nicht zu Erbinnen einsetzen dürfen. Wie fast alle Privatrechtsgesetze ist das Gesetz von einem Tribunen vor die Volksversammlung gebracht worden.

VOLSCA GENS, 3,7. Durch seine Tapferkeit berühmter italischer Stamm im Liristal. Hauptstadt Antium (südlich von Rom). 338 v. Chr. nach dem Bundesgenossenkrieg wie die Latiner Bundesgenossen in bevorzugter Stellung. Bekannt durch Coriolan, der mit einem Volksheer gegen Rom zog (491), als er hatte in die Verbannung gehen müssen, aber auf Bitten der Mutter und der Gattin die Belagerung aufgab.

XENOCRATES, 1,3, Schüler Platons, zweiter Nachfolger in der Leitung der Akademie (339/338–315/314). Bei ihm zum ersten Male ausdrücklich die Einteilung der Philosophie in Ethik, Physik und Logik.

XERXES, 3,14. Der Sohn und Nachfolger des großen Perserkönigs Dareios, regierte von 485 bis 465. 480 zog er nach gewaltigen

Erklärendes Namenverzeichnis

Vorbereitungen gegen Griechenland und wurde in den berühmten Schlachten von Salamis und Plataä geschlagen.

ZENON STOICUS, 1,57. Zenon (wahrscheinlich 336–264) ist der Begründer der Stoa. Wichtiger für die Stoa ist womöglich noch der zweite Gründer Chrysipp (s. d.) geworden. – Cicero vertritt den Standpunkt, daß die Stoa im Grunde die alten peripatetisch-akademischen Lehren nur unter manierierten anderen Termini vertritt.

ZETHUS (PACUVI), 1,30. In der von Pacuvius bearbeiteten Tragödie des Euripides *Antiope* richtet der als Jäger und Hirt rauh aufgewachsene Zethus an den sanften Bruder Amphion, der sich ganz der ihm von Hermes geschenkten Kithara ergibt, ernste Ermahnungen, von diesen Spielereien abzulassen. Auf Cicero hat dieser Streit der Brüder schon früh Eindruck gemacht, wie *De inventione* 1,50,94 zeigt, wo er den Euripides zitiert. In *De oratore* 2,37,155 und *De re publica* 1,18,30 zitiert er nicht Euripides, sondern den würdigen Gesprächsteilnehmern entsprechend Pacuvius.

Literaturhinweise

Textkritische Ausgaben

M. Tulli Ciceronis opera scripta. Bd. 39: De re publica librorum sex. Recogn. K. Ziegler. Leipzig: Teubner, ⁶1964.

M. Tulli Ciceronis opera omnia. Consilio et auctoritate Collegi Ciceronianis studiis provehendis. Bd. 16: De re publica librorum sex. Recogn. P. Krarup. Mailand: Mondadori, 1967.

Forschungsliteratur

Boyancé, P.: Etudes sur le Songe du Scipion. Bordeaux 1936.

Büchner, K.: Die beste Verfassung. In: Studi Italiani di filologia classica 26 (1952) S. 53–140. Auch in: K. B.: Studien II: Cicero. Wiesbaden 1962. [Darin weitere Beiträge zu *De re publica*: Der Tyrann und sein Gegenbild (S. 116 ff.); Somnium Scipionis und sein Zeitbezug (S. 148 ff.).]

Büchner, K.: Somnium Scipionis. Quellen, Gestalt, Sinn. Wiesbaden 1976.

Büchner, K.: M. Tullius Cicero, De re publica. Kommentar. Heidelberg 1984.

Harder, R.: Über Ciceros Somnium Scipionis. Halle 1929. Auch in: R. H.: Kleine Schriften. Hrsg. von W. Marg. München 1960. S. 385 ff.

Heck, G.: Die Bezeugung von Ciceros Schrift *de re publica*. Hildesheim 1966.

Heinze, R.: Ciceros ›Staat‹ als politische Tendenzschrift. In: Hermes 59 (1924) S. 73–94. Auch in: R. H.: Vom Geist des Römertums. Darmstadt ⁴1972. S. 141–149.

Klingner, F.: Cicero. In: F. K.: Römische Geisteswelt. München ⁴1961. S. 110–159.

Krarup, P.: Rector rei publicae. Aarhus 1956. [Dän., mit engl. Zusammenfassung.]

Lepore, E.: Il princeps Ciceroniano e gli ideali politici della tarda republica. Neapel 1954.

Meister, R.: Der Staatslenker in Ciceros *de re publica*. In: Wiener Studien 57 (1939) S. 57–112.

Literaturhinweise 415

Plasberg, O.: Cicero in seinen Werken und Briefen. Darmstadt
²1962. S. 118–143.

Pohlenz, M.: Cicero *de re publica* als Kunstwerk. In: Festschrift
R. Reitzenstein. Leipzig/Berlin 1931. S. 70–105.

Taeger, F.: Die Archäologie des Polybios. Stuttgart 1922.

Vogt, J.: Ciceros Glaube an Rom. Stuttgart 1935. Darmstadt
²1963.

Letzte Literaturberichte

Schmidt, P. L.: Cicero ›De re publica‹, die Forschung der
letzten fünf Dezennien. In: Festschrift J. Vogt. Bd. I,4. Berlin / New York 1972. S. 262–333.

Suerbaum, W.: Studienbibliographie zu Ciceros *De re publica*.
In: Gymnasium 85 (1978) H. 1. S. 59–88.

Inhalt

Einleitung	3
Liber primus / Erstes Buch	84
Liber secundus / Zweites Buch	174
Liber tertius / Drittes Buch	242
Liber quartus / Viertes Buch	300
Liber quintus / Fünftes Buch	316
Liber sextus / Sechstes Buch	326
Somnium Scipionis / Scipios Traum	334
Zu dieser Ausgabe	354
Anmerkungen	355
Erklärendes Namenverzeichnis	369
Literaturhinweise	414